10.000 BRÈVES DE COMPTOIR

Jean-Marie Gourio

10.000 BRÈVES DE COMPTOIR

Tome 3

ROBERT LAFFONT

DU MÊME AUTEUR

Merci Bernard, en collaboration, éd. Balland, 1984.
Sita-Java, avec Jean Teulé, éd. Glénat, 1986.
Hitler = SS, avec Vuillemin, éd. Zéro, 1987.
Autopsie d'un nain, roman, éd. Ramsay, 1987.
Brèves de comptoir, éd. Zéro, 1987.
Brèves de comptoir, éd. Michel Lafon, 1988.
Tue-Tête, roman, éd. Bernard Barrault, 1989.
Palace, en collaboration, éd. Actes Sud, 1989.
Brèves de comptoir, éd. Michel Lafon, 1989.
Brèves de comptoir, éd. Michel Lafon, 1990.
Brèves de comptoir, éd. Michel Lafon, 1991.
Brèves de comptoir, éd. Michel Lafon, 1992.
La Carte des vins, roman, éd. Michel Lafon, 1993.
Brèves de comptoir, éd. Michel Lafon, 1993.
Vous me croirez si vous voulez, bio Prof Choron, Flammarion, 1993.
10 000 Brèves de comptoir, Tome 1, éd. Michel Lafon, 1993.
Les Coccinelles de l'Etna, roman, l'Arpenteur-Gallimard, 1994.
Brèves de comptoir, éd. Michel Lafon, 1994.
Brèves de comptoir, théâtre, grand prix de l'humour noir, éd. Michel Lafon, 1994.
Brèves de comptoir, éd. Michel Lafon, 1995.
10 000 Brèves de comptoir, Tome 2, éd. Michel Lafon, 1995.
Brèves de comptoir, éd. Michel Lafon, 1996.
Chiens de comptoir, avec Blandine Jeanroy, éd. Michel Lafon, 1996.
Brèves de comptoir, éd. Michel Lafon, 1997.
Brèves de comptoir, éd. Michel Lafon, 1998.
Chut !, roman, éd. Julliard, 1998.
L'Eau des fleurs, roman, éd. Julliard, 1999.
Brèves de comptoir, théâtre, éd. Julliard, 1999.
Les Nouvelles Brèves de comptoir, théâtre, éd. Julliard, 1999.

ISBN : 2-221-08959-6

Aux mots,
qui dépassent la pensée
dès que ça monte.

À tous ceux qui gardent
leur âme d'enfant dans
du vinaigre à cornichons

À tous ceux qui n'arrivent pas
à se lever le matin.
À tous ceux qui n'arrivent pas
à se coucher le soir.

QUAND VOUS ENTREZ

Il y a ceux qui parlent juste à côté de vous.

Il y a celui qui gueule plus fort que tout le monde.

Il y a le brouhaha continuel des buveurs.

Il y a celui qu'on n'arrête plus.

Il y a le causeur du bout du bar.

1996

Faut que j'arrête de boire moi...

La petite fille marche entre son père et sa mère. C'est un jour de marché. Elle sent parfois le frôlement du tissu de la veste de son père contre sa joue. Ce n'est pas la main de sa mère qui la guide, ni celle de son père, c'est ce simple frôlement de tissu sur sa joue, pas vraiment doux, mais elle suit comme ça, comme un petit animal suit un animal adulte en posant sa joue ou le bout de son nez contre la fourrure de sa cuisse. Le marché est un grand marché plein d'odeurs mais la petite fille ne sent que l'odeur de son père à travers le tissu, dans le tissu et hors du tissu. L'odeur de son père pousse le monde qui s'écarte devant elle. Ils se dirigent vers le grand café. Le père pousse la porte. Ils entrent, s'installent au comptoir. Le père sa baisse et saisit la petite fille dans ses bras. Il l'assoit sur le zinc tiédi par le frottement des vestes. Un client passe en direction des toilettes. Il fume. La fumée fait un trait bleu devant le regard de la petite. En passant, il dit, sans regarder personne d'autre que sa propre image qui grandit dans la glace du fond, faut que j'arrête de boire moi... Plus il s'approche de son image dans la glace et plus il semble convaincu par son dire qu'il redit, faut que j'arrête de boire moi. Le père se retourne lentement, regarde le dos de l'homme qui a parlé puis reprend sa forme. La petite fille trempe ses lèvres dans son jus d'orange et sourit. Le père se regarde dans la glace derrière les bouteilles, son visage fin passe juste entre la poire et le calva. Il reste silencieux. L'homme revient, repasse derrière le père et devant la petite fille qui sirote et dit, faut que j'arrête de boire moi. Le père se pousse à nouveau, s'écarte du comptoir d'une longueur de bras, se tourne en direction de l'homme qui a repris sa place et le dévisage quelques secondes. L'homme plonge dans son demi. Il a l'air fatigué. Il n'est pas rasé. Il est proprement habillé. Il porte une cravate. Il finit son verre, fait un signe au patron de la main droite, de la main gauche glissée dans la poche de son pantalon il joue avec les clefs de sa voiture. On les entend. C'est un bruit que tout le monde connaît, même la petite fille, pour avoir longtemps marché l'oreille contre la poche de son père d'où sort le cliquetis de métal. Le patron le ressert. La mousse glisse lentement le long du verre. S'accumule puis coule sur le pied. S'étale en nappe mœlleuse sur le carton coloré. Épaisse. Une crème. L'homme se baisse et aspire la bière sur le carton et dit, faut que j'arrête de boire moi. La petite fille balance ses jambes. Ses talons viennent cogner contre le faux bois sculpté. Le dessus du comptoir est ancien. La base vient d'être refaite. La matière du bois brille un peu trop. La petite fille passe sa langue sur ses lèvres sucrées. La mère passe le doigt sur le bord de son verre pour essuyer le trait de rouge à lèvres qu'elle vient d'y laisser. Une minuscule trace de rien. La mère boit du bout des lèvres son porto. C'est le jour du marché. Il fait beau. Elle boit avec précaution et gourmandise. Tout en surveillant son monde. Elle est penchée sur le liquide. Elle est fine. Ses mains sont longues. Ses doigts jouent sur le verre. Minuscule guêpe sur une pêche de vigne. Le père mouille le plat de son pouce pour nettoyer le genou de la gamine taché par une goutte de jus d'orange, puis l'essuie à son pantalon en jean trop raide et tout neuf qu'il vient d'acheter sur le marché. L'homme en costume sombre lève son verre, amène la mousse à hauteur de ses yeux pour bien y voir la bulle, baisse le tout de quelques centimètres, il plaque son coude contre ses côtes et boit goulûment. Il tremble de la main, à peine, mais ça se voit. Surtout quand le verre est au bord des lèvres, au moment du contact, l'homme a comme un frisson qui lui court dans le bras, puis c'est fini. Il déglutit bruyamment. Il retrouve son calme. Il pose le verre à demi vide, soupire d'aise et dit, faut que j'arrête de boire moi. Le patron ne parle pas. Il tire sur un petit cigare en prenant des airs d'ancien bagarreur que plus rien n'effraie ni n'étonne. Il est court en bras. Court en jambes. Court en cheveux. Court en oreilles et court en nez. Quand on s'approche de lui, tout raccourcit. Les jours. L'avenir et le passé. C'est un patron court en temps. Un patron plein en présent qui donne à son café son raccourci. L'homme en costume noir au bout du bar dit, faut que j'arrête de boire moi. La gamine se renverse et siffle le fond de son verre. Elle attend, dans cette posture, que la dernière perle orange arrive à sa bouche. La perle coule lentement. La gamine louche. Millimètre par millimètre la perle descend. Quand elle roule un peu trop vite la gamine diminue l'inclinaison de son verre blanc pour la ralentir. La bulle orange, sur le verre blanc, va, vient. On dirait un niveau à bulle. C'est la bulle orange qui témoigne de l'horizontalité du grand café. La gamine, le père et la mère font partie de l'instrument. La bulle de jus d'orange s'immobilise, équidistante du fond du verre et de la bouche de la petite. Le comptoir est horizontal. L'homme en costume noir recommande à boire. C'est sa troisième bière. Il bouge le bras. La bulle orange file dans la bouche de la gamine qui rit. Fin de l'horizontale. L'homme dit, faut que j'arrête de boire moi. Retour de l'horizontale.

Miracle. La phrase de l'homme en costume noir donne au café son horizontale. Elle est comme une barre de langage qui témoignerait de l'horizontabilité de l'endroit alors que la goutte de jus d'orange avalée ne peut plus le faire. Faut que j'arrête de boire moi. Barre horizontale dans la vie du monsieur. Grâce à cette horizontale l'homme en noir peut définir sa verticale. Sinon, rien ne va. Tout s'en va. Faut que j'arrête de boire moi. La phrase devient elle-même comptoir. Le père, la mère, s'y appuient. La gamine assise dessus balance ses jambes. Le patron court en bras passe dessus un coup de lavette. Faut que j'arrête de boire moi...
Faut que j'arrête de boire moi.
Il y a des jours, comme ça, dans les cafés, où recueillir une seule petite brève presque anodine suffit au bonheur de la journée.
Alors, les jours où ça tombe comme des grêlons...

Jean-Marie Gourio

Pendant que je
pêche à la mouche
ma femme pêche
à l'asticot,
elle adore s'occuper
des gosses.

La moindre des politesses, c'est de picoler avec son mari quand il s'agit d'une femme qui picole...

Ma famille, c'est mon coude.

Moi je bois pas la nuit.

Celui qui a la rage d'écrire met plein de gros mots pour que ça se voie, alors que celui qui a de la retenue dans l'écriture n'en met pas, c'est comme ça qu'on les reconnaît.

Dans la conquête de l'espace, le premier arrivé se garde les étoiles pour lui.

Pour gagner au Loto, il faut être pauvre, il faut jouer, il faut gagner, c'est beaucoup de conditions...

Dans la campagne présidentielle, quand tu les vois tous, le mot campagne, il est en trop.

Les bananes passent les frontières plus facilement que les hommes et moi je dis que l'homme est devenu fou de voter des lois qui avantagent les bananes par rapport à lui-même.

C'est tous les soirs qu'il faudrait voter, alors là, le président élu, il irait droit !

Les pompiers n'ont que des globules rouges.

Les cons, à l'autopsie, ils sont comme les autres, sauf la famille qui attend.

... C'est une famille de cons.

Ma potion !

La vésicule biliaire a

Le capitaine coule avec son bateau, le médecin meurt avec son malade !

C'est pas le moment d'aller en vacances en Algérie.
– C'est inondé ?

Les paysans qui se droguent ramassent les œufs des vaches.

Y a plus de prières maintenant, y a le fusil, tu te mets à genoux, tu tires !

Quand je taille les haies, ce qu'y me faudrait, c'est un million de Chinois, avec eux ça va vite.

Le poisson a tout le temps faim parce qu'il nage tout le temps.

Les châteaux sont classés, et pas les gens, les gens tu peux casser, tout le monde s'en fout.

Le visiteur visite les endroits à visiter, si c'est fermé, le visiteur, il est comme un con devant la porte.

Oahou ! Ouah ! Ouaw !
– Tais-toi le chien ! Je te paye pas pour garder la maison... t'es client...

Je ne vomis jamais.
– Oui, eh bien, ce n'est pas bon.

plus d'un tour dans son sac.

On se vide de notre jeunesse les uns dans les autres, les plus vieux se vident dans les plus jeunes, quand le plus vieux s'est tout vidé de sa jeunesse, il meurt, et le plus jeune qui s'est rempli de jeunesse commence à déborder dans un plus jeune que lui qui se remplit à son tour, la jeunesse fait comme une fontaine de champagne, pour dire que la vieillesse n'existe pas, la seule matière, c'est la jeunesse, qui coule, qui coule, qui coule, depuis le début de la vie jusqu'à la fin, la jeunesse coule, coule, coule, et c'est très bien comme ça !

De Villiers, je l'aime pas, y sent un peu la charrette pour l'échafaud.
– On revient aux traditions.

L'huître ça fait pas grossir, c'est du gras d'eau.

Schubert, sans sa musique, il aurait été un raté.

Les spermatozoïdes des cyclistes ont un numéro dans le dos.

Vous ne me ferez pas manger un animal dessiné par Walt Disney !

Souvent, c'est ça, y a un nid par arbre.

Moi, je suis une femme de goût, tu me sortirais en boîte, je voudrais pas.

Travailler à la poste, c'est une certaine idée des valeurs.

Ça va ?
– Ça va.
– De toute façon, dès que t'as bu, t'es heureuse.
– VOUS êtes heureuse.
– Oui, vous êtes heureuse, excuse.

Certains animaux sont sourds, la surdité n'est pas une qualité que humaine.

Auguste, c'est pas un nom, au début c'était une marque de terre de bruyère.

Plus tu marches, plus t'avances, et ainsi de suite.

La folie ? Mais c'est quoi la folie ?

V'la le commando en

Il faut mettre des pots de fleurs différents sur ton balcon sinon tu décores comme un connard.

Des bijoux en crotte de caribou.
– !
– Oui madame !
– !
– Et ils les portent !

Les gens qui se curent le nez, je leur ferais creuser des tranchées, je sais, je suis dur, je sais...

La vie, la mort, c'est le cycle de la vie-la mort, tu te tues en bagnole, c'est de la philosophie.

Qu'ils essayent de fermer le bistrot, qu'ils essayent ! Moi je fais fermer la gendarmerie !

On est partis à peine une semaine, on revient, de la poussière partout comme à Hiroshima.

espadrilles...

Un café chaud dans une tasse propre !

Un café normal et un décapotable !

Pour que l'homme ait deux têtes, il suffit que la science fasse un bond.

La fondue de champignons, on la met au frigo, c'est plus intelligent...

Et que j'te sale, et que j'te sale...
– Et en plus, là, c'est du poivre.

... une année de sécheresse, non, moins, un peu moins d'une année, une année théâtrale de sécheresse...

La vie de tous les jours, c'est de la vie genre plateau de la cantine.

Tous ces intellectuels qui ont voté Chirac, ça fait pas tellement intellectuel, à force…

Tapie, la nuit, il pleure dans son lit…

Je sais rien faire, je me fous de tout, si ça se trouve, avec un programme comme ça, je serais élu…

Vous n'auriez pas « le Parisien » ?
– Occupé !

Y a pas de fumée sans feu.
– Alors ça c'est vrai.

Chirac, Balladur, ça monte, ça descend, tu me feras pas monter dedans.

Les papillons se foncent pas dedans, mais si t'en as un dans ta voiture, il a des chances de foncer dans un papillon qui est dans une autre voiture.

La politique, plus on en plante, moins ça repousse !

Tu bois du thé, tu danses, c'est tout ?
– Ben oui, c'est un thé dansant.
– Ça casse pas trois pattes à un canard l'idée, quand même.
– C'est anglais.
– Je sais… avec le thé, on se doute… moi le thé, ça me fait pisser, tu me feras pas danser avec l'envie.
– Tu peux regarder.
– Avec l'envie !
– T'as qu'à y aller.
– Passer le dimanche à y aller, moi je suis mieux chez moi…

Castro à Chablis ?

... de la tendresse derrière les volets et de la merde sur les trottoirs, une très belle rue...

... de la pluie, de la pluie, énorme, chaque goutte était déjà une pluie à elle toute seule.

Pendant quatre-vingts ans tu te sens en danger de mort et un jour tu avais raison, tu meurs.

J'aimerais bien qu'on me fasse ma greffe bientôt, c'est difficile d'attendre comme ça, un nouveau cœur, n'importe, même un diesel.

Dans ces pays-là, l'ombre, ça vaut de l'or, moi la mienne, je la vendrais, de toute façon je m'en sers pas, je sors jamais au soleil...

Pour aimer les gens, faut les regarder, toi tu regardes tout le temps par terre.
– J'aime bien par terre.

Il n'a aucune personnalité, quand il est là, on dirait un trou dans le paysage.

C'est des voitures tout de suite volées...
– Elle plaît à ma femme, alors elle peut pas plaire à la mafia.

Si les enfants mangeaient les parents, y aurait moins de chômage !

Mon mari, à l'œil, il est pas saoul, mais si on lui fait le souffli, alors là !

Il a le regard d'un marchand de sucre, ce chien…

C'est pas la peine de briguer un sucre, tu n'en auras pas !

Je sais pas ce que je vais bouffer ce soir, alors c'est pas pour savoir pour qui je vais voter dans deux mois !

Quand j'ai pas dormi, je dors debout.
– Vous voulez vous asseoir ?
– Non non, je dors debout.

Henri IV, Marcel Proust, tout ça c'est du pareil au même.

Les fruits et légumes sont souvent plus utiles que les animaux.

Pamela Anderson, c'est celle qui joue dans « Arlette à Malibu ».
– Ha bon…

Les guerres, les maladies, les accidents, moi, Dieu, hop, en prison ! Et pas de visite.

L'eau de la bouteille est con, elle ne fabrique que des usines à bouteilles…

Tapie, il me donne vingt briques, pareil, je joue pas au ballon.

La fusée Ariane, elle marche une fois sur deux maintenant, c'est pas avec ça que je ferais livrer mon mazout.

Tu me transformes en Hibernatus, avec mon pull j'ai même pas froid.

Le pont de Normandie, si ça avait été une route en dessous, ils l'auraient jamais fait aussi beau que ça, c'est à cause de l'eau, la présence de l'eau, le respect de l'eau, l'eau pour un pont comme celui-là, ça fait la moitié du boulot de l'architecte, l'eau est architecte en un certain sens et un architecte très intelligent puisqu'il ne soutient aucun candidat…

Je ne lis jamais la page 13.

Rate un virage, tu verras l'accident que ça fait puisque t'as pas l'air de me croire…

Faire le bonheur des peuples, c'est beaucoup, alors qu'ils fassent déjà le bonheur des gens…

Le samedi, on fait les courses de la semaine.
– Vous avez raison, l'avenir, ça se prépare.

Le cinéma a cent ans, mais c'est comme les chats, faut multiplier par huit.

Au Crédit Lyonnais, c'est des hyènes…

Moi, je prends le bus.

Du gaz mortel, qu'on m'en mette dans mon taxi, tu vas voir un peu !

Du gaz mortel dans le métro, mais ils sont fous les Chinois.
– C'est au Japon.
– Vous avez vu ?
– C'est des Japonais.
– Alors eux, c'est encore pire.

Vous prenez tranquillement votre petit métro et vous êtes assassinée !
– J'ai toujours un mouchoir dans le sac.

Les Japonais ont des soupes, on dirait des labyrinthes.

Une collection de chapeaux de cow-boys et de plumes d'Indiens mais pas dans la même pièce bien sûr…

Dans la drogue, ils mettent un truc, du coup, t'es drogué.

Le temps, l'espace, c'est DEUX poids DEUX mesures.

Avant, t'achetais une télé, on t'abonnait gratuitement à un journal télé, aujourd'hui, c'est le contraire, tu t'abonnes à un journal télé, on t'offre un téléviseur, c'est pour dire où en est la télé !

L'exactitude, c'est la police des rois !
– La politesse…
– La police des rois !
– La politesse…
– Je m'en fous, c'est pareil !

Miss Monde, tu peux plus sortir de chez toi, tout le monde te pince le cul.

Se faire toucher les fesses à l'ANPE, est-ce que c'est du harcèlement sexuel au travail ?

La corruption n'est pas une fatalité...

La France est troisième exportateur d'armes dans le monde.
– C'est bien, comme ça, ça nous débarrasse.

Si Cantona prend deux semaines de prison, alors Tapie c'est un milliard d'années.

La reine d'Angleterre, moi je chie dans son chapeau.

L'Égypte, six mille ans d'histoire, le soir, on se faisait pas prier pour aller au dodo, c'est moi qui vous le dit !
— Je veux bien vous croire.

Dans le monde virtuel, le dimanche midi tu vas manger chez ta mère de synthèse et le soir tu retournes dans ta disquette.

Vivaldi, il l'a dans l'os, on a pas eu de printemps.
– Qui ?

C'est l'heure là ? Oh merde !

Le téléphone portable, l'ordinateur portable, le porteur revient à la mode.

À l'escrime, c'est l'élastique dans le cul qui gêne...

Les danses d'Ukraine...
– D'Ukraine ?
– Les danses d'Ukraine...
– Y a pas de danse en Ukraine.
– Ben ! Et les danses d'Ukraine ?
– Mais non, voyons...
– Ha bon...

... ni plus ni moins un connard...

Le vertige s'opère, on te l'enlève du cerveau.
– Tout s'enlève du cerveau.

Décharger le camion, machiner des trucs, machiner des trucs, machiner des trucs, remachiner des trucs, repartir avec le camion, si t'appelles ça rien foutre, ben merde !

Le soleil, c'est une sorte de contre-pouvoir à l'EDF.

Le pire écart de salaire, c'est un mois entre deux paies.

... il tombe, il se relève, il tombe, il se relève, il tombe, quand il a bu, c'est une giboulée.

Exporter du cacao, c'est pas du boulot.

J'ai laissé mes lumières...
– Résultat, plus de batterie.
– De quoi je me mêle ?
– Ah pardon.
– Il me mange les histoires sur le dos ce con !
– Bon, ça va excuse.
– T'as qu'à avoir tes ennuis !
– Ça va, ça va...
– Il vit sur les ennuis des autres celui-là !

Ils ont supprimé les frontières cette nuit.
– Si ils en veulent plus des frontières, moi je les prends pour mon jardin.

Enterré vivant, c'est déjà mieux qu'enterré mort.

Les gens bien, ils boivent pas dix litres, ils boivent un petit coup et ils vont au théâtre...

Ça va ?
– La routine...
– Et la routine, ça va ?
– La routine elle va bien.

Tout est de la routine, mis à part l'anniversaire de la libération de Paris.

La routine, on se plaint, mais en même temps, ça occupe.

L'oiseau apprend à faire son nid à l'armée.

J'ai été voir *les Misérables,* le Lelouch, faut pas chercher de misérables là-dedans, t'en verras pas.

Trop de costumes dans un film et résultat, tout le monde joue mal comme s'il était à poil.

Je suis sorti un mètre vingt-cinq et je suis revenu.
– T'allais où ?
– Je sais pas.
– Un mètre vingt-cinq pour faire demi-tour, faut pas te confier une péniche à toi.
– Un mètre vingt-cinq, je sais, c'est la largeur du trottoir, quand je suis tombé, ça a été mesuré pour le constat.
– Faut pas te confier un trottoir à toi.

On était pleins comme des boudins ?
– Non non, ce qu'il fallait.

Dans les sources d'eau chaude, les têtards ont des vestes EDF.

Je ne parle jamais à un sourd, et vous ?
– En général ou maintenant ?

Un petit canon s'il en reste s'il vous plaît madame !

Grève de bonheur pour tout le monde !

... il y a connerie et connerie...

Moi, j'arrive de bonne heure le matin, je veux pas être le dernier à en faire le moins...

D'accord pour que c'est légal, mais dans ce cas, on a plus qu'à planter du cannabis à Bellechaume pour sauver les paysans français dans ce cas-là !

Ça a été la semaine du rock et du jazz pour moi cette semaine puisque j'en ai écouté lundi et mercredi.

À *la mer, si tu fais pipi dans l'eau, ça attire les petits poissons.*
– Dans les mers chaudes ?

Les criquets font pareil que les militaires, ils envahissent tout, ils bouffent tout, ils pondent, ils s'en vont et ils écrivent plus jamais !

C'est plein de conneries dans la nature, suffit de savoir regarder.

Salut couille molle !
– J'ai pas le temps de discuter.

Ça fait une éternité que je t'attends !
– J'ai mis une éternité à me garer.
– Je leur sers quoi aux éterneaux ?

Un restauroute sur la route du pétrole, avec le passage, t'es toujours plein.

Tapie, c'est une carie, y a du fric qui se coince dedans mais ça pourrit tout de suite.

Mon meilleur avocat, c'est moi.
– Pauvre con !
– Comment tu parles à un avocat, toi ?

Si tous les bistrots ferment, tant pis, on s'accoudera les uns sur les autres…

Plus tu vis longtemps et moins ça te fera de temps à être mort.

Cinquante ans.
– Mourir à cinquante ans, c'est l'histoire du verre à moitié mort tôt à moitié mort tard, c'est selon…

Certains poissons vivent sous les noyés parce que pour eux, ça fait comme un radeau.

La massue, c'est un progrès d'une époque, le TGV, c'est un progrès d'une autre époque, un coup de massue dans le TGV, c'est deux progrès dans la même époque.

La vie passe tellement vite, assis au bord de la route vous la voyez pas passer.

C'est bien les boîtes de whisky vides pour ranger les aiguilles à tricoter.
– Tu tricotes toi ? Non ? Alors…

T'aurais bu deux trois bières de plus, tu tombais ici mais au moins t'aurais pas été renversé par la voiture, deux trois bières de plus et t'avais rien.

Il faut bien que la parole serve à autre chose qu'à dire des trucs, non ?

Pourquoi douze est devenu une douzaine et onze est rien devenu ?

Tout ce qu'on rend à César depuis que César est mort, c'est impensable !

Il parle vite comme les soldats romains qui font la tortue pour pas qu'on puisse leur répondre...

Quand il parle ça fait le bruit de l'eau, alors je m'endors...

Balladur, on dirait les débuts de l'aviation.

Et je serre les mains ! Et je serre les mains ! La politique, c'est plus rien qu'un travail manuel aujourd'hui...

Le lapin est son propre pâté.

Encore aux chiottes ? Il a la merdonamia celui-là !

Le traumatisme de la naissance, écoutez, on va tout de même pas mettre des casques aux bébés !

Les deux pieds dans la même chaussette, faut être saoul pour faire ça.

Le soleil tape tellement que ça enfonce les clous dans les volets. – Exagération.

Il entend rien ton chien.
– Il est sourd.
– Il dit rien ?
– Il est sourd et muet.
– C'est rare pour les chiens.
– On sait pas.

Il est bien mignon votre petit chien.
– Ah oui.
– Quand il va mourir, vous allez être triste.
– ...! ...? ...!

Y a des chevaux qu'on mange nous, pis y en a qu'on donne à manger aux vaches.

Bourré au volant, moins six points de permis.
– Archi-bourré ?
– Archi-bourré, moins six points aussi.
– Ah dis donc, c'est bien ça.

Ça a vraiment été inventé pour l'homme, le poulet.

Balladur, il doit manger mal cet homme...

La terre est une petite épicerie qui finira par disparaître dans l'univers qui lui est une grande surface, pour comparer...

Jospin, c'est de la farine à poisson, et je le dis comme je le crois.

Quand tu vois ce qui se passe sur terre, en France on est mieux finalement.

Tout le monde parle, personne écoute, si le Bon Dieu avait mis les oreilles sous le nez et les bouches ici, ça changerait tout.

Si j'étais un moineau, j'irais à Saint-Tropez, tu manges des miettes, tu dors sur la plage…

… Une gravière tellement il est plein de boutons.

… On vivait dans les environs de Paris, maintenant, on habite en banlieue, et tout ça sans bouger d'un mètre !

L'alcool est le plus taxé de tous les sports.

Pour qui vous allez voter ?
– Ça se dit pas pour qui on vote.
– Droite ? Gauche ?
– Ça se dit pas si on est de droite ou si on est de gauche.
– Ça se voit…
– Chez moi, vous ne verrez rien, je n'ai même pas de bijoux.

L'effet de serre, si on a des palmiers à Lille, je dis oui.

J'aime bien prendre les petites routes, il aime bien prendre les grandes routes, il dit que la voiture aussi aime les grandes routes, la voiture est avec lui contre moi maintenant…

Je n'ai jamais voté, et pourtant, on a jamais manqué de président de la République !

Cabaudie est un nom qui ne s'invente pas.

Une ruelle en pente, c'est le minimum qu'elle puisse faire la ruelle, non ? C'est trop lui demander à la ruelle !

T'auras pas raison avec moi quand j'ai bu !

Quand il fait beau à Montereau, il fait beau à Sens.
– C'est un dicton de vieux.
– J'ai l'âge.

Allez hop, à l'écurie…

Garcia Márquez, pour moi, c'est de la BD.

Quitte à payer quatre milliards, je préfère acheter un Van Gogh qu'une merde.

... avec lui régime c'est régime, même pour une fraise il ne ferait pas une dérogation...

Qu'est-ce qu'ils disent dans l'horoscope ?
– Rien.
– Ha ? C'est la première fois.

Mais quand est-ce que j'aurai le temps de travailler si je suis tout le temps ici ?
– Ça, c'est tes problèmes d'emploi du temps mon pote.

Un cœur en cristal, chaque battement, ça fait, DING !

C'est un pays pourri, ça pleut tout le temps, si tu vois du bleu dans le ciel c'est pas du beau temps c'est un soldat sur le toit, t'as plus qu'à tirer.

Je me gare n'importe comment, je m'en fous, y aura l'amnistie.
– Moi je dors mal.
– ?
– Je sais, mais je suis pas collé à l'amnistie.
– ?
– Moi je vis comme si de rien.
– Enfin bref, les prunes vont sauter.
– À 3 heures du matin, j'ai les yeux ouverts comme ça.
– Moi je dors bien.
– Vous vous garez mal et vous dormez bien, vous avez de la chance.
– Il faudrait des amnisties pour tout.
– Ne vous occupez pas de moi.

Air Inter, ça fait longtemps que ça vole plus comme les autruches.

C'est les conneries qui font rire les gens.
– Pas du tout !

Quitte à apprendre l'anglais, autant que ça soit l'allemand.

Napoléon, Mao, tout ça, c'est bonnet blanc et blanc bonnet.
– Ah non, c'est pas le même chapeau.

Tous ces sondages, ça fait de nous des cobayes, c'est tout ! Je suis pas un hamster, c'est tout !

... C'est pas gros slip, c'est gros cigare dans le slip que j'avais dit l'année dernière.

Il a des poignées de valise ici.
– D'amour.
– Ça fait longtemps qu'on s'aime plus.
– ...
– On voyage.
– ...
– Je me plains pas.
– ...
– On a vu un élevage d'autruches, vous connaissez les autruches ?
– À la télé.
– C'est pareil en vrai.

... Vous avez jamais eu faim, parce que si vous aviez vraiment eu faim, même un lapin en peluche...

Mirette ?
– Oui, parce qu'elle a toujours des petites crottes aux coins des mirettes.
– …
– Vous aimez pas ?
– Si si, c'était pour savoir.
– Elle est vieille, elle est pleine de rhumatismes, elle marche plus la pauvre, faut que je la porte, mais elle est gentille, mais gentille, c'est ma Mirette… vous avez des animaux ?
– Des poissons exotiques.
– … pas des animaux ça, c'est de la décoration.
– J'ai pas critiqué votre pourriture, alors soyez gentille.

Tout va trop vite de nos jours, en deux heures, vous êtes ailleurs.

Même sur un petit écran, un plan large c'est un plan large.

Le pain c'est bien mais alors, les miettes, les miettes, les miettes…

Ceux qui ont la moustache aiment bien les jeux de mots.
– Ha oui peut-être.

La présence militaire française, qu'est-ce que ça laisse comme bière !
– Beu…
– J'y étais.

À Paris, ils ont tous sept millions de voisins.

Du blanc le matin !
– Je peux pas boire du chaud.

You go to Brunoy you tout de suite ?

C'est toujours comme ça qu'ils font les hommes, d'engueuler leur femme plutôt que prendre des cachets calmants, c'est plus naturel et c'est moins minable que d'engueuler un gosse ou un chien !

… engueuler sa femme c'est pas de la drogue.

… c'est tout ce qu'on voudra mais pas de la drogue

Quoi ?
Distribution de
topinambours ?

... à la pattemouille, toujours à la pattemouille, à condition d'avoir un déminéralisateur d'eau, sinon j'abandonne la pattemouille, vous faites entrer le calcaire dans la fibre, après le linge est rêche, pas agréable à porter, une pattemouille doit être bien faite sinon pas de pattemouille, une fois deux fois trois fois passe encore, mais à la longue, votre pattemouille fait plus de mal au linge que de bien, vous savez, un beau repassage sec bien fait patiemment donne un aussi bon résultat qu'une pattemouille mal faite, des fois, il vaut mieux faire simple et beau que compliqué et abîmer le tissu, surtout en vacances, souvent l'eau n'est rien qu'un nid de calcaire, dans les pays à falaise ou en montagne aussi, dans les vallées vous avez sur l'évier une eau qui est tellement élevée en teneur qu'en repassant à la pattemouille vous faites autant de dégâts que dans les grottes, vous déposez comme des micropointes de calcaire entre les fibres, comme des minuscules stalactites invisibles à l'œil mais alors au toucher, vous les sentez, vous enfilez la chemise ou le pantalon, vous croyez que vous avez enfilé une grotte, alors toujours à la pattemouille, mais pas dans n'importe quelle condition et pas n'importe où... une déminéralisateur d'eau, oui, c'est pas facile à dire mais c'est facile à trouver... stalactite, celle qui tombe et stalagmite, celle qui monte... ah si ! ... je le sais puisque je vous le dis !

Mon mari, quand
il est en forme,
c'est comme si tu
interviewes un
grand professeur.

... **j**'ai pris mon
vendredi...

Les oiseaux te regardent pas dans les yeux, jamais, ou c'est très rare, une ou deux fois dans la vie, l'oiseau, la vie de l'oiseau, pas ta vie à toi, ça vit deux ans ou même trois, disons quatre ans de vie pour l'oiseau, toi tu vis quatre-vingts ans, si l'oiseau te regarde dans les yeux deux fois dans sa vie, ça fait que tu as regardé quarante fois des oiseaux dans les yeux, et finalement c'est beaucoup, tiens, je m'en rends compte en le disant...

Avec une bombe, un connard peut faire écrouler un immeuble, les torts sont partagés entre le connard et l'architecte.

À Noël, nous c'est pareil, on vote toujours pour de la dinde.

Je vais pas faire de polémique là-dessus.
– Vingt-six plantes dans le pastis.
– Seize.

Dimanche, on a cueilli plus de jonquilles que la voiture qui roulait devant nous.

J'ai voté « pluie », je suis pas sortie.

Le minimum de politesse des instituts de sondage, c'est d'en offrir un ou deux gratuits pour s'excuser...

Voter c'est bien, ça veut dire qu'on est honnête.

Le Pen, au moins, lui, il sait faire du tracteur.

Balladur, Chirac, c'est les mêmes, et d'abord, ils font le même boulot.

Des fanatiques, tu en as dans tous les pays mais pas dans tous les départements.

Jamais de politique à la maison... d'ailleurs, jamais rien à la maison...

Laguiller, elle est bien mais elle crie trop, comme le patron du tabac.

Les jeunes ont voté Chirac.
– Oui, eh bien, c'est mieux que d'avoir des accidents de voiture en sortant des boîtes de nuit !

Jospin... il a rien dit en plus !
– C'est normal qu'on vote pour celui qui dit rien puisque les autres disent tous pareil.

... au moins ça change...

Tu me fais un sondage sur ce que je bois, je dis que je bois pas, alors leurs sondages, moi...

L'erreur à éviter, c'est entre le sucre et le sel.

Le tigron, mélange tigre et lion.
– La tangerine aussi mélange orange et mandarine.
– C'est pas pareil.
– Si, puisque au résultat, c'est la même chose.

T'es très intelligent, tu crois que t'es con, c'est bien, mais t'es très con, tu crois que t'es intelligent, c'est dangereux, dans certains cas, croire qu'on est con est une qualité.

Les légumes inventés en laboratoire refusent de manger de la terre après.

Je n'achète plus de ce jambon-là depuis que j'ai vu à la télé que c'était le jambon préféré de la chanteuse Lio.
– Ha ?
– Lio.
– Ha ?
– C'est son jambon.
– Ha ?
– J'en achète plus.
– Ha ?
– C'est une chanteuse qui aura fait beaucoup de mal à ce jambon.
– Ha ?

Je vais me suicider au yaourt périmé, pour voir...

Une sorte de schizophrénie répandue, c'est la mousse sur la bière, c'est de la bière mais c'est surtout de la mousse, c'est pas de la bière en fait, c'est pas de la vraie mousse, c'est curieux, sans être religieux, comme une secte.

Ça n'est absolument pas cohérent comme pensée la pensée hindoue !

Ils recrutent du personnel mais il faut parler la langue de Pouchkine.
– Qu'ils aillent se faire enculer.

Avec l'herbe du haut des dunes, on doit pouvoir faire des sortes de perruques qui s'accrochent bien.

Vous voulez envoyer les anciennes perruques à la casse, c'est ça ?

Le gendarme mondial, c'est l'air qu'on respire.

J'aimais bien les écologistes quand c'était un homme mais maintenant c'est une femme en jupe, qu'est-ce qu'elle y connaît en écologie, elle peut même pas se baisser...

Entre le QI et l'intelligence, excuse, mais y a un pas !

Quand j'ai peur de quelqu'un, je l'imagine aux cabinets et ça passe, j'en ai plus peur.
– Moi c'est le contraire, quelqu'un aux cabinets, j'ai encore plus peur.

Faut être con pour calculer son QI.

Moi, je veux pas le savoir.

Remuezvous ! Vous avez son numéro de téléphone ? Vous avez fait quoi hier soir ? Vous avez fait la fête ? Jusqu'à quelle heure ? C'est quoi son prénom ? Alors appelez votre ami ! Une heure de retard ! Allez-y ! Appelez Pierrot ! Vous êtes parti et lui il dormait encore ? Y a pas le téléphone à votre foyer ? Alors qu'est-ce que vous attendez ? Il a une voiture ? Il va avoir un RER là ? Mais laissez sonner ! Laissez sonner ! Y a pas de gardien dans votre foyer ? C'est un répondeur ? Eh bien parlez dedans ! Parlez ! Dites-lui que monsieur Delion est pas content du tout !

... allô Pierrot, on t'attend au travail...

Allez poussez-vous ! Poussez-vous ! Laissez ! Allez servir ! Dites donc, c'est le Dormeur du Val votre copain !

Dante ? L'écrivain qui est mort ?

Le meilleur moment dans les peintures de la grotte de Lascaux, c'est quand les hommes préhistoriques ont fait le vernissage.

On pense moitié-moitié la même chose chacun et à nous deux on pense la même chose en commun et pour le reste, chacun ses idées.
– Vous pensez ce que vous voulez, ça me regarde pas.

... Comme Rodrigue et Chimène, tout l'argent sur le même compte.

T'as réussi à mettre ton bulletin dans l'urne, toi ? Je t'ai vu passer, t'avais trois pains dans les mains.

Dans le monde, tout est en proportion, alors c'est pour ça que je suis pour la proportionnelle.

Chirac quand il était Premier ministre je me souviens, il a triplé les licences des bistrots, multiplié par trois, et Barre, il a bloqué les prix, tout bloqué, les sandwichs, les croissants, on pouvait plus rien faire nous... allez...
– Au revoir... et votez bien.
– On va bien voter... c'est forcé.

Dès qu'on juge un criminel de guerre, on met une vitre blindée, à mon avis, on aurait mieux fait de la mettre avant la vitre, autour des victimes...

C'est du bon sens mais oui, c'est du bon sens.

Cornélien, c'est quand y a des problèmes et racinien c'est quand c'est comme ça, tout droit.

Que ça soit la droite ou la gauche qui passe, pour nous ça change rien puisque nous, on est toujours pareils.

Pourquoi les statues marchent sur les pelouses et pas nous ?

De la faune, de la flore, tu as les deux dans le bifteck-salade.

Vous avez changé vos lunettes ?
– Les autres voyaient plus.

Des lunettes de soleil, un an sans voir le soleil, vous pouvez les jeter.

Ça va de main en main, tout le monde les touche, les pièces de monnaie, c'est plein de microbes.
– Les pièces de combien ?

J'ai un naturel curieux, tout m'intéresse, ne laissez pas traîner un joli timbre devant moi !

La mort subite du nourrisson, en fait, c'est le nourrisson qui fait subitement demi-tour.

Tu sais combien ça coûte un sondage ?
– ...
– Des milliards !
– !
– Et c'est bidon.
– ...
– Tous les milliards des sondages, ils nous les donnent et on va répondre ce qu'ils veulent, qu'est-ce qu'on s'en fout nous.
– ...
– Avec les sous des questions, ils auraient déjà un début de réponse.
– ...
– Non ?
– ...
– Où est-ce que vous partez en vacances ? Ça te paye déjà le voyage... non ?
– Si.
– Alors ?
– Quoi ?
– Qu'on nous paye, comme ceux qui testent les médicaments !

Leurs sondages, c'est du toc, et je ne suis pas la seule à le dire !

Beaucoup de gens parlent sans réfléchir, mais attention, je me mets dedans !

Tant qu'on a pas de guerre dans les journaux régionaux, c'est qu'on est en paix.

Mon fils, dès qu'il a su parler, il a refusé les suppositoires.

Vous me ferez pas marcher cinq heures à pied même si c'est pour partir à l'aventure.

Faut dire des conneries aux journalistes comme ça, après, tu lis tes conneries dans les journaux.

Dans les dialogues des films américains on a pas le droit de traiter les femmes de connasses et moi il me traite de connasse !

... Vaut mieux des grands livres en papier que des grandes bibliothèques en verre...

Le bousier est un insecte qui se nourrit avec du crottin et que beaucoup de scientifiques ont filmé pendant qu'il mange…

… faudrait pas me foutre une caméra sous le nez pendant que je bouffe, moi…

Le vrai porte-bonheur c'est le muguet des bois.
– Beu beu beu…
– Le muguet planté fait pas pareil, non non.
– Beu beu beu…
– Si on vous plante ou si vous vivez dans les bois, vous allez voir si vous portez bonheur pareil.
– Je suis pas du muguet.
– Bien sûr, personne est du muguet, moi non plus je suis pas du muguet, mais c'est une déduction, quand c'est naturel, c'est plus porte-bonheur puisqu'on a eu la chance d'en trouver.
– Moi mon muguet, je l'achète, comme ça si j'ai du bonheur, je dois rien à personne.

J'aimerais bien avoir des pieds plus grands, j'adore les chaussures.

On ne peut pas mettre des lunettes à l'envers, si tout était fait comme les lunettes, on ne mettrait jamais rien à l'envers.

… il fait des yaourts, on l'appelle le professeur Nimbus.

Les petits oiseaux chantent très tôt le matin sauf si il pleut, ils ferment leur gueule.

Il n'y a plus de grand penseur, et en province c'est pareil.

Vous n'avez pas le monopole du foie !

La pluie, oui, le vent, non.

Si c'est Chirac qui est élu, qui c'est qui sera maire de Paris.
– Toubon.
– Toubon, ah non, il a même pas une tête de maire de Limoges.

… j'achète du Chirac et je revends pour acheter du Jospin, si ça baisse je revends, je prends du Chirac, c'est une élection comme à la Bourse ce coup-ci…

Chirac, Jospin, il leur faut vingt personnes pour décider de la taille de la table pour leur débat à la con, alors pour diriger la France, combien il va leur en falloir, du monde ?

Zappe ta bière, on est à la bourre.

Le portrait en peinture sur les cartes d'identité ferait travailler plein d'artistes.
– C'est pas les plus malheureux, va.

Tchernobyl continue de marcher puisque à trente bornes de là, ça fait bouillir la soupe.

… Virgule, mon cul, derrière une virgule tu peux écrire mon cul comme tu peux écrire nuage, la virgule sait pas lire, c'est pas elle qui va se plaindre.

… Un début, un milieu, une fin…
– Alors là d'accord, c'est du vrai cinéma.

L'intelligence se voit dans l'œil parce qu'après tout, c'est le trou le plus près du cerveau…

… Ça fait ça…

… Ça fait comme un puits que tu te penches, tu vois l'eau dedans.

Vous verriez ce qu'ils vendent dans ces magasins de souvenirs, que des choses qui ne se gardent pas.

C'est depuis une semaine ce temps, il fait doux, et ça dérègle, tout est en avance, les oiseaux déjà ils ont pondu sous la dalle de la gare, manque de pot, ils vont faire des travaux, ils vont tout casser pour faire la nouvelle gare, les petits vont se retrouver dans les travaux, résultat, c'est ça le résultat...

Vous voulez que je vous prête mon sac ?
– Un sac de fille ! Elle est folle cette fille !

L'oie mange de l'herbe, c'est ni plus ni moins une tondeuse à gazon.

Un chanson française qui parle de l'Angleterre, pour moi, c'est une chanson anglaise, et j'ai vite fait de reconnaître les pays qu'on met dans les chansons.
– Moi du moment que c'est bien chanté...
– Alors vous, on peut dire que vous vous y connaissez tenez...

Tiens ? Un film sur le vent, à la télé.
– Qui c'est qui joue dedans ?

Je peux vous la laisser ?
– C'est quoi ?
– Y a pas d'argent, y a rien, c'est une valise avec de la viande.
– ?
– ...
– Pas longtemps alors.

Dans cette rue tous les bistrots se ressemblent, sauf un qui a le comptoir plus bas, heureusement qu'il est là celui-là, sinon pour savoir où on est...

... au rayon au fond en haut à gauche de Carrefour c'est les vins blancs liquoreux, vingt-deux francs la grande bouteille, pas la bouteille tordue, la grande bouteille, j'en ai pris quatre, j'ai du foie gras et un ami tatoué de la tête aux pieds qui vient.

Il parle anglais à son chien, je sais, il est anglais, mais ça fait bizarre quand même.

La cuisine de nos ancêtres est morte et enterrée.

J'aime pas boire avec lui, il se laisse tomber sur son verre comme un busard !

Jamais j'aurais cru qu'un jour j'aimerais ça.
– Il ne faut pas dire, grenouille, je ne mangerai pas de tes cuisses.
– … et pas des petites portions, des pléiades de cuisses !

… de la merde au microscope, ils sont bien obligés pour les analyses.
– Tu me feras pas faire des études où on étudie la merde au microscope.
– Ça s'apprend pas.
– En plus c'est le l'impro ?

Dans un journal, ils disent que c'est Jospin qui a gagné et dans l'autre, que c'est Chirac qui a gagné.
– Ça, c'est des erreurs d'imprimerie, ils appuient sur un bouton, c'est l'autre qui sort.

Si tu donnes de l'argent aux gens à rien foutre, les gens foutent rien !
– Comme toi.
– Exactement, c'est pour ça que je me permets d'en parler.

La gauche, on fait des assistés, assisté c'est bien mais pas trop quand même.

Chirac élu ça changera rien parce que Mitterrand il va continuer à téléphoner.

Chirac, c'est sa volonté qui est forte, et sa femme aussi qui a dû lui monter le bourrichon.

Si y a pas des réformes alors là vous allez m'entendre !

... Voilà ce qu'il faut pas, c'est être borné.

Je serais président maintenant, tu sais ce que je ferais, c'est les vieux qui paieraient pour les pauvres, et pas les jeunes qui paieraient pour les vieux.

... après les résultats, on fera applaudir ma petite-fille, elle a quinze mois demain.

... un président d'un club de pêche, pareil, ça s'élit, si ça remet pas du poisson, alors là, c'est l'heure des comptes.

Le niveau des mers peut pas monter, idem le niveau des montagnes.

... bon, on va rentrer, manger, ressortir, revenir...

J'ai eu deux enfants, aucun n'aime le poisson.
– Oh, vous savez, ça…
– C'est un peu la loi des séries.

Quand mon mari est parti de la maladie, j'ai pris un animal pour pas être seule, mais vous savez, un écureuil ça ne remplace pas.

Des promesses, des promesses, et après qu'ils sont élus ? Rien ! Y a que pendant la campagne qu'ils nous aiment bien ! Tiens ! Sept ans de campagne, six mois de pouvoir, au moins comme ça, pendant sept ans, on serait la mariée !

Le pouvoir rend fou, on le sait, même tenir une boulangerie qui marche, ça commence à changer l'homme.

C'est l'avantage de la démocratie de pouvoir voter quand il fait beau.

Mangez des pommes !
– Ta gueule.

Je conduis que pour aller boire des coups, alors m'enlever le permis pour ça, c'est pas logique non plus…

Toute la nuit j'ai rêvé que j'allais voter à midi pile pendant les cloches, alors je vais y aller à midi, pour respecter le rêve.

Il était beau, il était sain, il était content, il était assis à côté de moi, il riait, il avait de la merde dans l'oreille, alors moi, ces mecs-là, tu comprends…

Des taupes plein le jardin,

Le vin, ça fait parler, rien que déjà, y a des mots sur l'étiquette.

... de la poussière partout derrière les meubles, comme une maison pleine de réfugiés...

J'ai les yeux rouges sur la photo mais c'est à cause du flash qui fait toujours ça, je n'ai pas les yeux rouges dans la vie.

Tu peux chier dans un étui à violon, tu refermes, tout le monde croit que tu transportes une mitraillette.

Les auteurs modernes font des livres tellement petits qu'on ne peut plus mettre des fleurs à sécher dedans.

Zola fait très bien sécher les fleurs.

on dirait *la Grande Évasion.*

Il est dix-neuf heures et deux minutes.
– Oui, on t'a rien demandé.

C'est pas les mots, c'est la manière, il me dit, va te faire enculer vieux con, c'est pas les mots, il riait, c'est la manière, on ne rit pas.
– Comme pour les vampires, il mord, et après il rit.
– Oui, je ne sais pas, peut-être, il ne m'a pas mordu, ah non, mais il a ri.

C'est joli les chants des paras, ça gonfle les poumons.

Avec Chirac, ça va changer.
– Ha, vous trouvez ?
– C'est bien pour les jeunes.
– Ha, vous trouvez ?
– Ça fait longtemps qu'on a pas eu un président qui dort en slip.
– Qu'est-ce que vous en savez ? Vous travaillez à la mairie de Paris ?
– Je le sais.

Je lui avais dit avant le mariage, j'ai plein de défauts, plein, et vous allez m'aimer et il m'a dit, qu'elle est bête, et on a fait le mariage, on s'aime beaucoup… enfin, on s'aimait.
– Moi, j'aurais pas dit ça.
– Oui, mais lui…

À Pompéi, les hommes, les chiens, tout est en terre cuite.

Boire trop de vin est moins mauvais pour l'organisme que manger trop de sel.

T'as déjà fait de l'équitation ?
– Je suis déjà monté dessus.
– C'est pas pareil.
– Pour moi, si.
– Pour moi, non.
– T'étais dessus ou t'étais dedans ?

Tout le temps à poil chez lui, même devant les enfants, c'est la famille lézard chez lui !

... **t**ous les hommes sont égaux avec des nez pas pareils...

On a pas trouvé d'escargots.
– Vous avez bien cherché ?
– Évidemment !
– Dans les trous, entre les cailloux.
– Écoutez, on est pas dans une mine d'or d'Afrique du Sud, je sais encore chercher les escargots dans les jardins !

Appuyez sur le volant ! Tournez sur les pédales !

On va aller dans ce café.
– Ah non ! On va à l'autre !

*... **u**n connard qui boit.*
– Faut pas faire l'amalgame.

L'oiseau qui fait « trilili boîte à outils », c'est le pinson.

Je connais une recette, il faut fumer une cigarette avec l'artichaut.

Je suis allé en Afrique, partout ça sent le mazout.

Lisez *la Nausée*, vous m'en direz des nouvelles.

J'avais honte, mais honte, mais honte, mais honte, mais honte, mais honte, pendant tout le temps que le train passait, j'avais honte, mais honte, mais honte, mais honte, honte…
– Dites donc, il est long votre train.
– Il montrait ses fesses au passage à niveau, honte, honte, honte, et le train s'est éloigné, il a rangé les fesses, honte, honte…
– Honte.
– Oui.

… *Une fois…*
– Une fois quand ?
– Attendez ! Holà ! Attendez !

… Une fois, des fois, trois fois, après tout se mélange…

Quand l'avion passe au-dessus d'un pays, les passagers doivent respecter les lois du pays d'en dessous.
– Pas du tout, ils ont les lois de l'avion.
– Les avions sont pas au-dessus des lois.
– Au contraire, ils ont les lois d'en dessous.
– Mais non, mais non, et au-dessus des mers ?
– C'est les lois maritimes.
– Les lois maritimes dans les avions ? Alors dans ce cas le capitaine coule avec son avion.

… *de la salade, de la salade…*
– Bof, les vaches mangent que de l'herbe et ça les fait pas maigrir.

… grosses comme des vaches !

J'ai trop de fatigue, trop de fatigue...

Elle boit pas pendant la vaisselle, sinon le reste du temps...

... Comment on se regarde avec ma fille, on fabrique des statues en plâtre...

Où ?
– Dans vos cheveux, un reflet.

Tout ce qui est nécessaire n'est pas forcément utile, si on me demande une question, je dis ça, et j'ai pas mon bacho.

Dans la jungle, ta boussole, c'est ta bite, tu la sors, tu la ranges, tu la sors, tu la ranges.

Si ils suppriment les cafés, comment on va voter ?

Ils ont mis la garde républicaine à cheval derrière la voiture de Chirac parce que sinon elle va rouler dans le crottin.
– Un président qui a peur du crottin, c'est pas ça qu'il faut en ce moment.

C'est un jour de gloire pour lui, il est toute la journée à la télé.

Avec la cuisine aux fleurs, t'as de la pâquerette coincée entre les dents.

Chirac, il est grand, il pourra attraper les toiles d'araignées.

Il a remonté les Champs-Élysées debout dans sa voiture comme nous le matin debout dans le métro, on descend à Franklin-Roosevelt.

Ils ont tous roulé à dix à l'heure à cause des motards devant...

On est en démocratie apaisée, comme les poulpes qui s'enculent.

Le grand collier de la Légion d'honneur, c'est pas pour mettre.

... Pour les femmes, les grandes boucles d'oreilles de la Légion d'honneur...

Les plans de Venise sont

L'ennemi des capsules spatiales, c'est le plat en sauce.

Même les écureuils de Walt Disney sont moins intelligents que mon chat.

J'aime pas qu'on me prenne en photo.
– C'est pas vous, c'est le café.
– Moi, le café, c'est pareil.
– C'est parce que c'est un vieux café.
– Le café, moi, c'est pareil, on est pas des animaux sauvages.

En France, on aura jamais la révolution puisqu'on l'a déjà eue.

Les critiques télé font vivre la télé alors que les critiques cinéma tuent le cinéma, finalement, les critiques télé sont moins cons que les critiques cinéma.

Une grosse grosse mouche bleue qui fait du bruit dans la cuisine et, elle, ça lui suffit, ça lui fait la conversation.

classés cartes maritimes.

Ils se sont cachés dans un bureau et il lui a donné le secret de l'atome.
– C'est des métiers, quand même, pas normaux.

L'haleine vient pas de la bouche mais de l'estomac, et pour aller parfumer là-dedans, faut se lever de bonne heure...

Avec Ebola, en deux jours t'es mort, c'est un virus qui va vite comme un accident de voiture.

Pour moi, le plus bel effet spécial, c'est le cinéma lui-même...

Courir dans l'herbe, si tu demandes l'avis de l'herbe, t'y cours jamais.

Plus t'es près de Paris et plus les baraques sont chères, plus tu t'éloignes moins c'est cher.
– Sauf jusqu'à New York, ça redevient cher.

Le journal télé, faut tout lire sinon c'est pas la peine.

Une bénédiction du pape, ça fait partir la vieille peinture.

À la chevrotine, tu tires dans la porte, tout de suite tu fais du pâté de porte.

Le pouvoir du cristal, tu bois dedans.

Qui ?
– Qui ? C'est pas une question.

Le vagabond, c'est du compagnonnage chez les SDF.

... la vieillesse, ça passe par en dessous...

... mes pieds ne sont pas à moi.

Il y a des choses très laides qui sont belles...
– Comme les patates.
– ?
– La beauté, c'est subjectif.

Le cochon, on s'en sert pas pour rechercher les petits enfants perdus dans les avalanches, le cochon, c'est la truffe.

Les castors peuvent picoler, sous la fourrure on voit pas les petites veines.

Quatre bouteilles de cidre bouché sous le lit.
– C'est pas sa place.
– C'est ce que je vous explique.
– Bu ?
– Pas bu.
– Du cidre bouché pas bu sous un lit, c'est le monde de Walt Disney à l'envers.
– Je les ai mises au frais.
– C'est leur place.
– ...
– Sous notre lit, nous, on a rien.

Je n'ai rien contre la mer, mais des fois...

Mitterrand, c'est un niveau à bulle et Chirac c'est un mètre qui se déplie.

... Ça ne se compare pas, des gens et des outils...

Au moins, avec Mitterrand, on avait Pasqua.

Le bruit de la mer, ça m'endort, je ne sais pas ce qu'il y a dans l'eau mais ça m'endort…

… pour conduire un bateau, c'est café sur café…

Quatrième que je renverse, c'est une malédiction !

… jamais vous récupérerez votre argent.

Je paye la Sécurité sociale depuis quarante ans et je suis jamais tombé malade, jamais, alors si je dois tomber malade pour la somme qu'on me doit, je meurs en une minute !

Un mètre sur un mètre c'est la bonne taille pour un tableau, plus grand t'es obligé de rajouter de l'herbe et plus petit on voit pas tout.

… une toile de maître, c'est un mètre.

Entre le paysage et le pinceau, y a le peintre, comme un barrage de gendarmerie.

… à la pêche j'attire le poisson à cause de ma peau blanche, il paraît qu'on dirait de l'appât, je me mets assise à côté de mon mari, c'est tout ce que j'ai à faire, pas bouger pour faire l'appât.

La promenade, si tu payes, ça devient un circuit, si t'es payé, ça devient un travail, il ne faut jamais faire entrer la notion d'argent dans la promenade sinon c'est à tes risques et périls.

Les bras ne sont jamais debout ou assis, les bras sont toujours pareils, alors que les jambes connaissent beaucoup de changements.

... **d**ix fois il a mis son requiem et pendant ce temps-là, personne surveillait les saucisses.

... **p**lus je me tais, plus je suis libre...

Bernard Tapie, il a les mêmes chaises en plastique que nous.

Paris, New York, Tokyo, c'est pas la même heure et pourtant c'est en même temps.

C'est pas la peine de passer un documentaire sur les insectes quand en face vous avez la coupe du monde de rugby, c'est dépenser de l'électricité pour rien.

Dans les restaurants qui servent des insectes, les cafards qui courent sur les murs, en fait, c'est rien que des taches de sauce.

Mandela, il a les cheveux blancs.
– Il a mis de l'eau dans son vin.

Les guerres, ça finit toujours mal.

Dans une mouche, y a pas les deux blancs.

Bien en face, le poisson rouge peut faire peur.

Un grand chanteur d'opéra, moi je paye pas la bouffe.

... Ils ont des champignons sur les cordes vocales, c'est ça qui garde l'humidité, et l'élasticité, de par le fait...

Plus il fait beau, plus son pastis est foncé, il nous fait l'apéro Varilux celui-là...

Madeleine, ça fait pas tellement prénom pour une église.

L'alcoolisme, c'est

Ça dessoûle de conduire.

Les vétérinaires ne sont pas meilleurs cuisiniers que les autres.

La baleine chie dans l'eau, si elle disparaît, ça va pas nous manquer...

C'est pas moi qui ai volé les fleurs, j'ai la tête haute, dans les petits bleds c'est comme ça, au café tout va bien et par-derrière ça te met, c'est pas moi qui ai été renvoyé des renseignements du téléphone comme d'autres à l'époque, j'ai la tête haute et des fleurs j'en ai devant ma porte, j'ai pas besoin des fleurs des autres, on a la tête haute moi et mes fleurs... !

Les abeilles trouvent les fleurs par le bouche à oreille.

On ne frappe plus à la porte depuis longtemps.
– Depuis la sonnette.
– Depuis la sonnette, je suis sûre que j'ai pris du poids.
– On prend l'ascenseur pour aller sonner maintenant.
– Autant que ce soit l'autre qui descende alors...
– Autant.

Chirac, il est sympa, il mange du lapin en gelée.

La marche à pied, il faut que ça plaise, sinon tout le monde pense à ses pieds...

dans la tête.

... Un revenant !

Il boit des vins plus vieux que lui, il était pas encore né que le vin était déjà là à attendre…

On devrait pas avoir le droit de boire un vin plus vieux que soi, c'est trop facile sinon…

Dans les très vieilles bouteilles, le bouchon a tout oublié.

Mes fleurs aiment pas le rebord de la fenêtre, je le vois bien, elles font presque pas de feuilles et quasiment pas de boutons, que de la racine, elles agrippent la terre dans le pot comme si elles avaient peur de tomber, c'est des fleurs de parterre, alors au sixième, forcément, elles pensent qu'à pas glisser…

… il est tellement grand qu'on pourrait lui faire des cabanes sous les bras…

Toubon, il est mondain comme une merde de poule.

David faisait pas de crayonné, directement au pinceau.

Le grand peintre, normalement, quand il est dans son atelier, tu le vois pas, il est comme un insecte dans le feuillage.

Vinci, lui, c'était tout le temps au crayon.

Sarajevo, t'enlèves les casques bleus, tu mets des nains de jardin, pareil.

Le latin, ça parlait que de médicaments.

On fait un plat du jour !
– Pour les gens qui passent, il faudrait faire plusieurs plats.
– Un plat du jour.
– Du choix.
– Un plat du jour, l'andouillette, et c'est tout.
– Plusieurs choses.
– Un plat du jour ! Je suis pas président de la République.

Le seul avantage du chômage, c'est qu'on travaille pas.

L'empereur est mieux payé que le roi, sinon pour le reste…

… Il est mort, il monte au ciel, il redescend, il en a fait des trucs Jésus pour qu'on ait des vacances.

Tout ce qui touche à la création, c'est le Vatican qui prend les droits d'auteur.

C'est triste, la purée qui refroidit.

Vos gueules les oiseaux !

Chirac roule tout le temps la fenêtre ouverte parce qu'il est malade en voiture.
– Dans ce cas-là, on fait pas président.

Les Noces de Figaro, c'est le truc où ça chante tout le temps ? Très peu pour moi.

Avant, c'était mieux ?
– Avant, c'était pareil.
– Avant ? Pareil ! On voit bien que vous êtes pas d'avant.

De la pluie, du beau temps, de la pluie, du beau temps, toute ma jeunesse à la campagne ç'a été ça.

Il tient son bistrot comme Wagner tellement il gueule tout le temps.

Une bataille de corbeaux en plein ciel au-dessus de chez moi, je ne sais pas ce qui se passait dans le ciel mais c'était la guerre chez les corbeaux, ça criait, ça volait comme des avions qu'on égorge...

Le calva, c'est des plantes.
– Non, c'est des fruits.
– Le pommier, c'est une plante.
– Non, c'est un arbre.
– Alors, le calva, c'est un arbre.

Il regarde l'alcoolisme avec des yeux d'enfant.

Moi mon gosse me regarde comme ça.

Le cheval a pas de frein qui se voit.

On se transforme en électricité et on voyage dans les fils, un jour on voyagera comme ça, évidemment, si quelqu'un débranche même sans le faire exprès le voyage est fini, on reste coincé dans le fil mais remarque c'est pas pire que le train arrêté en pleine campagne pendant deux heures.

Il est de mauvaise humeur le facteur.
– C'est la grand-mère qui l'énerve.
– Haaaaa, c'est ça…

Elle parle comme un livre, pour l'écouter celle-là, faut mettre des lunettes !

À la fraise.
– À la vanille.
– Vous êtes sûre ?
– Certaine.
– À la vanille ?
– À la vanille.
– Des fois, les souvenirs, ça mélange tout.
– Fraise, vanille, c'est que le goût du souvenir qui change, mais tout ça c'est de la glace.

… Il avait perdu la clef de la grille, il est passé par-dessus le mur et il est tombé dans le jardin avec son casque de mobylette sur la tête mais comme il s'est trompé de mur il est tombé dans le jardin des voisins, ça fait vraiment comme une météorite qui tombe sur ta pelouse, lui, quand il rentre après la nuit.
– Je vous trouve bien indulgent.

Le héron vit tout seul, c'est pour ça qu'il est beau.

C'est pour les pucerons des rosiers qu'il nous faudrait un Pasqua !

Le champion du monde d'escalade c'est le rosier grimpant.
– Le mien il est nul, j'y mets du fil de fer.

La solitude, c'est bien tout seul, mais avec quelqu'un...
– On s'ennuie.
– Un peu.

Il est Palme d'Or du Jambon Supérieur Maison, c'est un peu autre chose que leur connerie de festival de Cannes !

C'est pas avec des parlotes qu'on va faire baisser le chômage, moi j'vous l'dis !

Les otages de l'ONU, c'est qu'une monnaie d'échange, ça vaut même pas des billets.

Une ruse militaire que j'ai apprise à l'armée, c'est de ne pas faire de bruit dans les fourrés, et ça marche.

À l'école, j'ai rien appris et ça me sert encore.

On reconnaît plus les gens à l'odeur qu'à la vue, on croit qu'on les reconnaît en les voyant mais non, c'est le nez qui travaille, on a fait des expériences là-dessus dans les laboratoires.
– Ah là évidemment c'est normal, dans les laboratoires tout le monde sent l'éther.

Il a la même vue que des bouteilles d'éther, dès qu'il enlève ses lunettes il a les yeux qui s'évaporent.

Il faut avoir un but dans la vie, si t'en as pas, tu sais pas où envoyer ton ballon.

J'ai pas fermé l'œil, toute la nuit j'ai vu danser mon bouchon.
– Ça fait ça le premier jour de pêche.

Tous les petits ont des prédateurs, à commencer par l'homme avec ses parents.

J'ai dix à chaque oreille.
– Dix, c'est pour les yeux.
– Si vous voulez... alors j'ai un œil à chaque oreille.

Quand on perd ses cheveux, on est tellement malheureux qu'on serait prêt à accepter la mauvaise herbe.

Un cadre au chômage est devenu un ouvrier, quasiment.

À cent vingt kilomètres de Paris, j'ai déjà une grenouille.
– La vie revient vite.

... t'envoies du boudin en Bosnie, ils en refont du sang...

On a traversé un pré où il y avait des vaches, eh bien, je préfère encore traverser la cité, on peut leur parler aux jeunes, mais aux vaches...

C'est Juppé ça ?
– Oui, c'est quand il a été jeune.
– Il a été jeune celui-là ?
– Hé ! t'as qu'à faire revenir la télé en arrière, tu verras.

Ne fais pas à autrui ce que tu n'aimerais pas qu'on te fasse.
– Torcher un vieux.

T'as été chômeur ? Non, alors viens pas parler chômage à un chômeur qui s'y connaît plus que toi en chômage, petit gars !

Tous les jours il part au travail et jamais on le voit au boulot, c'est le mystère là…
– Il doit tomber dans le triangle des bistrots.

Pourquoi vous êtes énervée comme ça ?
– C'est mon nerf.
– Tant qu'on en a qu'un…
– Mais non, c'est pas ce que je veux dire, c'est ma jambe.
– C'est votre nerf ou c'est votre jambe ?
– Les deux.
– Un nerf dans la jambe, je comprends que ça énerve.

Certificat d'études, ça parle d'études, baccalauréat, ça parle de lauréat, lauréat de quoi, alors on se demande !

Après la traversée du désert, il ne faut pas boire tout de suite, il faut se mouiller sous les bras juste pour se réhumecter tout doucement.
– Comme les champignons chinois… mais si, les champignons chinois.

Ils lâchent les taureaux dans les rues, alors après, pour trouver un taxi.

Il siffle comme un virtuose et il louche aussi très bien.
– Pourquoi tu nous l'amènes pas ?
– Tu sais, celui-là, pour le faire sortir de son quartier.

Il siffle dans la rue piétonnière et il demande de l'argent.
– Vous donnez vous ?
– Ah, il siffle bien.
– Vous donnez vous ?
– Comme un oiseau.
– Vous donnez comme un oiseau, ça ne m'étonne pas.
– Il siffle bien, comme un oiseau.
– Moi je donne pas aux oiseaux.
– Moi je donne du pain.
– Et à lui, vous donnez ?
– Une pièce de temps en temps...
– Vous feriez mieux de lui donner du pain à lui aussi et garder vos sous pour les choses importantes.
– Je l'aime bien.
– C'est ça, engraissez-le, un jour, il viendra chier sur vos fenêtres.

Six sur dix madame Tauchaud !

Les brèves de comptoir, c'est formidable, j'habite en face.

Quand je regarde dans le miroir, je vois un vieux, ça y est, je vois un vieux.
– Mais non, mais non...
– Dites que je suis aveugle pendant que vous y êtes !

Plus tu cotises à la retraite, plus tu vieillis, c'est une saloperie ce truc-là !

Quart de finale, demi-finale, finale, ça fait trois douches.

En bois, c'est le maximum que je supporte chez une porte.

En prison, t'as le temps, mais t'as que ça.

Si on me fout en prison, je m'en fous, je chierai sur un journal et je mangerai des graines.
– Qu'il est con.
– Sinon tu deviens fou.
– T'es pas net comme mec.
– Vingt ans en prison, je bouffe des petits vers, si si !
– Elles vont être belles les prisons avec des mecs comme toi.

L'idée noire, je bois, elle est grise, je bois, elle est jaune, je bois encore, elle est grise, encore, elle est noire, ça fait le tour du cadran, si vous préférez…

Quand vous voyez le gourou japonais, y a des coups de pied aux fesses qui se perdent !

Les paras commandos mangent du serpent, les autres ont une sorte de cantine mobile.

… tu parles, c'est des pilotes entraînés pour la survie tout seuls, ils mangent les yeux des lapins.
– Six jours planqués.
– Ils sont entraînés pour ça dans des stages commandos, ils mangent les yeux des lapins.
– En Guyane, y a les bérets verts.
– Ils prennent les lapins sur la base de Kourou.
– En Guyane.
– Je sais.
– Le F16, c'est de la merde, ça s'abat comme un rien, ça vole à deux à l'heure.

Le courrier, c'est malpoli, si ils veulent se parler, ils ont qu'à se parler, non ?

Dehors, t'as pas le temps, mais t'as tout le reste.

La réincarnation, la réincarnation, et si moi je veux pas être réincarné.
– Tu peux refuser.
– Si ça m'intéresse pas.
– Tu refuses.
– Quand ?
– ...
– Quand ?
– Tu te réincarnes et après tu vois.
– Tu parles d'une connerie, ça encore !

Au tennis, je vois pas la balle alors je regarde les joueurs mais regarder des gens longtemps comme ça vous savez, moi, ça me passionne pas tellement.

Bernard Loiseau n'épluche pas personnellement les pommes de terre, il délègue, normal, qui ne délègue pas, qui, ho ! tu m'écoutes, qui, qui, ho ! qui ?

... **q**ui, qui, ho ! qui, va te faire enculer toi d'abord aussi, ho ! Y nous parle de cuisine comme à des trous du cul !

Baudelaire, tout Baudelaire qu'il était, il avait sa bagnole.

Je me suiciderai une seconde avant ma mort, pour faire chier l'autre !

Le suicide je m'en fous, c'est tuer quelqu'un qui m'intéresse, c'est pas pareil du tout, du tout.

Napoléon, qu'il aille se faire enculer avant de faire sa morale.
– ?

Le cul poilu, c'est un non-sens.

Rien qu'avec l'eau des chasses d'eau de Paris tu peux irriguer toute l'Afrique.
– Encore faut'y qu'ils soient d'accord.

L'Indonésie, c'est bien, mais prends pas le car.

Chaque fois pareil, il monte sur le toit, il pisse.
– C'est la sangria.

Au bistrot, je préfère les rugbymen, mais à la télé je préfère le tennis.

Il dessine des objets.
– Adjani ?
– Mais non, il a même fait des nouilles une fois, il est gros.
– Adjani ?
– De quoi il me parle d'Adjani, lui ! Elle dessine pas des nouilles en plus.

L'eau de toilette pour

N'importe comment, au final, tout le monde parlera anglais et moi je m'en fous dans ce cas je me tais... si... je me tais... si tu veux entendre de l'anglais c'est pas la bonne adresse, tu changes de crémerie, yes, no, c'est en face.

Les langues étrangères, le jour où y en aura qu'une, on sera tous français, ou alors on s'est fait baiser.

***T**u parles qu'avec des connards et après tu te plains.*
– Je me suis pas plaint.

... **Ç**a laisse aucun mec indifférent... même Mitterrand, tu le traites plein de fois de pédé, ça finit par l'énerver.

Faut que je rentre, j'ai un castor qui ronge mes fils.

***U**ne fois j'ai avalé un moustique en faisant du vélo, ça m'a suffi.*
– Moi du vélo j'en fais jamais, je suis pas insectivore, moi.

... **C**'est la picole qui fait ça, il a le même nez que les rouges-gorges.

***I**l s'est fait péter ses lunettes.*
– Putain, moi je serais ses lunettes, je démissionne.

homme, ça a bon goût.

Il lui met une claque alors que c'est un souffleur de verre, t'es con ou quoi ?

Vous trouvez la campagne risible, vous ?

Tous les soirs, il faut rentrer les vaches.
– Moi tous les soirs, je rentre ma terrasse, c'est jamais fini, j'ai autant de travail qu'un paysan, je trais pas les tables, mais pour le reste…

C'est un feuilleton avec un juge d'instruction, le juge y dit, la séance est levée, la vieille elle se lève, elle éteint la télé.
– Souvent, les vieux regardent la télé comme si c'était quelqu'un en vrai.
– Eh ben putain…

Tout le village s'est cotisé et on a acheté une télévision au curé.
– Il croit en la télé votre curé ?
– ?

Le champion du monde du cent mètres, à cent dix mètres, plus personne le connaît.

La pharmacienne est jolie, ça m'est plus facile d'acheter les capotes que les suppositoires, je vois le mot suppositoire dans son œil.

… t'es presque déjà rentré chez toi quand tu as les mains dans les poches.

Au Burundi, y a plus d'insectes que d'hommes, et du coup, c'est les insectes qui tiennent les banques.

Plus d'insectes que d'hommes, c'est l'homme qui gueule, le contraire, c'est l'insecte qui se plaint.

La dissuasion nucléaire, c'est dans le métro qu'il en faudrait !

Y a plein de top models qui se montrent parce que les champions de tennis, c'est des grands épouseurs de connasses.

Au tennis, la balle, le nombre de coups de poing dans la gueule qu'elle se prend !

Moi ce que j'aime pas c'est les guerres où y a pas de morts.
– C'est larvé.
– Oui, le conflit larvé.
– C'est l'orage.
– Oui, c'est l'orage.
– Vingt millimètres d'eau en dix minutes sur Pézenas, les anciens ruisseaux se reforment.
– Les tomates elles morflent là.
– C'est même pas ça, la tige se gonfle d'eau et elle casse toute seule.
– ...
– ...
– ...
– ...
– On parlait de quoi ?
– Qui ?
– Nous.
– Quand ?
– Au début.
– De ?
– Deux demis André.

... Il s'ennuie, il tourne en rond comme Copernic.

Le compas, l'équerre, le rapporteur, c'est l'entrée, plat, dessert chez les mathématiques.

La terre vieillit, tout ce qui est de la géographie devient de l'histoire, forcément.

Le riche a pas d'origine sociale, il a de l'hérédité.

Chez les pauvres, une belle armoire vaut armoiries.

Tu peux traîner mon nom dans la boue, je m'en fous, je m'appelle Charue.

J'ai jamais travaillé, où j'en suis je me dis maintenant, c'est ma carrière.

... Je suis ruiné... un Jet !

... incisive, canine, prémolaire, molaire et la cigarette, ça fait cinq sortes de dents.

Je suis née entre deux jours, c'est pour ça que je n'ai pas d'horoscope.

... exemple, « cracher dans la soupe », c'est une expression qui a bien tenu le coup face à la disparition de la soupe et l'invasion des mots anglais.
– C'est parce que c'est une expression parfaite.

L'enfant de parents non mariés ne trouvera jamais un vieux paquet de dragées dans l'armoire quand ses parents sont pas là, quand il sera en âge de fouiller.
– Ça, c'est du détail.
– Oui, c'est vrai, mais la famille, c'est rien que du détail qui s'accumule...
– Comme la poussière.
– Ça, c'est vous qui le dites.

Les parents non mariés font des enfants aussi normaux que les parents mariés, même plus.

La famille Picasso, elle fait quoi maintenant, elle chie du parfum en attendant que ça passe...

Pour la tribu, y a pas l'allocation tribu, alors pourquoi pour la famille y a l'allocation familiale ?

Le cancer du chômage, c'est pas tellement agréable d'entendre ça pour moi qui suis au chômage et jamais malade.
– C'est une expression.
– J'ai pas le cancer.
– C'est une façon.
– Je suis pas cancéreux.
– C'est pour expliquer.
– À mon âge, je soulève encore des poutres.
– Laisse dire, tu t'en fous.
– J'ai pas des miasmes.
– Écoute pas.
– Le cancer du chômage.
– C'est une façon pour dire.
– Le chômage, c'est bien assez pour qu'en plus on nous colle le cancer.
– La grippe du chômage.
– La grippe ? Même en hiver, je suis habillé pareil.
– Bref...
– Quand y a cinq millions de gens au ski, on dit pas le cancer du ski, on dit, les sports d'hiver.
– On va pas dire les sports d'hiver du chômage pour te faire plaisir !
– Non... quoique... j'y serais bien allé.

C'est une pute, elle poivre les bites.
– Menteur.

Ivre, oui, bourré, non.

Tananarive, un nom comme ça, c'est un coup à déménager.

On boit grâce à vous, mais vous mangez grâce à nous.

Le jour où on comprendra le cerveau, moi, je serai plus là.

Si Jésus revient, ça va être conférence de presse sur conférence de presse.

Autour des prisons, y a pas d'air.

C'est une information régionale à lui tout seul tellement il sort jamais.

Pour le Vaudou, ils tuent une vache, nous pour à Pâques, on tue mille automobilistes.

Une année dans l'espace, le gars est bien payé et en plus il ne dépense rien.

Nous, à la maison, on a une Sainte Vierge qui s'allume, on appuie sur le bouton, elle s'allume.
– Une vraie Sainte Vierge s'allume toute seule.

Kassovitz, de « la Haine », il était à « Surprise sur prise »...
– Quand ça marche au cinéma, après le succès va vite.

C'est une statue de la Madone, je sais plus son nom, en Italie, une fois par an elle pleure du sang, c'est vrai.
– Avec ce qui se passe dans le monde, une fois par an c'est pas beaucoup.

Une Madone qui pleure du sang, elle rit quoi ?

Il a les doigts blancs transparents bien ronds qui imitent à la perfection la couleur du verre vide mais son verre est toujours plein, il est démerdard comme une mante religieuse pour se faire payer un coup.
– J'aime pas les mecs qui picolent comme des insectes.

Il met les patins sur la moquette, non mais tu vois le con que c'est, tu le vois ?

J'ai dû toucher une chenille avec du poil, j'ai le doigt qui a triplé.

Dans toute l'Espagne, ils ont dû interdire le flamenco dans les étages.
– Dans toute l'Espagne ?
– Dans les villes.
– Ah oui parce qu'il n'y a pas des étages dans toute l'Espagne, c'est même une architecture plate.
– Plate ?
– Horizontale.
– Avec des terrasses.
– En haut.
– Barcelone, c'est trente fois comme Paris, en nombre de gens qui font du flamenco, d'où interdiction.
– C'est pas dommage.

Gainsbourg, deux ans avant sa mort, il était déjà mort, et deux ans après sa mort, il est encore vivant.
– Vous m'en direz tant !

Les guerres sont utiles, pas pour nous qui préférons discuter, mais pour les autres.

Sans la bombe atomique, Hiroshima, c'est Vesoul, tu y passes par hasard mais tu y vas pas exprès.

Sur le coup, la bombe atomique aura fait beaucoup de mal à Hiroshima mais, plus tard, elle aura fait beaucoup de bien à son tourisme.

J'ai dix à un œil, cinq à l'autre, quand je lis, je boite.

J'aurais le troisième œil, j'aurais encore mon permis.

Il a le troisième œil.
– C'est pas une raison pour être malpoli.

Les paroles des chansons, franchement, hein, franchement, moi je serais eux, j'en mettrais pas, franchement, la musique ça suffit, non, les paroles et la musique, c'est le pléonasme, franchement, à quoi bon, sinon pour le fric ? La musique c'est l'invention, les paroles c'est de la tchache, c'est tout, on s'en fout, dans la musique classique, si tu crois que t'as de la tchache...

Toutes les paroles ne sont pas bonnes à parler.

Les paroles, c'est pour parler.
– C'est ça.

Étudier les planètes, c'est le bordel, ça bouge tout le temps, autant étudier les bagnoles !

La musique, c'est du bruit dans l'ordre, DO RÉ MI FA SOL, t'as le quinté dans l'ordre.
– Et LA SI DO, y court pas LASIDO ?

Le Discobole, il a un slip en pierre, mais sur la statue, il l'a pas mis... t'as vu le temps en Grèce...

T'as pas plus interactif que le coup de poing dans la gueule.

Je m'en branle des os des dinosaures, je suis pas un chien !

Les diplômes, il en faut, mais d'un autre côté, si tu sais pas remplir tes papiers de la Sécurité sociale, tu peux remballer.

Je pourrais pas détourner un avion, j'ai peur en avion.

Il ne prend même pas la peine de mettre son assiette dans l'évier...
– Et le lycée ?
– Ça prend une minute, il ne le fait pas.
– Et la classe ?
– Il rentre, il mange, il ressort.
– Il est en quelle classe ?
– Deux pas à faire.
– C'est quel lycée où il va ?
– Dans l'évier.

Avec le parachutisme ascensionnel, tu sais jamais à quelle heure tu rentres.

Les immenses châteaux comme ça, ils vivaient tous dans une pièce, c'est pas chauffable, les autres pièces servaient pas.
– C'est bien la peine de construire pour pas servir, on dirait la mairie de Paris.

Les pères meurent de faim, alors les enfants reprennent le flambeau et meurent de faim, la faim dans le monde, c'est presque une tradition.

Si tous ceux qui meurent de faim étaient vraiment morts, il n'y aurait plus de famine dans le monde.
– Il y en a qui ne meurent pas.
– C'est ce que j'explique.

Je m'intéresse qu'à l'imaginaire, le reste, je le sais.

La radio, je regarde ailleurs et la télé, je n'écoute pas.

Faut avoir que dalle dans les bras pour avoir l'idée d'inventer le coupe-papier !

C'est l'écriture qui donne envie d'écrire, pas la vie, la vie, elle donne envie de rien foutre.

Allez... à plus...
– C'est ça oui... à plus...

La parade amoureuse, on picore, mais pour la danse nuptiale on mange beaucoup.
– T'es marié toi ?
– Oui, c'est pour ça que je dis ça, je connais.

Les Indiens mangeaient du bison, un peu de poisson, alors elles viennent d'où les plumes ?

Plus c'est petit, moins ça se voit, sauf le nain, plus le nain est petit et plus on le voit.

Le jour se lève, je me couche, le jour se couche, je me lève, le jour travaille pas de nuit, je travaille pas de jour...

... On se croise...

... On se parle pas...

Cioran est mort.
– Cioran ? Celui qui avait tout le temps mal partout ?

Le morpion va pas sur les arbres.

Il faut sortir de Polytechnique pour savoir qu'il y a un café en face.

Pour trouver un emploi, faut de la patience.
– La patience, la patience, la patience, je suis pas un carré de sucre !

Le stylo Bic, c'est le nom du baron Bich, comme Eugène Poubelle.
– Poubelle, c'est pas un stylo.
– Non.
– T'as dit, « comme », quand on dit comme, c'est pareil.
– Pfu...
– Ah si ! Ou alors, parle une autre langue.

Je m'ennuie tout le temps, mais je me plains pas, je pourrais seulement me faire chier.

Ils ont très bien restauré « le Jugement dernier ».
– Vous savez, moi, les palais de justice... moins j'y vais, mieux je me porte.

J'aimerais bien opérer le corps humain mais pas ranger les outils après et pas la vaisselle.
– Ils ont quelqu'un.

Le journaliste que je préfère, c'est celui qui roule en Solex.

Je suis toujours au café en face de l'École polytechnique.
– Ha, c'est bien...
– Enfin, l'ancienne École polytechnique...
– Ha, c'est bien quand même...

Pour comprendre la facture d'eau, faut faire Polytechnique !
– Combien vous en usez de litres ?
– C'est même pas marqué en litres !

Dans le Midi, on boit pas l'apéritif sous les platanes, c'est les platanes qui poussent sur l'apéritif.

Toute la mémoire génétique de l'œuf se trouve dans le jaune, le blanc c'est un manteau pour tenir chaud, la coquille c'est rien, c'est qu'un chapeau.

J'en sais beaucoup plus en lisant *Télé 7 jours* qu'en regardant la télé.

Entre les couilles de l'homme le plus beau du monde et les couilles de l'homme le plus laid, t'as pas des kilomètres de différence, ça rabat le caquet, les couilles.

Ses légumes, tous pourris !
– Elle a pas de clients.
– Raison de plus pour pas exposer des légumes pourris quand y a personne dans le magasin... non mais...

La crotte de nez ne fait pas un bon engrais.

Vous savez combien vous avez de cheveux, vous ? Non ! Ça vous empêche pas de vous coiffer ! Le nombre d'habitants sur la terre, faudrait pas que ça vous empêche d'y penser !

Et toc !

Prends ça dans les dents !

Il aime pas les cons.
– Personne les aime.

J'ai perdu toute ma matinée aux objets trouvés !

Dans le Maghrébin, y a à boire et à manger...

Faut que j'aille faire des photos.
– Maintenant ?
– Pour mes papiers.
– Maintenant ? T'as vu ta gueule !
– Je m'en fous, c'est des photos.
– Ça peut pas attendre demain ?
– Faut que j'aille faire des photos !
– T'as vu ta gueule ?
– Je m'en fous, c'est pour des photos.
– Des photos de toi.
– Des photos d'identité pour les papiers.
– Des photos de toi.
– Des photos d'identité.
– Dans l'état que t'es, tu ferais mieux de mettre la photo de ton cul.
– C'est interdit.
– ?
– ...
– Je blague.
– Sinon je le fais.
– Je blague.
– Je le fais !
– Je blague.
– Faut que j'aille faire des photos de mon cul pour les papiers d'identité.
– Faut pas blaguer avec toi...
– Pour mes papiers...
– Maintenant ? T'as vu ton cul ?
– Tu te fous de ma gueule !
– Non, mais tu les feras demain tes photos.
– NOOOOOOOOON ! Tout de suite !
– Tu veux faire des photos d'identité, tu sais même plus comment tu t'appelles.
– Justement !

Internet, ils livrent le lait ?

La première chose à faire pour jouer du piano, c'est soulever le couvercle.

Un orchestre de cent violons, c'est toute la SPA qui y passe en boyaux de chats.

La musique, ça peut faire pleurer si c'est bien joué.
– Jamais j'ai entendu de la musique bien jouée, jamais !

Chaque fois que je vote pour un gars, c'est l'autre qui gagne, et au Loto c'est pareil.

Depuis quinze ans, plus on vote et moins y a de boulot, on dirait que le boulot se barre dans l'urne comme l'eau par le trou du lavabo, ah si, c'est à croire ça...

Donnez-moi un point d'appui et je soulève le monde.
– Donnez-moi un point d'appui et je me lève le matin.
– ...

Quand on habite Rueil, on parle pas de la Bosnie !
– ?

Le plus gros cul c'est pas le vacancier, c'est l'estivant.

Les Suisses sont très propres, et ce n'est pas moi qui le dis, ce sont les scientifiques.

Tu me feras penser Dédé, je te ferai un beau cadeau pour la fête des pères, pas ce samedi mais l'autre samedi, tu m'as bien aidé, il m'a bien aidé pour mon déménagement, Dédé il est sérieux, hein mon Dédé, il m'a tout bien rangé dans les cartons, tu sais, c'est pas n'importe qui que je laisse entrer chez moi, j'ai confiance, y en a d'autres qui y foutront jamais les pieds, c'est pour ça que je t'envoie à la banque, c'est bien que j'ai confiance, tu m'y feras penser que j'oublie pas, je vais le marquer sur le cahier... Dédé, une bouteille de rhum Négrita, si si, un déménagement ça se paye...

Dans les petits villages de montagne, les gens sont grands pour aller chercher la lumière.

Si je mets pas d'engrais dans mes rosiers ils se laissent mourir, ils sont tout blancs comme si je supprime le RMI.

En Corse, ils font voter les morts.
– Un mort, c'est réac.

Même la nature est assistée de nos jours.

Le cheval de course qui gagne l'Arc-de-triomphe, on lui donne un croûton de pain ou une carotte, tu parles d'un vol !

Dans le mot connerie, y a le mot con, connerie c'est un mot genre fruit à noyau.

Ça serait culotté que Mitterrand se présente aux municipales.

Le rosier, ce qu'il aime, c'est le crottin de cheval.
– On dirait pas.

Les soirées inoubliables, je me fais toujours chier.

Je me souviens des petites choses mais tout ce qui est inoubliable je ne m'en souviens plus, j'ai la mémoire, c'est du gravier.

Il connaît plein de choses mais on comprend rien à ce qu'il dit, c'est un dictionnaire à l'envers.

Regarde-le ce con qui téléphone dans la rue, regarde-le, alors c'est ça la mode maintenant, téléphoner dans la rue, entre les bagnoles, c'est là qu'on fait chier les chiens, avant fallait aller à la cabine publique, après le téléphone c'était à la maison sur le buffet, maintenant c'est à la main dans la rue, bientôt ils vont se le faire greffer sur la gueule leur téléphone ces cons-là, à la place des joues, comme ça pour se faire la bise faudra se téléphoner… c'est ce qu'ils font d'ailleurs…

BLING, c'est pas un bruit, c'est considéré comme une connerie que quelqu'un a faite dans la cuisine.

C'est pour tous ces cons qui téléphonent qu'on envoie des satellites.
– Tu téléphones jamais toi peut-être ?
– Jamais, je veux pas être responsable des satellites.

Tu rebois ?
– J'ai jamais arrêté.
– ?
– ?
– Je confonds.
– Sans doute, moi j'ai jamais arrêté.
– ?
– Je te mentirais pas là-dessus.
– Je sais… ça me reviendra…
– … pendant la nuit, ça revient.

Philippe Gildas, c'est un peu le Jean Amadou de Canal +…

Pour maigrir, il faut manger des légumes mais pas des patates, les patates c'est pas des légumes, c'est des nouilles.

Il en faut des essais nucléaires, sinon comment veux-tu essayer ?

L'ascenseur marche jamais.
– Dans les vieux immeubles, l'ascenseur, c'est le talon d'Achille.

Je suis né un 15 juin, en plus c'est vrai.

Cinq doigts, cinq sens, cinq continents...
– ...
– Si tu crois que c'est du hasard...
– C'est comme ça.
– Cinq doigts, cinq sens, cinq continents.
– ...
– Si tu crois que c'est du hasard.
– C'est comme ça.
– Si tu crois que c'est du hasard.
– C'est comme ça.
– Un doigt, un sens, un continent, ça correspond comme ça.
– C'est comme ça.
– Si tu crois que c'est du hasard.
– Mais je crois rien ! Je m'en fous ! Tu fais chier à la fin !
– Ah là là, voilà, ça y est, monsieur se prend pour Navarro !
– ?
– ...
– Qu'est-ce que vous lui avez servi ?

Vous ne surveillez jamais votre riz qui cuit ?
– Ah non...
– Ça vaut mieux que la politique.

Ses meubles à Tapie, tu les fous dans ta caravane, illico t'as plus de place pour rien.

J'aime pas les montres où y a pas d'aiguilles.
– C'est vieux les aiguilles.
– Moi j'aime bien les aiguilles.
– Là c'est affiché, vous avez l'heure marquée.
– Oui, je connais mais j'aime pas.
– On lit tout de suite l'heure.
– Moi j'aime bien les aiguilles, la grande, la moyenne, la rapide.
– Vous aimez chercher l'heure dans une botte de foin, vous.

L'heure au soleil, y a pas d'aiguilles.
– Sauf si vous regardez le soleil à travers un sapin.

... **r**éponse à tout...

Pour moi, le caniche, c'est pas un chien, c'est un champignon.

J'ai mon poisson qui fait un trait blanc avec son cul comme les avions dans le ciel.
– C'est normal, c'est la crotte qui est comme ça.

... C'est un petit singe, elle grimpe partout, elle va partout, c'est une petite fille très vivante...
– On sent que vous l'aimez.

Il a une ruche dans son jardin, ses abeilles viennent manger mes fleurs, croyez-vous qu'il m'offrirait un pot de miel de temps en temps ? Croyez-vous ? Non... un jour moi ses abeilles, je les encule.

Je sais pas si la télévision est une fenêtre sur le monde, mais toutes les émissions que je regarde, les volets sont fermés en tous les cas.

C'est la grève à la télé, y a rien.
– Ha bon, vous êtes sûre ? Parce que moi, j'ai regardé.

Il y a un mot que je ne dis jamais.
– Vas-y, dis-le.
– Ah non !

J'aime bien les pharmaciennes, j'ai le cœur à gauche mais la bite à droite.

Tu est propriétaire de ton corps mais avec le sida, tu passes locataire.

Vous sortez dehors sous le soleil avec ce soleil ?
– J'ai mon chapeau.
– Et le cancer ?
– Du chapeau ?

Avec l'homme bionique, c'est la fin des contredanses.

La journée des pédés, fais-moi marrer, je me branle trois fois par jour et y a pas une journée pour ça !

... On protège la famille, mais on est de l'UAP oui ou non ?

Le Concorde a toujours pas le droit d'atterrir à San Francisco, d'accord, et il atterrit pas à Coulours non plus.

Quand je serai mort, je veux plus qu'on me parle.
– Vous rebuvez quelque chose ?

On est habitués aux bruits de bottes mais attention, faut faire attention, parce que le Front national, ils mettent des chaussons.

En Bavière, les gros cons que c'est encore pire que nous.

C'est toujours la femme qui achète les sous-vêtements pour son mari.
– Moi c'est ma mère qui me les achète.
– Elle doit vous prendre les mêmes que ceux de votre père.
– Je sais pas, ils me vont.
– Vous avez la même taille que votre père.
– Ha bon peut-être…
– Mais si ! Sinon les sous-vêtements de votre père ne vous vont pas.
– Ce sont les miens.
– Et si ça se trouve, votre fils les met.
– Ça m'étonnerait !
– Demandez à votre femme.
– Jamais mon fils mettra mes slips !
– Pas eux, mais la même taille.
– On est pas des Vikings.
– La même taille.
– Mon père, mon fils, moi, on aurait tous la même taille ?
– En slip.
– En sous-vêtements ?
– Oui, pardon, en sous-vêtements.
– Non.
– Tout le monde, à un moment donné de sa vie, passe par la même taille de slip.
– Sous-vêtements.
– Oui pardon, sous-vêtements… à un moment donné de leur vie, toutes les femmes achètent la même taille de slip.
– Alors là, excusez-moi de vous dire, mais c'est non.
– Comment vous pouvez savoir ça vous, c'est votre mère qui les achète.
– Qu'est-ce que vous en savez ?
– C'est vous qui l'avez dit.
– J'ai dit ça, ça m'étonnerait.
– Y a pas une minute.
– J'ai pas dit ça.
– Si.
– Non.
– La prochaine fois, j'enregistrerai avec un magnéto.
– C'est ça, enregistrez avec un zinzin.
– Je sais ce que j'entends.
– Je sais ce que je dis, en plus c'est pas mon père, c'est mon beau-père.
– Votre maman s'est remariée ?
– Avec mon beau-père.
– Elle choisit les slips de votre beau-père.
– Les sous-vêtements.
– C'est pareil.
– Non, les sous-vêtements, ça comprend le haut, le slip c'est le bas.
– Vous avez la même taille de slip que votre beau-père.
– Ça n'est pas vraiment la famille.
– Tout le monde un jour a la même taille de slip, père ou beau-père.
– Les Vikings, toute la famille buvait dans le casque.
– Oui, peut-être, je ne sais pas.
– Vous voyez que vous ne savez pas tout !
– Je dis pas ça.
– Je savais que je vous embrouillerais avec mes Vikings.

... On trouve des planètes qu'on voit pas, rien que par le calcul, on doit bien pouvoir trouver un café inconnu dans une rue.

... Si si si, et il trouve les cafés par calcul, tout est logique dans la position des cafés, un marché, tu as forcément un café du marché, un stade, tu as le café du stade, il dit, on marche deux cents mètres et vu la position du marchand de journaux, on tourne à droite et on tombe sur un bistrot, avec lui vous risquez pas de rester avec la langue comme ça, il a un sens logique, y en a bien un qui a dit que la terre est ronde en restant assis devant sa table à calculer, c'est pas plus difficile que ça.

Réduire le taux d'alcoolémie de 0,7 à 0,5, je vois pas ce que ça change, j'ai toujours 2.

Pour un travailleur de force c'est pas pareil, tu peux boire plus, c'est pas pareil dans le terrassement, ou alors tu transportes du parpaing toute la journée, c'est pas pareil, tu bois mais tu élimines, et en plus si tu bosses sur un chantier souvent tu rentres en métro, tu risques pas de planter la Mercedes.

Il bat ses enfants.
– C'est mieux que le contraire.

... et il se balance, et il se balance, et toute la bière dans son ventre qu'on entend ça fait floc, ah si je vous jure, on entend floc là-dedans, ça doit mousser, c'est la sève qui balance dans les champs de blé !

... de 0,7 gramme à 0,5 gramme, t'as 0,2 gramme de différence, moi je passe à la balance avec mon 38 tonnes, si je pèse 38 tonnes et 0,5 gramme je passe, et 38 tonnes et 0,7 gramme, je passe pas, avoue que c'est enculer les mouches !

... C'est pas comme ça...

... je sais, je blague...

L'alcoolémie, c'est le style de l'homme.

Une fois, bourré, les gendarmes m'arrêtent, ils me regardent les papiers, la voiture, ils me disent que j'ai bu, je dis oui j'habite pas loin, ils me disent attention, je dis c'est exceptionnel, ils me disent la prochaine fois bon, je dis oui je sais excusez c'est un pot au boulot, je sais pas si c'est le mot boulot mais ils m'ont laissé partir comme ça sans rien, quand je vois ça, je dis que c'est une très bonne publicité pour la gendarmerie.

Qu'ils s'occupent de la Bosnie avant de s'occuper de l'alcoolémie !

J'ai chié deux fois dans mon pantalon, mais toujours pour des bonnes raisons.

Le gars qui meurt de faim, il cherche de la bouffe partout, rien, si les autres le mangent, c'est lui la bouffe, il y a pas pensé, il cherchait de la bouffe partout, pas là, alors que la bouffe pour le coup, elle était grosse comme le nez au milieu du visage.

Dans certains pays en guerre, suffirait de crier « À table », tu sauves des milliers de vies.

Pour quelqu'un qui meurt de faim, on dit jamais le prénom, j'ai jamais entendu Marcel est mort de faim, je dis Marcel parce que je ne connais pas les prénoms des gens qui meurent de faim, alors je dis Marcel, on y croit pas tellement mais c'est ça ou dire un prénom arabe pour un Noir et c'est pas mieux, pour savoir les prénoms de tous ces gens du Rwanda ou d'ailleurs, il faut se lever de bonne heure, et en plus cherchez la mairie sur Minitel, essayez, vous comprendrez ce que je veux dire, vous comprendrez, oui vous comprendrez...

Le cheval est d'une grande beauté.
– De quoi je me mêle !

Pour la mer Caspienne, il dit la mer casse-pieds.
– Vous avez de la chance d'avoir un chef qui rigole.
– Holà oui, mais attention, dans le travail ça ne rigole pas ! On rigole et la main part dans la presse !
– C'est comme ça qu'on voit ceux qui rigolent chez vous, ils ont pas de mains.

Toute cette chaleur d'un coup, c'est pas humain.
– On comprend qu'en Afrique, personne travaille.

La mode est au transparent.
– Franchement, vous avez un bouton aux fesses, tout le quartier est au courant, ce sont des modes que je ne comprends pas, mais pas du tout alors...

Trouve-moi un seul mec intelligent qui parle bien bagnoles !
– …
– Un seul !

Bergson, le philosophe, c'était un enculé.
– Moi, je ne juge pas les gens.

L'intelligence, tu peux parler de quelques sujets, la connerie, tu en as mille fois plus, et je ne défends pas la connerie quand je dis ça, je constate, c'est tout.

… la connerie a pas besoin d'avocat.

C'est pas cohérent ce que tu dis.
– Ha bon ? Moi je trouve.
– Tu fais pas une friture avec un poisson.
– Moi je le fais.
– C'est pas cohérent.
– Qu'est-ce que tu me fais chier avec le cohérent ! Je fais cuire le poisson comme je veux et je t'emmerde !
– T'es pas cohérent.
– Viens manger à la maison, tu verras ma friture d'un seul.
– On fait pas une friture.
– C'est du poisson.
– On fait pas un poisson.
– La daurade.
– C'est pas de la friture.
– T'en sais quoi toi ?
– J'ai certainement mangé plus de daurades que toi !
– On serait pas des amis, ça finirait en bagarre cette connerie.
– Dis tout de suite que je suis con !

Si j'allume tous les phares de ma bagnole, on me voit de la lune.

Une ville, ça se visite, sinon autant mettre un drap dessus… j'ai pas raison ?

Quant les chevaliers s'éraflaient l'armure, ils ne faisaient pas de constat comme nous maintenant, quel temps on perd !

Si tu mets de côté tout le temps perdu depuis les hommes préhistoriques, tu peux tout recommencer depuis le début.
– Tout recommencer, rien que d'y penser, j'ai mal partout.

J'avais rien à dire.
– Un repas de mariage comme ça, eh bé.
– Rien à dire.
– Eh bé.
– Rien.
– Hé.

... je serais une plante verte, je m'arroserais toutes les deux minutes...

Vous buvez quelque chose ? – Évidemment.

Il est mort.
– Noooooooooooon.
– Si, je vous dis que si.
– Noooooooooooon.
– Si.

Sarajevo, ça finira mal cette histoire.

La mort, je m'en fous, je suis déjà mort hier.
– Justement, vous êtes parti et les consommations...

... tu peux tuer personne avec un couteau à beurre, tu tues même pas le beurre...

Jamais je suis arrivé en retard au travail, jamais, et ils m'ont viré !
– Pareil ici, jamais en retard.
– Vous allez pas me virer vous aussi !

Tu vis dans la nature et tu finis plaqué, et y a pas que l'ébène logée à cette enseigne, y a l'okoumé.

L'homme le plus grand du monde, c'est que de l'os à moelle là-dedans.

Des rateaux partout.
– ...
– Dans mon rêve.

Un orage ! Oh là là ! Des éclairs comme mon bras... comme mes deux bras... comme vos bras à vous... comme tous les bras d'ici...

... même si on les regarde pas, ils continuent à travailler, pour dire comme ils sont cons à la télé...

Avec cette chaleur, je suis toute collante, une mouche elle se pose, je la ramène à la maison.

Les poulets, les enfants, tout ça c'est petit et ça grandit, y a pas énorme différence.

... la boule qui
tourne au plafond,
c'est féerique...

Quel âge il a ?
– Quartorze ans, toujours dehors, le dedans, il ne connaît pas.
– C'est de son âge.
– À son âge, moi, j'étais toujours dedans.
– Dehors, dedans, c'est ça qui change le plus avec les époques.
– Toujours dehors.
– C'est plus grand.
– Dedans c'est pas petit.
– Dedans vous n'avez pas les rues.
– Les rues, les fameuses rues pour traîner ! Une ville sans les rues, on s'y installe tout de suite ! Ah si ! Si !
– Oui mais pour les courses ?
– On fera livrer.
– Il a qu'à devenir livreur si il est tout le temps dehors.
– À quatorze ans, on ne livre pas, on reste dans sa chambre.
– Vous êtes de la vieille école.
– L'école du dedans ! Moi, pour sortir, il fallait que je demande au moins la veille, on allait pas dehors comme ça, c'était pire que les frontières de maintenant.
– On ne peut pas mettre des douaniers devant les portes.
– La douane, c'est au jeune à l'avoir dans la tête, le dedans, le dehors, tout est là, c'est ça qui dirige le monde.
– Il n'y a pas moitié dedans, moitié dehors, il y a certainement plus de dehors que de dedans.
– Raison de plus pour rentrer !

Plus personne fait d'enfant, l'homme disparaît de la terre.
– J'en ai quatre.
– Vous resterez tout seul avec vos quatre.

La petite est tombée du sixième étage, elle a rien eu !
– Les enfants sont mous.
– Mous ? Pas tellement.
– Si, après ça durcit.

Je hais le monde.
– Buvez déjà ce que vous avez commandé.

Les mots, j'en dis un, j'en dis un autre.
– On est pas couché avec vous.

On pète pas avec la bite, et pourquoi on pète pas avec la bite ?

La barbe, ça fait viril, c'est comme une bite au menton.

Les architectes ne savent jamais où habiter, c'est comme les chiens qui tournent pour s'asseoir...

Quand elle pond son œuf, la poule, je suis sûr qu'elle regarde devant avec son œil dans le vide.

Quand j'étais petit, c'est moi qui allais, six-sept litres de vin, par jour, que je ramenais, même pour te prouver, y avait une petite bille rouge cadeau dans le couvercle pour avoir des bouteilles gratuites.
– Je te crois, tu n'es pas obligé de fouiller des souvenirs.

On dit l'oiseau de mauvais augure, alors qu'il y a des cars de flics partout...

Au cas où la baston et je saigne, j'ai toujours sur moi des serviettes en papier.

Vous savez mon idée ?
– Non.
– Des coquillettes.
– Pas bête.

La peur, plus on en parle, plus on a peur.
– Ça dépend, dans le noir, oui, dans le jour, non.
– Dans le noir.
– Vous savez, ça fait des années que je ne parle plus de la peur dans le noir.
– Moi non plus, mais avec mon petit-fils...
– Ah c'est vrai que vous avez votre fille chez vous en ce moment...
– Il joue dans le noir.
– C'est moins cher qu'un ordinateur.

Un mec sort un rasoir, je dégueule dessus, c'est ma tactique.
– Je me battrais pas avec toi.

Les deux chaussettes à l'envers, t'as plus de repères.

V'là Robocop... ha ha... pousse-mousse pousse et ça mousse... pousse-mousse et ça mousse... elles sont pour moi les fleurs ?... Tintin au Congo... ha ha... t'as pas un franc ?... Columbo... comme les Rois mages, en Galilée, allez, venez chercher l'étoile du berger, comme les Rois mages, où tu iras j'irai, fidèle comme une ombre, jusqu'à jusqu'à jusqu'à... ha ha... mission impossible... les sirènes d'Alexandrie... les sirènes d'Alexandrie me chantent encore la mélodi, i, i, ie, ... où tu iras j'irai, jusqu'à destination... tu t'es coupé les cheveux tout seul ? Tout seul... la nouvelle Mercedes... ha ha... tu me connais pas, avant j'avais un manège... avec mon mari sur le boulevard... donne-moi des sous... comme les Rois mages, en Galilée, va chercher l'étoile du berger, où tu iras j'irai, fidèle comme une ombre... je suis une foraine... jusqu'à destinationnnnnnnnn !

La Vache qui rit emballée par Christo, c'est une idée de pub aussi...

... la musique a véritablement démarré il y a dix ans...

... pour arriver à la cheville du « Jeu des mille francs » ils peuvent s'accrocher les jeunes...

... On trouvera jamais sur terre deux hommes qui ont tout à fait les mêmes souvenirs...

... il faut que je mange quelque chose, sinon je vais crever...

Le vin blanc monte directement à la tête, si t'as pas de tête, c'est même pas la peine d'en boire.

Pour monter à la tête, le vin blanc passe par le cou, c'est la route du vin.

On a vu les étoiles, les galaxies, les constellations avec un gars qui expliquait dans un micro comment l'univers ça marche, et on est allés manger après, la viande, bonne, mais les frites, trois frites qui se battaient en duel, surtout après les milliards d'étoiles d'avant, j'aime autant dire que ça fait petit.

Ça fissure tout l'atoll leurs essais nucléaires.
– Vous me dites ça à moi ? Un atoll fissuré ? À moi ? Vous avez vu l'escalier d'où j'habite ?

Dans la gendarmerie, vous n'avez pas du nucléaire, et ça marche très bien.

La dissuasion de mes couilles !
– Je sais, avec vous, dès qu'on parle dissuasion, c'est les grands mots.

Un atoll c'est quoi, une merde de mouche sur une carte pas plus grande que l'Australie…

Obligé qu'on doit réactualiser les bombes nucléaires.
– Tant qu'on fait pas des vases avec les anciennes, moi je dis qu'elles sont encore bonnes.

Partout sur terre, il y a de l'horreur, mais pas dans les potagers, vous avez remarqué ?

Les sourds disent plein de conneries aussi, mais c'est avec les mains, comme les sculpteurs.

Elle a des jolis yeux, mais des jolis yeux !
– Quel âge elle a ?
– Cinq ans, ils sont verts.
– Des yeux verts à cinq ans, elle aura son bac.
– Oh oui, ça c'est tout à fait possible.

Au cinéma, je m'endors, et je crois que ça ferait un bon sujet de film d'ailleurs…

... Non non, ça m'a rien fait le pastis pur, j'ai mal, mais j'ai mal au bide...
– Pur, normalement ça fait du bien.
– J'ai mal, mais j'ai mal.
– Vous en voulez un autre ?
– Non non... un demi-pichet de rosé avec un verre, oui, on va voir.
– Comme vous voulez.
– Le prenez pas mal.
– Non non, de toute façon, je suis pas docteur, c'est des remèdes comme ça, c'est ce qu'on dit, moi c'est pour aider le client...
– Et la Suze ?
– Moi là je ne vous conseille pas, là non, après les pastis purs et le rosé, je ne vous conseille pas, mais d'un autre côté, je ne suis pas docteur non plus... écoutez, buvez le rosé, après vous me dites...
– Oui.
– Les bergers, ils ont un poinçon pour percer la panse des moutons ; l'alcool d'artichaut c'est bien mais j'en fais plus.
– L'alcool d'« artichaut » ?
– On fait de l'alcool avec tout.
– Je connaissais pas.
– On peut pas tout connaître et tant mieux.
– Surtout que je suis patraque.
– Vous-même, là, à mon avis, vous fabriquez de l'alcool, c'est pour ça que vous avez mal.
– ?
– Vous avez bu des alcools lents comme les pâtes, ça se transforme en alcool dans l'organisme, c'est toute une alchimie interne.
– Où vous avez su ça vous ?
– Ici... oh mais je pourrais vous en dire qui vont vous étonner.

Elle est vachement belle, son chien est vachement beau, elle vient le faire chier juste ici devant nous.
– C'est parce qu'on est laids.

L'oiseau il est passé, il s'est pris le hanneton en pleine gueule.
– Y a plus de hannetons.
– Y a plus de hannetons ? Alors là mon con, l'oiseau il arrivait du portail, le hanneton il s'est barré du tilleul, il se l'est pris en pleine poire !
– ...
– J'ai jamais vu ça !
– C'est pas un hanneton, y a plus de hannetons.
– Monsieur « je sais tout » !

Aux Chèques postaux, vous mettez une caméra, ça fait aussi des émissions.

... C'est triste à dire, mais son anniversaire tombe le jour de Noël alors obligatoirement, on s'en fout de son anniversaire...

Je voulais un animal à la maison mais j'ai tellement peur du délirium...

Quant il est saoul, il parle tout seul, on comprend pas ce qu'il dit, il sait plus ce qu'il fait, il se tortille, comme quand t'arraches une queue de lézard, c'est une queue de lézard...

Je suis passée devant l'immeuble de la télévision...
– Lequel ?
– L'immeuble avec des vitres, eh bien dites donc, je sais pas où ils font les films parce que de dehors quand on voit, c'est que des bureaux.
– Lequel ?
– L'immeuble.
– Connais pas.
– Oh, vous avez rien perdu, c'est que des bureaux.

Tous ceux qui sont virés de la télé disent que de toute façon ils veulent écrire des livres.
– Et ça marche dans l'autre sens.

Avec cette chaleur je bois dehors au café qui est sur la nationale...
– À l'angle ?
– C'est ça, en face du loueur d'étangs, parce que les camions qui passent, ça me rafraîchit.

Je vais me faire brûler devant l'Élysée, j'en ai plein le cul de chercher du boulot.
– Vous serez bien avancé quand vous serez tout cloqué, tenez... et qui c'est qui voudra de vous quand vous serez carbonisé, tenez...

J'ai pas le droit de vote, alors j'ai voté dans ma tête.
– Pour qui ?
– Non, non, non, non, non, c'est secret.

Et un hérisson-cornichons !

Être propriétaire d'une

Je vous jure que ça fait peur, tout ce désert sans personne à part nous, c'est vraiment un anniversaire où personne est venu... comme angoisse.

Le désert, c'est propre.

Des villes partout et tout d'un coup, plus une seule ville, le car s'arrête, vous êtes à la limite du désert, et vous en avez, vous en avez, la dernière ville finalement, c'est dans le car.

En vacances, on dit toujours les mêmes choses, du style, combien il y a de milliards de grains de sable sur la plage, et à la rentrée on s'en fout, ça c'est la question typique de vacances.

On a des dents, tout de suite les mecs font des études pour être dentistes, si ça c'est pas des vautours, je sais pas ce que c'est.

J'ai jamais bu autant sans être saoul, des fois je suis bourré précoce, là c'est peine à bourrer... c'est la veille de la pleine lune.

Le cancer va toujours là où y a du monde, à plus de quatre dans un bureau, il arrive.

La fragilité de l'humour, tu comprends ?
– ...
– *L'envers.*
– ...
– *L'humour de fragilité, pas l'humour d'agression, on s'en fout, l'humour de fragilité, qui a une puissance folle.*
– ...
– *Tu fais de l'humour, et c'est toi qui es en danger...*
– ...
– *C'est le seul intérêt, tu peux être malheureux, et c'est une fragilité qui demande de la force, c'est là où je voulais en venir, peut-être plus de force que pour être fort, de la force pour être fragile, à la limite du truc, tu comprends ?*
– ...
– *Je suis bourré peut-être...*
– *Comme la boxe.*
– *Hein ?*
– *La boxe, le sport.*
– *Hein ?*
– *La boxe.*
– *Quoi la boxe ?*
– *Je suis bourré peut-être...*
– *Non c'est moi.*

... j'ai chié tout mon comptant...

gravière, moi j'aurais pas idée.

La saison des abricots va passer et je n'aurai pas mangé un seul bon abricot.
– Mais non, mais non, il ne faut pas dire ça.

Avoir cinq ans et pisser contre un arbre, c'est ce que je demanderais au Bon Dieu...

Chez Casto y a tout ce qu'y faut !
– ...
– Outils et matériaux.
– Fais pas chier, tu peux pas aller plus loin là !
– La Zoubida, la Zoubida !
– ...
– Moi je vais me barrer à cent bornes de Paris.
– Pousse-mousse ça mousse !
– Juste cent bornes, maxi cent vingt, en direction de la mer, c'est une ouverture, dans l'autre sens c'est claustro, tu t'approches à cent bornes de la mer, je la vois, ah je te jure, je la vois là-bas...
– La Zoubida !
– Cent bornes en direction de la mer...

Par rapport à toute l'histoire de l'univers, la préhistoire, c'est mercredi.
– Oui oui oui.

Elles tournent dans la cuisine, elles tournent en se cognant aux carreaux pour sortir, ceux qui disent que les mouches sont plus intelligentes que l'homme, je sais pas où ils sont allés chercher ça ceux-là...

Toi t'es fou.
– Pas plus qu'un connard.

Moi, y a déjà longtemps, le docteur il me l'a dit, vous avez un cœur qui bat lentement, comme Anquetil, vous vivrez jusqu'à cent ans.
– Anquetil, il est mort jeune.
– Oui, mais bon...

Tous ces ministres qui sont logés gratuitement, et la fille, et la famille, et les petits copains, non mais franchement, on croit rêver !
– Plus on a de l'argent et moins on paye.
– Et Juppé, pareil !
– Tous les mêmes.
– Honteux ! C'est honteux !
– Tous pareils.
– Vous savez combien je paye par mois pour un deux pièces ?
– On a voté, maintenant, ils font comme les autres.
– Juppé, il sait pas reconnaître son trou du cul d'un trou dans la terre.

L'Élysée, Matignon, si ça se trouve, y a cent ans, c'étaient des HLM et aujourd'hui, vous avez vu qui ils ont mis dedans ?
– ?
– Pas nous.

... je ne sais plus son nom mais c'est un papillon qui vit une seule seconde, et encore, sauf accident...

Je l'ai ouvert, je l'ai refermé.
– Vous me le prêterez ?
– Ah je vous le donne même, moi, les romans à l'eau de fleur...

... ils n'apprennent même plus les dates...

... de mon temps, j'étais jeune...

J'aime bien les jolies choses, oui, j'aime bien, mais à petite dose.

Il est pudique, mais à un point, je suis sûre, même son slip l'a jamais vu tout nu !

C'est toujours les pauvres qui payent, toujours, à croire qu'on nous entortille le porte-monnaie avec l'ombilic à la naissance.

Les détecteurs de mensonge, ils trichent sur les prix.

Au pôle Nord, au pôle Sud, à l'équateur, l'homme s'acclimate partout, il n'y a qu'en banlieue qu'il ne s'acclimate pas.

Une belle bande de voleurs aux HLM, avec eux, c'est une abeille par ruche.

Chirac, à part de Gaulle, qu'est-ce qu'y connaît ?

Je suis un être humain, comme vous, comme lui, comme lui...
– Oui oui...
– Je suis un être humain...
– Oui oui, tout le monde est un être humain ici.
– Vous êtes un humain.
– Oui oui, y a que des humains ici.
– Nous sommes des êtres humains.
– Oui, c'est ça... y commence à me fatiguer lui avec ses humains...
– Tous des humains.
– Oui, tous humains... allez, ça va comme ça maintenant, vous avez assez bu.
– Je suis un humain.
– Oui, je sais.
– Nous sommes tous humains.
– Oui, mais y en a ailleurs des humains aussi, y en a pas qu'ici, y en a au lit, ça va, ça suffit, rentrez chez vous...
– ...
– C'est ça... voilà... allez... voilà... attention, hop, voilà... non, le journal il reste ici... voilà... au revoir...
– ...
– ...
– Si ça se trouve, t'as viré un extra-terrestre.
– Oui, eh ben bon, des extraterrestres comme ça, c'est pas la peine, j'en ai assez sur terre...

Les indigènes maintenant avec la civilisation, ils boivent du pastis et ils mangent du crapaud.
– Ça va pas ensemble.

Vous avez vu la Bosnie, et nous on va faire des feux d'artifice.
– Chacun fait ce qu'il veut.
– Oui mais bon...
– Vous allez sortir pour la Bosnie vous ?
– Je vais au feu d'artifice.
– Alors... vous êtes absolument dans votre droit aussi.
– À Sens c'est passé communiste.
– Vous allez compter les fusées ?
– Ah pas du tout.
– La Bosnie elle est loin.
– De Sens ?
– De tout.

Toute la vie tu roupilles et quand t'es mort t'as les yeux ouverts.
– Oh ! Oh ! Moi je suis en vacances depuis hier alors ça va tes histoires...

Personne ne garde une demi-bouteille de pastis pendant quatre-vingts ans dans le buffet.
– C'est vrai.
– Bien sûr c'est vrai ! Essayez.

... il voulait m'enculer, alors que même dans le gâteau j'ai jamais la fève.
– La galette.
– Oui, la galette.

Le plus grand taux de suicide, c'est chez les profs.
– Avec les vacances qu'ils ont ? Les plus grandes vacances c'est dans l'Éducation nationale.
– T'as le plus de morts.
– C'est la route des vacances l'Éducation nationale ou quoi ?

Hendrix, fallait voir la vitesse des doigts aussi...

Molière ? C'est une queue de cheval qu'il avait je crois.

La fille Évian, tu crois qu'elle en boit de l'eau ?
– …
– Ah non mais attends, l'héritage ça fait pas du bien si t'es pas solide nerveusement.

J'ai lu tout Balzac.
– Beu.
– Si, les quatre bouquins je me les suis ingurgités.

Des heures à attendre le train.
– Les heures, c'est fait pour ça.

Il est rentré dans la boulangerie et on l'a jamais revu.
– Où ?
– En face du Saint-Jean.
– Évidemment, c'est une boulangerie qui fait salon de thé où il y a des alcools de tous les pays.
– Ahhhhhhhhhhhhhh…
– Vous inquiétez pas, il est pas devenu boulanger votre ami.
– Moi je pensais à une porte derrière.
– C'est encore possible, les portes derrière, tout le monde en a.

J'existe pas, je suis une fumée de cigarette.
– Alors là, je vois pas le rapport.

Il avait une araignée au plafond, un taré, il s'est tiré une balle dans la bouche, résultat, il a plus de plafond.

T'as beaucoup plus de poissonneries à Paris qu'à la mer, compte, c'est pour ça qu'on a les mouettes.

Toute sa vie il a peint des fleurs.
– Vous m'en direz tant !

Y avait un reflet rouge dans mon verre qui venait de je sais pas où, c'était moi et ma veste... rouge... je croyais que c'était le soleil c'était moi...

Il a pris des cachets, il a bu de l'eau de cologne...
– Noooooon... !
il est mort ?
– Non, il a été casse-couilles toute la soirée.

J'ai payé dix tournées !
– Putain, c'est Remy Julienne lui.

À deux mètres de différence, t'as un café qui marche et l'autre café à côté marche pas, les mecs s'arrachent les cheveux.
– C'est insoluble.
– Oui, c'est ça sans doute.

Autout de Paris, ce sont les environs de Paris et après les environs, après les environs, alors là, demandez...

Tu sors de Paris, t'es « environ » ! Pour qui y se prennent à Paris ? !

Un vrai réveil en fanfare, j'avais mis le réveil et en bas y avait une fanfare...

Ils lui ont fait un trou dans la gorge et c'est par là qu'il respire.
– Ah là là le tabac... le tabac... et le moral ?
– Ça va, il rit.
– Il rit ?
– Oh, pas comme vous et moi, mais on entend un peu, ça sort par le trou.
– Hein ?
– Ici.
– C'est horrible !
– Quand je dis qu'il rit par le trou, j'exagère, il sourit.

Une salade qui sait nager, c'est le cresson.

Mes clients, je les bague, comme ça si un jour on les retrouve dans un autre rade, on sait que c'est ici le pigeonnier.

Composer de la musique,
t'es ton propre chef.

La chauve-souris pendue au plafond, elle chie au lit, tu lui retrouves de la merde derrière les oreilles.

Je me couche de bonne heure comme Proust en ce moment.
– C'est la chaleur.

... les poules aussi elles se couchent comme Proust.

Le pinceau de Picasso qui est mort, attends, tu le vends des millions, attends, mais merde, il est mort, le pinceau aussi merde, le mec qui est star dans le porno, il est mort, la bite elle vaut rien, non mais attends, non ? Tu vas pas acheter une vieille bite sous prétexte que c'est la bite d'un quelqu'un qui a été star dans le porno, non mais attends, tu l'achètes toi la vieille bite, tu l'achètes cent patates la vieille bite ? Rien du tout oui, cadeau la bite tu la prends pas, alors le pinceau à l'autre là, Picasso, tout Picasso qu'il est, et moi en plus j'aime bien ce qu'il fait, mais son pinceau il se le met dans le cul, quand l'homme est mort, tout disparaît, c'est mon idée, et voilà c'est mon idée, la mienne, à moi.

Les bouteilles consignées, pour moi, c'était aussi important que le collier de mon chien, pour dire où j'en étais...

Avec un asticot en otage, vous prenez du poisson.

Deux taupinières dans le pré, deux, à ça l'une de l'autre, comme deux nichons qui auraient plus d'herbe...

Ce sont des plantes qui ne fleurissent que la nuit.
– Oui, c'est bien gentil, mais on va pas mettre le réveil pour ça.

Entre les feuillages, vous avez de la vue, et qu'est-ce qu'elle fait dans les arbres celle-là ?
– ?
– Je blague.

C'est à se demander si le jour va se lever.
– De quoi je me mêle !
– ...
– Vous êtes dans le jour vous ?
– ...
– Alors.
– ...
– Je lui explose sa gueule à lui.
– ...
– ...
– Moi, je disais ça...
– C'est ça, c'est ça...
– ...
– ...
– Patron s'il vous plaît, combien je vous dois ?
– C'est ça, casse-toi.
– ...
– Y va faire jour, casse-toi.
– Bonsoir messieurs.
– C'est ça, casse-toi.
– ...
– C'est ça... allez... c'est ça... avec des cons pareils, le jour, il est mal barré... il est de La Poste ou quoi ?

Personne a mesuré la mer, même l'autre con de Cousteau va pas au fond.
– Mais si, les sonars mesurent.
– Les sonars ? Ça vaudra jamais la vérification humaine.

Le sonar trouve le trésor au fond de l'eau mais c'est quand même l'œil humain qui dit combien ça coûte.

Les plus beaux dialogues de film que j'ai entendu, c'est au Pathé Wepler.

Y boit, y pisse, c'est pas une bite qu'il a, c'est un décapsuleur.

Soit je pisse, soit je chie, moi j'ai le choix.

On s'est perdus dans la foule.
– Tout le monde se perd dans la foule, c'est pire qu'une grande ville, c'est une ville à pied, pour s'y retrouver là-dedans...

Attention ! Le soleil est traître.
– Ne vous inquiétez pas, je ne lui tourne pas le dos.

On passe pour des cons avec notre nucléaire alors que c'est pas fait pour ça.

Chirac, il a une tronche à mettre des pantoufles...

La politique, je n'y comprends rien, mais le président de la France non plus...

Chirac, faut lui donner un tabac à gérer, pas plus.

Tu te rends compte ? En six semaines, Chirac a réussi à ce que les autres pays achètent plus notre pinard, c'est quand même l'exploit, non ?

Chirac, c'est un débile, il est tellement con, j'aurais pas peur de lui dire en face, pour dire comme il impressionne.

Un volcan éteint, tu balances ta clope dedans, rebelote.

Un drapeau avec une tête de mort, ah bien sûr ça fait peur, mais vous savez, un drapeau avec des pieds gelés, c'est aussi parlant.

... tout le temps des moucherons dans les yeux, comme il vient en mobylette, et comme ça le fait pleurer, les moucherons lui coulent sur les joues, tout doucement, un moucheron ça coule pas vite, alors il est là, il parle, et moi je peux pas décoller les yeux des moucherons, vous savez, c'est attirant pour l'œil... mais où il habite pour récolter tous ces volatiles ? Vous savez vous ? Il habite au bord de l'eau ?

L'appendicite, on me l'a enlevée quatre fois.

Vous trouvez pas que j'ai vieilli ?
– Si.
– C'est pas ça que je vous demande !

Une viande qui ressemble à un légume, c'est la cuisse de grenouille.
– Ah oui c'est vrai.

Les moulins à parole... Au Tibet.
– ...
– Vous tournez ça fait des paroles.
– ...
– Vous avez jamais vu ça ?
– Jamais.
– Omanipadméun.
– ?
– C'est une prière des monastères, vous tournez les moulins et les moulins disent les prières.
– Ha bon...
– Vous avez des monastères à quatre mille mètres d'altitude.
– Balladur il est à Chamonix.
– Ça n'a rien à voir.
– Le mont Blanc, quatre mille huit cent sept mètres, c'est une date que j'ai jamais oublié ça.
– ...
– Vous y êtes allé à Chamonix vous ?
– Je ne vous parle pas de Chamonix.
– Vous parlez de quoi ?
– Les monastères au Tibet.
– Où ?
– Au Tibet.
– Le Tibet ? Holà ! Ça rigole pas là-bas, pour avoir les pieds gelés, c'est là-bas qu'il faut aller.
– ...
– Faut jamais dormir dans le froid, c'est la fin assurée, ah oui alors, recta.
– Justement, les monastères sont là au cas...
– Ah oui, avec les moulins...
– À prière.
– À la maison j'ai une boîte, on la retourne et ça fait « Meuh », la vache, on l'a ramenée d'à côté Chamonix, parce que attention, les prix à Chamonix, simple au double, triple, quadruple.
– ...
– Chamonix.
– ...
– Mais si, Chamonix ! La ville avec des balcons.

Je ne suis pas trop bavarde ?
– Non non, parlez, parlez, ça me rafraîchit.
– ?

Les prunes dans l'eau-de-vie, c'est aussi efficace que les momies égyptiennes.

L'organisme humain a besoin de viande.
– On peut s'en passer.
– Non non, l'organisme en a besoin.
– Les végétariens se portent très bien, ils sont même en meilleure santé que ceux qui mangent de la viande.
– J'en ai vu l'été y a deux ans en face de la location où on était, ils faisaient du vélo en short, fallait voir les petites jambes, fallait voir, des Hollandais.
– Ah les Hollandais bien sûr les Hollandais, eux, c'est ni viande ni légumes, que du lait, des fromages et du yaourt.
– La Hollande n'est jamais en guerre, d'un autre côté.
– Allez tirer des coups de canon avec un yaourt dans le ventre et vous comprendrez...
– Moi, si je ne mange pas...
– Ça vous va bien d'être un peu forte.
– Je suis potelée comme un sapin sous la neige.

Dans les textes anciens, vous savez, ils disent que le paradis est traversé par quatre fleuves…
– Une petite rivière de première catégorie pour moi ça suffit comme paradis…
– Ce sont des textes anciens.
– Oui, moi je suis nouveau, c'est pour ça. De la mythologie, moi, je vous mets de la truite dedans.
– Vous êtes pêcheur ?
– J'ai la carte… vous êtes professeur ?
– J'ai les diplômes.
– Combien de rivières ?
– Quatre.
– C'est plus le paradis, c'est la Brière.

… de toute façon, c'est toujours l'Asie du Sud-Est, vous avez entendu aux informations, toujours l'Asie du Sud-Est, l'Asie du Sud-Ouest ou du Nord-Est, alors là, jamais entendu, le Sud-Est, le Sud-Est, le Sud-Est, comme nous le sud de la Loire, on entend que ça.

Ils mettent des bouteilles de vin factices pour que personne soit tenté de casser la vitrine pour les voler.
– Moi j'en fais la collection.
– …

« Con comme une bite », c'est une expression qui a fait le tour du monde.

Le visage est un rempart naturel contre le vent sinon le cerveau, vous allez le retrouver là-bas loin… un coup de vent et vous courez après votre cerveau qui roule !

Ça suffit vos histoires morbides.

Valence, tout ce coin-là, c'est bourré d'artistes à cause de la lumière.
– Moi chez moi j'allume, pas d'artistes.

… Une fois par semaine il perd ses clefs ! Ah celui-là ! Un vrai personnage de roman !

Dehors !
– Je m'en fous, de toute façon quand on me vire je renais de mes cendres.

Ah ben ça va être beau le bal ce soir… avec tous les primaires qu'il y a ici !

Un animal de compagnie, ça fait de la compagnie.
– Moins qu'une compagnie de CRS.

Dix minutes avant de sortir du ventre de sa mère, le bébé range tout.

Il est né un 27 juillet, son fils pareil, son père pareil, ils sont tous arrivés au monde le 27 juillet !
– C'est la famille « qu'une porte »...

... Si on accouchait de vieillards, tout le temps des choses serait raccourci...

... la merde du diable, aucune chasse d'eau peut la faire partir...

Une année, toutes les télés explosaient, vous vous souvenez ?
– Non.
– Vous vous souvenez pas ?
– Non... c'étaient qui les présentateurs cette année-là ?

J'aime bien l'électricité.
– Ça se voit dans votre œil.

... Vous creusez la tomate, dedans vous mettez des crevettes avec la petite sauce, quand vous arrivez avec le plat les invités font « Ohhhhhhh », ah si, ils font « Ohhhhhhh »... et vous savez pourquoi ? Parce que j'ai expliqué ma recette avant, sinon tout le monde se tait, comment vous voulez que les gens sachent pour les crevettes à l'intérieur des tomates si vous ne l'avez pas dit ? C'est pas des tomates qui viennent du potager du vitrier !

Avec la microchirurgie, le chirurgien peut graver « je vous aime » sur un globule.

J'ai une peur verte des pétards, et pourtant, je n'ai jamais explosé moi-même...

Elle a reçu une merde d'oiseau dans l'œil, et dans la merde de l'oiseau y avait un microbe très rare qui lui a paralysé la paupière.
– Je me doute que c'est un microbe rare, parce que pour faire de l'acrobatie comme ça...

... faut pas être le dernier des cons de microbe pour être une maladie rare...

Je n'aime pas la foule, j'ai toujours peur de mourir écrasée ou pire de marcher sur le pied de quelqu'un…

Au début du défilé, j'avais une boîte de macédoine de légumes sur la table de la cuisine, à la fin de défilé, elle y était plus.
– …
– Plus de boîte !
– …
– J'ai pas bougé de la télé, plus de boîte.
– …
– C'est un 14 Juillet qui va me rester gravé là celui-là !
– C'est le mystère de la chambre jaune.
– Mais non, elle était dans la cuisine.

Chirac, il a fait le défilé en voiture, il a pas les jambes de De Gaulle non plus…

Pour la Patrouille de France, il faut des pilotes qui s'entendent bien…
– Un avion qui part à droite, un avion qui part à gauche, vous appelez ça des pilotes qui s'entendent bien vous ?
– ?

La fête nationale et la fête des Mères, c'est les deux fêtes inventées par le gouvernement de Vichy, si, si, si monsieur, par le maréchal Pétain, si, si, exactement, si, lis ton histoire de France avant de contredire, si, si, lis-la, après tu reviens me parler, si, jusque-là tu te tais, au début même c'était la même fête, avec un défilé de mères en plus…

À part la Légion, tout le reste du défilé, c'est des majorettes.

… tous ces chars qui passent, ça fait vibrer les appareils dentaires…

Dans la garde républicaine, chacun est sur un cheval alors que chez les gendarmes, ils sont des fois vingt sur une moto, eh bien je préfère encore la garde à regarder.
– Moi j'aime tout.

... Moi j'aime pas les défilés obligatoires, j'ai envie de défiler, je défile, j'attends pas le 14 !

En haut de l'Arc de triomphe, je mettrais des géraniums mais des géraniums, j'en mettrais partout moi...

On a une belle armée.
– Défiler sur les Champs-Élysées, ça prouve rien.
– Ah je m'excuse !
– Défiler dans un champ de mines, là ça prouve.

J'aime pas l'armée.
– C'est pas de l'armée, c'est du défilé.

Je lui achète un gros livre de guerre, il le lit pendant les vacances, et si il le finit pas dans le mois, tant pis, il le finit pas, toutes les pages après les vacances, ça l'intéresse plus.
– Nous, on part deux fois quinze jours.

Défiler sur les Champs-Élysées, c'était plus facile que défiler en Bosnie.

C'est notre pognon qui défile !

À la Légion, sur les gaufrettes du 4 heures, c'est marqué « marche ou crève ».
– Où qu'y va lui !

La sirène des pompiers, deux fois ce matin.
– Aux pompiers, on leur doit une fière chandelle.

Sur la table du jardin, en cinq minutes, le livre de poésies plein de fourmis !
– Si encore elles y connaissaient quelque chose...

Le baobab, c'est jusqu'à six cents ans je crois, l'oiseau qui fait son nid là il est tranquille pour un moment...

Sur six cents pages d'un bouquin, si t'en as cent bonnes, c'est le maximum.

Les hirondelles revenaient, elles ne reviennent plus.
– Elles reviendront.
– On peut plus se poser dans notre rue à cause des travaux d'élargissement, ils ont enlevé les arbres et les poteaux.
– Vous êtes près d'Orly et elles arrivent pas à se poser ? Eh bé, c'est le monde à l'envers.

La communauté internationale, ça me rappelle la communale, pareil, y avait un Yougoslave qui faisait chier tout le monde, personne lui cassait la gueule...

Si vous voulez collectionner les cartes téléphoniques et que vous n'êtes pas tellement bavard au téléphone, trouvez une autre idée de collection.

Ça vous manque pas trop l'air du pays ?
– L'air, moi, du moment qu'y en a...

C'est la championne du monde d'escalade.
– Je te ferais descendre ça dare-dare de la montagne moi et direction la maison !

Bientôt, on aura toute la Bibliothèque nationale sur UNE seule disquette.
– La Bibliothèqe nationale, je préfère l'avoir en face de chez moi.

Quel âge il a ?
– Deux mois et demi.
– Il est costaud.
– Je veux pas que les clients le caressent, ça lui apprend les mauvaises habitudes.
– Vous allez lui faire couper les oreilles en pointe ?
– Non... j'ai vu le vôtre, il a les oreilles coupées.
– Les oreilles en pointe, c'est plus impressionnant.

Je peux me mettre là ?
– Allez-y, allez-y !
– Je vais pas prendre votre place tout de même...
– Holà vous prenez pas ma place, y a de la place, y sont tous à l'église pour un baptême... un baptême à l'église ici, ça faisait longtemps, houlà, ah oui, longtemps... ça va lui faire drôle au curé un baptême...
– Vous me donnerez un demi.
– Un baptême... faudrait pas que le curé enterre le bébé, par habitude...

Le ciel bleu, mais bleu... comme le petit tube de bleu dans les boîtes pour les gosses...

C'est une aventure d'alcoolique, rien de plus.
– N'empêche, c'est arrivé.

L'alcootest, quel fléau, mais quel fléau...

... Une canicule à assommer une mouche...

La chaleur, ça ralentit la rotation de la terre.

Les Américains, dès que la chaleur monte, ils meurent.
– Normal, ils sont gros, blancs, ça fait comme pour les microbes du lait.

40 degrés à Chicago... 39 degrés à New York.
– Un degré de moins.
– ?
– Un degré de moins à New York.
– ...
– C'est un Italien qui s'évente.

Quelle chaleur... j'ai les dessous de bras en Everglades...

Ceux qui se branlent le plus vite, c'est les anciens batteurs.

Je suis passé par l'élevage de cochons, il est plus là, un champ de pâquerettes, ah dis, c'est pas pareil !

Loin des yeux, loin du cœur.
– Loin des yeux, loin des couilles.
– ...
– Oui, je sais, je sais...
– J'en ai marre d'être toujours avec des cons !
– Oui, je sais, je sais...
– Tu rebois quelque chose ?
– La même.
– T'as de la chance que je me fais chier tout seul.
– Oui, je sais, je sais...

... Je sais que je ne sais rien...

Tiens, encore un con là-bas.

Monet, celui des nénuphars, maintenant c'est sans doute une grenouille, tout est logique dans la réincarnation.
– Oui, c'est ce qu'on dit...

... des thèmes de ballet, vous en avez pas trente-six...

Quand on est moche,

Personne peut rien contre Indurain.
– Moi je prends ma bagnole.

C'est le vélo le sport le plus dur, il faut un mental d'acier, les gars arrivent à grimper des côtes comme ça sans lâcher, les gars serrent les dents, on voit qu'ils souffrent, et ça grimpe !
– Remarque, de l'autre côté, ça descend... sans dire du mal...

Indurain, Zulle, Jalabert, Riis, Pantani, Rominger, Virenque, c'est là-dedans que faut chercher les trois premiers à Paris.
– On verra bien.
– Un pronostic ?
– On verra bien, je suis pas chercheur cycliste.

Les étoiles qui sont au-dessus de la France devraient appartenir à la France.

Un génocide à deux heures d'avion d'ici, personne fait rien...
– Le Vel d'Hiv, c'est à dix minutes.

Houlalalalalala c'est quoi cette photo avec du sang ?
– C'est un coureur du Tour de France qui est tombé.
– Je croyais que c'était encore une image de guerre, qu'est-ce qu'on en voit des images de guerre !
– Mais non, c'est du sport.

Aucun ordinateur sait garder des vaches !
– Pour l'instant...
– C'est pas l'ordinateur qui va grimper dans les prés !
– Pour l'instant.
– C'est Fantomas ton ordinateur...

... du Tigron, c'est un vin pour les pauvres...
– Pouah ! Rien que le nom.
– Et alors ? Il faut bien qu'ils en boivent du vin, eux aussi, les pauvres !

Pour un cannibale, un top model n'a pas de goût.

J'ai ma vigne vierge coincée dans la gouttière.
– Pas si vierge que ça !
– ?

on se baigne pas !

Il est malade et il boit quand même son apéritif.
– C'est une leçon de vie au quotidien.

... On a vu un concert dans une église, un piano dans un sens et un autre piano dans l'autre sens, comme deux chiens collés...

... dans le cimetière, c'est frais, y a de l'ombre, ils ont les plus beaux arbres ces enculés de morts...

Au Moyen Âge ils dressaient les ours qui dansaient devant le roi mais aujourd'hui pour approcher un ours...

Vous lui donnez ça de liberté, il en veut ça !
– Les jeunes, il faudrait les envoyer en stage dans les pays africains.

J'aime la pendule à coucou parce que pour une fois, on nous a fait un objet vivant...

C'est les ordinateurs maintenant qui ont des mémoires d'éléphant, c'est plus nous...

C'est une carte postale qu'il m'a envoyé depuis le soleil, d'ailleurs regardez, il y a un doigt de sueur sur l'adresse.
– Le mien, en vacances, il écrit jamais, c'est pas lui qui m'enverra des doigts de sueur.

Depuis qu'elle a signé le papier des dons d'organes, elle est toute coquette, elle fait attention à ce qu'elle mange, comme si c'était déjà plus à elle...
– Je sais, quand elle donne de la salade elle vous la donne lavée, elle est comme ça.
– Et même pour elle !
– Même pour elle.

Les avions à réaction de l'ONU, ça fait pas beaucoup de réactions.

Toute la matinée j'ai fait mon jardin en chantant « les Anarchistes » de Léo Férré.
– Quand on a quelque chose dans la tête.
– Toute la matinée, « les Anarchistes… les Anarchistes »…
– C'est pas tellement votre genre.
– Ah ça pas du tout ! D'autant que je ne la connais pas, cette chanson.
– Mais si.
– Mais non !
– Mais si ! Si vous la chantez, c'est que vous la connaissez.
– Non.
– Allons…
– Non je vous dis !
– Léo Férré est pas enterré dans votre jardin, alors c'est que vous la connaissez.
– Non.
– Vous l'avez entendu un jour sans faire exprès et ça vous est revenu ce matin, on croit qu'on écoute pas les tubes de variétés et on enregistre quand même…
– Bon…
– Si si…
– Bon…
– Vous êtes pas convaincue…
– Toute la matinée…
– On va quand même pas vous mettre sous hypnose parce que vous chantez « les Anarchistes » !
– Bon…
– Y a un gars, il a traversé tout le pôle Nord à pied en chantant « Gare au gorille », il a failli devenir fou.
– « Gare au gorille », ça, je connais…

La chute qu'il a fait ! La chute ! Dans la descente, il a raté un virage, sa tête a cogné une borne en béton…
– Ah là là…
– Il est mort juste après à l'hôpital.
– Ah là là…
– Les gars descendent à des cent, résultat… un mort…
– …
– C'est des sports dangereux tout ça, on y pense pas, mais c'est dangereux, il faut qu'un accident arrive pour qu'on y repense, et il avait pas son casque.
– Ah là là…
– C'est la loi du sport aussi…
– …
– Les gars prennent des risques, ils le savent le danger, c'est une fatalité au fond, mais il faut pas y penser, sinon…
– …
– C'est ça qui fait la beauté du sport aussi par un certain côté.
– Ah là là…
– Vingt-six ans, une femme, un bébé…
– Ah là là là là…
– La course continue, et c'est tant mieux…
– …
– C'est le meilleur hommage qu'on peut lui rendre à ce jeune qui a pas eu de chance, en fait c'est ça, c'est de la malchance, ça aurait pu arriver à n'importe quel autre coureur, d'ailleurs y en a d'autres qui sont tombés avec lui mais c'est moins grave.
– Ah là là là là…
– Comme vous dites…

… aaaaaaaallez…

Marie Curie sur les billets, c'est bien, c'est un hommage aux vaccins...

On a perdu l'Algérie, on peut perdre la Bosnie.

Ils l'ont enterré le jeune cycliste ?
– Ce matin.
– Ils lui ont greffé son cœur ?
– ...
– Ils lui ont pas pris son cœur ? Je parle pas français ? Je dis s'ils l'ont enterré avec son cœur ?
– ...
– Ça fait plaisir pour ceux qui attendent un cœur !
– Je sais pas.
– Ils l'ont enterré ce matin ?
– Oui.
– Alors ils l'ont enterré avec son cœur.
– Y avait mille personnes à l'enterrement.
– C'est bien... un beau cœur de beau sportif comme ça... aux asticots ! C'est bien... les asticots feront du vélo... c'est bien...

Un cœur comme celui-là, c'est la Rolls des cœurs...

C'est pas avec ton cul que tu donneras ton cœur, il faut signer un papier.
– C'est pas la famille qui fait ça ?
– La famille, quand t'es mort, elle veut que tu pourrisses tout de ton entier.
– Ils te font manger quand tu donnes ton cœur ?
– Mais non ! C'est quand tu donnes ton sang.
– Ha bon...
– Y pense qu'à bouffer celui-là... c'est pas un don d'estomac que tu fais !

Tu donnes ton cœur, et après les étudiants en médecine font les cons avec ta bite.

va falloir rentrer...

Chez mes parents, y avait un bidet.
– Nous aussi à la maison, quand l'eau coulait, ça voulait dire.

Pour moi, Jacques Chirac sera toujours le maire de Paris.

Les essais nucléaires, on avait qu'à les faire en Bosnie, c'était l'occasion.

Au bord de la mer on peut pas lire dehors, le vent tourne les pages à toute vitesse.
– Il lit plus vite que vous.
– Ah ça, c'est pas dur.

L'abbé Pierre en ex-Yougoslavie… eh ben… il est pas bien pimpant le nouvel hélicoptère français…

Quand il faut chaud, j'ai plein de souvenirs qui remontent, pas quand il fait froid.
– Ça, c'est parce que vous avez la mémoire molle comme le goudron de la route.

Avec cette chaleur, il faut s'enfermer à la maison et tout bien barricader.
– Comme en hiver quand il fait froid.
– Pareil, et il faut boire chaud.
– Comme en hiver quand il fait froid.
– Pareil, et en faire le moins possible, moi je regarde la télé.
– Comme en hiver quand il fait froid.
– Pareil, vous avez raison, le chaud, le froid, tout ça, c'est de la température.
– Idem.

Tuer un enfant, c'est criminel !

Un œil qui pleure salé, un œil qui pleure poivré.
– C'est pas très visuel comme numéro.

… On a la même température qu'à Tahiti, remarquez c'est normal tout ça c'est la France…

Tu parles d'une journée de vacances, j'ai pas posé le cul sur une chaise cinq minutes depuis ce matin, j'ai mangé debout, j'ai même pas regardé les infos à midi, si ça continue, je vais la haïr cette tondeuse !

Elle repasse les drapeaux qu'on met sur les cercueils des soldats qui sont morts.
– Le drapeau, ça se repasse comme du drap.

Le mieux, c'est « le Guide Michelin ».
– Moi je fais pas confiance à un pneu pour la bonne bouffe.

Y a que ceux qui font rien qui cassent rien !

Le plus dur, c'est de vendre des livres aux intellectuels, parce que pour les autres, ça va par centaines de mille !

La terre se réchauffe.
– Mais non, c'est l'air qui est chaud.
– La terre se réchauffe je vous dis !
– C'est un temps à salade de fruits.

Il s'est endormi dans son assiette.
– C'est moins dangereux qu'au volant.

... et puis ?
– Des grands oiseaux.
– Et puis ?
– Des hippopotames.
– Et puis,
– Des canards.
– Oui, mais et puis ?
– Des renards.
– Et puis ?
– ...
– Et puis.
– ...
– Des lions ! Faut vraiment lui tirer les vers du nez pour qu'elle raconte cette gamine.

En mourant tu tues la maladie, t'as le cancer, tu meurs, le cancer meurt avec toi, le meilleur remède contre la maladie, c'est quand même la mort, le mieux qu'il faudrait quand tu as le cancer, c'est te laisser mourir et quand le cancer est mort, on te réveille et lui, on le laisse mort, après, il suffit de t'enlever le cancer mort et tu repars comme en quarante, c'est idiot, idiot de lutter contre la maladie, plus tu te soignes et plus elle se soigne, tu la laisses mourir sans t'en occuper, ce qu'il faut inventer c'est le moyen de ressusciter un mort, à la limite, c'est pas plus difficile que soigner un cancer, c'est un choix de société entre donner des cachets aux cancers ou ressusciter les gens, c'est un problème d'argent, parce que ressusciter des morts, dans une société qui fait pas de bébés, je ne sais pas si c'est une bonne chose, je ne sais pas, il faudrait au moins équilibrer les chiffres, un bébé qui naît, un mort qu'on sauve, sinon, une société entière faite de morts, je comprends aussi, je le comprends, que ça n'intéresse pas un gouvernement et quelle que soit sa couleur politique, d'avoir des morts à la place des bébés, parce que déjà, la population qui vieillit, déjà c'est une inquiétude au niveau de l'économie, mais une population que de revenants, je ne sais pas si tu vois la compétitivité par rapport à des pays jeunes qui en veulent comme la Corée ou même le Japon ou même l'Allemagne, qui achètera des produits ou des voitures ou des meubles ou des vins fabriqués par les gens morts qui sont revenus, on dira pas que c'est un miracle de la science, on dira que c'est anormal, parce que tout le monde veut ressusciter, mais personne n'achètera une voiture montée par des morts, on est cons, on ne sait pas ce qu'on veut, ou si, on sait ce qu'on veut, on veut des bonnes voitures fabriquées par des gens jeunes, oui, mais les gens jeunes, il n'y en a plus, c'est pour ça que je dis, on est là face à un problème de société, réel, un mort qui boit dans ton verre, déjà, il faut s'y faire, à ça, mais quelqu'un, qui a un cancer, j'aime pas trop non plus qu'il boive dans mon verre, je sais, je suis con, mais je le sais, et ces morts qui ne vendent pas de voitures, ça finira en chômage, comme les vivants, une société qui a cinq millions de vivants au chômage et cinq millions de morts au chômage, cette société, je te le dis comme je le pense, elle ne va pas faire de vieux os, celle-là, j'insiste là-dessus, oui, alors, oui c'est ça, un cancer, tu le fais mal manger, tu le fais pas dormir, tu vas voir, si ça se trouve le cancer, il se tire, il va voir ailleurs si on mange bien, il faut le traiter comme un casse-couilles qui habite chez toi, tu lui donnes le champagne au casse-couilles qui ne veut pas décoller, mais non, un verre d'eau chaude, le cancer, à l'eau chaude, c'est une direction nouvelle pour tenter de soigner en tous les cas, le recherche médicale c'est souvent ça, on dit une connerie, et après, on vérifie...

Marilyn Monroe tête de veau !

L'âme humaine, tous qu'on est sur terre réunis vous en avez pas un kilo.

... **C**'est parce qu'il est là que le temps est là, si l'homme est pas là le temps est pas là, le temps c'est l'ombre de l'homme, sans l'homme, pas d'ombre, pas de temps, mais si, mais si, enlevez l'homme de l'univers et après dites-moi l'heure qu'il est...

La parole, c'est une sorte de moyen d'expression finalement...

Il tord des petites cuillers avec la pensée.
– Voilà à quoi ça sert la pensée maintenant !

Vous parlez, vous parlez, vous parlez, mais qu'est-ce que vous en savez vous du cycle de la vie ?
– C'est un Peugeot.
– ?

La pisciculture, c'est l'élevage pieds dans l'eau.

Une belle truite, c'est comme un biceps dans l'eau.

De ce temps, les truites elles souffrent, je les vois dans les bassins, elles me regardent comme si j'étais le Messie, qu'est-ce que j'y peux moi, je vais pas manger le soleil pour sauver mes poissons...

Plus il fait chaud, plus les vers vont profond dans la terre pour rechercher la fraîcheur.
– Le haut, le bas, le ver sait pas.
– Ah si, le ver sait !
– Il descend sans savoir, c'est l'instinct, mais le haut, le bas, pour lui, ça n'existe pas.
– Le ver sait autant le haut-le bas que n'importe qui...
– Il descend sans savoir, il est attiré par une force plus forte que lui.
– Une force plus forte que le ver, je voudrais bien la voir sur une balance !
– La fraîcheur l'attire, comme vous, tenez...
– Moi j'ai pas besoin de descendre, j'habite au rez-de-chaussée.

Le sourire de la Joconde, ça va cinq minutes.

Une chaleur pareille, on avait pas vu ça depuis 1982 !
– Vous étiez où en 1982 ?
– ?
– On vous a pas vu ici.

Un bon orage, ça rafraîchirait la planète...

Au-dessus de Thonon, chaque virage, t'as une voiture dans les arbres, les gars connaissent la route, alors y foncent...
– Le pire, c'est les gens qui connaissent la route.
– Les jeunes.
– Oui, un jeune qui connaît la route, là j'ai peur.

Là où la foudre est tombée, on ne peut plus s'asseoir pendant quinze jours.

C'est important une bonne secrétaire, c'est une troisième jambe.
– Faut pas trop qu'elle se maquille.

Le vrai chanteur, c'est le chanteur sans micro, le vrai penseur, c'est le penseur sans micro-ordinateur.

La vigne, toute hachée pas la grèle.
– Et les vaches ?
– ?

Non ?
– Je sais pas.
– Si ?
– Peut-être.

Dans le Lot, il y a un élevage d'autruches, vous savez que ça avale tout, je sais pas dans quel état elles vont mettre le Lot mais bon...

... Smac... smac... smac... smac... nous c'est quatre.

... je vais me couper en deux pour plus être tout seul...

De ce temps-là, on pèse le double.

Marilyn Monroe tête de tonneau !

Les riches se changent avant de passer à table, nous on boit l'apéritif, c'est une façon de se changer aussi.

... **S**i c'est pour effectuer un travail de fourmi, les gendarmes ont pas besoin de képi...

***E**n sculpture, le plus difficile à faire, ce sont les ailes des anges et les pattes de chevaux.*
– Faut être patient.
– Ah oui, c'est souvent à vouloir aller vite que le sculpteur casse l'aile d'un ange.
– Casser l'aile d'un ange, c'est un coup à se la prendre et se la mordre.
– Pardon ?

Il réfléchit, il est mystérieux, il vient devant la maison nous regarder quand on mange, il a des choses dans sa tête pas normales pour un canard.

Si y a un animal qui veut pas boire du lait, c'est bien la vache.

***S**i à la place du front on avait une baie vitrée, on verrait tout le cerveau.*
– Ah là non merci !
– On verrait le cerveau chez les voisins.
– Ah là non merci !

Quand t'es dans la navette spatiale c'est comme quand t'es dans un pneu de vélo, t'as quasiment jamais le temps de voir dehors...

À poil sur une île déserte ? Sur île déserte, ça sert à rien de se mettre à poil.

On ne sait pas domestiquer les orages, parce que sinon, je les prends pour éponger la flotte !

L'accouchement humain, c'est pas grand-chose, comparé à l'hippocampe.

J'aurais ta gueule, je picolerais.
– Non, mais je vous en prie, Monsieur, en plus je ne vous permets pas de me tutoyer !
– Je voudrais pas qu'on me tutoie, je picolerais.

Icare s'est trop approché du soleil, résultat, il a fallu aller le chercher en hélicoptère.

Les Serbes se déguisent en casques bleus pour faire sortir les gens et ils les fusillent sur la route !
– C'est la guerre.
– Y a des lois !
– On aime bien quand Bourvil se déguise en Allemand, alors c'est pareil...
– ?

Le vélo, c'est de la marche à pied, mais avec des roues.

Est-ce qu'on peut inventer encore ? Moi je réponds, ça dépend quoi.

Wagner, ce sont des opéras qui ont quatre roues motrices.
– Euuuuuuuh...

La trompette, bonjour les oreilles !

Je bois mon RMI parce que je n'ai pas tellement faim.

Les concerts en plein air, les chauves-souris vont dans les trompettes.
– La nuit.
– Bien sûr la nuit.

... une fourmi toute seule dans le buffet, toute seule, sans doute peut-être un vieux mâle...

... tout le pot de confiture y est passé en offrande à la fourmilière, pensez que les fourmis maintenant, elles l'ont repéré le gamin !

Les animaux peuvent avoir envie d'un mobylette, ils ne savent pas ce que c'est une mobylette mais ils peuvent en avoir envie, nous-mêmes des fois ça arrive, on a envie de choses qu'on ne connaît pas comme l'inconnu par exemple, de ce point de vue, on est pas lointain des animaux, dans les envies.

La bombe était posée par terre, les gens ont eu les jambes arrachées.
– Eh ben… avant les vacances, c'est pas le moment.

Je ne prends jamais le métro, je prends le bus, il n'y a jamais eu de bombe dans le bus.
– Jamais ?
– Jamais… pas dans le 74 en tout cas.

Les enfants sont imprévisibles, ils vieillissent et puis ils meurent.

Quelqu'un qui tue un enfant, pour moi, j'hésite pas, c'est la peine de mort, et diffusée à la télé à une heure de grande écoute pour dissuader, c'est à l'heure de grande écoute que tous les malades mentaux regardent.

Une course de mobylettes juste devant la maison, mais vous auriez vu le bruit, vous auriez vu le bruit !
– Vous auriez dû en profiter pour partir faire une balade.
– Certainement pas ! Je suis pas une Bosniaque qu'on déplace comme ça !

Même pour poser une bombe, tu me feras pas prendre le métro à cette heure-là…

Quatre morts et je sais pas combien de blessés, une bombe en plein dans le RER, ils ont soigné les blessés au café qui fait l'angle.
– Ç'aurait été une boucherie-charcuterie…
– Ils seraient allés plus loin !
– Oui, comme quoi des cafés, y en a pas de trop.

Ils ont mis une bombe, ils en remettront une autre.
– Sans moi, je pars demain.
– Ah c'est bien.
– À La Baule.
– Ah c'est bien.
– C'est pas à La Baule que les Arabes mettront des bombes, ils savent même pas où c'est.

C'est les Arabes.
– Ou les Serbes.
– Ou les Serbo-Arabes, y en a.

Je suis pas plus raciste que les autres racistes, je suis raciste pareil, c'est bien la preuve que je ne suis pas raciste.

Les épines qu'ils lui ont mises autour de la tête, c'était un coup à donner le tétanos au Christ.

Elle est enterrée dans le petit cimetière derrière l'église, elle a donné son corps à la commune, au fond…

Je lis la première phrase du livre, si ça me plaît pas, j'arrête, la première phrase du livre c'est la première bouchée d'un plat, c'est pas parce que tu vas finir ton assiette que ça sera meilleur, un livre avec les premières phrases de tous les autres livres, sans me vanter, ça me suffirait.

La télé, tu peux poser des fleurs, le cinéma, tu peux rien poser dessus.

L'été, avec les fenêtres ouvertes, on a les moustiques et la télé des autres, comme au Sénégal.

Plus les maisons sont moches, plus le son de la télé est fort.

La télé, même si c'est de la merde, je regarde, la lecture si c'est pas bien je lis pas, ah non, la lecture, je lui fais pas de cadeau !

Après la tournée des plages, même un grand chanteur comme Patrick Bruel il a du sable dans la raie du cul.

Ce sont surtout les homosexuels qui ont la moustache, comme quoi la moustache, ça veut plus rien dire.

Les livres qui ne se vendent pas sont détruits.
– Et les écrivains ?

Même après la mort le coureur continue à pédaler, ce sont les nerfs qui se relâchent, les muscles ont tellement l'habitude de pédaler qu'ils continuent plusieurs heures après l'arrêt du cœur, si si si…
– Pour l'enterrement…
– Pour l'enterrement, les jambes sont endormies.

... J'ai de bons rapports humains qu'avec les animaux.

Le prématuré aime moins sa mère puisqu'il est resté moins longtemps dedans.

Chef d'orchestre, t'es tout le temps debout.

L'oiseau marin, c'est pas tellement normal comme oiseau, il a des plumes, il vole et il mange du poisson, là ça va pas, le poisson il a des écailles, il nage, il ne mange pas d'oiseau, là ça va, chacun sa place, de toute façon l'oiseau marin va disparaître, d'ici vingt ans c'est fini, on pourra se promener sans se faire chier dessus, de la merde pleine de poisson sur la tête, on est pas des pêcheurs, le pêcheur peut s'attendre à en recevoir, pas le promeneur, bref l'oiseau marin arrête de manger du poisson et va chier plus loin, dans ces conditions je vais à la mer, sinon moi c'est campagne, campagne, campagne...

Le plus grand danger des autoroutes de l'information, une fois de plus, ça sera pour les hérissons de l'information...

Une mouche qui vole dans la boutique, devant les clients, pour nous qui vendons des fromages, c'est comme avoir un fils en prison.

L'eau de Vichy est salée parce que c'est de l'eau de source qui est puisée dans une mer souterraine.
– On en vend pas ici, monsieur.

La montagne, la campagne, ça vieillit, la mer ne vieillit pas, l'eau est toujours jeune, les générations de marins qui sont passés dessus l'ont pas ridée de ça, pas de ça, la mer, elle a pas pris de l'âge, pas ça d'âge, elle est hors d'âge, comme le bon armagnac...

Le tout-à-l'égout, c'est de la science-fiction pour moi.

Il ne faut quand même pas être très intelligent pour lire de la bande dessinée, vous avez le dessin, et au-dessus, le texte dans une poche, comme un anus artificiel.

Y a que les putes et les poules qui font de la bouffe avec leur cul !

On meurt, tout de suite les asticots sont là.
– C'est la plus proche famille.

Il était là où vous êtes, il dormait, la tête posée sur son sandwich.
– Ça ramollit le comptoir.

Sur la Côte d'Azur, on voit plus que des gens de la télé, à force, c'est pas très bon pour le tourisme…

Saint-Tropez, l'été, c'est là que t'as le plus de merdes de stars au mètre de tuyau.

Les présidents de la République ont pas le droit de se faire incinérer.
– Ils ont pas le droit, il faut que les os restent là, pour qu'on les retrouve si on les cherche.
– On s'en fout des os !
– Plus tard, pour les archéologues.
– Ils cherchent des assiettes.
– Si t'as un os de Mitterrand à côté de l'assiette, l'archéologue va pas cracher dessus, ah non !

Une goutte de sperme au microscope, c'est pire que la place de la Concorde aux heures de pointe, c'est dans une goutte de sperme qu'il faudrait faire passer le permis !

En Chine, les femmes ont droit qu'à un enfant.
– C'est trop.

Je ramasse mes pissenlits au bord de la nationale, moi plus ils me construisent de routes et plus je trouve des pissenlits, alors forcément, je dis merci aux travaux publics.

Adjani, ça peut faire un nom de fromage, pas Clint Eastwood.

Ah non ! Le derrière n'est pas un sexe !

Il est piqué une fois, deux fois, dix fois par ses abeilles, il finit par rien sentir, il est immunisé, ou alors c'est les abeilles qui continuent à piquer pour obéir à la reine mais elles mettent de l'eau distillée...

L'endroit le plus silencieux du corps humain, c'est sous les bras.

Un homme qui meurt jeune perd automatiquement sa retraite, l'État se met l'argent dans la poche.
– Il faudrait se faire enterrer avec sa retraite, comme les Égyptiens.
– Mais oui, après tout, non ?
– Si bien sûr.
– Haaaaaa...
– Oui.

Vous allez pas danser ?
– Au bal on se fait bousculer et on s'ennuie comme en haut d'une herbe.

Chanter, avec une chaleur pareille...
– Ils ne chantent pas, ils sifflent comme des bouilloires.

On n'a pas besoin d'humoriste, on est très bien comme ça dans le village.

C'est logique.
– La logique, moi...

Les riches aiment pas les enfants, ils en font pour partager le pognon.

Ils font exploser la bombe atomique à mille mètres sous terre, un kilomètre, comme d'ici au pont.
– C'est vachement près.

C'est pas la peine de dépenser des sous en voyage, pour lui les meilleures vacances, c'est une couille qui dépasse du short.

Une explosion souterraine, ça risque rien.
– C'est ça, c'est ça, voyez la station Saint-Michel.

Chez les intellectuels, on voit les côtes.

Le film dure trois heures.
– Trois heures ?
– Trois heures.
– Un film qui dure trois heures, si ils servent pas à bouffer, j'y vais pas.

... Un film qui dure trois heures, faut que le cinéma fasse train, sinon...

Les intellectuels s'écrivaient, maintenant ça se téléphone, un jour ça se tapera dans le dos sans parler, comme les manuels...

La prochaine fois qu'il met une branlée à sa femme sur le palier, je fais comme l'ONU, j'y vais pas.

Un mec tout le temps bourré qui boit du déca, je comprends pas.

Le néant, c'est

Une chaleur pareille, ça tape sur la tête.
– Mettez un chapeau.
– Je suis pas fou à ce point-là !
– Tout le monde que je vois depuis ce matin est ramolli.
– C'est le musée Grévin qui est descendu au camping.
– Mettez un chapeau.

Tu dis le texte à haute voix, l'ordinateur le copie sur l'écran, tu le poses au milieu du repas de mariage, t'as la disquette du mariage.

Dans la merde des amoureux qui ont bien mangé, on retrouve quelques mots doux.

La danse classique, pour moi

Ce sont des femmes, qui louent leur ventre...
– Moi quand j'étais dans ma mère, j'ai rien payé.

Aujourd'hui, tout le monde écrit des livres, et pourtant, on en lit pas.
– C'est plus fait pour ça.

À l'aller, je me suis fait piquer par un moustique, au retour, je vais passer par le même chemin pour l'engueuler.

Y a le feu au soleil !

Il chante à la télé mais il y est pas, pendant qu'il chante, il est en train de manger des huîtres au bord de la mer, c'est la magie du pas direct.

La bombe, c'est triste, la fausse alerte, c'est énervant.
– C'est physique et l'autre c'est psychologique.
– Comme le mal de dent.
– Pire !
– À toutes les dents.

Chirac, c'est une sorte

Ils taxent l'alcool, sachant pertinemment que c'est avec ça que les pauvres accompagnent leur nourriture !

rien, en beaucoup plus grand.

Ça va s'envenimer et ça finira qu'on aura une guerre mondiale à deux heures de Paris, vous verrez.
– Parlez pas de malheur !

Le comptoir, c'est l'horizontale parfaite, dans une ville c'est la référence pour tous les maçons.

Y a du touriste cette année ?
– Vous êtes le seul, alors il va falloir boire.

Il y a plein d'homosexuels chez les canards.
– Et vous les mangez ?
– Bien sûr !

c'est pas de la danse.

Moi, la semaine prochaine, je vais à l'enterrement d'un copain.
– Ben, comment tu le sais déjà ?

Je serais la poussière, putain, j'irais pas sous les meubles, j'irais dessus !
– Évidemment, t'es savoyard.
– Même...

Qu'est-ce que j'ai mal aux dents...
– Faut faire comme Raspoutine, guérir le mal par le mal.
– ?

Depuis que j'ai perdu une bague dans l'herbe, moi, la campagne, plus j'entends les tondeuses, plus j'ai de l'espoir.

Papin, il a les pieds carrés.

de de Gaulle en plastique.

... On devrait avoir le droit de toucher les sculptures dans les musées, mais c'est sûr que tout le monde touchera la bite à Hercule comme le chanteur dans le cimetière, je sais plus son nom, tout le monde lui touche la bite, tout le monde, tout le monde, pas moi, il faudrait avoir le droit de toucher les sculptures mais pas les statues, dans ce cas-là, dans tout le domaine des sculptures il n'y a que les statues qui ont une bite, une sculpture avec une bite est une statue, c'est même une définition, dans un sens...

L'endroit où il y a le plus d'intelligence, c'est pas à la bibliothèque, c'est dans le potager.

Les légumes, on touche avec les yeux, mais c'est le seul cas.

Cite moi un seul livre intéressant, un seul !
– ...
– Tu vois, y en a pas.

À Tahiti, à part le gel bain-douche, comme industrie...
– Comme à Dijon, le cassis...
– ... t'as rien.

Le bouddhisme, on le fait surtout dans l'Himalaya, c'est là-bas que tu trouves le meilleur bouddhisme.

C'est à Paris qu'on avait la guillotine, alors normalement c'est à la mairie de Paris de dire oui ou non à la peine de mort, on fait voter les Parisiens, et si l'exécution était à Marseille, évidemment c'est aux Marseillais de voter, à Lille aux Lillois, à Lyon aux Lyonnais, c'est celui qui a le sang intra muros qui a le droit de parler, non ?

Bouddha, tout ce qu'il sait faire c'est bander, tu parles d'une religion...

Hiroshima, cinquante ans après, tout est reconstruit, on pourrait presque remettre une bombe si on voulait.

Cent quarante mille morts en dix secondes...
– Comme quoi... on est pas tous logés à la même enseigne.

Hiroshima, Nagasaki, c'est plus de la science que de la guerre au fond...

Ils ont fait la bombe de la taille d'Elvis Presley, mais il était pas encore gros comme à la fin de ses jours.
– À la fin, il mangeait que des gâteaux et des bonbons.

Les gens près de l'explosion ont fondu.
– C'est mieux que d'être paralysé.

...Pareils les défoliants du Viêt-nam, c'est comme un automne chez nous au fond...

Ils ont six doigts aux mains, de père en fils, c'est une maladie qui se transmet, de père en fils, quand ça travaille pas bien à l'école, ça donne des claques à six doigts, et y en a d'autres qui naissent sans les bras, de père en fils, c'est une maladie qui se transmet, alors là c'est le pied au cul, si vous avez les deux maladies dans la même classe de cancres, ça fait des punitions qui changent un peu de l'habitude...

Non, la fin du monde, c'est pas en 2000, c'est en 4000.
– Faudrait savoir !

Si on pétait qu'une fois par an, ça deviendrait une fête de famille.

Conforama, c'est pas comme la chambre à Robert, tout est rangé et tu trouves rien alors que la chambre à Robert, c'est le bordel mais tu retrouves tout.
– C'est pas Conforama, c'est Castorama.
– Oui, Castorama, autant pour moi, qui est rangé mais on trouve rien.
– C'est pas pareil.
– Castorama, tous les outils sont attachés avec des chaînes pour pas la chourave, on dirait une prison.
– Mais arrête de dire du mal des magasins comme ça !
– ?
– Le jour où y en aura plus, où t'achèteras des vis ?
– ...
– À Banyuls !

Vous trouverez pas plus propre qu'une bulle de savon.

Il vent des pointes de flèches préhistoriques, 120 francs.
– 120 francs ! Y a pas beaucoup d'hommes préhistoriques qui pouvaient se payer ça.

Le tabac, c'est pas assez cher, ça serait que moi, je le mettrais à cinquante balles, c'est du luxe, comme le parfum, ou les bijoux, c'est pareil c'est du luxe, je les mettrais à cinquante mille balles les bijoux si c'était que moi !

Une fois par an, toute l'Afrique sent l'éther parce que c'est le jour de la vaccination.

Dalida n'est pas morte, elle vit dans son frère.
– Elle habite où elle veut.

Les Serbes ont fait des crimes contre l'humanité contre les autres, et après c'est les autres qui ont fait des crimes contre l'humanité contre les Serbes, ça fait un crime contre l'humanité partout...

... les crimes contre l'humanité, tant que c'est pas contre nous...

L'alcoolisme est une maladie.
– Une maladie, une maladie, on tousse même pas.

Les mecs qui mendient dans la rue, qu'ils fassent comme nous, qu'ils aillent mendier à l'usine !

Tous ces mendiants... ils vont finir par se mendier entre eux...

Les clochards sont français, alors que les mendiants, on sait pas trop ce que c'est.

Je vois pas pourquoi on a fait des essais atomiques, de toute façon si c'est la guerre, on attendra les Américains.

La France est le plus gros fournisseur d'armes dans le monde et le plus gros fournisseur d'abbé Pierre, on est vraiment des faux culs !
– L'abbé Pierre, c'est un fouteur de merde payé par l'État.
– Mais bien sûr ! Il va en Yougoslavie quoi foutre ? Vendre des armes, qu'est-ce que tu crois ? !
– Il a des sandalettes à chenilles cet enfoiré.
– Mais bien sûr !

Avant, pour te réfugier, t'allais chez le voisin qui habitait en face, aujourd'hui, pour un réfugié, c'est minimum huit cents bornes !
– Ils le veulent bien, va, ils le veulent bien...

Marcassin, petite boîte,

Je prends jamais l'avion, déjà qu'on sait pas comment ça vole, je vais pas rajouter du poids !

L'avion, c'est plus lourd que l'air et ça vole, on va pas demander l'autorisation à l'air pour voler, non mais et puis quoi encore !

Sur toutes les couvertures des journaux t'as une tête qui rit, on voit bien qu'ils se foutent de notre gueule, quand on passe devant le kiosque, toutes ces dents, toutes ces dents, toutes ces dents !

Il parle tout le temps en mâchant du chewing-gum, on dirait qu'il grave un disque.

Chirac il est bête, dans le sens où il croit qu'on est des cons.
– Mitterrand, il croyait qu'on était intelligents.
– C'est pas mieux.

Traverser tout le camping pour aller aux toilettes, ça fait un peu Sarajevo.

Une femme, elle boit un verre, elle est tout de suite saoule, en principe, elle est pas faite pour ça.
– C'est pas la même morphologie.
– Une morphologie qui boit beaucoup, c'est le postier.

Les Grecs faisaient de la philosophie dans la rue mais ils avaient le beau temps.

C'est pas grave de dire des conneries si personne écoute.
– ...
– ...
– ...

Un sanglier blessé, il est pas pire que si tu rayes ma bagnole.

Le cerveau humain fait 1 400 cm³.
– Moi je préfère la moto.

sanglier, grosse boîte.

Vivagel bien sûr !

Personne m'aime.
– Mais non.
– J'aime personne.
– Mais non.
– Je sers à rien.
– Mais non.
– Je serais pas là, c'est pareil.
– Mais non.
– Si je meurs tout le monde s'en fout.
– Mais non.
– Tout le monde sera content.
– Mais non.
– Tu peux me prêter quatre mille francs ?
– ...
– Quatre mille francs ?
– ...
– Personne m'aime.
– Mais non.

La télé, t'allumes, y a toujours quelqu'un, comme avant la concierge quand tu rentrais tard.

À pied, on peut faire le tour du monde alors qu'en voiture, on aurait pas l'idée.

La grotte de Lascaux, c'est un atelier d'artiste de l'époque mais sans la mezzanine.

« L'Angélus » de Millet, aujourd'hui, c'est tout construit.

Tu me passes mon verre...
– Ho, tu serais sur une île déserte, faudrait bien que tu te débrouilles tout seul.

Même dans mes rêves, je ne sors pas de la capitale...

Ils ont qu'à manger leurs enfants si ils ont si faim !

Ma mère me mangeait la tête, je m'empoisonnais les idées, pour qu'elle crève.
– ...
– Oui, c'est vrai.
– ... on y va ?

Les ongles des pieds sont beaucoup plus proches de la nature que les ongles des mains.
– Bof...

Les animaux sont pas comme nous, ils restent pas chez les parents jusqu'à vingt-cinq ans.

Les gros nichons, c'est que de l'eau.
– Aucune idée.

Tous ces morts sur les routes, au fond, ça fait des appartements de libres.
– !
– Quand vous mangez le lapin, vous mangez pas le terrier, non ?
– C'est des élevages, les lapins n'ont plus de terriers.
– Comme les gens.

Tout le monde n'a pas le cancer, moi par exemple, je mange beaucoup de salade et je ne l'ai pas.
– C'est facile pour vous, vous avez un jardin.

... avec son grand nez, il boit comme un

Faut espérer qu'un terroriste aura pas l'idée de mettre une bombe dans le cartable de son gosse pour le jour de la rentrée.
– !
– !
– i

Claire Chazal, elle picole, on voit bien à sa peau, elle a beau mettre un kilo de crème, elle granule la pauvre, elle granule...

... Je vois pas tellement un terroriste manger un yaourt, je vois pas tellement ça...

Les gens savent pas reconnaître deux champignons, ils sont tout le temps chez le pharmacien avec le panier, et c'est à eux qu'on demande de reconnaître un terroriste qu'ils ont vu deux secondes dans le métro !

Ah là là, la guerre, c'est pas la manufacture des plumes et duvets !

Quand tu fais l'autopsie de quelqu'un, c'est une vraie fête foraine là-dedans !

Une bombe dans le métro, non, mais bon, encore tout le monde prend pas le métro, mais dehors, tout le monde va dehors, là non !

fourmilier...

L'autre jour, je servais, y en a un qui entre et qui demande un verre d'eau, un verre d'eau, je lui donne, il le repose et il me dit que l'eau est trop froide et qu'il faut réchauffer un peu l'eau, ah bon, l'eau elle est trop froide, je prends le verre, clac, je le verse dans l'évier, elle est pas bonne mon eau, voilà que je lui dis, et il est parti le gars en faisant les yeux comme ça.
– C'est pas une obligation de donner un verre d'eau.
– C'est une autorisation, mais pas une obligation.
– C'est pas obligé.
– C'est ça.
– C'est autorisé.
– C'est autorisé mais pas obligé.
– Tu peux si tu veux mais t'es pas forcé.
– T'as le droit, mais personne peut t'obliger.
– C'est ça, le droit existe, mais t'es pas obligé.
– Si le client est poli et tout...
– T'as le droit, si tu veux bien.
– C'est pas dans le marbre, c'est une convention.
– Selon le pékin.
– C'est à la gueule du client mais pour la bonne cause.
– C'est ça.
– Un Yougo.
– Ceux-là, en ce moment, y se croient tout permis.
– Avec leur génocide, ils ont pris la grosse tête.

Ils peuvent crever les fonctionnaires !

Proust, moi je dors.

Elle s'est approchée de la cuisinière et pof, elle a brûlé dans sa robe de chambre, elle était bien tranquille à la maison et d'un coup pof, elle prend feu dans sa robe de chambre !
– Il faut se méfier des robes de chambre.
– J'ai une robe de chambre à la maison, ce coup-ci, c'est fini.
– On ne se méfie pas d'une robe de chambre.
– Je vais la donner.
– Le molleton, c'est un nid à danger.
– Un fétu de paille, il paraît.
– On regarde ailleurs, et c'est trop tard, on est tué par sa robe de chambre.

Qu'est-ce que je ne vous aime pas, madame Tachau, quand vous êtes de mauvaise foi !

Les instituteurs se font sauter le crâne avec le fusil de chasse et les institutrices prennent des cachets, délicatesse oblige...

On donne des cachets pour calmer les fous, c'est la camisole chimique, si tu en prends pour dormir, attention, c'est le pyjama chimique, attention !

Le ventriloque parle avec le ventre.
– Moi mon ventre, il a autre chose à faire.

Payer un mec pour qu'il parle avec le ventre, ben merde...

Une couille sur la tête, si le couturier invente ça, Claudia Schiffer est obligée de la mettre sur sa tête la couille, si c'est ça la mode... si c'est ça...

... Je ne m'ennuie jamais, j'ai de la merde dans la tête, et on ne s'ennuie jamais aux cabinets...

Quand tu fais du vélo, finalement, qui c'est qui travaille ? Les jambes et le trou du cul.

... Sûrement, sûrement, sûrement, c'est sûrement ça, il répare sa sonnette...

Attention ! Y a gramme...

... C'est pas des vrais grammes comme dans le commerce, puisque c'est des grammes dans le sang, dans le sang, tout est différent, tu manges du bifteck, ça passe dans le sang mais t'as pas le bifteck qui flotte dans le sang, il a changé de forme, l'alcool c'est pareil, tu as pas le pastis qui passe comme ça dans le tuyau, et le vin c'est encore meilleur comme exemple puisque c'est du rouge dans le rouge, pour le retrouver celui-là, c'est un poisson rouge dans le jus de tomate.

À la visite médicale, avec mes globos, je vais l'avoir dans le cul pour mon papier... sûr.

0,5 gramme d'alcool dans le sang, ça équivaut à deux verres de vin au repas.
– Deux verres de vin ? Putain, en plus si t'en renverses un, y t'en reste plus qu'un !

...et gramme.

Quand tu es vivant, tu as envie de vivre, quand tu es mort, tu as envie de mourir, ah si !
– Bof.
– Ah si, merde, si !
– T'es bourré.
– Ah non ! Si ! Et j'ai envie de boire, alors tu vois !
– Bof.
– Merde.
– Je me tire, salut.
– ... connard.

Ça va bientôt faire deux mille ans que Dieu a pas fait de gosse, ben dis donc, si y avait que lui, ça ferait pas beaucoup de bras dans les usines !

C'est de la folie, que deux verres

Les baobabs font des ombres immenses pour trois Noirs qui meurent en dessous alors que dans le sud de la France, vous faites des kilomètres au milieu des embouteillages pour trouver un peu d'ombre pour la caravane parce que les arbres sont comme mon petit doigt, les ombres c'est pas mieux que les hommes, c'est aussi mal fichu !

Jésus reviendrait, il aurait une bagnole.

C'est un arbre qui est devenu fou, place des Ternes, pas loin du théâtre de l'Empire, en bas, un marronnier avec quatre branches qui partent du tronc, trois normales qui font l'automne, elles perdent leurs feuilles, et une avec les feuilles vertes et des fleurs, c'est la première fois que je vois ça.

... moi je suis toujours bien coiffée, à cause des caméras de surveillance...

Le bordel qu'on foutait à vingt ans, la musique à fond toute la nuit, aujourd'hui, je m'enverrais les flics.

Je veux plus qu'il rentre ici avec son chien !
– Le vieux chien ?
– Oui, son charnier à pattes, il le laisse dehors.

... tout le temps, il me dit que je suis con, cent fois par jour, ça va finir, je le croirai plus...

avant de conduire.

Certaines peuplades mangent leurs morts.
– En parlant de ça, ça fait des années que je suis pas entré dans un cimetière.
– Si t'étais dans une peuplade, eh ben, t'aurais pas mangé un mort depuis des années.

C'est pas les Pakistanais qui mangent les morts ?
– Non... on aurait vu des reportages...

Pendant l'enterrement, ils pleurent, ils marchent sur les fleurs...
– En France, c'est interdit.

Tout ce qui est vélo me passionne.
– Même le phare ?
– ?

Les émissions avec Joe Dassin sont mieux faites depuis qu'il est mort.
– Et Dalida ?
– Ah non, elle avait une présence, cette femme, que mort ça remplace pas.

Il faut saisir la balle au bond.
– Qui ?

L'homme, c'est de la chair alors que l'animal, c'est de la viande.
– Pas la chair à saucisse.
– Non, ça, c'est de la chair de viande pour les tomates.

Économiquement, on n'est pas un grand pays, on a que du vin à boycotter.
– Encore heureux qu'on a ça !

Hoooooooooooooo... déjà ! T'es tombé du lit ?

L'accordéon, c'est pour les cons.

Les bébés animaux ne tuent pas leurs parents, ou alors des petits serpents qui piquent en tétant, mais c'est pas exprès...

La vie quotidienne des pauvres, ça commence le lundi et faut tenir avec la même pour toute la semaine.

Les mecs de la navette regardent même plus la Terre tellement on leur fout du boulot sur les reins.
– Tu voudrais pas les géraniums au hublot non plus !

La Terre, vue de l'espace, tu crois que tu peux tout bêcher dans l'après-midi.
– Et puis ?
– Et puis non bien sûr !

Le corps humain, si tu regardes comment c'est fait, techniquement c'est une merveille.
– C'est une merveille, mais on a quand même pas un grillon dans le cul.

Je comprends pas comment la femme elle arrive à avoir un bébé dans le ventre, et pas le digérer.
– Toi, pour penser à ça, c'est que t'as faim.

... elle a un bébé dans le ventre et moi je dors dans mon camion, c'est pas tellement différent, au fond, surtout qu'on habite au bord de la grande route, la nuit, avec le bruit c'est pareil...

Un adolescent qui va se suicider, moi je le vois à l'état de sa chambre.
– C'est le bordel.
– Non non, c'est bien rangé.

Le môme, seize ans, douze morts.
– Il est devenu fou, il a pris son fusil, il est allé jusqu'au village à six kilomètres.
– Il aime les chiffres ce môme-là...

Du sang partout dans les rues, et comme les rues sont pas larges, ça fait encore pire à regarder...

Un gosse de seize ans qui tue sa mère, dites donc...
– À coups de marteau.
– C'est horrible, quand on y pense, sa propre mère...
– C'est comme si elle meurt des complications de l'accouchement, mais seize ans après...

Quand vous voyez toutes les armes en vente libre, et les fusils, et les carabines, c'est normal que les jeunes finissent par s'en servir, même Chirac, vous lui donnez une bombe atomique, il s'en sert...

Bonjour, glandeurs et décadence !

... Une place de stagiaire à quarante piges...

La conversation, c'est secret !

IBM, à l'époque, c'était le nom d'un Indien.

Moi je l'ai mon brevet !

... j'ai les oreilles saoules...

Combien le journal ? Cinq francs ? Ça vaut pas bien cher tout ce qui se passe dans le monde.

Les médecins, quand on leur retire de l'argent, ils parlent, ils parlent, moi, quand à l'hôpital on m'a retiré mon kyste, personne m'a rien dit.

Les médecins, il faudrait les obliger à être malades une fois par an, pour leur remettre un peu les choses en place.

Deux demis ? Pas trois ?
– Deux ! Je suis expert-comptable, alors je sais ce que je bois tout de même !

Les poils du cul, ça pousse comme de l'herbe mais ça fait pas des fleurs.
– C'est pas un endroit pour les abeilles, merci bien !

Le footballeur est moins intelligent que le rugbyman, le rugbyman est moins intelligent que le tennisman, le tennisman est moins intelligent que le golfeur, c'est le seul qui a un pantalon long.

Moi, je suis fidèle à rien, même l'été, je me fous plus au soleil.
– T'es tout blanc.
– C'est ce que j'explique.

Des papiers partout dans les bois...
– Pas les amis marcheurs ! Pas les amis de la nature !

Cinquante mètres tout autour d'un bistrot qui marche bien, l'air est plein d'alcool, alors si tu veux prendre ta voiture, il faudrait pas respirer dès que tu passes devant un café ! C'est encore plus dangereux, ah oui !

Chirac, il était en short avec ses chaussettes...
– Ça promet.

Dans les défilés de mode, ils sont bien habillés mais attention, il faut voir les ongles sales !

Les atomes se rebondissent dessus, c'est ça la bombe.
– Les guêpes, j'ai déjà peur.

Marivaux, c'est à deux doigts du porno des fois...

À son école, ils étudient l'escargot.
– Après, on s'étonne que les études sont longues.

Une bombe atomique sous terre, par rapport à un volcan qui explose, c'est rien.
– Alors on a qu'à dissuader l'ennemi avec des volcans !
– ...
– On leur fout des volcans sur la gueule.
– ...
– Et c'est tout.
– Hé dis donc, on est plus en 68 !
– ?

Les danseurs classiques, ça leur fait une grosse boule aux couilles, et ça c'est plutôt moderne.

Dans l'Alaska des pionniers, tu pouvais pas faire un mètre sans tomber sur une merde.

Dès que j'ai des soucis, je me fais des cheveux blancs.
– Moi je me fais du mouron.
– T'as raison, ça pousse pas sur la tête.

La radio, c'est surtout bien pour les aveugles.

Greenpeace, ils sont courageux d'aller avec leurs petits bateaux là où il y a la bombe.
– La bombe, elle est pleine de moules.

Ah, moi, je n'aime pas la musique trop fort, ça n'est pas très normal d'écouter la musique trop fort, est-ce que les images sortent de la télé quand on appuie à fond sur le bouton, non, la musique trop fort, c'est de la musique qui sort, il faut que la musique reste à l'intérieur de la musique, c'est pas fait pour aller repeindre les cabinets, non ?

Il écrase la patate avec la fourchette parce qu'il a pas de dents, il mange un peu comme une pelleteuse...

Si je suis enlevé par un extraterrestre, moi je veux conduire.
– C'est ça, c'est ça...

Moi je vais l'acheter cette vidéo, on voit l'autopsie d'une extraterrestre.
– Tes cassettes pornos, ça te suffit plus, y te faut des autopsies d'extraterrestres toi maintenant ?

Les vedettes se marient entre elles, c'est pour ça que ça fait des enfants anormaux.

Les guerres arrivent souvent dans les pays où il n'y a pas de tradition gastronomique.
– Exemple ?
– Exemple ? Tenez, la Yougoslavie est un bon exemple, voyez la cuisine, voyez la guerre...

Eh ben, les artistes qui font la grève de la faim, eh ben, t'as vu la bombe qui est tombée sur les gens dans Sarajevo, eh ben, ça sert pas à grand-chose leur grève de la faim, eh ben, c'est le moins qu'on puisse dire...
– Y en a un qui a dû manger en cachette, c'est pour ça que la bombe est tombée...
– Eh ben, c'est sûrement ça.

... il a une couche de gras comme ça, on pourrait y foutre des marmottes à dormir...

Sanson-Palmade, c'est genre café-calva, le couple.

Le sportif a pas le cerveau comme nous, il a plus de moelle épinière dedans la moelle du dos, la moelle qu'on a dans le dos, c'est ça qui fait courir.
– ?
– Enfin, je crois, je suis pas spécialiste.

Chirac, quand il mourra, on va pas l'empailler celui-là...

Avec Internet, tu peux parler avec des millions de personnes dans le monde.
– À table, on est quatre, c'est déjà le bordel.

Le pitbull, c'est une arme, tu lui enfonces une cartouche dans le cul, il attaque tout le monde.

C'est le nouvel apprenti.
– Eh ben...

Même si tu te lèves tôt, le Loto, t'es pas sûr de toucher, c'est la chance.

Le franc ça monte, ça baisse, heureusement que le mètre carré est pas en Bourse comme le franc, sinon un jour t'as ton appartement qui rétrécit de moitié face au mètre carré allemand qui fait deux mètres sur trois ! Heureusement ! Heureusement !

Si tu habites une ville qui est dans le dictionnaire, ça fait monter le loyer.
– Nancy.
– Nancy, c'est dans le dictionnaire.

Quand je suis pas dans ma bagnole, je suis rien.
– ...
– Si si si si...
– Ah mais je vous crois !

À choisir entre le bac et le RMI, je prends le RMI...

Trois mois de vacances d'été, je saurais plus quoi faire.
– Les profs se suicident.
– Oui voilà, je ferais ça.

C'est un peu la faute aux campeurs si les terroristes font sauter des bouteilles de camping-gaz, en tous les cas, on fabriquerait pas des bouteilles de gaz pour les campeurs, les terroristes pourraient pas en acheter, non ? C'est quoi la solution ? On ne va quand même pas interdire la fabrication des bouteilles, et pourtant si, il faudrait ça pour avoir la tranquillité, il faut savoir ce qu'on veut, non ? Non ?
– Je suis pas ministre.

Alain Prost, même ivre mort, il conduit mieux que n'importe qui à jeun.
– L'alcool a rien à voir.
– Si tu conduis bien, tu conduis bien.
– Évidemment ! Le cerveau est plus intelligent que la picole.
– On conduit avec le troisième hémisphère.
– Ça je sais pas.

Une demi-heure pour boire un demi, pas étonnant qu'il trouve pas de boulot !

C'est des pièces pour le téléphone ?
– 1 franc, 2 francs, 5 francs, 10 francs, 20 francs, Paris, New York, Singapour, Hong Kong !
– Vitry.
– 2 francs.

Elle se mettra encore de la crème antirides sur le cercueil tellement elle a peur de vieillir celle-là !

Chirac, pour moi, c'est un président qui a une couille qui dépasse du short.

Heureusement qu'il y a des feux de forêts, sinon t'aurais des forêts partout.

Les droits de la femme, c'est les droits de l'homme, mais en plus féminin.

À chaque fois, les typhons détruisent toutes les bananes.
– Y a pas de quoi se vanter.

Gaston Monnerville, je lui pisse à la raie !
– ?

Les habitants de Sarajevo, c'est les Sarajevins.
– Sarajevins, c'est pas facile à dire, vaut mieux dire, des morts.

Tu chies dans ton froc devant une mouche, en une seconde sa vie bascule.

On détruit tout pour la bagnole, y a plus de lois de la nature, y a plus que du code de la route...

Un café à emporter pour Mumu !

La viande du Limousin, c'est la top top top top top des viandes !
– ?

Le Rwanda, la Bosnie, tout ça c'est de la télé.

Le démineur, faut pas qu'il ait peur, faut pas qu'il tremble, faut y aller tout doux...
– Tu te fais enculer par un démineur, tu sens rien.

Greenpeace, c'est que des fils de riches qui se baladent en bateau, Mururoa, Papeete, pour les cons comme nous c'est toujours Bastille-République.

Les paraboles dans les cités, ça sert qu'à recevoir les programmes des télés arabes, tu peux te poser la parabole sur le crâne, c'est un genre de nouveau foulard.

Quand on dort, on est comme des bébés, aucun soldat peut tuer un ennemi qui dort.
– Et les bombardements de nuit ?
– Là non, les sirènes réveillent les gens.

Le monde est trop petit pour tous ceux qu'on est, même si on met les rallonges à toutes les tables, il est trop petit.

Y a que pour les mariages que les gens s'habillent bien alors que pour les mariages, franchement, c'est pas la peine...

En Algérie, ils égorgent, en France, ils mettent des bombes.
– C'est plus moderne en France qu'en Algérie, mais ça, on le savait.

J'aimerais bien être aveugle avec un chien d'aveugle puisque avec mes yeux, je suis tout seule.
– Prenez un chien normal.
– Dans l'immeuble, on a pas le droit, il faudrait me crever les yeux tenez...
– Mais non !
– De toute façon, ils ont déjà muré le rez-de-chaussée pour nous faire partir, bientôt on aura tous des chiens d'aveugle dans l'immeuble, y aura plus de fenêtres.
– Prenez un chat.
– Un chat d'aveugle, ça n'existe pas, ça vole sur la table pendant que l'aveugle déballe les courses.
– Un chat attaché.
– Un chat attaché, dans un immeuble sans fenêtres, eh bien dites donc, vous êtes pas Mireille Dumas pour les conseils vous !

Encore une bombe qui a pas marché.
– C'est bien du travail d'Arabe ça !

David Copperfield, magicien comme il est, il a dû en faire disparaître du pognon !

Leur bombe est pleine de clous et de boulons, et ils ont pas besoin de faire des essais dans le Pacifique, eux, ça marche tout de suite !
– Non, justement, ça marche pas tout le temps.
– C'est vrai.
– Ça leur ferait pas de mal de faire péter des bombes dans le Pacifique aux Arabes.

Si ça a pas pété avant huit heures, ça explosera plus, les mecs s'arrangent pour que la bombe explose avant les informations de la télé.
– C'est pratique, par un certain côté.

Il faut que les religions s'acceptent entre elles.
– D'où il sort lui ?

Les fusées ont deux, trois étages, avec une fusée de vingt étages, t'aurais déjà du bordel dans les escaliers.

Chirac, il est buté comme quelqu'un qui boit, c'est un alcoolique.
– Nooon...
– Si, mon mari c'est pareil.

Il est beau ce jambon.
– C'est du fumé au bois.
– On se croirait le soir.

À 3 heures et quart, tout le monde est laid à la télé.
– L'après-midi, y a que des vieux qui regardent.

Barre, on dirait un cul, t'as pas remarqué ?
– Ah non, j'ai pas remarqué... à la télé ?
– Partout, on dirait un cul.
– Ha... tu me le dis, alors je vais faire attention.

On a essayé tous les prénoms possibles, y en a pas un qui va pour une petite fille, avec Grodon derrière.

... tu lui téléphones chez lui à Paris, ça sonne à la campagne, il a mis un renvoi d'appel, comme les Indiens avant.

C'est bien la peine d'aller jusqu'à Monaco pour acheter *Poule d'eau III*.

L'humour à la télé, ça me fait pas rire, y en a trop, moi quand on me force à rire, c'est fini, je ris plus, je suis pas une boîte à rire, après une journée de travail, je ris si je veux !
– Moi c'est pareil, si j'ai pas envie de rire, vous me ferez pas rire.
– Le rire, c'est une liberté, au fond...
– Ça vaut un bon bifteck.
– Tout ce rire avant manger, après on mange plus.

La bombe atomique tue pas les poissons.
– Eh ben... on est bien gardés...

Dans tout le sud de la France, il y a des étrangers parce qu'il y a des fruits.

En Russie, tu trouves des sous-marins partout, ils savent plus quoi en faire, si tu veux un sous-marin, tu vas là-bas.
– Non, ça va.

Je veux personne derrière mon cercueil ! Pas une fleur ! Pas une mouche ! C'est compris ?

Il veut être enterré à cinq mètres de la source de l'Yonne.
– Putain ! On va avoir du Mitterrand au robinet.

Un artiste, il a chié dans une boîte et il a vendu ça deux cent mille balles !
– Une boîte ?
– Une boîte de conserve, il a chié dedans, deux cent mille balles.
– Eh ben... c'est pas tellement décoratif en plus.

L'avenir, je préférais celui d'avant.

Les cirques avec des numéros d'otaries, ça doit y aller les coups de serpillières.

Quand tu fais du vélo, tu penses à rien, qu'à pédaler, et encore, c'est pas toi qui y penses, c'est tes genoux...

C'est en Inde ou au Japon qu'ils gardent que les petites filles ?
– ...

Tiens ? Mitterrand s'est acheté un terrain dans le Morvan pour mettre sa tombe.
– Il est mort ?
– Mais non, il vient d'acheter un terrain d'un are.
– Un are ?
– Dix mètres sur dix.
– Il mesure pas dix mètres Mitterrand !...

C'est de la merde la bombe atomique française, elle est même pas arrivée à fissurer un lagon.

Les laboratoires testent les gouttes pour les yeux sur les poissons de mer, à cause de l'eau salée.
– Autant tester sur des poissons qui en ont besoin, au fond...

La mer, ça me vide la tête.
– ?

Zéro gramme cinq d'alcool dans le sang pour tout le monde, ça veut rien dire, y a des gens qui boivent deux demis ça leur fait rien et d'autres ils sont déjà de travers, ça dépend de la morphologie du gars, la taille, le poids, si il a l'habitude aussi, ça joue, moi quand j'ai eu mon accident pas grave, peut-être, pour quelqu'un qui boit moins que moi, ça aurait été un accident grave.

Après la mort, l'esprit se sépare du corps, mais chez les cons, ça se décolle pas bien.

Les anges sont beaucoup plus cons que Dieu.
– ...
– Ah si !

Le sida, c'est une maladie et il est en pleine forme cet enfoiré de virus !
– Ils sont plus forts que nous.
– Ah oui alors ! Si on était des maladies, on serait tout le temps chez le docteur, en tous les cas, moi c'est sûr.

Les informations régionales, plus c'est près, mieux c'est.
– Les informations des petites régions...
– C'est ça...
– On est d'avantage concernés.
– C'est ça...
– L'information la plus régionale c'est quand je parle de moi, quand je parle de vous, c'est déjà un peu moins régional pour moi.
– Surtout que j'ai un peu reculé.
– Enfin... tout ça c'est rien... il y a des choses plus graves qui se passent.
– C'est sûr.

Les pauvres, quand ils sont à l'hôtel, ils font leur lit.

Dans les grands hôtels, si tout le monde utilise la petite savonnette cadeau, tout le monde sent pareil.

Si tu te noies, ils te remboursent même pas l'hôtel ces enculés d'hôteliers !

J'aime pas ça, j'aime pas ça, j'aime pas ça les cabinets où la lumière s'allume toute seule, et le lavabo quand t'avances ta main ça coule tout seul, et la chasse d'eau, même pas tu tires, ça part...
– C'est le progrès.
– Quel progrès ? J'ai toujours la même bite moi.

Les doigts de pieds, c'est une zone érogène, mais c'est chiant, faut se baisser.

C'est bidon.
– Certainement pas ! C'est un extraterrestre qui ne ressemble à rien de connu, il a six doigts.

Mais qu'est-ce qu'elle fait sa femme si il a une bonne ?

Chef d'orchestre, c'est chiant, pendant trois heures faut remuer les bras.

Ce qui fait la qualité du roquefort, c'est un microbe qui a un goût de bon fromage.

Le métier le plus chic au monde, c'est chef d'orchestre, le moins chic, c'est chirurgien des fesses, à mon avis bien sûr.

Cézanne a démonté l'espace.
– Ça se démonte pas.

Tu entres dans le musée, tu dis, Cézanne, ouvre-toi, et tous les tableaux de Cézanne se déchirent.
– C'est des blagues qui coûtent cher, tes conneries.

Je sens que les os sont contents à l'intérieur quand je mange du fromage.
– Il leur en faut pas beaucoup à vos os !

L'os du crâne, il est aussi con que n'importe quel os normal, toucher le cerveau ça lui fait ni chaud ni froid, j'habite au-dessus d'une librairie et j'ai pas pour ça la fesse intelligente.

... avant de passer à l'échographie, il faut enlever les clefs de ses poches...

C'est une maladie qui t'enlève tous les sentiments humains.
– La chiasse ?

Quand un peintre peint ta maison, tu peux lui demander du pognon, ou un champ qui est à toi, ta bagnole, ta femme, n'importe, c'est à toi.
– Des bagnoles, c'est rare.
– Pas les peintres américains.

Le sens qui rapporte le moins de pognon, c'est le toucher.

Internet, à la limite, je préfère téléphoner.

Des souris sur le gaufrier ! Quand j'ai vu ça...

Le magicien, il est magicien sur scène mais quand il rentre chez lui, c'est fini, il a du manger qui est prêt dans la cuisine, juste à faire réchauffer, sa femme elle dort, la magie, la magie, c'est un bien grand mot, et des fois t'as les tourterelles qui sont malades, tu te réveilles le matin, t'en as une qui est morte dans son carton, la tourterelle, elle disparaît dans le vide-ordures, alors la magie, je ferais pas cent mètres pour en voir et si le mec vient en faire directement à la maison, j'ouvre pas, il a qu'à se les faire chez lui ses apparitions de bêtes à puces.

Le Christ, même cloué sur la croix, il continuait à parler.
– Fais pas chier, j'ai mal aux dents.

Sucer Freud, moi je l'aurais pas fait.

... elle est jamais malade, et ça c'est pas très bon, il faut bien que les microbes sortent un jour ou l'autre, mais non, elle se les garde endormis dedans, comme la vapeur du fer, vous savez, à repasser...

Après du whisky, tu bois un calva, ça fait disparaître les effets de l'alcool.

Les yeux en amande, elle a perdu son mari, hop, les yeux en noix.
– Trop de peine.
– C'est les yeux qui ont pris tout de suite.
– À force de pleurer.
– Les yeux en noix.

Je regarde un sac plastique, et ça y est, je m'ennuie.
– Le cuir fait pas ça.

Si l'Afrique faisait partie des États-Unis, t'aurais des girafes de trente-cinq étages.

Les Japonais ont des petits os, c'est mieux pour les typhons.
– ?
– Si, comme les maisons en papier.

On vend des armes à tout le monde, alors pourquoi tout le monde nous vendrait pas de la drogue ?

On a vraiment une armée, une police hypernulle, le GIGN, des paras, des gendarmes, mille mecs et ils ont pas chopé UN Arabe dans les bois.
– D'autant que les bois c'est pas tellement le style des Arabes en général.
– D'autant plus, oui, les Arabes vont jamais dans les bois.

T'as vu les gendarmes, ce qu'ils lui ont mis au terroriste, boum boum boum !
– J'aurais une broche, moi je t'en fais un méchoui.

Il a été dénoncé, et après, on l'a vu mourir en direct à la télé.
– Quel rapport ?
– Oui... bon...

Toubon, c'est un plouc.

Avec Chirac au gouvernement, ça irait mieux.
– Il y est.
– Ah non, c'est Juppé.

Chirac ne fait pas tellement président de la République, il fait plutôt maire de la France.

... Si ça se trouve, c'est un comédien en plus non ? C'est quoi la preuve en plus non ? On voit tellement n'importe quoi en plus non ? On saura jamais la vérité si ? Non ? Si ? Il faut le voir pour le croire, aujourd'hui, c'est le contraire, non ? Tuer les gens à la télé, si c'est comme la météo, non ?

... la vérité, de toute façon, elle est plus tout à fait à sa place, avec le changement d'heure...

Si ils nous suppriment le vin à table, tant pis, on fumera de la drogue avec le bifteck, et ils verront si on est en meilleur état pour reprendre la route avec le camion, ils verront !

Une tribu perdue d'Amazonie, pareil, tu la mets devant un poste de télévision, elle regarde et c'est tout.
– La télé, ça n'épate plus personne.

... le légume dirait, je préfère qu'on me fasse cuire plutôt que rester dans un lit d'hôpital comme les vieux qu'on appelle les légumes, si on me demandait à moi, si j'étais un légume, oui, je sais, ça fait beaucoup de si...

Quand j'aime pas quelqu'un à la télé, je le regarde plus et il est viré.
– Faudrait la même chose avec les politiques.
– Ça viendra.

Quand je vois l'avenir qui se prépare... j'ai pas peur pour moi, mais pour mes enfants.
– Ça sert à ça les enfants, à être tranquille pour soi.

Chirac, à part boire de la Corona...
– Elle est très bonne cette bière.
– Je critique pas la bière.

Elle sert plus à rien la bombe atomique.
– À dissuader.
– Qui ?
– ...
– Qui ?
– Un fou.
– Dissuader un fou ? Bon courage.

Ça a pété cette nuit...
– ...
– La bombe atomique...
– ...
– Hier soir...
– Rien entendu.

Les oiseaux migrateurs nous apprennent quasiment rien, alors que baguer des microbes...

Vous avez l'âme slave.
– Moi ? Ah bon... je sais pas... en tout cas, j'aime bien les cornichons sucrés.

Les quartiers défavorisés sont faciles à reconnaître, y a pas de tuiles sur les toits.

Je suis pas pour la peine de mort mais si on pouvait au moins leur couper une jambe.
– C'est pas à moi qu'il faut demander ça.

La France, dix-septième rang de la compétitivité mondiale.
– Dix-huitième, j'ai rien foutu ce matin.

La dernière chose qui nous rapproche de la nature, c'est faire la vaisselle, alors une machine à laver la vaisselle, non merci !

« Josette Poux », la marchande de lunettes, à côté de sa boutique, c'est une boutique de chaussures, et tu sais le nom de la boutique de chaussures ? « Un dimanche à Venise ». C'est quand même mieux, non ? Moi je serais Josette Poux, je mettrais pas mon nom sur la boutique, surtout à côté du « dimanche à Venise » ! Je mettrais « samedi à Venise » pour faire chier l'autre...

T'as vu dans *Gala* la tête qu'elle a ?

... jamais personne s'appelle Henri dans la science-fiction...

C'est très léger les noisettes, t'en achètes cinq cents grammes t'en as une tonne.

Moi je vais là où mon chien va.
– Il vient tout le temps ici, votre chien.

Internet, c'est que du cul.

L'exposition « Monet en Norvège », au musée Rodin, je l'ai vue... non... pour moi, non... Monet s'est perdu dans la neige... non... là, pour moi... Monet s'est perdu...

Picasso disait, quand y a plus de blanc, je bois du rouge.
– ?

Cézanne, il paraît qu'on lui jetait des cailloux.
– Pas moi, en tous les cas.
– ?

Il est parti faire les vendanges pour s'acheter un ordinateur.
– Il pourra plus vous reprocher de boire, au moins.

Tu prends la rue du bistrot où on va tout le temps, après tu continues, tu passes devant le bistrot où on va jamais... mais si...
– L'autre con ?
– C'est ça... tu tournes à l'angle, là où on va des fois... le bistrot tenu par des bonnes femmes...
– Chez Janine ?
– C'est ça...
– Moi j'y vais plus, à chaque fois que j'y vais, je retourne plus au boulot.
– C'est ça... tu tournes là, et dans le milieu de la rue qui descend, t'as un nouveau bistrot où je suis tout le temps.
– Je trouverai.
– T'as compris ?
– Je trouverai, t'as bien expliqué aussi...

L'avantage du cybermonde, c'est que le jeune reste dans sa chambre.

C'est par rapport aux cuisines qu'on se rend compte de la taille des animaux, soit on les fait rentrer, soit on les fait pas rentrer.

Cézanne, quelle pub il a.
– C'est mérité, je trouve.

Tu vois, on se comprend...
– Oui.
– On se comprend...
– Oui.
– On se comprend tous les deux,
et toi tu es arabe et moi je suis français,
on se comprend.
– Oui, je suis pas arabe, je suis
espagnol.
– T'es pas arabe ?
– Espagnol.
– T'es espagnol ?
– Je suis espagnol.
– T'es pas arabe ?
– Espagnol.
– Qu'est-ce que tu fous
en France
si t'es espagnol ?

Le nucléaire, on en a besoin.
– Moi je suis chauffé par l'immeuble.
– C'est électrique ?
– C'est l'immeuble.
– T'as des radiateurs chez toi ?
– C'est chauffé par le plancher.
– Ah oui alors là, c'est l'immeuble.

... Quand il pète, c'est la boîte de Pandore ce mec...

Moi j'attends la retraite !
– Quel âge tu as ?
– Trente-cinq.
– Tu vas attendre longtemps.
– Pas plus longtemps que si je travaillais.

... Quand t'as un feu rouge sur les Gobelins, tu les as tous...

Si si, l'atoll est tout fissuré.
– On s'en fout, c'est loin,
ça fait des nids à langouste.
– La bombe a tout fissuré.
– Qu'est-ce qui n'est pas fissuré sur terre ?
– C'est dangereux.
– Pas plus que traverser Paris en scooter, en plus si tu t'éclates la tête, t'as pas des langoustes qui viennent habiter dans le casque, en plus.

Quand on aime la belon, on s'en fiche du prix de la belon.

Le raisin, seul, sans boire, il monte en alcool, alors nous...

Zéro gramme cinq, moi qui pèse quatre-vingts kilos, je les porte à l'aise.

Pas plus de deux verres, je conduis.
– Quand on boit pas plus de deux verres, on est pas chauffeur livreur !

... dis donc, il est rigolo ton copain.

Deux verres de vin, c'est pas zéro gramme cinq, c'est pas possible.
– C'est ce qu'ils disent.
– Zéro gramme cinq, c'est... c'est... c'est même pas un verre, c'est rien ! Moi, un lendemain de cuite, à boire que de l'eau, je suis déjà plus que ça, alors comment tu veux que je fasse ? Je me réveille dans la nuit, des fois, je suis encore bourré, je fermente anormalement, pour une cuite, il faudrait pas que je conduise une semaine, non mais où ils vont eux, et le camion, c'est pas les gendarmes qui vont l'amener à Marseille le camion.
– Fais-toi un certificat médical.
– Comme quoi je suis tout le temps bourré. T'habites où toi ?

Elle peut faire ce qu'elle veut, mais pas mentir à sa mère !

Elle a une croix au cou, elle s'est convertie en prison.
– En prison, on se convertit à l'islam.

Plus ça va, plus ils sont jeunes les romanciers qui racontent leur enfance.
– Quand on a rien à raconter, c'est tout de suite l'enfance qui trinque.

Dans notre village, y a personne de connu, c'est pas nous qu'on aura un accident de voiture avec une vedette.

Le plus grand Buffalo Grill du monde il est nationale 20 à 10 kilomètres d'Arpajon.

« Millionnaire », on commence par gratter, et on finit par rentrer à la maison.

Descends de là !

Je préfère encore une mère moche qui rentre qu'un père beau qui est pas là.

La banlieue, c'est pas beau, mais c'est à nous.

Vous allez à un mariage ?
– Oui, avec les gamins, et après on fait des photos aux Buttes-Chaumont.
– C'est joli les Buttes-Chaumont.
– On est debout depuis 6 heures.
– Ah dites...
– Elle est comment l'église dedans ?
– Jamais mis les pieds.
– Après la cérémonie, je repasserai peut-être boire un demi... on est debout depuis 6 heures.
– Ah dites...
– Laisse ton frère !... pfi... faut pas que les gamins y me fassent chier aujourd'hui, le mariage, c'est une grande fête pour un couple.
– C'est vous le marié ?
– Ah non non non moi c'est fait y a longtemps... je regrette pas...
– Ils sont à vous les petits ?
– Chaque pétée je lui en mets un !
– ?
– ... recta.
– ?
– On est debout depuis 6 heures... le premier qui se tache avec son chocolat ! Elle est comment l'église dedans ?
– Jamais rentré dedans.
– Parce que si je me fais chier, hop, je reviens ici.
– C'est joli la robe.
– Je vous dois combien... trois chocolats... deux demis... trois, excuse, trois... on est debout depuis 6 heures.
– Ah dites, ça fait tôt...
– Un demi.
– Un autre ?
– Le der, et après, en avant mauvaise troupe !
– Le même ?
– Ordinaire... regardez-moi comme elle a déjà ses petits nichons...
– ...
– Viens ici ! Mais viens... viens... viens... mais viens... viens... elle a peur de moi... viens...
– ...
– Quelle andouille...
– Ça va être un beau mariage, dites donc.
– Ah oui !

... **O**n l'a appelée Laura, comme la chanson de Johnny.

On trouve des chiens, on trouve des clefs, on trouve de l'argent, on trouve même des enfants trouvés, moi j'ai jamais rien trouvé.
– Faut regarder.

Il va falloir faire des travaux pour agrandir, on se met sur deux rangs comme les gnous maintenant...

Je portais un carton dans la rue et un mec m'arrive en face avec un carton dans les bras, c'est rare de croiser quelqu'un avec un carton sur le même trottoir que toi quand tu portes toi aussi un carton, enfin bref, je le vois qui arrive de là-bas avec son carton et moi j'arrive dans ce sens-là avec le mien, on commence à se regarder avec nos cartons, mais du coin de l'œil comme ça, avec juste un petit sourire, on osait pas tellement se regarder franchement, on avait l'air con tous les deux avec nos gros cartons, je sais exactement ce que le mec pensait en venant vers moi, je pensais exactement la même chose que lui, on était tellement les mêmes avec nos deux cartons qu'on aurait pu les laisser tomber sur le trottoir et partir boire un coup comme si on se connaissait depuis tout petits, et finalement non on s'est regardés en coin comme ça en se croisant en souriant un petit peu, lui il est parti dans son coin et moi dans le mien, on s'est fait un tout petit signe de la tête comme des routiers qui se croisent sur la route et ça s'est fini comme ça mais la prochaine fois, je pose le carton, ah si, je te le dis, le client, il attendra, tiens...

J'ai avalé une mouche.
– Deux calories.

Attention, touche pas, les verrues c'est vivant !

Moi, tous les sujets me dépassent.

Dans le troisième millénaire, plus personne se parlera.
– Et pourquoi ?
– Internet.
– Les ordinateurs là ? J'ai jamais vu un ordinateur faire fermer la gueule à un patron de bistrot !

À l'an 2000, plus personne sortira, tout le monde parlera par Internet.

Internet, ça vaut quatre fois le prix du téléphone normal.

Jospin, il a merdé son disque dur, on voit bien, quand il regarde...

Fabius, il a plus de cheveux, il est pas en peau, c'est un virus informatique ce mec.

Je ne parle jamais d'Hitler, à cause que déjà j'ai des caries plein la bouche.

Le matin, il est de mauvaise humeur.
– Votre poisson ?
– Il a ses heures.

Bardot, elle est bien cette fille.
– Brigitte Bardot ?
– Elle est bien de défendre les animaux, avant je l'aimais pas beaucoup, mais aujourd'hui, je trouve qu'elle est bien.
– De défendre les animaux ?
– Brigitte Bardot.
– Elle défend les animaux ?
– Oui.
– Je sais qu'elle défend les animaux !
– Elle est mieux qu'avant, elle s'est beaucoup arrangée.
– Et les animaux, ils s'arrangent eux ?
– Elle a un âne qui bande.
– Brigitte Bardot ?
– Oui, Brigitte Bardot.

Ça va m'sieur Monaco ?
– Ça va.
– C'est un nouvel emblème ?
– C'est mon pain.
– Je vous taquine, m'sieur Monaco.

C'est pas parce que t'as fait la course des garçons de café qu'il faut mettre une heure à nous servir !

Un journaliste doit être neutre.
– Il ne peut pas.
– Il doit !
– Je dis pas le contraire, je dis qu'il ne peut pas.
– Tant pis, il doit !
– Sa fille qui est malade, ou à l'hôpital, il va s'en foutre de la Bosnie.
– Du moment qu'il ne le dit pas.
– Il va le dire ! Mais il va le dire !
– Mais non, ça existe pas ça.
– Il va le faire comprendre.
– Mais non.
– Il parlera plus de la Bosnie, d'ailleurs ils en parlent plus.
– C'est autre chose.
– C'est pareil.
– Tous les journalistes n'ont pas une femme à l'hôpital.
– Alors pourquoi ils ne parlent plus de la Bosnie ?

Quand elle arrive quelque part, la banane, y en a que pour elle, des bananes ! Des bananes ! La fraise, ça fait pas ça.

C'est le bordel aujourd'hui, y a une manif ?
– Une manif de vélos.
– Eh ben si les vélos s'y mettent.

À Mac Do, ils font bouffer de la viande de chien, je le dis méchamment, parce que Mac Do, j'aime pas, les chiens, j'aime, faut pas mélanger !

Un gars qui abandonne son chien mérite pas de vivre.
– Et si le chien, il l'a mordu ?
– Alors là, faut buter le chien.

Il se lave les cheveux avec du Mir laine shampooing.
– Tant qu'il en boit pas.

Il est joli votre papier pour emballer la viande.
– C'est Gutenberg.

Le terre-neuve, c'est le saint-bernard des mers.
– Je connais bien le saint-bernard, c'est très costaud comme chien, c'est un peu le terre-neuve des montagnes.

Personne sur les petites routes mais après, l'horreur jusqu'à Dreux !

Maintenant que les balayeurs sont blancs, on leur a mis du plastique, avant quand c'était des Noirs, les balais étaient en bois.
– Les genêts, y a des piquants ?
– Oui.
– Les ajoncs y a des piquants ?
– Non.
– Les genêts y a des piquants, les ajoncs y a pas de piquants et les balayeurs disent que le plastique c'est pas bon pour les balais.

T'oublies pas, on se voit demain midi à 1 heure.
– J'oublie pas.

J'avais un pote, il allumait ses pets.
– Tu ferais mieux de chercher du boulot toi.

Moi, je n'ai jamais parlé avec un balayeur, pourtant ça serait facile, y en a toujours un sur un trottoir.

L'humour n'est plus à la mode, tant pis, on mettra autre chose.

Un bébé qui naissait, on le voyait sortir la tête, à la télé.
– C'est bidonné !

... à la télé, tout est bidonné.

Même le camembert ne sait plus comment se positionner dans notre société.

Camembert, c'est juif comme nom ?

Juppé va déménager.
– Moi je l'aide pas à porter ses cartons !

Chirac, c'est un bug.

Ils profitent qu'ils sont au pouvoir pour se remplir les poches !
– Ils se font construire des piscines.
– C'est les vide-poches.

Faut avoir aucun amour-propre pour être homme politique de nos jours...

Un jour on remplacera les hommes politiques par des machines.
– On sera bien obligés.
– Comme on a remplacé les ouvriers.
– Par des machines.
– Obligé.

Conservateur E machin truc, conservateur E machin chose !
– À force de bouffer des conservateurs, on finira par plus pourrir dans le cercueil.
– Exactement.

Le Loto, c'est que des pédés qui gagnent, alors je suis pas jaloux.

La vieille Deneuve, elle finira toute seule.

Avec toute cette pollution dans l'air, ce qu'il nous faudrait, c'est des branchies.

Je suis né à Marseille.
– Moi je pourrais pas.

Cyrano, tu bois un coup ?
– Je me les sers déjà avec assez de verve et je ne permets pas qu'un autre me les serve !
– Alors ?
– Un demi.

L'Islam, y a pas de pape, c'est pour ça que c'est le bordel.

Une rixe ?
– Une bagarre.
– Alors dis une bagarre.

Les pyramides d'Égypte sont éteintes depuis longtemps.

C'est un connard vachement fier de sa connerie, un connard angora.

On vit une époque où tout est obligé.
– Ça a toujours été comme ça.
– Avant, c'était plus manuel comme époque, on était forcés.

À la limite, je préfère qu'on m'oblige plutôt qu'on me force.

On détruit la nature plus vite qu'on ne construit des routes, et le jour où il n'y aura plus de nature, on les mettra où, les routes ?

La connerie, c'est un peu une fête foraine des sens.

En Allemagne... j'ai rien contre à l'Allemagne... mais ils n'ont pas de problème de Sécurité sociale là-bas, ça marche très bien... et je redis, je n'ai rien contre eux.

Hé ! Le capitaliste ! Tu me prêtes ton *Figaro* ?

Les gens viennent souvent manger chez moi parce que je fais de la bonne nourriture.
– Des amis...
– Des gens.
– Pas des amis ?
– Des gens.
– Des gens ?
– Des gens de l'immeuble.
– Vous les connaissez quand même ?
– Non.
– Vous faites à manger pour des gens que vous ne connaissez pas ?
– Je fais de la bonne nourriture.
– C'est qui ces gens ?
– Les voisins.
– Vous êtes sûre que c'est des gens de l'immeuble au moins ?
– Je les ai déjà vus dans le quartier.
– Pas dans l'immeuble ?
– Dans la rue.
– Vous nourrissez des gens que vous avez vus dans la rue ? Et qu'est-ce qui vous prouve qu'ils sont de l'immeuble ?
– C'est eux qui l'ont dit.
– Alors ça ! C'est pas banal ! Vous nourrissez tout le quartier sans connaître les gens ?
– Ils disent que je fais de la bonne nourriture.
– Alors là ma petite Geneviève, vous vous faites bien gruger !
– Vous aussi vous venez, des fois.
– Je ne viendrai plus !

Les gourmands lui font signe à la dinde.

On a un garçon de ferme à l'Élysée !

Ma hantise, c'est de faire « grouic » dans l'estomac quand je suis au théâtre.

Je suis myope, j'aime pas voir clair, quand je mets mes lunettes je m'ennuie, je suis plus chez moi, j'ouvre pas les rideaux quand je suis à poil dans la chambre, je regarde à travers, c'est pareil, comme quand je suis à poil sur le balcon, quand je vois clair c'est ça, du coup je vois tout, j'ai l'impression que tout le monde me regarde, je vois tout, on me voit, je vois pas du coup on me voit pas, si je pouvais rien voir et voir quand même, c'est ce que je choisirais comme maladie des yeux, pour être tranquille, quand j'étais gamin je me mettais derrière le carreau entre l'épicerie et la cuisine de la grand-mère, du verre granulé, on voit que le contour des gens, depuis, c'est le contour que je préfère, comme les petits bateaux qui longent les côtes quand il y a du brouillard, c'est comme ça quand je mets pas mes lunettes, ça me manque pas, disons...

J'ai un chien pas trop intelligent pour qu'il ne me prenne pas pour un con, l'autre que j'avais avant, il me méprisait quand on marchait dans la rue, ma parole, il avait honte...

Je suis tout constipé comme un caillou.

Sept millions par jour !
– Des salaires comme ça, ça rime à plus rien.
– Et celui qui a inventé le système de la capsule sur les bouteilles, tu sais combien qu'y touche lui ?
– ...
– Dix centimes la capsule ! Quand tu vois le nombre par jour, ça lui fait des zéros à sa paye !
– Des salaires comme ça, ça rime à plus rien.

D'habitude je travaille mais pas aujourd'hui, exceptionnellement je bois un coup mais normalement j'ai arrêté à cause que je suis jamais malade mais là j'ai chopé une cochonnerie, du coup habituellement je tiens bien l'alcool mais là, deux verres, je suis saoul, à l'occasion je ne suis pas contre mais ce midi c'était pas prévu, rien va comme je veux.
– Ça va pas bien toi.
– Comme un lundi.
– On est mardi.

Cul sec !

Les extraterrestres n'existent pas ou alors loin.

Le chat a sept vies, tu peux l'abandonner sept fois.

Deux cœurs, deux foies, deux têtes, quatre bras...
– C'est un monstre ta gonzesse !
– Déconne pas avec ça, elle est enceinte, elle est superbe ma gonzesse.

Il habite en face du chapelier.
– Un con pareil ?

Il m'a dit qu'il a vu deux fois Dieu, eh ben, ça lui a pas porté chance.
– C'est surtout la bouteille qu'il a vue.

À la météo, ils sont en grève.
– De toute façon, y a rien à foutre, il ne pleut pas.

On regarde les informations pendant qu'on est à table, si on regardait pas les informations pendant qu'on est à table, ça voudrait dire que c'est la guerre...

L'extraterrestre de Roswell, c'est bidon, un pâtissier un peu doué te fait la même chose en pâte d'amande...

Laura, Marine, Élodie, Julie, Kevin, Julien, Nicolas, Sébastien, tout ça c'est à la mode, Micheline, Marcel, Raymond, Robert, tout ça c'est niqué.
– Pour moi, une fille c'est Monique et un garçon c'est René, sinon on s'en sort pas, en plus ça fait des couples qui vont très bien ensemble, Monique et René.

Comment voulez-vous qu'un yaourt ait du caractère !

Sur les photos, je ne ris jamais, être en photo c'est pas risible.

Si le prix de l'essence continue à monter, on va en boire.

Chirac est bête, c'est ça qui fait peur.

Chirac, ça l'arrange tous les attentats.
– ?
– Mais si, ça l'arrange ?
– ?
– Mais si !

Ça a encore pété ce matin dans le RER !
– Y a des blessés ?
– Y paraît.
– Y en a de la racaille en France...
– Oh, mais c'est pas que de la racaille qui a été blessée...
– ?

La bombe est posée par terre, c'est les jambes qui trinquent.
– On va prendre le RER collés au plafond, comme les mouches.

Juppé, c'est une sorte de Tapie mais fourmilier, il se ramasse mille balles par ci, mille balles par là, on voit rien et un jour il reste zéro mille balles dans la fourmilière.

Paul, Robert, Marcel, on s'en fout, ça change pas la qualité de sa peinture de s'appeler Paul, le Cézanne.

T'es con.
– Pourquoi ?
– J'adore le pourquoi.

Vous avez une belle chemise.
– Hein qu'elle est belle !
– Vous me la donnez ?
– ?

***M**on Kiki est mort, écrasé par une Renault.*
– Une Renault ? Ça m'étonnerait...

Moi, c'est Peugeot et je serai toujours Peugeot, je mourrai Peugeot...

Même, même, je dis même, même si le vin américain est bon, ils ne pourront jamais avoir nos qualités de bouchons.

Il habite rue Clotilde-Bizolon, la maman des poilus, 1871-1940.
– 1871-1940 ? Elle a combien de numéros sa rue ?

Ma femme n'aime pas respirer.
– ?
– Depuis qu'elle est toute jeune, elle n'aime pas respirer.

Moi, je ne veux pas être là quand ma femme grossit...

La dernière fois que Mitterrand a parlé à la télé, c'était sur la Deux, en face y avait Navarro, j'ai pas regardé Mitterrand, j'ai regardé Navarro, j'ai bien fait, ça aurait changé rien du tout, il est plus là, et ce soir c'est Chirac qui parle, en face c'est Navarro, je vais regarder Navarro, et tu verras que dans six mois Chirac sera plus là et on regardera toujours Navarro, finalement, c'est Navarro qu'il nous faudrait comme président, les autres peuvent dire tout ce qu'ils veulent, on s'en fout... moi en tous les cas, je les crois plus !

Chirac, il a une tête de poule.

Un président de la République mentira toujours plus qu'un commissaire de police.

Chirac, de loin, c'est un crayon avec une gomme au bout.

Chirac à l'étranger représente plus la Corrèze que la France.
– Ils lui font essuyer ses pieds.

Chirac parle bien l'anglais.
– On s'en fout, c'est pas son boulot !

Qu'il parle français, ça sera déjà bien.

Marcher sous la pluie, ça rince la tête.

Il n'y en a pas beaucoup qui arrivent à la cheville de Jean Lefebvre.

... de toute façon, la lumière électrique ira toujours plus vite que la lumière du soleil, on le voit bien..

Moins je travaille et plus je suis fatigué, je suis aimanté, je ramasse toute la fatigue qui traîne...

Quand on voit la taille des palmiers, on se demande si les essais nucléaires réchauffent pas l'eau...

Je préfère être vivant et en bonne santé que mort et malade.
– Tout le monde.

Le rire, c'est pas naturel, on fait des grimaces et faire des grimaces n'est pas naturel, à part les singes mais eux c'est des cons.

Neuf ans de prison, à quinze ans, ça fait qu'elle sortira à vingt-quatre ans.
– La gamine qu'elle a tuée, elle sortira jamais, elle.
– Vous êtes pas croyante ?
– Si.
– Alors ne dites pas qu'elle ne sortira jamais.
– Vous mélangez tout.
– Faites attention où vous versez.
– Houp là !
– Sauvée.
– Et votre genou ?
– J'ai arrêté les piqûres, j'en avais marre, alors là, marre.
– Un mois de piqûres, je comprends que ça soit interminable.

Quand tu tues trop jeune, ça ne te marque pas et quand tu vieillis ça devient un bon souvenir comme le service militaire.

... elle s'est enfermée dans les cabinets comme Camille Claudel.

Van Gogh a peint des tournesols parce que c'est la seule fleur qui ne bouge pas quand on la peint.

T'es déjà bourré toi ?

Fais pas chier les clients !

Je picole, mais c'est ludique.

Tu peux lui dire adieu à ta bouteille !

Ta gueule !
– Toi-même ta gueule !

... tiens, un autre exemple...
– Non non, ce coup-ci j'y vais !

Je m'en souviens comme si c'était hier !
– C'était ce matin.

L'alcool au volant, y a pas que l'alcool non plus, et la pizza qui fait dormir ?

Les choses n'ont pas de forme à elles, c'est toujours une forme pour les autres, rien que les assiettes, elles n'ont pas de forme à elles, c'est une forme qui nous fait plaisir à nous, c'est la vraie division du monde, ce qui a sa forme et ce qui ne l'a pas, j'aurais le temps, je ferais des listes...

Au Québec, ils parlent le français, mais dans quel état, dans quel état il est le français, on ne comprend rien à ce qui se dit, ils ont pris le français, je ne sais pas ce qu'ils en ont fait, ils parlent tout le temps dehors, j'en sais rien, je chercher une explication, c'est une langue la moitié des mots ont les pieds gelés !

Le mec qui a traversé l'Atlantique à la nage, on l'a plus revu.
– C'est le genre de con qui vit sous la douche, on le reverra plus.

Moi aussi j'ai été jeune.
– Vous ?
– Oui ! Je fumais de la liane moi aussi.

Les canards ont défiguré le Luxembourg, pire que des roulottes !

... Un fœtus dans une boule de neige, je te jure, c'est pas une légende, c'est un mec des Impôts qui me l'a raconté.

On peut filmer du poisson avec ça ?
– Bien sûr.
– Ça marche dans l'eau cette caméra ?
– Non...
– À la pêche, j'arrête pas de tomber dans l'eau, c'est pas ça qu'y me faut... c'est quoi qu'il a comme caméra Cousteau ?
– Je ne sais pas.
– Parce que lui, il en fait tomber des caméras dans l'eau !

Le poisson ne respire pas sous l'eau ! Comment voulez-vous respirer sous l'eau ?
– ...
– C'est autre chose.
– ...
– Respirer sous l'eau !
– ...
– Non ?
– Moi, je m'en fous, franchement, il fait ce qu'il veut, le poisson, ça m'empêche pas de dormir sur mes deux oreilles.
– On ne dort pas sur ses deux oreilles ! Comment voulez-vous dormir sous vos deux oreilles ?

Quand tu vis avec, les poissons exotiques ne sont pas plus exotiques que des crayons de couleur.

Il ne veut manger que du poisson en forme de dinosaure !

Quel âge il a Juppé ?
– Je sais pas, vieux.
– Ça nous rajeunit pas.

Juppé a eu un bébé.
– Eh ben, c'est pas les plus intelligents qui se reproduisent.

Si t'es né dans un avion, t'as le droit de regarder en l'air pour dire où t'es né, sinon t'as pas le droit, t'es né dans un avion ?
– Non.
– Alors t'as pas le droit, t'es né où ?
– Marmande.
– T'es né à Marmande, alors tu me regardes.

On habite près de l'aéroport, le bruit, on le verrait, on aurait les yeux en choux-fleurs !

Les tours de magie de David Copperfield, ça vaut rien à côté de la digestion humaine.

Il arrose trop son balcon, ça coule sur le balcon d'en dessous mais comme en dessous ce sont des plantes qui n'ont pas besoin de beaucoup d'eau, il tue les plantes de l'étage en dessous, et même encore celles d'en dessous, alors ça gueule dans tout l'immeuble.
– Il arrose comme Alien ton pote !

John Wayne est immortel, c'est con qu'il soit mort.

Un puma qui rentrerait ici, ça me ferait pas peur, surtout si je joue à la belote.

On a droit à la vie éternelle, en principe, on y a droit.

Dès les premiers froids, je mange des escargots.
– T'as l'hiver dans l'estomac, toi.

La banlieue, tu mets le grillage autour, c'est le zoo !

Le cœur chasse le sang et le sang monte à la tête mais dans un arbre de trente mètres qui n'a pas de cœur, la sève monte mais pour aller là-haut, c'est un mystère de la nature, vous me direz, encore un !
– J'ai rien dit.

Il marche sur les mains.
– Il a pas de pieds ?
– C'est un acrobate.
– Il a pas de pieds ton acrobate ?

J'aime pas les parvenus qui sont arrivés !

Les gens, c'est qui ? Toi, moi...
– Moi c'est pas la peine, toi ça suffit.

L'AJ Auxerre n'a pas d'autre alternative que gagner, ah non, pas d'autre !
– Pas d'autre.
– Ah non !

Je me vois pas téléphoner à Istanbul !

... il faut se concentrer sur le championnat...

La Fontaine a écrit des morales mais dès que tu fouilles dans ses papiers de la banque tu vois qu'il est pas mieux que les autres !

J'ai trois sacs de voyage, je n'ai jamais voyagé.
– Ça n'est pas votre faute, c'est la faute des sacs, soi-disant de voyage, et ce sont de simples sacs de ville, finalement...

Dans le cybermonde, est-ce qu'on pourra se gratter les couilles ?

Te mange pas les ongles !
– Y a du pâté dessous, alors j'ai le droit !

Ces jours-ci, c'est pas bon d'être une taupe à Mururoa !

Je serais une aiguille de l'horloge, moi, j'oublierais des secondes.

On a le président le plus con de la Terre, même en Afrique, ils se foutent de sa gueule quand il passe, pourtant en Afrique, ils respectent les cons d'habitude...

Le lézard vert, c'en est plein au milieu des chemins pendant l'été, quand il t'a mordu, il te lâche plus, il faut lui passer dessus le fer à repasser pour le faire lâcher.
– Et tu le branches où ?

... On est pas sortis de l'auberge.

Il n'y a pas plus raciste que Hitler.
– Tu sais pas.

C'est le jeunes qui augmentent le chômage.
– Y aurait que nous comme chômeurs, le chômage serait toujours pareil.

C'est le pouce opposable aux autres doigts qui nous a foutus dans la merde du chômage, au final...

Les charges sociales, aux patrons, elles leur font pas la bosse dans le dos !

La tombe pleine de mauvaises herbes !
– Lui qui est mort chauve, ça lui fait des cheveux.

La muraille de Chine, ça c'est une frontière qui marche, des Chinois on en voit pas.

Y en a des normaux, des caniches nains ?
– Mais les caniches nains sont des chiens normaux monsieur !
– C'est pas des nains alors ?
– Mais si monsieur !
– Nain, c'est pas normal.
– Mais si monsieur ! Pas chez les hommes, mais chez les chiens !

... Ça finira mal, ça finira mal...

Chirac a magouillé pour son logement, le magistrat qui a classé l'affaire a magouillé pour son logement, Juppé a magouillé pour son logement, tous les hommes politiques magouillent pour leur logement, c'est le logement qui va foutre le feu à la République, regarde la banlieue, c'est un problème de logement, on va arriver en l'an 2000 avec les mêmes problèmes de grottes que les hommes préhistoriques, avec les gens qui magouillent et qui se battent pour pas rester sous la pluie, on arrive toujours pas à habiter comme il faut, l'homme, tu parles d'une race de branleurs qu'on est...

... Ça va mal finir tout ça...

Les terroristes louent des appartements en France, mais avec quelles fiches de paye ?

Dans le terrorisme, t'as pas tellement de Suédois.

Ils font une promesse, le lendemain ils oublient, les éléphants feraient de meilleurs ministres.

La dernière mode chic, c'est les tenues de chantier, vous les avez vus les modèles taillés comme mon doigt qui défilent avec les cheveux bigoudés ? Des garçons ! Oui des garçons ! Ils vont en boîte de nuit avec des tenues de chantier ! Le plus fort, c'est que si ça fait des travaux pendant la musique, ils sont pas contents ! Ils ont des tenues de chantier ? Allez ouste ! Au chantier !
– Y a plus de chantiers.
– En prison !

En musique, une blanche égale deux noires, c'est pas du racisme, mais une blanche égale quatre noires, ça commence.

Je lave la mâche au vinaigre à cause des scorpions et les fruits à grosse peau à l'eau de Javel coupée à cause des virus, malheureusement on ne peut pas tout laver comme ça et c'est bien dommage pour la Sécurité sociale !

Tout de suite des nouvelles de la Bourse !
– Qu'est-ce qu'y nous fait lui ?
– Je vous rappelle les françaises, plus zéro virgule dix-huit pour cent !
– Il a bu quoi ?
– Et l'once d'or fin.
– La Bourse, c'est dehors !
– Salut.
– ?
– ?
– ?
– ?
– ?
– ?
– ?
– Moi la Bourse, j'y comprends rien.
– C'est un mec bourré.
– Même.
– ?
– ?
– ?
– ? ? ?
– ?
– ?
– ?
– ?
– ?
– ?
– ?
– ?
– ?
– ?
– ?
– ?
– Y en a un qui a moins compris que les autres.

Je préfère quand t'es con.

Dans une carafe, ça fait un joli aquarium, mais il ne faut pas que le poisson croit qu'on se moque de lui, ça fait partir les couleurs.

New York sur vol régulier American Airlines, à l'arrivée, première découverte de la ville et transfert à l'hôtel, dîner, le lendemain découverte guidée du sud de Manhattan et d'Ellis Island, déjeuner dans le vieux quartier historique du port de New York, visite du musée Guggenheim, Paul Klee, Cézanne, Picasso, Renoir, Manet, le soir, comédie musicale à Broadway, dîner et soirée de réveillon au Grand Prospect Hall, tout à fait un palais viennois, le matin d'après, visite du musée d'art moderne, panorama complet de tout l'art du XXe siècle, impressionnisme, cubisme, surréalisme, balade, et le soir, envol pour Paris, arrivée à Paris dans la matinée, réveillon de rêve pour huit mille francs...
– Huit mille francs, ça fait cher la dinde.

Tête de nœud !

Crotte !... tant pis, je l'ai dit.

J'ai une boule ici... c'est un cancer ça ? – Mais non, c'est ta couille.

Une vitre, celui qui casse, il paye, sinon, on est plus un grand pays...

Aïe ! Merde ! Fais gaffe, j'ai une côte pétée !
– J'ai tapé dans le dos.

L'Europe agricole, quand tu vois les Allemands qui font pousser des saucisses t'as peur !

On a qu'à les faire fumer et après les faire arrêter de fumer, puisque arrêter de fumer ça fait grossir, ça fera grossir les affamés.

T'es pudique ?
– Non.
– Pourquoi tu fermes la porte des cabinets ?
– ?

La police peut pas être partout ! Déjà qu'elle est ici !

Eltsine, il pourrit vivant, il a l'asticot pré-posthume.

Il préfère manger à la cantine de l'école parce qu'il a ses copains.
– Ça en fera un pochetron qui aime ses potes, moi, la cantine, j'y étais tous les midis, ça m'a fait ça.
– On est pas tous pareils.
– Dès qu'on est avec des potes, on est pareils.

Le problème du cadre de vie, c'est qu'il n'y a pas de toile de vie à mettre dans le cadre.
– On reconnaît le peintre qui parle là, on le reconnaît !

La police, il en faut, d'ailleurs j'en suis.

Ils vont utiliser des fusils qui envoient des balles contre les jeunes des banlieues, ils envoient des balles aux jeunes, comme à leurs chiens !

Une sculpture, quand t'en es à faire les boutons, c'est que c'est quasi fini.

Bernard Loiseau revend.
– Ça m'intéresse pas, j'aime pas la purée.

On mange pas les vaches qui font du lait parce que leur viande a un goût de fromage.

Les terroristes, hop, cousus dans le cochon !

Elle a vu « Starmania » trente fois.
– Moi j'y suis trente fois pas allé.

Tous les jours, je le mesure, si j'oublie, il dit que j'aime pas ses centimètres et il pleure... celui-là, il va avoir du mal à se faire à la pension...

Avant, pour voir la misère, fallait prendre l'avion, et après fallait prendre le métro, et après aller se balader dans les rues, et maintenant je sors même plus, la misère, c'est moi.
– Mais non, mais non...
– Oh si ! Oh si !

J'ai confiance dans la justice de mon pays, elle me rendra mon permis.

À l'automne, on sort surtout pour les feux de cheminée... on est pas tellement sortis pour les guêpes cette année...
– Et là, vous êtes sortis pour quoi ?
– Pour boire un coup.

Le vrai chasseur d'épaves, le fou de ça, tu chies dans ton froc, il est déjà là avec sa pelle.

Les Incas faisaient du bien meilleur café que nous !

Dans les films américains, les acteurs américains parlent mieux français que les acteurs français dans les films français, les Français ont trop l'habitude de parler français, pour eux c'est rien, c'est comme chez eux, ils font des fautes et ça se comprend, ils-ne-s'a-ppli-quent-pas, ce sont des fautes d'inattention mais nous, dans le fauteuil, on entend tout, puisqu'on paye.

Combien d'opposants au régime sont enterrés secrètement dans les caves de l'Élysée ? Combien ?

Pendant le service militaire on apprend à balayer la cour, comme ça quand les Allemands arrivent, on est prêts.

Mettre le feu à la banlieue, si ça pouvait donner du travail dans la construction...

Tu vas raser la banlieue ? Et après ? C'est quoi qui va repousser ? Du Paris ?

On est contents d'être sales et de prendre sa douche le soir !

Jospin, je sais pas quel chien il me rappelle mais il me rappelle un chien.
– Un chien de Walt Disney ?
– Non, un chien en vrai.

Il faudrait que Chirac redonne de l'espoir.
– L'espoir, c'est pas un travail.
– Oui, mais ça aide.
– Ça aide, c'est pas un travail.
– Pour chercher.
– Chercher, c'est pas un travail.
– Ça peut déclencher des trucs.
– Déclencher des trucs, c'est pas un travail.
– Il faut du temps.
– Du temps, c'est pas un travail.
– Qu'est-ce que tu veux que je te dise.
– Que j'ai un travail.
– Comment veux-tu ?
– Chirac, c'est pareil, je vais prendre le fusil moi...
– T'iras en prison.
– En prison, y a du travail.
– Ils fabriquent des trucs qui servent à rien.
– Ça tombe bien, c'est ce que je faisais avant.

Je commercialise moi-même mes produits, ce qui m'oblige le matin à avoir des accidents souvent sur le verglas.

Moins sept ce matin, l'herbe toute gelée, comme ça, on sait comment s'habiller.

Une flûte à champagne, ça se respecte.

Une flûte à champagne remplie de vin rouge et des biscuits roses, moi j'y vais plus chez eux !

C'est bien les vieux dictionnaires où les gens sont pas encore morts !

Le nougat, il m'en faut pas.
– Vous avez vu Tchernobyl ?
– Bon, un bout alors, mais qu'un.

Jamais malade et pourtant il est mort.
– Normal, il y a des maladies qui gardent en bonne santé comme sur le fromage et qu'il faut avoir de temps en temps voyez, jamais malade peut être pire par exemple que toujours malade vu qu'on ne s'immunise pas contre les maladies et qu'on reste faible comme un enfant voyez, sans armes pour se défendre si vous voulez contre les agressions microbiennes, moi si je ne suis pas malade l'hiver par exemple, je suis malade tout l'été voyez, bien sûr puisque je me suis affaibli pendant toute la période des froids, je n'ai pas peur de me mettre à côté de quelqu'un qui a la grippe ou le rhume pendant l'hiver, ça me fortifie pour l'été, vous avez la grippe ?
– Non.
– Dommage.

J'aime pas les descriptions.
– Tu dois te faire chier, parce que la vie, c'est que ça, de la description.

J'aimerais pas tellement qu'on dise que je suis une dépouille quand je serai mort.
– C'est le vrai nom.
– Une dépouille.
– C'est le nom officiel du mort, comme cadavre.
– Le corps humain a plus de noms mort que vivant.
– Je ne sais pas, je n'ai pas compté... il faut compter.

Un pastis, plus un peu de citron, plus du vin blanc.
– Tu continues à jouer l'apprenti sorcier ?

Il faudrait inventer des microbes qui attaquent l'organisme mais en restant à côté comme les moustiques...

La viande n'est plus bonne, c'est de l'eau.
– Vous faites un cartable dans une vache comme celle-là, les cahiers sont trempés !

Vous savez pas qui j'ai pris ce matin dans mon taxi ? Marie Bizet ! Vous connaissez pas Marie Bizet ? Non ? Une chanteuse célèbre de l'époque, une vieille dame, très belle vieille dame, elle m'a chanté une chanson dans la voiture, elle amène son chien chez le vétérinaire parce qu'il a froid... qu'est-ce que vous voulez que je vous dise... elle veut le faire soigner contre le froid... elle va me reprendre parce que je fume le cigare... Vous connaissez pas ? C'est Marie Bizet... il faudrait voir dans un dictionnaire ou dans le *Quid*... une vieille chanteuse... parce qu'il a froid... c'est Marie Bizet.

Ils ont greffé une oreille humaine sur le dos d'une souris.
– J'avais pas peur des souris, mais ça va venir.

J'aime bien les chats, ils réfléchissent et ils le gardent pour eux.

Elle a la voix dans la culotte la petite Paradis...

Je lis le français, l'anglais je lis pas, quand c'est marqué en anglais sur les biscuits je lis pas, je préfère pas manger de biscuits que lire l'anglais, question de principe, surtout pour des biscuits, ils charrient tout de même, de l'anglais ! Les avions, je dis pas, mais les biscuits !

C'est pas les agriculteurs qui font vivre les dentistes en tout cas...

Rabin, pan, zigouillé dis donc, abattu, trois balles dis donc !
– Par un Arabe ?
– Par un Juif.
– C'est les plus forts.

Monsieur ?
– Un café.
– Et pour madame ?
– Un kir.
– Et pour le Lulu national ?
– Pareil.
– Un café ?

Un noisette pour la quatre !

Quand je suis à la pêche et que des moustiques me piquent, je suis une sorte de martyr de la paix.

Le bruit de l'eau c'est un disque qui ne s'arrête jamais, et en plus, tu peux mettre tes pieds dans l'orchestre.

La mort de Rabin, ça change quoi pour nous ?
– Pour moi qui suis juif...
– C'est vos informations régionales à vous, nous, on a cinq agriculteurs qui partent en préretraite.

Rushdie, il a été condamné à mort, sinon, on en aurait jamais entendu parler de son bouquin.
– C'est bien, pour lui.

Les terroristes sont manipulés depuis l'étranger.
– Merci le téléphone !

À Air France, ils ont du personnel rampant, c'est pas étonnant que ça déconne !
– Du rampant, t'en as dans toutes les administrations.

Une saucisse, non, mais deux saucisses, c'est un palindrome.

À Fontainebleau, c'est riche, à cause de la forêt pas loin.
– C'est pas une excuse.

Une eau minérale qui a traversé les Alpes fait forcément des dégâts quand elle passe dans les reins.

Le cerveau doit être constamment irrigué, mais faut pas que ça déborde non plus.

À la campagne, il y a un nounours dans la chambre, eh bien, je n'arrive pas à me déshabiller.

Balzac, j'en prends, j'en laisse.

Il écrit bien, il écrit comme Proust.
– Ah oui, c'est ça, j'ai essayé son livre, ça n'est pas intéressant du tout.

Le juste milieu, c'est dur.

On est à Paris ici ?
– Vous arrivez d'où ?
– Dijon.
– Bien sûr qu'on est à Paris.
– Comme j'ai pas vu de panneau.
– Vous arrivez du train ? C'est marqué sur le train, Dijon-Paris.
– Pas vu.
– Et sur les quais.
– Pas vu.
– Vous êtes perdu on dirait.
– On est à Paris ?
– Gare de Lyon.
– Je vais en Bretagne.
– C'est la gare Montparnasse.
– C'est ici ?
– Non, ici, c'est la gare de Lyon.
– L'autre gare c'est à Paris ?
– Un conseil, rentrez à Dijon.

À l'automne, il perd ses feuilles, au printemps, il fait des nouvelles feuilles, il est exotique comme un mec des impôts ton arbre !

La mort clinique, tu meurs mais c'est plus cher qu'à l'hôpital.

Les graines poussent dans la terre, mais il faudra bien qu'un jour elles poussent ailleurs, forcé obligé, question place, ça sera elles ou nous, des milliers d'hectares de blé et pas de studios pour loger les étudiants, ça n'est pas normal, il faudra choisir, de la place dans le métro ou de la place dans les champs, c'est forcé obligé...

J'aime pas qu'elle dorme dans la voiture, elle dort pas le soir, mais dès qu'on roule dans la voiture, au bout de deux minutes elle dort, je sais pas ce qui m'a pris, je lui ai mis une fessée, j'en avais mal à la main, eh bien, c'était fini, elle dormait plus dans la voiture, maintenant elle conduit, elle est grande, elle ne supporte pas quelqu'un qui dort dans sa voiture, ça a peut être à voir, je ne sais pas, en tous les cas c'est comme ça.

Je me demandais ce qu'elle fait dans le jardin cette chaise, et ce midi j'ai vu un monsieur assis dessus, on en voit des choses quand on est taxi.

Juppé remanie le gouvernement, il a viré toutes les bonnes femmes !
– Maintenant qu'il a eu son gosse, elles peuvent crever...

Du remaniement comme ça, j'en fais à la maison.

Toutes les femmes virées !
– C'est que des pédés dans ce gouvernement.

Ministre, pas ministre, au gouvernement, viré, un ministre touche pareil, c'est pour ça qu'ils rigolent de se faire virer, ils gardent leur paye à rien foutre, j'ai jamais vu un ministre viré pleurer parce qu'il a des enfants ! Tiens, meilleur exemple, t'as vu l'âge de Juppé ? C'est maintenant que sa femme elle a pondu un chiard, parce qu'il est ministre et payé toute sa vie maintenant, il peut s'en faire des gosses, c'est nous qu'on lui paye ses fringues à ses gosses, ces mecs-là, une balle dans le genou.
– Il est meilleur cet exemple, oui.

Par rapport à l'étranger, ça fait pas sérieux.
– Quatre femmes.
– Quatre femmes au gouvernement, ça sert à rien.
– C'est pas tellement beaucoup.
– Quatre femmes dans une maison, c'est énorme ce qu'elles peuvent faire dans la journée, de toute façon, on était les derniers sur Terre à avoir des femmes au gouvernement, mais oui ! Et les Noirs, y en a combien.
– Zéro.
– On peut pas tout mettre, un gouvernement, c'est pas une plaisanterie.
– On est un pays blanc aussi.
– Et des femmes en France t'en as combien ? Une sur dix hommes, comme ici.

C'est hier que de Gaulle est mort.
– Encore ?

Holà ! Salut toi ! Picasso Picassiette !

Juppé, je voudrais bien savoir combien il a payé et combien il s'est fait rembourser par la Sécurité sociale quand sa femme a accouché, il a pas dû choisir la clinique la plus pourrie celui-là, tu peux me croire, et il veut réduire nos maladies à nous alors que lui, c'est maladie caviar et compagnie !

Il a une tête de fourbe, Juppé.
– C'est exactement ça, un fourbe, il me faisait penser à ça aussi mais je ne trouvais pas le mot.
– Fourbe, comme un clou rouillé.

De ce côté-là, j'ai plus que la moitié d'un poumon et en plus j'ai perdu mon portefeuille, c'est pas mon bon côté.

Tu fumes trop.
– T'as vu la pollution ? Pendant que je fume, au moins, je respire pas les saloperies du dehors.

Drucker, il explique bien l'humour.

Il a un lapin avec les deux oreilles du même côté comme une sole.

... **C**e monsieur que je vous parle, il est riche à millions, il est juif, c'est pas la question, je m'en fiche de la nationalité, il peut être noir, c'est pas la question, il vend des habits dans une rue à Paris, millionnaire, milliardaire peut-être, il a un cancer, il est malheureux comme les pierres, comme quoi...

Le canon à neige, c'est une arme redoutable en Afrique.

C'est Arafat qui a fait tuer Rabin en manipulant des Juifs extrémistes, résultat, il va empocher tout le bénéfice.
– Quel bénéfice ?
– Des terres, tu sais combien ça vaut des terres, là-bas ?

La meilleure viande vient d'Argentine, pour eux la viande c'est un dessert.

L'égalité, c'est pas ce qu'il y a de mieux, parce que tout de suite on sait qui tu es, contrairement à ce qu'on croit, dans l'égalité, on peut pas se cacher.

Un taxi est forcé de regarder dehors, déjà, c'est un métier proche de la nature.

Le Soldat inconnu, il paraît qu'on sait qui c'est.
– Mais non, mais non, tu lis trop « Voici ».

Billets s'il vous plaît !

Napoléon, c'est un nazi, d'ailleurs, quand tu vois les aigles...

Qu'ils touchent un seul cheveu de la Sécurité sociale et je me fous tout le temps en arrêt maladie !

La pendaison, c'est pas pire que la chaise électrique, et au moins t'es dehors.

Je vais passer mon brevet.
– Ils vont te prendre tout ton pognon.
– C'est ça qui me plaît.
– Moi je te le fais passer ton brevet, un doigt dans le cul, ça y est, t'es spéléologue.

De Gaulle a viré l'Algérie de la France et il a bien fait !

J'oserais pas faire incinérer un brûlé, je sais pas, c'est comme ça, je préférerais qu'on l'enterre, dans la terre un peu mouillée, je sais pas, c'est comme ça...

T'as vu ça les Algériens qui ont voté en France, la bousculade, y a même eu des malaises.
– Heureusement qu'ils ont pas le droit de vote en France, ils vont nous piétiner, ces cons-là !
– À 4 heures du matin, c'était déjà la cohue devant l'ambassade.
– Moi, j'y vais cinq minutes avant la fermeture quand je vote.
– Moi je vote pas.
– Ils votent, mais faut voir ce qu'ils votent aussi, ceux-là.

Tous ceux qui ont un cancer et qui meurent d'un accident de la route alors qu'ils ont bu devraient être enlevés des statistiques de la route et remis dans le cancer, sinon, les chiffres ne veulent rien dire.
– D'autant qu'ils ont peut-être bu parce qu'ils sont malades et après ils ont pris la voiture pour aller aux examens.
– Oui, la route a bon dos, c'est l'hôpital le responsable... évidemment, alors là oui bien sûr, ça arrange la Sécu pour ses chiffres de nous mettre des accidentés sur notre dos !

Je suis très difficile pour le foie de veau, pour le reste, vous me faites manger de la merde, ça ne me dérange pas.

En tant que président de la République, il était un peu obligé de décrocher de la coke.

Chirac paie pas d'impôts.
– Ça ne m'étonne pas.

Les avocats, un jour ils défendent les Juifs, le lendemain ils défendent Hitler, le sida serait un bonhomme, on trouverait toujours un avocat pour le défendre.
– La défense est un droit.
– Défendre le sida, sans moi.

Tu me feras pas coucher dans le lit à de Gaulle ou d'un autre vieux comme ça !

Chirac est allé coucher dans le lit à de Gaulle.
– C'est pas tellement propre.

Je préfère encore dormir dehors que dans le lit à de Gaulle.

T'as qu'à voir le niveau des intellectuels qu'on a en France, ils ont le trac à la télé !

Les ministres se font rembourser les repas par la Sécurité sociale.
– Ça ne m'étonne pas.

Le créole a beaucoup influencé la langue française, tenez, à l'origine, boudin n'est pas un mot français.

Tu vas pour une moquette à Troyes et tu te fais pas payer ? T'es intelligent ? Oui ? Alors tu m'expliqueras où elle est l'intelligence ?

Je suis très déçu par les humains.
– Vous avez consommé, vous payez !
– Je suis très déçu par les humains.

Je lui dis, pourquoi tu téléphones pas, il me dit, maman, je n'ai plus d'oreilles.
– ?
– Une maladie tropicale.
– Le pauvre.
– Vous n'allez pas le croire vous aussi ! C'est un mensonge ! Il a ses oreilles ! À Tahiti, il n'y a pas de maladies des oreilles !
– À Tahiti, non.
– Vous voyez bien que c'est un mensonge !

Pourquoi on fait pas du calva de poire ? Pourquoi ? Hein ? Pourquoi ?

Un bébé, c'est

Le gros Larousse,

C'est pas eux qui vont dire quand je suis malade et quand je suis pas malade, je suis malade quand ça me plaît et je les emmerde !

Si l'ordinateur est une fenêtre, alors j'en ai deux sur la cour.

Trafic SNCF, trafic RATP, quand tu conduis un bus, c'est comme si tu transportes de la came.

Le français finira en anglais, on dira *yes*, comme des zombies.

Les colorants qu'ils mettent dans les petits pots pour bébé, c'est ni plus ni moins l'apprentissage des paradis artificiels.

Le jour du beaujolais ils ne font pas de contrôle, bien sûr, si y en a un qui roule en zigzag là ils lui font souffler dans le ballon mais sinon ils ne font pas de contrôle pour le jour du beaujolais nouveau, c'est une loi, une fois par an, ah si, c'est une loi.

bien que c'est petit parce que c'est laid.

t'as plus rien dedans...

Les moustiques, pas en France évidemment où ça va bien mais dans d'autres pays où ça va pas ils transportent les maladies, ils vont de l'un à l'autre des gens des villages et les maladies font le tour du pays comme ça, les moustiques ont la maladie dans la trompe, elle va, elle vient, après tout le monde l'a dans une cloque quelque part en se réveillant le matin, tous les moustiques auraient du médicament dans la trompe, ça serait pareil mais mieux, en mettant le médicament dans le moustique qui fait le tour du pays pour piquer tout le monde tu fais vacciner toute la population sans faire bouger un docteur, sans payer personne, tu vas pas payer le moustique, le moustique pique dans le petit pot de médicament et il aspire parce que c'est sucré, le médicament a un goût que le moustique aime bien, à la poire, au miel, à la banane ou à la mangue et l'affaire est dans le sac et il s'en va pour faire son tour des piqures ni plus ni moins ce que font d'ailleurs les infirmières qui font ça dans nos campagnes pour faire les soins des vieux, du coup en Afrique tout le monde rêve de se faire piquer par les moustiques parce que pour l'instant, en Afrique, c'est pas du tout le cas, les gens s'enduisent, alors que là les gens chanteraient à l'arrivée du moustique, abdouli, abdoula, à quatre pattes les gens, à lui embrasser les pattes pour se faire piquer.

Si un docteur me file pas un arrêt maladie, je m'en fous, je vais chez un autre, tu sors les billets, t'en trouveras toujours un, va, ils aiment les sous ceux-là...

Y a pas de livre à lire en français qui soit bien, même le prix Goncourt cette année, ils l'ont donné à un livre en russe.

Je lis énormément alors je ne peux pas regarder *le Millionnaire*.

On a un fœtus Premier ministre !

La lèvre du dessus... la lèvre du dessous... ça fait la pince... enlève la lèvre du dessous... tu fumes plus.

Je suis au chômage depuis deux ans.
– Ça se voit pas, t'es tout le temps là.
– Ben si, c'est ça qui se voit !
– Quand tu bossais, t'étais là aussi.
– Ah non ! On allait chez René.

Des fois, rien que pisser dans la neige peut déclencher une avalanche, alors quand tu vois des villages entiers d'alpinistes dans l'Himalaya, faut pas s'étonner que cinq cents gars qui pissent dans la neige te déclenchent des catastrophes !

Un alpiniste français blessé au fin fond de l'Himalaya, c'est encore la Sécurité sociale d'ici qui paye !

Penser, c'est pas pareil que réfléchir.
– Ha bon c'est nouveau ça...
– Des fois, tu penses, je vais acheter du pain, c'est pas une réflexion.
– Si, bien sûr, comme les autres.
– Moi je ne réfléchis pas pour acheter du pain.
– Moi si.
– Pas moi.
– Moi si.
– ...
– Moi si.
– Tu fais ce que tu veux.
– Ah oui alors, je fais ce que je veux et je t'emmerde ! C'est pas toi qui vas me dire quand je réfléchis ! Certainement pas un mec qui pique des outils dans le garage de son patron !
– Quoi !

Coucou le gars !

Depuis la gare jusqu'à la place de la Cathédrale, on ne fume pas, soyons logique.

Même que ma fille a racheté la voiture de leur fils, voyez...
– Quoi ?
– L'entente.

Le stade après SDF, c'est Africain.

Quand il a été aveugle, il s'est mis à la peinture ! Déjà que je me méfie de l'art en général, alors là, c'est se ficher du monde.

À deux, on est déjà nombreux, si on est malade des nerfs.

Il croit que l'hippopotamus est un animal qui vit en Afrique à cause du restaurant.
– Il est con ton môme.
– C'est pas sa faute.
– Et les frites, c'est des oiseaux des îles ? Il est con ton môme.

On est des pauvres, mais si ils continuent d'augmenter les impôts pour les pauvres, notre pauvreté faudra qu'on aille la planquer en Suisse !
– On aura pas le choix, pardi.

Ils remboursent quand une hôtesse de l'air a le cul de travers, faut pas s'étonner des déficits avec ça !

On devrait payer avec des faux billets puisque tout ce qu'on achète ça donne du faux bonheur !

Et si j'ai une apparition chez moi ?
– C'est le pape qui décide si c'est un miracle ou pas un miracle.
– Que lui ?
– Que lui.
– J'ai pas eu d'apparition mais je demande ça comme ça.
– Je sais, t'as pas de jardin.

La qualité contre la quantité, je fous rien, mais je le fais bien !

Un cheval, c'est aussi intelligent qu'un camion et on peut lui donner des carottes, on pourrait en remettre à tirer des carrioles, ça pollue pas, et on peut lui donner des carottes, c'est gentil, ça coûte rien, ça fait joli dans la ville et on peut lui donner des carottes, il faut s'en occuper, ça donnerait du travail à un chômeur qu'on paierait pas cher mais le plus important, c'est de travailler.
– On lui donnera des carottes.

Tu verrais ses carottes biologiques, on dirait qu'elles mangent de la viande tellement elles sont grosses.

La merde fait pousser les légumes.
– Moi j'ai pas l'oignon qui pousse.
– Pardon ?

La choucroute est un légume d'aujourd'hui.

C'est quand le beaujolais ?
– Le nouveau ou le normal ?

Ma femme n'a pas vieilli, elle a la même haleine que quand où on s'est connus.

Dans le beaujolais nouveau, ils mettent de moins en moins de beaujolais et de plus en plus de nouveau.

... hé l'Homme invisible, quand il boit du beaujolais, on ne voit que le verre qui vole.

***B**onne cuite.*
– À vous aussi.

Je ne connais personne qui prend des antibiotiques le jour du beaujolais nouveau, et ça, c'est bien pour la Sécurité sociale.

***L**e phénomène inverse se produit.*
– Quand on pisse, on boit pas ?
– Dans le désert, il faut pisser pour ne pas boire.
– Quand on boit on pisse.
– C'est le phénomène de départ.
– Et l'inverse ?
– On pisse, on ne boit pas.
– Dans le désert, personne ne boit.
– Ils pissent.
– Les chameaux pissent beaucoup sans boire.
– Ils ont des bosses à la bite.
– Je parle sérieusement.
– Pardon, je rigole, c'est le beaujolais.
– Moi aussi je bois du beaujolais, et je ne ris pas.
– Je ris pas.
– Bon.
– Oh hé puis va chier avec tes Bédouins qui pissent toi !

***T**u bois pas du beaujolais ?*
– J'aime pas qu'on me force.
– Qui ?
– La société du merchandising.

Les lendemains de bonne cuite, quand t'as la grosse gueule de bois, t'as envie de partir loin, loin, loin ! Ils devraient embaucher des alcooliques pour leur conquête spatiale.

Ah oui, j'y avais pas pensé.

Je suis comme saint Thomas, je bois ce que je paye.

Il est immortel.
– Pipeau.
– Dans le feuilleton.
– Pipeau, c'est truqué.
– C'est ce que je dis, c'est un feuilleton.
– Alors on est d'accord, c'est pipeau.
– C'est le titre du feuilleton, l'Immortel.
– Pipeau.
– Évidemment.
– C'est pipeau.
– C'est ce que je te dis.
– Tu me dis qu'il est immortel.
– Dans le feuilleton.
– Pipeau.
– Tu m'énerves, mais tu m'énerves ! Il est immortel dans le feuilleton !
– Oui, je sais, c'est pipeau.
– C'est un feuilleton.
– Justement, c'est truqué.
– Y a pas de truquage.
– Tu dis qu'il est immortel.
– Y a pas de truquage, on le sait.
– C'est pipeau.
– Tout le monde dans le feuilleton sait qu'il est immortel.
– C'est truqué.
– Mais non c'est pas truqué.
– C'est du pipeau.
– Y a pas de trucage.
– Il est immortel.
– Dans le feuilleton.
– C'est des conneries.
– Faut que t'arrêtes de boire toi !
– Pas le jour du beaujolais nouveau.
– Tous les jours.
– Dis donc, faut plus que tu regardes l'Immortel, ça te rend con.
– Parle à quelqu'un d'autre.
– Qui ?
– Au tonneau !

Tu pues !
– J'ai rien bu.

Je n'en bois pas... ou un comme ça pour goûter le matin, le beaujolais nouveau ça se goûte, tout de même c'est la tradition, un ou deux, j'en bois le midi et le soir, disons une petite dizaine, pour accompagner, une petite quinzaine, quand il est bon, sinon, je ne me jette pas dessus en tous les cas, mais je goûte, je le goûte pour le goût de fruit rouge ou de banane comme l'année dernière c'était fruit rouge mais l'année d'avant ou d'avant avant c'était banane, ça je le reconnais, je le goûte par tradition, c'est une tradition tout de même, non ?

Alors ?
– Il est bon.
– Et le goût ?
– Il est bon.
– Et puis ?
– Rien, il est bon.
– On t'en offrira du beaujolais à toi !
– Quoi ?
– T'en parles aussi bien que Juppé de la république.
– Quoi ?
– T'es lyrique comme une merde sur un glacier.
– Quoi ?
– Rien, bois.

C'est pas bientôt fini le monologue !

J'ai servi la France.
– Je vous ressers ?
– Volontiers... j'ai servi la France...

... **m**a retraite...

... **l**e drapeau...

... **a**mputé...

... **l**'OAS...

... **A**lgérie algérienne !

... **u**ne pension d'invalidité...

... **l**e ministère des Anciens combattants...

Un rein en moins monsieur, un rein en moins !
– Je vous ressers ?
– Volontiers.

Carignon, tête de con, en prison !

Il ne s'est pas enrichi personnellement.
– Lui, non, mais t'as vu ses fringues ?

Carignon, tête de con, en prison !

Ho ! Tout doux là !

Carignon, tête de con, en prison !

Ho ! Du silence un peu !

Qu'est-ce que t'en as à foutre ?
– Il a sali tous ceux qui s'appellent Alain !

Trop d'alcool tue l'alcool, tu conduis comme si rien à condition que tu sais où... où... où tu as garé le véhicule en question.

Sur cent personnes, t'en a que quatorze qui étaient pour Chirac président, et dans ces quatorze, t'en as dix logées par la ville, c'est une démocratie ça, c'est une démocratie ? Il fallait interdire le vote à ceux qui ont eu leur logement par Chirac, là, ça serait la démocratie, on se fout de la carte d'électeur, c'est la fiche de loyer qu'il faut montrer, là, tu as une démocratie qui marche bien, enfin, c'est mon avis, il vaut ce qu'il vaut, c'est le mien, et en plus j'ai raison... Non ?
– ...
– Toi tu bosses pour la ville, alors...
– Je ramasse les feuilles dans le square.
– Les feuilles de ville, alors...

La femme à Juppé, il aurait fallu la faire accoucher dans l'escalier de chez elle, qu'elle ait un aperçu un peu de la banlieue !

J'adore ma liberté !
– Fainéant.

Avec les attentats et les photographes, vous avez intérêt à avoir une culotte propre.

La télé, c'est un travail plutôt pour les vieux, je trouve.

Ils n'ont rien à foutre à la télé, ils arrivent, ils s'assoient et ils discutent avec les invités, tu fous une caméra chez moi le dimanche, c'est une émission, je me souviens d'une émission médicale de l'époque, ils opéraient des gens, devant toi, c'est pas comme discuter avec un connard d'acteur qui n'a rien à dire, c'était de la vraie télé, avant, d'ailleurs les nouveaux studios télé on voit bien, quand ils sont vides, y a que des chaises.

Oui, ils expliquaient l'appendicite, c'était autre chose que les petites connasses de la météo !

Ça va ?
– Et vous, ça va ?
– Ça va, on continue le plan vigi-picrate.

Le docteur dit du mal de vous, il essaie de nous fâcher.
– Je le connais, c'est un nouveau docteur.
– Il ne veut plus que je vienne.
– C'est bien de me le dire.
– Il veut nous fâcher.
– Il aura du mal, c'est bien de me le dire.
– Il ne veut plus que je boive.
– Il a une sale mentalité ce nouveau docteur.
– Il veut nous fâcher et il n'y arrivera pas !
– C'est bien.
– Je vous le dis.
– C'est bien de me le dire.
– Et je continuerai à venir !
– Je vous sers quoi ?
– Mon rosé.
– Pas trop frais.
– Il ne nous fâchera pas !
– C'est bien.
– Voilà.
– Il faut bien mourir de quelque chose.
– ...

Le Goncourt, c'est pas moi qui lirais une merde pareille !

Une noisette pour l'écureuil !

Les maîtres nageurs avec les petits slips, c'est des pédés.

Dans la mode, c'est tous des pédés.

Dans l'aviation, tous des pédés.

La mode, moi... vous savez... la mode... si vous saviez... j'ai eu deux robes dans ma vie, une robe de petite fille et une robe de dame, ce sont les deux robes les plus importantes, les autres robes ne sont que des robes qui passent, ça compte pas, comme les âges, combien d'âges servent à quelque chose et combien d'âges servent à rien ! On est jeune, l'autre jour on est une vieille, c'est ça qui compte, petite robe grande robe jeune vieille, et pour les garçons, petit garçon grand-père pantalon court pantalon long, ça traîne pas... les modes qui changent, les âges qui changent... moi... vous savez... la réforme de l'âge, c'est un peu plus important que les histoires de la Sécurité sociale... deux âges deux robes, j'en sors pas... deux âges deux robes... deux beaux âges et deux belles robes, évidemment ! Vous aviez compris...

Les curés, tous pédés.

Les bouchers, pas toujours mais des fois, c'est des gros pédés.

Ceux qui font du canoë-kayak, la plupart, c'est des pédés.

Et les nageuses, c'est des gouines aussi, comme dans le tennis.

Les patineurs artistiques, c'est pédés et compagnie.

Dans la danse, c'est tous des pédés.

Les serveuses des charcuteries, c'est toutes des gouines.

Les filles dans les douches, c'est souvent des gouines.

Dans le rugby, un pédé sur deux, à cause des vestiaires.

Les bonnes sœurs, quasiment toutes des gouines.

À la morgue, ils se tapent des morts.

Les alpinistes, dans la tente là-haut, sans personne qui regarde, ils sont à poil avec la bite qui sort du duvet, mais bien sûr, t'as vu la couleur des anoraks qu'ils ont maintenant ?

Dans le ski féminin, elles ont des gros culs, c'est des gouines.

Souvent les ploucs se tapent les poules.

Les garçons dans les cabinets publics, tu peux être sûr que c'est des pédés.

Lang se tape des petits animaux, ah si !

Walt Disney se gênait pas pour se taper des petits animaux non plus. Il est mort de ça d'ailleurs, d'une maladie animale.

En Algérie, c'est que des pédés puisque les femmes sont enfermées.

Les gens qui élèvent des petites vaches, souvent, il y a de la tentation parmi les montagnards isolés l'hiver.

Les toreros, ils ont la bite tout aplatie dans le pantalon, c'est encore un autre genre ça...

Il faut déjà être intelligent pour reconnaître son image dans le miroir, les animaux ne reconnaissent pas leur image.
– Quand je sors de chez le coiffeur, au début, je me reconnais pas.

C'est pas la peine d'avoir des élections libres pour que tous les mecs élus finissent en prison comme Carignon !
– C'est la démocratie.
– La démocratie ? Si c'est élire des truands comme Tapie, alors c'est pas la démocratie, c'est l'Afrique.

Il est très très très très très malade Jacques Pradel, il ne sort de l'hôpital que pour ses émissions.
– On le voit bien qu'il est gonflé d'eau, on le voit bien.
– Il sent le pourri.
– Et il travaille ?
– C'est pas fatigant, remarquez.

Quand t'as la colique, si tu veux tenir le coup moralement, faut pas de sensiblerie.

Le monstre du Loch Ness attire des millions de touristes.
– Les gens sont cons.
– Il a été pris en photo.
– Va voir un éléphant de près, après on recausera.

Les dents de la mer, ça existe pas.

Le cinéma français, ça fait rêver à peu près comme la Sécurité sociale.

Il y a une pièce de Shakespeare, c'est exactement l'interview de Lady Di.

On est des singes évolués, finalement.

Toutes les nouvelles speakerines de la télé ont eu des bébés en même temps cette année, elles sont obligées de les avoir pendant les vacances pour pas que ça se voie sinon elles sont virées.
– C'est horrible.
– Comme un élevage.
– Pauvres mômes.

Lady Di, tout le monde se la tape.

Les rois, les reines, les princesses, tout ça c'est plus que du bidon, si tu te tapes une reine, t'as intérêt à mettre une capote.

Lady Di, je lui vire tout de suite sa couronne et je lui mets des étoiles au bout des nichons.

Elle bouge tout le temps, tout le temps, tout le temps, elle va chercher les plats dans la cuisine, elle revient, il manque quelque chose, elle repart, on y va pour son anniversaire, on ne la voit pas.
– Il faudrait scier les jambes des mamans pour qu'elles restent à table.
– Ah oui ça c'est vrai.

T'as des centaines de tailles de bouteilles, une par personnalité.

Elle baise et quand c'est fini, elle bouffe le mâle en commençant par les pattes.
– Moi je serais le mâle araignée, je garde mes chaussettes pour que l'autre elle s'étouffe.

C'est des familles qui couchent entre elles comme les hamsters.

Les princesses, moi j'en prends une pour taper sur l'autre.

Le poisson est propre naturellement.

Ils ont mis Claudia Schiffer au musée Grévin, elle est en cire.
– Ça change pas.

Il a un sixième sens mais comme il est sourd ça lui en refait cinq comme nous.
– Si t'as un sixième sens et que t'en perds un en route, autant avoir cinq sens et entendre ce qu'on dit.
– Ah oui.
– Mais oui.
– Un sourd qui entendrait par miracle, pour lui, c'est un sixième sens.
– Déjà cinq, c'est bien.
– Quarante sens, je sais pas où on mettrait les yeux ?
– Quarante sens qui marchent en même temps, t'exploses rien qu'avec une cacahuète qui tombe du comptoir sur le carrelage de couleur qui pue la Javel en faisant un petit bruit.
– Boum !

Il est aveugle mais il se fait raconter.
– C'est un métier que j'aimerais bien faire, descripteur.

Une chienne qui lèche ses petits pour les nettoyer, elle les aime, mais d'abord elle les nettoie, le propre passe avant l'amour, vous aimeriez un enfant sale ?

Décrire, c'est difficile, surtout pour les rues qui montent et après qui redescendent.

Un milliard d'années, de nos jours, c'est cent ans, question de progrès.

Être ou ne pas être, voilà la réponse !

C'est le cholestérol qui

J'ai lu un livre...
– De qui ?
– Alors ça, je m'en branle pas mal.

Les merdes qui ont des noyaux de cerises dedans, c'est celles des renards.

T'enterres un immortel, le mec se fait chier pendant un moment, moi je te le dis.

Il est mal dans sa peau.
– Eh ben qu'il s'évade ! À quatre pattes la nuit par le trou du cul.

a tué Kennedy.

Bon pied bon œil.
– Quel est le con qui a marché dans la merde ?
– ...
– Qui c'est le con qui a marché dans la merde !

Cinq minutes pour aller aux toilettes, tous en même temps, moi je travaille encore sur des vieux dossiers avec des carbones, c'est l'horreur, j'ai les mains noires toute la journée.
– Faites grève.
– Pour ?
– Les toilettes.
– Pfu.
– Et les carbones.
– Justement, on les supprime les carbones, je saisis tous les anciens dossiers sur ordinateur, je suis entre l'ancien dossier et le nouveau, c'est moi le carbone.

Putain, comment on s'est mis chiffon dis !

... **V**a l'avoir, toi, l'idée du pot-au-feu ! Va trouver ça comme nouvelle invention ! Vas-y ! Après tu reviens me voir.

... **r**ien que l'os à moelle, va trouver ça, c'est de la folie, un os et dedans c'est la moelle, va trouver ça, au prix où c'est !

... **p**lus la moutarde et les cornichons, je n'en parle même pas !

... t'as autant d'imagination dans un pot-au-feu que dans la pyramide du Louvre sinon plus.

... **l**es fusées ça arrive que ça déconne, un pot-au-feu, jamais ça tombe en panne.

... **S**i tu veux parler d'inventions, t'es bien tombé avec moi.

C'est pas des gens qui font de la télé, c'est des gens qui vendent des décodeurs, c'est pas pareil, comme le mec qui fabrique un frigo, c'est pas lui qui va chercher le poisson qu'on met dedans, pour moi la télé, c'est le mec qui va en mer chercher le poisson, pas le mec qui bosse dans sa ***cuisine****.*
– La télé, je ***m'en*** *branle.*

Ils gagnent trop d'argent.
– Des millions par mois.
– La télé, ils gagnent trop d'argent.
– C'est notre pognon.
– J'aime bien quand y en a un de la télé qui meurt.
– Nous aussi on meurt et on a pas des millions, alors...

En Russie, tu trouveras pas une lampe qui marche.

... **l**'ordre moral, il est pas si bien rangé que ça...

Il y a toujours quelqu'un qui se baigne à poil quelque part sur terre.

Si il a honte d'être alcoolique, alors je sais pas de quoi il parle toute la journée.

Ariane, ça c'est une réussite.
– Pour une fois qu'un truc marche, on est cons de l'envoyer dans l'espace...
– ...
– Non ?
– Euh...
– On ferait mieux de se la mettre sur des rails qu'on monte dedans, sinon qu'est-ce qu'on s'en fout ? C'est comme Cousteau sous l'eau, ça lui fait plaisir qu'à lui.
– Pour la technologie, je parle.
– La technologie, c'est pareil, qu'on se la garde sur Terre plutôt que se l'envoyer dans le ciel, les oiseaux qui volent ça fait plaisir qu'à eux.
– C'est un exploit tout de même...
– Que ?
– ...
– Quoi ?
– Les fusées.
– Un exploit c'est manger une fusée, ça c'est un exploit, une fusée qui vole, on va pas tomber.
– Ça donne du travail.
– À qui ? Aux Martiens ? !
– ...
– Non ?
– C'est français.
– Moins que moi.
– ...
– Moins que moi !

Pour chanter l'opéra, il faut être gras, ça fait résonner la voix comme quand tu joues de la trompette dans l'eau.

La nuit, elle me réveille pour voir si je suis pas mort.
– Ah là là, les bonnes femmes...

Alors ?
– ...
– Alors ?
– ...
– Alors ?
– Je t'ai laissé parler, alors laisse-moi boire.

T'as vu Jean-Pierre ?
– Jean-Pierre ?
– La Prothèse.
– Ah oui, La Prothèse... moi des Jean-Pierre, j'en connais pas... pas vu La Prothèse ce matin.

Une fois, un silence d'une heure et après, un bruit.
– À la campagne, c'est pas tellement exceptionnel, une fois moi, pas un bruit de la journée et le soir, un tracteur.
– T'es dans quel coin ?

Il n'y a plus

Je serais Lelouch, je ferais attention à mon portefeuille parce que avec Tapie dans le film...

... il a tellement fait de mal à Marseille, tellement de mal en tuant l'OM...

Tapie, Garretta, tout ça c'est une jolie bande, tenez.
– Tapie a jamais vendu du sang contaminé.
– Il en vendait pas, il en fabriquait !

Fabius, deux cents morts sur les mains, pas un franc d'amende !
– Il mourra dans des souffrances, vous verrez, il y a un Dieu.

Dans le monde entier, l'endroit d'où tu vois le mieux toute la place de la Concorde, c'est depuis l'hôtel Crillon.

Il enferme son gosse dans les chiottes pour qu'il travaille ses devoirs, c'est pas un ingénieur qu'il va en faire, c'est une mouche.

Une heure trente ou quatre-vingt-dix minutes, pour moi, ça n'a rien à voir.

Tapie, à Marseille, c'est Guy Lux à Intervilles, c'est un mec comme ça Tapie, il fait la politique avec des vachettes.

Juppé est en train de tout détruire toute la France, et si il fait ça, c'est qu'il a une raison qui vient de l'étranger...
– ...
– Un jour on nous le dira, il travaille pour l'étranger, sinon quel intérêt il a à tout vouloir tout semer la panique ?
– Oui, remarquez...
– Tout vouloir tout mettre la zizanie ?
– Oui, en fait...
– Non ?
– Si.

Tu as vingt-cinq ans, moi j'en ai vingt-quatre, c'est pour ça que je te respecte, tu as vécu beaucoup plus de choses que moi...

de beau PMU !

Une fois de plus, les usagers sont pris en otage !

J'attends le bus au comptoir, c'est pareil que dans la rue.

Le poisson femelle enlève les petites algues avec sa bouche... avec des poissons pédés t'as plutôt intérêt à changer l'eau tous les jours.

J'aime bien les grèves, ça me rappelle quand j'avais du boulot.

On va dire que je suis dur mais les manifestants sur les voies de chemin de fer, à la mitrailleuse !
– Chacun a ses idées.

Trois heures pour venir travailler !
– Je suis partie à 5 heures ce matin pour arriver au travail à 9 heures !
– Au moins, on est au travail.
– Remarquez, personne travaille, on fait que parler des transports.
– On est là, c'est déjà bien, on va pas non plus nous demander de travailler !

De Gaulle travaillait tu sais combien d'heures par jour ? Une.

Il est pédé ou il est pas pédé ?
– Il va sous le caillou avec l'autre mâle.
– Alors ton poisson il est pédé.

Les boxeurs ont des petites mains parce qu'après ils rentrent chez eux de toute façon...

Des bombes dans les transports, et maintenant des grèves !
– On est fragiles aux roulettes, comme les vieux jouets.
– Ah oui ! On est des vieux jouets !

Midi pile, tout s'arrête, moi j'arrête, hop, comme les Noirs avec la montagne sacrée, ça sent le petit salé, stop, je vais pas plus loin, je bois mon apéro avant, je pose mon baluchon, le Kilimandjaro, le pastis et les olives sacrées, un milliard la minute, non, j'avance pas, stop, terminé, c'est midi pile, une heure, deux heures, trois heures, quatre heures, cinq heures, je monte pas là-haut, je vais pas plus loin, midi pile, stop, c'est le petit salé aux lentilles de midi pile et la Terre continue de tourner.

Henri IV, c'est que la poule au pot ? Y a rien avant ? Y a pas d'entrée ?

Les films incontournables, les livres incontournables, je les contourne très bien.

J'ai pas de tabou, je bois de tout.

On va manger chinois.
– Encore ? T'as déjà mangé chinois hier.
– Et aussi lundi, de toute façon on serait en Chine, on mangerait tous les jours chinois alors...

Le tourisme sexuel, c'est visite organisée des trous du cul de par le monde.

Le marabout, si tu veux, il jette des sorts à Juppé pour le faire mourir.
– De quoi je me mêle ? Laisse faire les cheminots.

Un marteau piqueur à minuit ! Alors que le jour, y a pas de boulot !

Pendant quatre-vingts ans que tu vis ta vie sur la Terre, t'es stagiaire, je connais pas un seul titulaire de la vie d'ici, on peut te virer n'importe quand, n'importe comment, et même de nuit mon con !
– Je suis pas ton con.

Tout est paralysé !
– La France paralysée, attention, c'est pas l'étranger qui va lui faire manger la soupe.

On est un pays de pleurnichards ! Le Japon pour Hiroshima, ils ont rien dit par exemple...
– Ils ont une économie forte.
– Et l'Allemagne avec Hitler, ils ont pas pleurniché !
– Ils ont une économie forte.

J'achète *Libération*, *France Soir*, *Minute*, je m'en fous du titre quand je veux un journal, ils disent tous la même chose, au fond, ils donnent les nouvelles de la télé.

Midi pile, c'est le pic du midi de l'heure.

... le petit
Juppé, moi il me
fait pitié.

On aurait un pharmacien comme Premier ministre, on l'écouterait, mais un politicien, comment voulez-vous avoir confiance ? Ou un docteur comme Douste-Blazy, ou même François de Closets, mais un politicien qui n'a fait aucune étude spéciale comment voulez-vous croire ce qu'il dit quand il dit, il faut un remède de cheval ? Il est pas pharmacien, le con, il n'est rien, il n'a pas la jugeote du spécialiste, et comment il pourrait l'avoir, il n'a appris que la vie de De Gaulle, avec ça, on est bien avancés, des gars qui connaissent la vie du Général, que je respecte, c'était un militaire en temps de guerre, il avait sa place à la tête de l'État, mais un branleur en temps de crise, il nous faut des gens qui savent, et le savoir, c'est à l'école de pharmacie que ça s'apprend, ou à l'école d'industrie, pas à l'école des rien-du-tout qui bavardent et qui ne font rien, à part voler notre argent, pour ça ils sont pas mal forts, pour nous voler notre pognon, ah ça oui, alors que, au moins, ils volent du pognon à l'étranger pour faire marcher la France si c'est ça leur spécialité, ils sont invités en Afrique, ils volent de l'argent dans les banques, de toute façon l'argent, en Afrique, pour ce qu'ils en font à part acheter des bijoux aux poulets, et cet argent ils le remettent dans les banques françaises qui en ont bien besoin, on serait un peu plus respectés dans le monde si on disait qu'on est des voleurs, puisque c'est vrai, avec la bombe atomique, ça serait complet comme politique étrangère, mettez-moi au gouvernement une seule journée, vous allez voir le changement !

La météo, c'est un métier de femme, d'ailleurs chez les commerçants c'est tout le temps elles qui parlent du temps.

Sonia Rykiel, c'est le genre de connasse qui serait tout le temps au cul de Jésus pour l'habiller.

Je laisse la radio allumée, elles entendent les informations.
– Avec les grèves, elles doivent rien y comprendre vos plantes.

Moi, une bombe atomique, ça me dissuade pas.

Je veux pas qu'on me mette dans un cimetière, dans les cimetières, y a que des vieux.

Ils ont tout cassé à Jussieu.
– Qui ?
– Les casseurs.

... C'est un gouvernement d'os de lapin qu'on a.

Moi je suis dans le privé monsieur, j'ai qu'à fermer ma gueule parce que si moi je fais grève, c'est la porte tout de suite monsieur ! Dans le public, c'est des nantis qui se permettent de prendre les autres en otage parce qu'ils ne risquent rien, leur patron, c'est Juppé, et Juppé, c'est une merde, alors c'est pas lui qui va les virer !... on est gouvernés par une merde monsieur, que voulez-vous... et l'autre grand con qui se branle dans les chaussettes à de Gaulle, que voulez-vous... la France est devenue une maison de retraite monsieur, alors forcément, ils vont faire chier les retraités, on serait un pays jeune, ils feraient chier les bébés monsieur, ils font chier le premier qu'ils trouvent, on est gouvernés par des gens que nous on pourrait remplacer au pied levé monsieur tellement ils trouvent leurs idées sans réfléchir, c'est ça le problème de la France d'aujourd'hui monsieur, à l'Élysée ça sent pas l'innovation, à l'Élysée ça sent le tabac monsieur, c'est n'importe qui qui dirige, on a voté pour une pomme et résultat on se retrouve avec une pomme qui dirige un pays de vieux, monsieur... et madame... je ne savais pas que vous étiez avec monsieur, madame, c'est pour ça que je ne parlais qu'au monsieur, madame, ce que je dis au monsieur je le dis aussi à madame, monsieur... madame... monsieur...

Dans mon boulot, y a que la retraite qui m'intéresse.

Après la douche, j'ai les couilles, on dirait les Beatles.

Beaucoup d'inventions se sont faites pendant la sieste comme Newton avec sa pomme ou l'autre con avec son hélicoptère...

Archimède du dramatique ?

La jeunesse a plus de repères.
– On est quand même là, nous.
– Nous ? À quelle heure ?

Y a du monde au balcon !
– Il y a de la place en salle.
– Non, moi c'est le balcon.

La journée du sida ? Quand ? Aujourd'hui ? Ha bon j'ai pas vu.

C'est clair aujourd'hui, on dirait qu'il y a eu un changement d'heure encore.
– Non, ça fait matinée.

Avec le téléphone cellulaire, finalement, on en revient au système de communication des abeilles, si j'ai bien compris...

Cest mai 68 qui se prépare.
– En décembre ? Vous êtes pas en retard à EDF.

Il est tout mou, un coup de poing dans la gueule, ça lui fait des ronds dans l'eau.

C'est l'Allemagne qui décide la politique économique de la France, je te dis que c'est l'Allemagne...
– Et le...
– C'est l'Allemagne je te dis qui décide.
– Le mark.
– C'est l'Allemagne qui décide.
– ...

Le chômage a tout envahi, même le corps humain, voyez le sida, c'est une sorte de chômage des défenses immunitaires.

Moi je suis pour la disparition de l'homme de la Terre, et je le dis.

C'est très mauvais de ne pas parler.
– Je la force à parler, elle dit n'importe quoi mais elle parle.
– C'est mieux.

... à cause de la grève de la CNCF.
– SNCF.
– C'est ma grand-mère qui disait CNCF.
– Vous êtes pas obligée de dire comme votre grand-mère.
– C'est pas ça qui va faire repartir les trains...
– C'est vrai.
– ... à cause de la grève de la CNCF, c'est le désert aux Galeries Fayette.

T'es pas islamiste ?
– Pas du tout, je bois comme un trou.

Holà ! Soulevez son sac !
– J'ai toutes mes affaires dedans.
– Holà mais venez soulever le sac d'Élise, venez ! Pas étonnant que vous ayez mal aux reins madame Élise.
– J'ai toutes mes affaires dedans, chaque fois que je sors, ils rentrent chez moi et ils me cambriolent, ils sont trois quatre comme ça, ils rentrent chez moi dès que je m'en vais.
– Soulevez son sac !
– Houlà, en effet, mais qu'est-ce qu'il y a là-dedans ?
– Toutes ses affaires.
– Toutes mes affaires pour pas qu'on me vole chez moi.
– Il a dû voyager ce sac.
– Ils entrent comme chez eux et ils me prennent tout.
– Eh ben...
– Eh ben...
– Dites donc.

La retraite, c'est le dernier moment de la vie pour tirer un coup, ils vont pas nous retarder ça, c'est moi qui te l'dis !

Faut rien demander aux patrons, faut exiger !
– Holà holà doucement...
– Pas vous.

Les gens en ont assez... qu'est-ce que vous voulez que je vous dise, ils en ont assez les gens... les gens en ont assez, c'est ça aussi, les gens, ils en ont assez.

Te cure pas le nez, ça donne le cancer.

Dans le gros con, tout est bon.

C'est le grattage qui a tué le cheval.

Vous savez combien ils gagnent à la télé pendant que nous on la regarde ?

La musique en voiture est aussi dangereuse que l'alcool, t'en vois passer des fois, la musique à fond, on se demande même si ils sont pas bourrés tellement ça hurle.
– Ou qui téléphonent d'une main.
– Ou qui ont une main prise, oui.

On nous a fait tout un fromage avec la guerre en Bosnie et finalement c'est fini.

Juppé s'est tiré à Bordeaux, Chirac en Afrique...
– Quelle bande de trouillards...

L'œil du cyclone, c'est le seul endroit du cyclone qui respecte les lunettes.

Plus ils reculeront notre retraite, plus on avancera la leur.

On arrive jamais à faire plaisir à tout le monde quand y a plus de dix personnes à table, alors je sais pas comment à la télé ils font soi-disant plaisir à des millions de gens en même temps...

Si j'avais un conseil pour notre Premier ministre...
– Tu te le gardes.
– Je lui dirais.
– Ta gueule.
– C'est ça.

On est des otages !
– Qu'est-ce que vous buvez ?

La moitié du dictionnaire, c'est des mots pour les vieux.

Prostate !

J'aime bien la poésie, ça change un peu du reste, je trouve.

Dans l'imaginaire de Flaubert, vous avez tous les ingrédients pour un bon livre...

Le microbe est une sorte d'animal domestique, finalement...

On vend tout ce qu'il y a au Louvre et la pauvreté en France disparaît.
– Tu parles, ça fait longtemps que c'est vendu, au Louvre, c'est que des faux.

Juppé, tu sais ce que je lui fais à Juppé ?
– ...
– Je lui fais éplucher des radis.
– Ah bon.
– Ah oui.

Moi je l'encule.
– Toi, c'est pas ta discussion.

Les jeunes vont plus aux courses, les jeunes, ils vont au tabac s'acheter un Millionnaire, voilà les jeunes, ils n'aiment plus l'animal.

La loi c'est pour tout le monde, Pierre, Paul, Jacques, tout le monde.
– Vous ne connaissez pas beaucoup de monde.

Traverser l'Atlantique, c'est une grande aventure, t'arrives, tu manges des moules...

Franc-maçon, ça n'a rien à voir avec nous, les maçons.

Jamais personne ne fait des jeux de mots dans le quartier.

À la tête de l'État, il nous faudrait des privés.
– Ah oui certainement, comme aux États-Unis, un gars de chez IBM.
– Juppé n'a même plus de cheveux, comment voulez-vous aussi...

Dans le cinéma français, les poursuites de voitures se font avec des voitures françaises, c'est pour ça aussi qu'on va pas les voir...

Quand ils disent, un film plein de vie, tu peux être sûr que c'est une merde.

Les Deschiens, c'est un peu du Coluche, mais plus comme nous, habillé normal.

C'est le travail qui fait le Français, comment tu veux devenir français si y a pas de travail ?

Juppé, c'est un fonctionnaire aussi, si tu crois qu'il va les abandonner ses privilèges...

Ça va mieux, la dernière fois t'avais les béquilles.
– Ça va, je marche, mais je fais attention, quand je suis bourré je prends la voiture.

Si tous les pauvres mettent leur argent en commun, ça fera un énorme riche avec des millions de pieds.

Pour un jeune de maintenant, le bonheur c'est plus que ça, gagner au Loto et pas avoir le sida.
– C'est déjà pas mal.

J'ai la chiasse.
– Téléphone à Mireille Dumas, elle adore ça.

Ils ont montré l'enterrement de Zitrone à la télé mais comme avant ils avaient montré l'enterrement de Rabin, j'en avais déjà marre avant que ça commence.

Le cinéma espagnol, c'est facile à reconnaître, les actrices ont des pifs longs comme ça.

J'ai été scout, légionnaire, j'ai tout fait.

Un chat dans les bras de quelqu'un est plus intelligent qu'un chat posé par terre, grâce à la transmission.

Les étudiants, on s'en fout, ça ne sert à rien.

Juppé joue le pourrissement.
– Et dire qu'il vient d'avoir un bébé...

Le riche d'aujourd'hui ne donne plus tellement envie d'être riche.

Moitié moins de vente dans les grands magasins à cause des grèves et personne ne manque de rien.
– C'est les nouveaux mystères de Paris.

Tapie, en prison, il va se branler, tout le monde se branle en prison.
– Pas Tapie, il se paiera quelqu'un.
– Le temps passe vite.
– Moi je trouve pas.
– Évidemment, le café est à vous.

Ce soir on vous met, ce soir on vous met, le feu ! Ce soir
on vous met, ce soir on vous met, le feu ! Ce soir on vous
met, ce soir on vous met, le feu ! Ce soir on vous met, ce
soir on vous met, le feu ! Ce soir on vous met, ce soir on
vous met, le feu ! Ce soir on vous met, ce soir on vous
met, le feu ! Ce soir on vous met, ce soir on vous met, le
feu ! Ce soir on vous met, ce soir on vous met, le feu ! Ce
soir on vous met, ce soir on vous met, le feu ! Ce soir on
vous met, ce soir on vous met, le feu ! Ce soir on vous
met, ce soir on vous met, le feu ! Ce soir on vous met, ce
soir on vous met, le feu ! Ce soir on vous met, ce soir on
vous met, le feu ! Ce soir on vous met, ce soir on vous
met, le feu ! Ce soir on vous met, ce soir on vous met, le
feu ! Ce soir on vous met, ce soir on vous met, le feu ! Ce
soir on vous met, ce soir on vous met, le feu ! Ce soir on
vous met, ce soir on vous met, le feu ! Ce soir on vous
met, ce soir on vous met, le feu ! Ce soir on vous met, ce
soir on vous met, le feu ! Ce soir on vous met, ce soir on
vous met, le feu ! Ce soir on vous met, ce soir on vous
met, le feu ! Ce soir on vous met, ce soir on vous met, le
feu ! Ce soir on vous met, ce soir on vous met, le feu ! Ce
soir on vous met, ce soir on vous met, le feu ! Ce soir on
vous met, ce soir on vous met, le feu ! Ce soir on vous
met, ce soir on vous met, le feu ! Ce soir on vous met, ce
soir on vous met, le feu ! Ce soir on vous met, ce soir on
vous met, le feu ! Ce soir on vous met, ce soir on vous
met, le feu ! Ce soir on vous met, ce soir on vous met, le
feu ! Ce soir on vous met, ce soir on vous met, le feu ! Ce
soir on vous met, ce soir on vous met, le feu ! Ce soir on
vous met, ce soir on vous met, le feu ! Ce soir on vous
met, ce soir on vous met, le feu ! Ce soir on vous met, ce
soir on vous met, le feu ! Ce soir on vous met, ce soir on
vous met, le feu ! Ce soir on vous met, ce soir on vous
met, le feu ! Ce soir on vous met, ce soir on vous met, le
feu ! Ce soir on vous met, ce soir on vous met, le feu ! Ce
soir on vous met, ce soir on vous met, le feu ! Ce soir on
vous met, ce soir on vous met, le feu ! Ce soir on vous
met, ce soir on vous met, le feu ! Ce soir on vous met, ce
soir on vous met, le feu ! Ce soir on vous met, ce soir on
vous met, le feu ! Ce soir on vous met, ce soir on vous

met, le feu ! Ce soir on vous met, ce soir on vous met, le feu ! ... Putain, on se marre !

Tout ce sida, ça doit bien arranger quelqu'un, va...

Une couille de pape,

Les photos, maintenant, ça se trafique.
– Il est jaloux !
– Ta carpe j'aurais voulu la voir là, devant mes yeux...
– Dis pas de conneries.
– La moitié des infos c'est bidon maintenant, alors ta photo...
– Quinze kilos.
– C'est ça, c'est ça...

C'est le charnier de Timisoara, sa carpe...

... Comme le monstre du Loch Ness, on a jamais retrouvé une merde qui flotte.

... Ça sert au tourisme, une poule géante et t'as du monde à la ferme, c'est le même principe que la tour Eiffel, ni plus ni moins.

Les gens qui meurent, ça fait de la place pour les gens qui naissent.
– Quand je suis né personne est mort parce que tu verrais dans combien de mètres carrés j'habite...

J'aime pas parler avec toi, tu fais de la politique politicienne.
– J'aime pas boire avec toi, tu fais de l'apéritif apériticien.

On est tombés sur les plus cons !

Le sommet de la Francophonie en Afrique, ça veut tout dire.

C'est pendant les grèves des transports qu'on redevient le plus des fourmis vues d'avion.

En naissant, vraiment, lui, il s'est trompé de porte.
– Il écrit de la poésie avec un stylo.
– Au fond, c'est la meilleure.

Ils réquisitionnent des autocars pour transporter les gens dans les embouteillages, non mais je vous jure que c'est pas une connerie que je raconte, des autocars !
– Comme vous dites, c'est vraiment des pointus.

En mai 68, on avait pas ce froid-là.

Il pleut.
– Ça nous rajeunit pas.
– Chut.

c'est collector.

C'est un gouvernement avec qui on ne peut pas discuter.
– On se croirait chez Dechavanne.

C'est l'occasion de marcher à pied ces grèves.
– Comme occasion, ça vaudra jamais les champignons.

Quand tu meurs, c'est beaucoup plus calme que d'ordinaire, c'est comme ça que tu le sais que tu meurs.
– Quoi ?
– Que tu meurs, c'est calme.
– Je sais, ils l'ont dit.

Toutes les tailles de chaussures devraient être au même prix, c'est vrai quoi, on ne choisit pas ses pieds.

Dalida est en chacun de nous.
– Moi j'ai les pieds.

Il est passé Duracell ?
– Il est passé, il est reparti.

Dans les grands fonds, on est bourré.
— Oui, c'est l'alcoolisme des profondeurs.

L'alcoolisme des profondeurs est bien connu, il est même réputé.

... On était six sur l'autoroute A6, comme son nom l'indique...

Chez Fauchon, ils s'en foutent des grèves, ils viennent en hélicoptère.

EDF a ouvert un barrage, ça a fait monter l'eau et ils ont noyé vingt gosses.
– Ils auraient fait grève, ils auraient tué personne.

Il a la timidité des vrais cons.

Un trou de cigarette dans la moquette, vous auriez vu l'incendie.

Une fatigue, pire que le sida.

Avec ce brouillard, à midi, c'était l'éclipse.

Tous ces prospectus, c'est une vraie épidémie.

Des boutons partout sur la figure, une vrai éruption volcanique !

... petit comme un nain.

Son professeur de mathématiques, une peste !

***L**es communications auront tué la coïncidence.*
– ...

Ça se recoud une bite maintenant.

Il parle vite tellement vite, c'est comme si il parle à la vitesse du son.

Quand on pète, ça fait boum parce que ça va vite comme les avions.

Ce déménagement, ça a été un tremblement de terre !

Moi une fois, je laisse le robinet ouvert, alors là, le raz de marée.

... gros comme un camion.

... **C**e ne sont que des prurits de sentiments, il veut ça, des excroissances, quelque chose comme ça que tu sors de toi d'un coup, je n'y arrive pas, je peux pas, jouer la haine, il veut que je joue la haine, moi, c'est plus fort que moi, je peux pas aller chercher en moi une chose qui m'est étrangère, je peux le refuser ce jeu-là, je peux mais comment aussi, je peux refuser que le personnage s'installe en moi, naisse en moi, il veut ça, une dévolution qui est la diminution du comédien, je ne sais pas ce qu'il veut mais lui qui est extérieur nous demande des choses, je ne sais pas si je vais pas laisser tomber, une dévolution à l'intérieur, Galabru, c'est pareil, il hurle, des choses qui poussent sur lui, des mots, de la comédie, mais attention, quel cynisme par rapport à nous, je sais pas si je vais la finir cette école, je vais refaire du dessin...

Y aura toujours des maladies, c'est pour ça que j'aimerais bien qu'il fasse docteur, il aura toujours du travail, des gens malades vous en aurez tout le temps, je n'aimerais pas tellement mourir comme une fouine qu'on retrouve par terre dans les bois et qu'on ne sache pas de quoi je suis morte... sinon, plombier... c'est pareil.

Personne dans le magasin, le désert comme sur la Lune.

J'étais mort, mort mort mort...

Il est bavard, mais bavard, comme une langue !

Un tas de poubelles pas ramassées haut comme ça sur le trottoir, sans mentir, une montagne !

... bossu comme un cartable.

Très franchement, je ne vous mens pas, il mange comme un ogre.
– Je vous crois.

Tu sais combien ils gagnent les journalistes comme Nagui ? Et Anne Sinclair ? Et Pradel ? Moi j'y crois plus à ce qu'on lit dans les journaux tant que c'est des mecs comme Bouvard qui écrivent dedans, ils bouffent avec Tapie et après ils téléphonent à Chirac pour avoir un appartement gratuit, le premier coup de téléphone quand il a été élu, c'est à Patrick Sébastien qu'il l'a passé Chirac, et après il est allé bouffer avec Line Renaud qui lui choisit ses costumes, non mais c'est quoi cette société où Juppé fait des gosses alors que les ouvriers ne peuvent pas ?

De la soupe partout, une vraie mare...

Sept dans un ascenseur pour cinq, c'était la fourmilière.

Ses phares éclairent encore pire que le soleil.

Il voit les pièces par terre, même les petites, comme un aigle.

... Coiffé comme une couille.

La terre des géraniums toute craquelée comme au Sahel.

On s'endort doucement et on meurt de froid, il ne faut surtout pas s'endormir quand on est dans la montagne.
– Moi je rigole, je parle, je m'amuse tout le temps, le cafard connais pas, bon pied bon œil, toujours d'attaque, vous ne risquez pas de vous endormir avec moi !

... Comme si on m'enfonçait un fer rouge dans le cul.

... grand comme un géant.

Platini, on le connaît mal.

Il y a certains nuages qui ne pleuvent jamais, ils ne servent que pour la vue.

Il n'y a pas tellement d'élevage à Monaco, moi je n'ai pas vu de vaches.

Le vrai problème, c'est que le Français est un fainéant.

Chez nous, c'est l'oignon le grand maître.

L'ail, jamais le midi quand je travaille.

J'ai dit quoi ?
– C'est pas grave, je ne sais pas.

J'aime pas marcher, de toute façon, je n'ai jamais été manuel.

Il ne fait rien, il boit, il sue le vin.
– Excuse, mais si il sue c'est qu'il fait quelque chose.

... Sinon c'est pas possible...

... Voyons...

Il est impatient, on dirait... euh... on dirait... euh... comme... euh...
– Vous cherchez un impatient célèbre ?

Il va comment ?
– Il est actuellement décédé.

Deux heures par nuit, comme Napoléon, et le matin je me réveille, je suis crevé.
– Comme Napoléon.
– Moins, quand même.

Les révélations des journaux d'année en année l'un dans l'autre ça finit toujours par être les mêmes, dans un siècle t'as peut-être une douzaine de numéros importants qu'il faut acheter, le reste, c'est que du papier.

Ceux qui sont au-dessus de la normale, j'appelle pas ça des normaux.

Les génies sont malheureux d'ailleurs.
– On ne va pas les plaindre.
– Je ne plains pas les génies, je dis seulement que ça ne va pas pour eux... et après tout, c'est de naissance.
– Comme les débiles, c'est de naissance, il n'y a que le normal qui se fasse tout seul.

C'est la télé qui mélange tout avec ses débats.
– Ça n'est pas fait pour ça.

... elle est pénible, elle sait trop de choses.

Il a pas de mérite d'être malade, il est vieux.

On a mis les bouteilles qui servent, pas trop loin de la main, et les bouteilles pour faire joli, de toute façon on en a pas beaucoup.

La France est faible, on la prend en otage, pardi, faites la même chose chez les Américains, trois bus en grève, les Américains iront pas à pied, je vous le garantis !

Tu m'en veux pour hier ?
– Toi, t'es un enculé !

Retire ce que tu viens de dire ! Retire ! Retire tout de suite !

C'est pareil.
– En mai 68, les gens voulaient du bonheur, aujourd'hui, ils veulent du boulot, c'est pas pareil.

Côtes-du-rhône white.
– ?
– Si.
– Connais pas.
– Mais si, réfléchis.

Quatre heures pour rentrer dans Paris !
– Qu'est-ce que vous avez tous à vouloir rentrer dans Paris ?

L'imagination ne peut pas être au pouvoir, elle est même pas dans la rue.

Le Français se plaint tout le temps.
– Moins que le Corse.

Atchoum !
– Santé.

Tu rentres tout de suite à la maison !

Après, le système s'inverse, tu as l'impression que le roi a pris le nom d'une rue.

Les clowns dans les hôpitaux pour faire rire les petits enfants malades, d'accord, mais attention, il faut qu'ils soient bien désinfectés avant, sinon, ça fait plus de mal que de bien.

Allez savoir ce qui se passe dans le cerveau humain, c'est tellement spécial pour chaque personne aussi, vous avez autant de cerveaux finalement que de gens...

J'ai pris un sandwich et une bière.
– Comme Maigret.

Le vrai montagnard a une relation privilégiée avec son bonnet, quand il le perd, il est malheureux, quand il le retrouve, il est heureux.

... moi quand je jouais de la batterie j'accélérais pas ni je ralentissais pas.

... prends pas une côte rôtie, on travaille après, pour le travail prends bière ou pastis voyons, c'est bien mieux.

Le noyau dans l'olive a juste la place qu'il lui faut, c'est tout un calcul qui se fait naturellement.

Les cocktails de toutes les couleurs, non non, je suis pas Ripolin, non non, une couleur pas plus, il faut se faire ses limites, personne ne les fera à notre place.

Je mets des brins d'herbe les uns à côté des autres et moi aussi je t'en construis des stades, il me faudra pas des milliards d'argent !

***R**egarde-le ! Regarde-le comme il marche de travers !*
– Ça, c'est encore un Camille.

Des hectares et des hectares de vignes ! Tout le fond de la vallée tapissé !

Si tu bois pour pas être saoul, tu t'abimes la santé pour rien, autant pas boire.

Ces enfoirés d'EDF qui te coupent le jus, et puis d'abord elle est pas à eux l'électricité, la prise elle est à moi puisque à côté j'assoie ma femme.

***S**on chien chie de travers, il fait comme les serpents, tu sais, les serpents.*
– Je sais pas.
– Les serpents.
– ...
– Qui se tournent.
– Je sais pas.

Le port de Marseille, tu verrais, c'est le Disneyland des bistrots.

Je l'ai regardé hier matin qu'il était vieux, tout le train arrière qui traînait un peu, alors qu'avant-hier il marchait normalement, de toute façon les poils blancs il les a toujours eus, alors on ne peut pas juger avec ça, les yeux qui pleurent aussi et il a été toujours de sa taille petit, il a jamais bougé ce chien, sauf hier qu'il est devenu vieux d'un coup, ça m'a fait drôle, hier, mardi pour être précis.
– Mardi ?
– Hier, pourtant, la veille, on a rien fait de spécial.

Le rêve n'existe plus.
– Moi j'ai bien dormi.
– ...
– Je blague.

Poulet-frites, jambon-coquillettes, boudin-purée, moi je sors pas de là.

C'est arrivé des fois, l'archer tire en l'air, sa flèche monte et elle lui retombe dessus, elle se plante dans le casque.
– C'est peut-être arrivé une fois, mais plusieurs fois, je crois pas, c'est pas parce que c'était le Moyen Âge qu'on exagérait pas.

Y en a qui préfèrent la bouteille, y en a qui préfèrent la pression, ça dépend de l'homme.
– Pression.

L'apéritif est mon métier.

Beau métier.

Le couscous, c'est un genre de choucroute.

Le petit déjeuner c'est le repas le plus important de la journée, c'est pour ça que je bois du bon blanc.

De la moquette partout, et tout, chez lui, c'est pas prévu pour renverser, c'est même pas la peine qu'il invite quelqu'un.

J'ai bu un coup de rosé.
– Quand ?
– T'à l'heure.
– Où ?
– Dans la rue du bourg.
– Tu fais des trucs, tu pourrais prévenir.

N'importe quel musée, c'est de l'art en prison.
– Pas le musée du cidre.
– N'importe quel musée.
– Là c'est de la mauvaise foi.
– N'importe quel musée.

Laure Adler, elle est bonne, je la bourre Laure Adler, elle est bonne.

Le Japon refuse que les oiseaux se posent, ils mettent des pétards, ils refusent tous les grands vols.

Excusez-moi, je vous laisse deux secondes, j'ai envie de faire pipi.
– Moi non.

... et blablabli et blablabla...

Ils ont libéré les pilotes français le jour des plus fortes manifestations CGT, comme par hasard, si tout ça c'est pas de la magouille, alors je sais pas ce que c'est...

Au regard d'autres professions, on boit comme les autres professions.

La France est devenue un pays du Sud, déjà, on a la même télé qu'en Italie.

Va pas en Grèce, tu vas tourner en rond.

... On en a eu pas tellement des chats qui sont tombés dans le vin rouge qui fermente cette année.

La couille la plus virile, c'est la noix de coco.

J'étais contrariée, je n'ai rien avalé.

Elles ont les doigts de pieds très écartés et comme elles sont souples elles fument avec le cul pour les touristes.
– Ils sont travailleurs dans ces pays, mais là, c'est exagéré.

Bon... je vais sortir dehors un peu...

La version officielle, c'est qu'il a chanté jusqu'à ce qu'on le vire.
– Moi, c'est pas ce qu'on m'a dit.

... et blabli et blablo...

Ça finira mal tes conneries... arrête... arrête !... arrête ! j'aime pas qu'on me chatouille, j'aime pas qu'on me chatouille, arrête, c'est tout...

La meilleure condition de travail c'est les vacances.

Édith Cresson, c'était un Juppé avec des couilles.

Maison Garnier !

Sur une île déserte, moi j'emmène du monde, si j'ai le choix.

L'oblitération de La Poste, c'est le dernier saint sacrement.

D'abord, c'est pas ma camionnette !
– Raison de plus.

Du vin blanc j'évite d'en boire trop parce qu'après le lendemain matin, t'es Malraux, enfin moi en tous les cas, je suis Malraux.

On a un microclimat, ici, y a que des cons.

Il s'endormait au bout de la table.
– Quand il est dans cet état, il commence à ressembler à sa maman.

Me faire venir un clown, me maquiller, tu m'aurais pas fait faire ça quand j'étais gosse !
– Même dans les films américains quand y a un clown qui vient à la maison c'est toujours minable.
– Il vient pour tuer les enfants, souvent.
– C'est vrai.

Dans « E.T. » c'est pas un clown, c'est un serpent.

La France sera toujours coupée en deux, si c'est pas les pauvres et les riches, c'est le temps qu'il fait au-dessus de la Loire et en dessous de la Loire et si c'est pas ça, ça sera du saucisson.

Le bon poireau-vinaigrette, c'est de la haute technologie, tout compris le poireau, la vinaigrette, le gaz, n'empêche... n'empêche... n'empêche.

L'amiante à l'école... ah je ne sais pas... en quelle classe ?

C'est plus la peine de parler sexualité aux enfants, ils savent tout, à cinq ans ils ont des cahiers avec Claudia Schiffer dessus.
– Moi j'avais rien sur mes cahiers, ça m'a pas empêché de me marier.
– Moi le lapin du pain d'épice.
– Non, ça, c'est les buvards.
– Enfin bref, le lapin m'a pas empêché.

Le vent par chez nous, c'est une girouette.

En forme ?
– En forme de quoi ?
– ...

... elle est pas jeune celle-là.

Et moi, j'ai pas soif ?
– Ah pardon, je croyais que vous étiez servi.
– Si tu vas par là, le boulanger doit partir en retraite avant le pâtissier sous prétexte que boulanger c'est plus pénible que pâtissier.
– Pourquoi pas ?
– Allons, voyons.
– Si, c'est vrai.
– Faire une baguette, c'est pas plus pénible qu'un éclair au chocolat.
– La baguette, non, mais le pain de campagne.
– Et le pudding alors, si on va par là, c'est plus dur que la baguette et le pâtissier va pas partir avant le boulanger, allons, non.
– Le poissonnier, avoue que c'est plus dur.
– C'est un faux débat.
– Le poissonnier par rapport aux conditions de travail du pâtissier, c'est pas un faux débat ! Loin de là.
– Mais si.
– Mais non.
– Alors dans ce cas, le gars qui boit doit partir avant celui qui sert.
– Oui !

J'en ai toujours fait de l'image de synthèse, je fais des puzzles.

Une grève de plusieurs années, la France disparaît comme les Aztèques.

Vous ne trouverez pas dans l'anglais les subtilités du français.

Faut vous remuer ! Faut pas rester là toute la journée !
– Je me remue.
– Je suis sérieuse.
– Je me remue.
– Posez votre verre quand je vous parle !
– Je le remue.
– !
– ... me... au temps pour moi.

Vous n'avez pas refait le plafond ?
– Si.
– Vous avez remis des moulures ?
– On l'a refait à l'ancienne, vous êtes du métier ?
– Je venais ici avant.
– Ah...
– Je l'ai vu tourner quelques fois ce plafond !
– Oh vous savez, ça continue.
– Donnez-moi un demi.

C'est pour ça qu'ils protègent les nantis.
– Chirac, Juppé, EDF, ce sont tous les mêmes, on peut pas les virer, ce sont des fonctionnaires.

Je ne connais aucun nom de chanteur.
– Georges Brassens.
– Qui ?

... elle est à qui la voiture rouge qui descend toute seule ?

À la météo, ils ont des bureaux sans fenêtres, comment veux-tu qu'ils donnent le bon temps, ils voient pas dehors.

Tout le bas du corps, on est faits comme les animaux.

Le non-dit, pas chez moi.

Nous avons Claude en ligne... bonjour Claude.
– Un pastis.
– Tout de suite, Claude.

Savoir des choses ça sert à rien, tu peux tout savoir en deux secondes maintenant, paf, si t'en as besoin, hop, tu te sers, et voilà, se remplir la tête c'est aussi con que porter un gros cartable au dos, ouf, et tout ce que tu veux savoir d'intéressant ou d'utile comme tu veux ça tient sur une disquette, zlac, tu veux savoir les pays, crac, tu mets la disquette, toc, ou tu les as sur minitel même, un coup de fil, dring, hop, alors la tête, moi, je me la garde pour le boulot et crac faire le con.
– Le chinois pareil, il est sur une disquette.
– Mais ouais, paf, t'as le chinois, et zong ting tong !

Impossible de trouver les chambres, personne pour renseigner, des panneaux dans le hall et après plus rien, des couloirs, des couloirs, c'est une salade folle de gens malades cet hôpital.

Vous êtes gaucher ?
– Oui, c'est ma marque de fabrique.

... Saumon fumé, huîtres, escargots, que du bon...

Qu'est-ce que je vais pouvoir leur acheter, mais qu'est-ce que je vais pouvoir leur acheter ? Donnez-moi une idée vous.
– Je ne les connais pas... qu'est-ce qu'ils aiment ?
– Rien !

Sur ma tombe, je ferai mettre, ci-gît un branleur.
– Bon courage, personne te le fera.

... les huîtres, on va les chercher demain...

Le diable, si ça se trouve c'est moi, et tu me parles.
– Je te parle pas, je t'écoute.

La tour Montparnasse, t'as autant de caves en dessous.

Bonjour madame Gigi.
– Bonjour monsieur Gégé.

La dinde c'est sec, et alors ?

Je préfère le journal comme lecture, c'est écrit normalement et ça se jette facilement.
– Facilement, facilement, ça fait quand même une grosse boule.

La volonté, il faut que ce soit le jour même, c'est ça la volonté, c'est tout de suite, et c'est pas le plus facile, quand t'as la volonté immédiate tu as déjà de l'avance sur les autres, les décideurs c'est ça, ils décident, d'accord, mais tout de suite, ça, c'est le vrai gagnant, sinon tu parles, si c'est demain la décision, moi je suis décideur dans ce cas, et salut à demain à la même heure au même endroit !
– Et les demis, qui c'est qui les paye ?
– C'est Gaston.

Deux chapons.
– Deux ! Houlà !
– On est quinze, qu'est-ce que tu veux...

C'est possible que ça bouge tout seul un cadre ?
– Je sais pas, faut demander au Louvre.

Un mec qui fait des autopsies toute la journée, le soir quand il rentre chez lui, il est content de mettre les pieds sous la table.

Et tes lunettes ?
– Explosées.

Jamais tu verras un chien de la police avec un petit pull.

J'ai souvent un moins bon contact avec les enfants qu'avec les animaux, d'ailleurs avec mes enfants on ne s'entend pas bien, ils me mordent.

Brrrrrrrrrrr...

C'est pour les enfants qu'on refait un autre enfant parce que si c'était que pour nous, quatre, ça suffit.

J'ai jamais compris pourquoi c'est écrit Pierre Cardin en gros sur les habits, c'est d'un plouc !

Croque-monsieur... camembert... Vache qui rit... allumette... robinet... phares d'auto... jambon-beurre... serpillière... saucisson... Ajax-vitres... reblochon... mars-avril... papier-lettre... autobus... assassin... beurre salé... coquillette... pomme de terre... ratatouille... réveillon... midi pile... coq au vin... bol de riz... Bartissol... grand calva... enculade... peau d'oignon... domestique... ambulance... rosé bien frais... steak bien cuit... bonne odeur... tiroir caisse... CDRom... Ariel liquide... pousse ton cul... avalanche... jus de raisin... stylo-bille... gros pédé... lampe de poche... j'ai pas l'heure... grosse bidouille... fausse facture... cinq demis... tout ça, ça fait des jolis noms de bateaux, tout dépend comment tu prononces...

Un *Iris* de Van Gogh à plusieurs milliards, pour moi c'est un timbre.

Ce qu'il faut savoir, c'est que personne n'aime travailler.

... Quand on sait ça, on sait tout.

Miss Yonne, c'est moins bien que Miss Bourgogne puisque l'Yonne c'est en Bourgogne.
– Miss Yonne, c'est mieux que rien.

– Brrrrrrrrrrr...

C'est bon pour le commerce tout ce vent glacé.

On a pas à faire des complexes, vous avez revu *Fantomas* avec Jean Marais, ils l'ont repassé, avec De Funès, il est aussi bien maquillé que *la Guerre des étoiles*, personne le reconnaît, pas même le commissaire.

Le Père Noël, j'aime pas la couleur rouge. – C'est pas pour boire !

Vous savez ce qu'il préfère manger dans l'intérieur du crabe ? Le caca orange.
– Et vous lui en faites ?
– Je ne lui en fais plus.

Je chante comme Johnny Hallyday mais je suis pas lui.
– De toute façon à cette heure-là, il est pas debout.

Le ?
– Jacuzzi des pieds.
– Le quoi ?
– Jacuzzi des pieds... cet appareil procure à vos pieds un massage tonifiant... le bain bouillonnant est un luxe que vous devez à vos pieds...
– Je leur dois rien à mes pieds.

La Noël, c'est la plus belle fête du calendrier, après le prix de l'Arc-de-triomphe.

Le jour de Noël, à minuit, c'est la nuit de Noël.

Noël, je sais pas qui a eu l'idée, mais c'est une bonne idée.

Hitler, télé, mais de Gaulle, radio.

Ça ne se fait plus, la messe de minuit.
– À la campagne.
– À la campagne, il n'y a plus rien, à part la télé... le jour de Noël, à minuit, à la campagne, tout le monde est débile.

Nous, c'est la dinde aux marrons, c'est sacré !
– Elle est bénie votre dinde ?
– C'est une formule.

Pendant la dernière guerre, à part de Gaulle, tout le monde était pour Le Pen.

Attention ! Les sapins coupés viennent de Malaisie et il y a des mygales dedans.
– Ha bon ? C'est nouveau ça... plus ça va, plus c'est compliqué de faire ses courses.

... C'est ce que je dis à mon gosse, si tu vas dans un jeu télé, attention à la drogue.

Quand il est saoul, il se guide à l'éclairage public comme les anciens navigateurs.

Tout le monde sort bourré de la salle polyvalente, alors je sais pas où ils sont allés voir qu'elle est polyvalente cette salle !

Escalope de foie gras poêlé caramélisé, salade de pinces de homard au jus de truffes, médaillons de lotte à la bourguignonne, cœur de charolais en croûte périgourdin, crottin de chavignol chaud en salade et surprise du chef.
– C'est quoi ?
– Quoi ?
– La surprise du chef.
– Un dessert surprise.
– Quoi comme dessert ?
– La surprise du chef.
– Une merde de meringue à dix balles, non non, moi je veux pas me retrouver à 2 heures du matin devant une merde de meringue à dix balles, alors ou le chef donne des précisions, ou on va ailleurs ! Non non non... c'est trop sérieux.

Vous avez de la famille à réveillonner ?
– Que des connards ! Vous voulez venir ?

... apporte-moi ci, apporte-moi ça, moi je suis impeccable pour ça, si mon mari est paralysé, ça ne me gêne pas, ça ne me changera pas, je ne suis pas comme George Sand, je ne partirai pas avec le docteur...

La Noël, c'est pas scientifique.
– Les scientifiques, ils se prennent les cadeaux, comme tout le monde.

L'indépendance du Zaïre, ils doivent se la regretter parce que du coup ils n'ont plus les fêtes de fin d'année comme avant.
– On ne peut pas avoir et les indépendances et les réveillons.

Il faudrait obliger les vieux à porter des costumes folkloriques.
– Ça sera toujours mieux que ce qu'ils portent.
– Les Noirs font ça, traversez les villages africains, vous savez où vous êtes.

J'ai horreur des fêtes obligatoires !
– Tu l'as déjà dit l'année dernière.
– Je le pense.
– Tu l'as déjà dit l'année dernière.
– Bon... on boit quoi ?
– Tu as déjà pris ta cuite l'année dernière.

La religion, c'est inventé par l'homme.
– L'homme est inventé par Dieu.
– Pas dans ma famille.
– Partout.
– Le Père Noël est inventé par dieu ?
– Par l'homme.
– C'est ce que je dis, le Père Noël, c'est un homme inventé par l'homme, comme dans ma famille.

C'est à Besançon qu'on a été les plus heureux.
– Besançon ?
J'aurais pas dit ça.

... moi je bois une cuillerée d'huile d'olive avant pour pas être malade quand je bois...

C'est pas le moment d'être autiste avec toutes les bonnes choses à manger...

Manipulation mentale et destruction de la personnalité, soif d'argent et abrutissement de la société, la télé, c'est ni plus ni moins une secte.

À force de couper des sapins pour mettre des cadeaux, on rase des montagnes pour mettre des autoroutes !
– Pas de politique pendant les fêtes.

C'est du sapin d'élevage maintenant, les troncs sont tout mous.

... trop de Pères Noël tue le Père Noël.

La cohue dans les magasins, la cohue !
– Y a des Pères Noël ?
– Dix !
– Moi j'amène pas mes gosses, ils vont plus s'y retrouver.

Le foie gras ne fait pas grossir, comme le lard maigre ne fait pas maigrir non plus.
– Tant mieux.
– C'est le nom qui trompe.
– Tant mieux.

... les Rois mages, moi, je leur demande les papiers.

Suivre l'étoile du berger, ça se fait à pied, tu peux pas suivre une étoile et conduire en même temps.
– Tant pis, je suivrai autre chose.

Charles, il a des porte-chaussettes et Lady Di elle a des porte-jarretelles, tout le problème est là, sans rire...

L'islam, t'as pas la Noël.
– Y a le ramadan.
– On bouffe pas pareil, excuse, question bouffe c'est pas pareil.

Noël, Pâques, tout ça c'est du pareil au même.
– Pas du tout ! Pâques, y a pas d'huîtres.

Le soir de Noël, j'aime pas prendre le métro, tout le monde bande.
– Ah non, ça c'est la Saint-Sylvestre.

... en me montrant Charlie Chaplin tout vieux sur la Cinquième ils m'ont tué Charlot, tu comprends, ils m'ont tué Charlot !

L'abus d'alcool est dangereux pour la santé mais je m'en fous, je suis tout le temps malade.

Quand la banque est contente, c'est mauvais signe pour l'ouvrier.

C'est le premier Noël où je vois autant de clochards.
– Ils font exprès de sortir, pour nous narguer.

Les clochards, si je pouvais, je les logerais dans mes boules crème.
– Mais on ne peut pas.
– Non, on ne peut pas.

À force de vouloir faire des chefs-d'œuvre, on fait plus rien.

Je réfléchis pas trop souvent parce que ça m'abrutit complètement.

Ça prend des proportions dingues, elle m'appelle quatre fois par jour.

... Ça dépend de la vitesse du vent la vitesse de la feuille...

... je vais faire une petite sieste après...

Le bermuda amincissant, c'est bien ça, non ?
– ...
– Comme cadeau, non ?

Tu es devenu inefficace.
– ?

J'ai failli renverser mon verre et je l'ai pas cassé.
– T'es le miraculé de Noël.

Appelle les pompiers !...

Ils en mettent du temps à arriver...

Faites attention qu'elle se cogne pas la tête !

Ah là là là là là là...

Mais qu'est-ce qu'ils font ?

C'est triste à voir.

Vous avez fait le bon numéro ?
– Mais oui, mais oui...

C'est triste à voir.

Elle est devenue blanche d'un coup.
– Le sang part dans les pieds, ne lui marchez pas sur les pieds !

Ah les voilà !

Vous avez appelé les pompiers ?
– Mais oui, mais oui.

Qu'est-ce qui s'est passé ?
– Rien, elle a bu un crème et elle est tombée.
– Elle habite par ici ?
– Elle est bourrée du matin au soir.
– Elle a rien bu ?
– Non, je vous dis, elle a bu un crème et elle est tombée...
un grand crème, même.

Ah les voilà !

... C'est ça.

Dites donc...

Un grand quoi ?
– Crème.
– Ah...

Un grand crème ?
– Un grand crème ?

Ils vont la mettre aux urgences psychiatriques, c'est une femme
qui tombe après un crème.
– Oui... bien sûr... aussi... bien sûr...

Un crème à quoi ?
– Au lait.
– C'est tout ?

Ah là là là là là, c'est la misère humaine.
– Quand elle a fait tomber son porte-monnaie, c'était pas
tellement la misère quand
il s'est ouvert, vous avez vu ?

Ils ne mettent pas la sirène en repartant ?
– Pas avec une folle à bord.

C'est que des mouquères parfumées à la fraise !

... Il arrive à loucher avec les deux yeux au milieu là, comme ça, vous voyez, regardez, je louche là, vous voyez, je louche, regardez, ça c'est rien, il louche comme ça, c'est facile, mais aussi il louche avec un œil là et l'autre là, je ne sais pas le faire, moi, à part loucher comme ça, regardez, comme ça, je louche, on voit double, c'est facile à faire tout le monde le fait, lui, il louche aussi avec les deux yeux de l'autre côté comme ça, un ici, un là, de chaque côté de la tête, je ne le fais pas, je ne sais pas, et un en haut l'autre en bas, le contraire, un ici et l'autre là, vous savez le faire vous l'œil ici et l'autre œil là, essayez, vous savez le faire, vous le faites vous, comment vous le faites vous, oui... comme moi, vous louchez normalement comme moi, les deux ici, il les fait rouler comme des billes ses yeux, je ne sais pas comment il fait, ils sont dissociés comme les pattes de certains lézards, il sait les faire aller chacun avec son muscle à part, chaque œil est qu'un seul œil, alors que pour nous, chaque œil est les deux yeux puisqu'ils bougent comme les roues avant de certains véhicules, ils tournent dans ce sens-là et dans ce sens-là, solidairement, en louchant au milieu comme ça, ça tire sur le côté mais c'est facile, vous voyez double et loucher sur les côtés coupe l'image en deux, comme en déchirant certains papiers, c'est pour ça qu'il ne faut trop le faire, sinon à force de voir des images coupées en deux au milieu vous avez des problèmes d'équilibre comme certaines tribus africaines, ils sont grands et ils marchent en travers, comme nous des fois d'ailleurs, sans vouloir comparer nos façons de marcher, ni de danser, ils dansent plus longtemps, mieux ou pas mieux ou moins bien je ne sais pas, il faut s'y connaître et ça ne m'intéresse pas...

Ali Baba et les quarante voleurs avec Fernandel et à la radio c'est Mozart, comme tous les ans.

Vous voulez le fond de ma pensée ? Je n'aime pas les fêtes.

Les Guignols, c'est tous des mecs à Chirac, à cause du PSG.

Demain, je lui enlève les roulettes à son vélo.

Bayonne, c'est pas ce qu'il y a de plus mal comme jambon.

Avec le munster, on a rarement de mauvaises surprises, rarement.

Depardieu, le mec du pinard ?

Avec tous ces Pères Noël dans les rues, moi je tiens mon portefeuille...

Style la classe à fond les manettes.

C'est de là que vient la légende de Jésus qui marche sur l'eau, des poules d'eau.

Ce soir-là, le hibou ne dort pas.
– ?

C'est ce soir le changement d'heure ?
– ?

Si on mange un couscous, je prends mon temps, tu es prévenu.

Deux mille neuf cents mètres, à mon avis, les derniers deux cents mètres vont être fatals pour lui, je l'ai écarté également...

... le six, Sévruga, une jument, plus performante sur cette distance, peut-être...

Houerk.
– Les héros sont fatigués.

Toi, quand t'es bourré, tu bredouilles.

Ça me rappelle quand j'étais petit.
– Quoi ?
– Tous ces cons avec des paquets.

La Noël, c'est une fête de famille.
– Nous, on réveillonne en famille.
– C'est la seule fête de famille où toute la famille est malade en même temps.

Ça me plaît pas trop moi, toute cette francophonie...

Elle m'a fait rouler mon boudin blanc par terre, j'ai rien dit.
– Ça va mieux les nerfs alors ?
– Mieux.

La neige, c'est silencieux, un chanteur dans la neige, on ne l'entend pas.

Les trottoirs, c'est une vraie patinoire ! Et la mairie qui a même pas salé !
– Tout le sel, ça va dans la soupe du maire.

Pas d'apéritif debout, il faut s'asseoir pour manger et là, tu as l'apéritif avant de manger.
– C'est une façon de te forcer la main aussi ça.

Il sait tout faire, il est à EDF, il a une perceuse.

Il va à la neige ?
– ...
– Avec son bonnet ?

Michèle Morgan, c'est pas celle qui a des yeux de vache ?

On peut se rouler des pelles entre hommes si ça va pas plus loin.

C'est la folie des ordinateurs, tous les gamins veulent des ordinateurs.
– À mon époque, le rêve, c'était un vélo, celui qui avait un vélo attention !
– C'est pas avec des ordinateurs que les gamins vont faire du vélo.

La Noël, j'ai toujours le cafard.
– C'est pas fait pour des gens comme nous... nous, on a notre arrivée du beaujolais nouveau.
– Le beaujolais nouveau, j'ai toujours le cafard.
– Alors toi, tu vieillis mal !

Sur les images, ils feraient bien de remplacer les rennes du Père Noël par des fusées.
– Des rennes qui volent, à mon avis, c'est beaucoup plus moderne que des fusées en fer.

On redevient tous des enfants.
– Pas moi !

Si t'encules le Père Noël, après il ne passe plus que tous les deux ans.

... Sur la brèche...

... Ça ira, la voiture connaît la route.

L'huître, elle est juste à la taille de la coquille, il n'y a pas une pièce en plus dans une huître, vous avez remarqué ?

Normalement, c'est une fête pour les pauvres.
– T'occupe, bois ton mousseux.

Sur les autres planètes, c'est la Noël aussi, mais les cadeaux sont perdus puisque ça n'est pas habité.

Les huîtres, elles foutent rien, elles se font manger, c'est tout.
– Comme les poules.
– Une poule ça picore.
– Comme du veau.
– Du veau ça tète.
– T'as raison, y a que les huîtres.

En deux jours, on mange en huîtres la distance de terre à lune.
– J'ouvre pas le haut de la pile.

Quand on se regarde de près dans les boules, ça fait un gros nez.
– J'ai plus l'âge.

... le retour du cent centilitres, faut pas rêver.

Avec le pipi du jour de Noël, on peut faire pousser un oranger.

Tu meurs, tu sors de ton corps, mais si tu revis quand la police elle a enlevé ton corps, pour rerentrer dans ton corps, faut courir derrière le car.
– C'est donbi tout ça.

Tu pues de la gueule jusqu'aux oreilles !
– C'est pas de ma faute si j'ai une grande bouche.

... t'as mangé de la hyène ou quoi ?

Le foie gras, c'est une maladie du foie, comme nous, mais avec des truffes.

... la transse quand t'en vois, c'est un peu plus grave que nous avec deux verres à midi...

Les mecs conduisent en transe et personne ne dit rien.

Quoi de plus virtuel que le Père Noël ? – Le boulot !

Je suis de gauche et je vote à droite, me demande pas pourquoi, j'ai toujours fait ça.

Les mygales qu'ils se mettent sur les mains ont plus les dents à venin, elles se promènent, ça fait peur mais c'est pas dangereux, c'est de la mygale à purée...

Un demi.
– ... idem.

... are you ni tis love... pa papa papa ... at yourni tis love... ta tata tata ... are you ti nir love... love... love you tir is nide... all.

Je bois encore plus le jour de Noël que tous les autres jours parce que boire encore plus ça donne un petit air de fête.

Celui qui a inventé la Noël c'est un mec qui devait tenir un magasin.

Il faisait faire faire son chien sur la neige !
– Où ?
– Dans le square, sur la jolie neige.
– Je vous jure...
– Personne avait encore marché, c'était tout blanc, même dans les arbres !
– Il a fait chier son chien dans les arbres ?

Pour moi, la langouste, c'est du Alien mayonnaise !

Les vraies bougies sur le sapin, c'est joli mais c'est dangereux, on veut faire plaisir aux gamins et au final, on les fait cuire, à la limite, pour faire cuire les gamins, il y a d'autres fêtes pour ça, je dis bien, à la limite...

Ma hantise, c'est les paquets cadeaux.
– Achetez-lui du bonheur, ça fait toujours plaisir et y a pas de paquet à faire.
– Un coup de pied aux fesses, oui !
– Pareil, ça s'emballe pas.

J'ai jamais vu une ancienne pute faire le Père Noël. – Franchement, une ancienne pute ressemblera toujours plus au Père Noël que n'importe qui.

C'est joli, toutes ces lumières.
– C'est les lumières de Noël.
– On dirait des étoiles.
– C'est la mairie qui organise ça tous les ans avec les commerçants.
– Ça fait comme des bouts de ciel dans les arbres.
– On donne ce qu'on veut, j'ai donné dix francs.
– Dix francs, pour une étoile...
– Vous faites de la poésie ?
– Un peu... j'apprends.
– Y a une école de poésie dans le coin ?

Grouic... grouic... grouic...
– T'as bouffé une chorale ?

En Inde, pour les grandes fêtes, ils déterrent les morts et ils les installent à table pour un festin, il y a la femme à un bout, l'homme à un autre bout, et tous les morts.
– Je vois, en Inde, c'est la femme qui débarrasse pendant que le mari boit le café avec les morts.

Je vais péter fort, si il l'entend, pour un sourd c'est un beau cadeau.

Le boudin blanc, c'est ce qui a détruit beaucoup de familles pendant la guerre.

On mange du foie gras ! Du saumon ! De la dinde ! Alors qu'il y a plein d'enfants qui meurent de faim.
– Les enfants qui meurent de faim, ça se garde, on les mangera demain.

Les huîtres pas mangées, on les donne à manger aux homards qui restent, c'est une sorte de chaîne alimentaire de tout ce qu'on a pas mangé.

Un Noël, il y a dix ans, je me souviens comme si c'était hier, j'ai été malade comme un chien.
– Mais non, ça, c'était hier... je me disais, il a une drôle de mémoire lui.

Avant, on ne trouvait du boudin blanc que pour la période des fêtes, rien qu'en voyant du boudin blanc on savait que c'était les fêtes, maintenant vous en trouvez chez le charcutier toute l'année, en voyant du boudin blanc on ne peut plus dire, c'est les fêtes, on est pendant les fêtes, non, ça, c'est fini, petit à petit on a réussi l'exploit que le boudin blanc ne veut plus rien dire, en presque pas de temps !

Les coquillages pourris, ça va vite, tu meurs, les autres sont encore à table.

Si tu vas chez le Père Noël, après bouffer, tu peux te taper sa femme, il habite au pôle Nord, c'est les mêmes coutumes que chez les Esquimaux.

Les huîtres, c'est un

Je m'enferme et je réponds même pas au téléphone, j'ai horreur de la Noël.
– Tout le monde dit ça.

Le chocolat fait grossir quand t'en manges, sinon... le chocolat ou rien, c'est pareil.

Le premier caca qu'on fait après Noël, on devrait pas le jeter.

La Noël, tout le monde est heureux, sauf les morts, mais ceux-là, ils ne sont jamais contents.

Ils font des dindes énormes maintenant, comme des autruches, pour les farcir, t'ouvres le cul et tu pousses un nain.

Le soir de Noël, tous les gens pas égaux sont égaux et tous les gens égaux continuent comme d'habitude.

La bulle de champagne, c'est la mieux habillée des bulles.

Pour la Noël l'année dernière, il voulait un petit frère et c'est sa grand-mère qui est morte.
– Ah oui, c'est pas du tout le même cadeau.

Au milieu des truffes, ils mettent des boulets de charbon.
– Chez Fauchon ? Ça m'étonnerait.

peu bas de plafond.

Le bigorneau, c'est tout noir là-dedans, c'est un mollusque qui roupille tout le temps.

C'est mon deuxième Noël sans travail.
– Faut pas que ça vous empêche de passer de bonnes fêtes.
– Le troisième Noël comme ça, je me pends au sapin.
– Faut pas que ça vous empêche de bien manger.
– Vous écoutez pas ce que je dis.
– Vous avez pas de travail mais vous allez quand même faire un sapin, c'est bien.
– C'est pas grave...
– ?
– C'est pas grave, c'est rien...

Ça fait pas plus mal à une oie d'être gavée qu'à nous de se gaver d'oie, je réfléchis comme ça moi, en me mettant à la place, eh bien, en oie, je me plains pas.

... C'est mauvais la crème au beurre, ça passe directement dans le sang.

Le soir de Noël, si on boit pas, on sait pas quoi dire.

Jésus est né le jour de Noël.
– C'est con, parce que ça lui fait le même jour la Noël et son anniversaire.

J'ai suivi l'étoile du berger jusqu'aux « Artistes » après jusqu'à « la Bolée », après jusqu'au « Styliss » et après jusqu'à « l'Aubrac »...
– C'est une étoile qui a pas peur de marcher !

Il faudrait que tout le monde invite un pauvre.
– Je préviens tout de suite que j'aurai pas le temps d'aller chez tout le monde !

Un bel os à moelle.
– C'est pas assez comme cadeau.
– Une entrecôte.
– C'est trop.
– Bon, hein, il aura pas de cadeau, il me fait chier ce chien !

J'en mange pas de l'oursin, on dirait du sida.

En Afrique, ils décorent les bites des éléphants.
– T'es vraiment con toi...
– Faut bien, y a pas de sapin.

L'horreur, c'est choisir les cadeaux.

Une cravate pour lui, un peignoir pour elle.
– Tu t'es pas cassé la tête.
– Ça fait deux jours que je réfléchis !

Marre ! Marre ! Marre ! Crevée ! Vous verriez la cohue dans les grands magasins ! Ah dites donc ! Vivement la guerre !

Qand je suis ivre mort, à dégueuler partout, à taper sur tout le monde, j'arrive quand même à être raisonnable, je conduis pas.

Dans le marché couvert, un sapin, un grand, un beau, bien décoré, avec autour plein de cons qui regardent, ce sapin-là, plein de guirlandes, il a l'air plus intelligent que les gens !

La Sainte Vierge a accouché à minuit, le réveillon, elle a rien vu !

Si tu glisses sur le trottoir en sortant de la pâtisserie, le pâtissier est en devoir de te rembourser la bûche.
– Un mec qui est tout le temps dans la pâte à choux a aucun sens du devoir de rien... il est ailleurs.
– ...
– Ailleurs.

Chamonix, illuminé, ça fait décor de théâtre.

On dessoûle deux fois plus vite à la montagne qu'à la mer, c'est pour ça que le réveillon se fait l'hiver.

Une étoile qui meurt, ça fait pas pleurer les autres.

Noël, Père Noël, cadeaux, sapin, bouffe, c'est bien ficelé comme idée.

Vous irez à la retraite aux flambeaux ?
– Je suis à la retraite, je porte pas de flambeaux.

Normalement, pour le réveillon, on mange à minuit.
– Moi, à minuit, j'ai deux chaussons dans l'estomac.

Il fait jour tard.
– La nuit peut pas tomber, avec toutes ces ampoules.

La Noël, ça donne envie d'avoir des enfants.
– Une semaine après, vous jouerez déjà plus avec !

Les Noces de Cana, c'est forcément un repas de Noël puisqu'on voit pas les mariés.

J'aimerais bien un jour voir un accident avec un camion de boules.

La bûche, c'est bourratif, c'est pour ça qu'on l'appelle la bûche et pas la brindille.

On boit trop, on mange trop, mais d'habitude aussi, alors...

Même après la fin du monde, les Noëls continueront puisque ça ne dépend pas de nous.

Le boudin blanc, c'est du sang de navet !

Jésus, il est propre dessus mais alors, en dessous...

Le sapin, si il est dans la même pièce, il fume autant que nous.

La dinde, le 23 au soir,

Elle va passer son Noël à l'hôpital.
– À son âge, c'est normal.
– À son âge, le normal, c'est qu'elle soit morte.

On prend un petit sapin en pot, avec les racines, parce qu'on ne veut pas d'un petit handicapé sur le buffet.

À l'école ils ont dessiné des sapins, le sapin, il faut le mettre dans une enveloppe et l'envoyer à l'association qui va renvoyer un formulaire à remplir pour adresser le chèque qui partira chez le trésorier qui doit passer commande des cadeaux pour les enfants de la Bosnie.
– Eh bé putain, ils les auront à Pâques leurs cadeaux...

Les cuisses de grenouilles, faut bien les laver sinon ça sent les pieds.

... Pour nous, c'est un jour ordinaire, on va regarder les conneries de la télé en mangeant.

Ça nous fait combien de Noëls sans Joe Dassin ?

Excuse-moi, mais une merguez, ça fait pas Noël.

... tu me réveilleras après les fêtes...

Un jour de boulot par an, Père Noël, c'est pas un travail, c'est un stage.

elle dort pas.

Un con qui skie dans la neige, c'est facile de le suivre à la trace.

La neige, ça fait comme un manteau blanc, et des fois, y a une file de randonneurs qui chient, ça fait les boutons.

Je vais aller chercher ma boîte de chocolats au sapin de Noël de la mairie.
– Traînez pas, sinon vos chocolats, vous les retrouverez dans les comptes du RPR.

Si vous lui achetez un animal, achetez un poisson, ça monte pas sur les fauteuils avec les pattes pleines de boue.

Vu la corpulence, normalement, le Père Noël a des grosses couilles.

En face du kiosque à journaux, j'ai un écailler qui bouge tout le temps, ça me fout le mal de mer...

Plus de Noëls et moins de guerres.
– Plus de Noëls et moins de grippes, les guerres on verra.

À Noël, il faudrait que tout les gens qu'on a aimés ressuscitent.
– Vous trouvez pas qu'on est déjà assez dans la rue piétonnière ? !

On sent mieux la présence de Dieu.
– Le chien, il a rien senti.

C'est un sapin dans le même plastique que celui pour faire les rotules des opérés des genoux, c'est un sapin qu'on jette pas tous les ans, ou alors il faut jeter aussi les genoux.

Le plus triste, c'est la semaine d'après, tous les sapins sont fanés sur les trottoirs, on se dit qu'on a été bien con d'en acheter !

C'est les cons qui vont au ski, des fois, ils y vont, y a même pas de neige.

C'est une question de moulage, tu peux donner au boudin la forme que tu veux, un cœur, une marquise...

Si t'aimes la Noël, alors là... ça tombe bien.

Il a fait une jolie crèche avec de la choucroute pour faire la paille et une petite saucisse pour faire le Jésus.
– Il est doué ce charcutier.
– C'est surtout l'idée qui est bonne, à réaliser, c'est pas trop sorcier.
– Oui, c'est en idées qu'il est doué ce charcutier.

On va bouffer chez un con.
– Moi aussi j'ai des gens qui viennent.

Les anges qui bouffent trop ne peuvent plus voler, ils rentrent en taxi.

Les huîtres ont qu'à se syndiquer !

Noël, avec deux « l », ça volerait mieux.

La Noël, c'est surtout pour les enfants qu'on la fait, si y avait que nous, on ferait une soirée sangria à la place...

Je retournerai à la messe quand les curés retourneront au bistrot !

Le sang du Christ, pour la Noël, ils mettent des bulles dedans.

Pour les gens seuls chez eux, y a la télé, et pour les gens seuls dans la télé, y a ceux qui les regardent.

J'ai mal dormi, j'ai rêvé d'une série de casseroles, c'est mauvais signe pour les cadeaux.

D'un côté c'est la bouche, de l'autre côté c'est le cul, tu peux pas te gourer quand t'avales.

Je suis tout le temps toute seule, vous verrez que je serai morte qu'il faudra encore que je supplie poliment les asticots...

Dans un ange, pareil, t'as deux cuisses et deux blancs.

Avec mon chat malade, j'ai pas envie de m'amuser...

Aujourd'hui, la Sainte Vierge accoucherait dans une clinique et ça serait filmé...

Dieu n'a pas reconnu l'enfant, il n'est pas allé à la mairie.

Je veux bien payer des impôts pour les illuminations mais alors qu'ils illuminent pas devant ceux qui ne sont pas imposables.

La joie, ça fait secte.

Je suis allé chez le docteur, à la pharmacie, finalement, le mal au foie, ça crée des emplois.

Les cosmonautes vont passer le réveillon dans l'espace, c'est bien, tu peux faire du bruit.

La merde, quand t'as pas beaucoup mâché, elle part en courant.

Ses bûches au pâtissier, c'est des bûchettes, alors moi je dis stop, on est pas des Rwandais !

La dinde, c'est sec, ça bourre, on dirait que c'est farci au dictionnaire.

Noël c'est cuite, en latin.

Un tir souterrain, ça coûte soixante-dix millions de francs, une boule crème, ça coûte un franc, avec un seul essai nucléaire on pourrait faire exploser soixante-dix millions de boules crème, pas besoin de calculette.

Le cerveau, la main, l'œil, l'oreille, tout travaille quand tu fais le sapin...

... Un gibier, ça se digère bien, c'est plein de campagne.

On est mieux là qu'au cimetière.

Jamais j'ai battu le gosse, jamais, ça ne sert à rien, la gifle elle rentre ici elle ressort là, dix minutes après il ne s'en souvient pas, je tire les oreilles, c'est tout, ça suffit, pas la peine de faire mal, je tire ici au bout, c'est tout, l'oreille devient rouge, mais rouge, on dirait de la crête de coq, je tire avant que des gens arrivent, les gens voient ses oreilles rouges et ca lui donne une bien meilleure leçon qu'une gifle, il a l'air d'un idiot, un gifle, vous en faites en martyr, en plus je n'ai pas le droit, légalement, je n'ai pas le droit, en tirant les oreilles vous en faites un idiot, personne n'a l'air intelligent quand on lui tire les oreilles, il est malheureux, je le sais, il pleure, ça le terrorise, c'est la seule leçon qu'il comprenne, il s'enferme dans sa chambre mais je le fais sortir et tous les invités le voient, l'autre jour, c'était le gardien, je lui ai montré les oreilles du petit, il riait, il riait, le gardien, pas le petit, il riait, il a ses oreilles toutes rouges aussi, il disait au petit qu'ils avaient les mêmes oreilles, vous auriez vu la scène, personne n'a l'air intelligent avec des oreilles comme ça, alors là c'était unique, je vous le dis, toutes ces oreilles dans l'entrée, le gardien ne rentre jamais plus loin que l'entrée chez nous, c'est un principe, l'entrée c'est fait pour ça, quand il y a un problème dans l'immeuble ou même pas de problème, une simple discussion comme ça de convivialité voyez, l'entrée elle est pas grande, elle est jolie mais elle est pas grande, je mets le petit dans l'entrée à côté du petit tapis du mur pendant qu'on parle et il pleure, il pleure, j'aime autant vous dire qu'après, il pisse moins, c'est comme ça que je le dresse, je le prends à la maison un jour par semaine pour qu'il sorte un peu de chez lui, les parents sont d'accord, c'est un petit animal, comme sa mère, comme son père, toujours on ne sait pas où ils sont, chez eux, ça ne répond jamais, et l'enfant vous croyez qu'il répond quand on l'appelle, pensez, comme les parents, il est derrière la porte, silencieux, il arrête de respirer, vous n'entendez même pas le respiration, il ne respire plus, qu'est-ce qu'ils ont dans le crâne toute cette famille, qu'est-ce qu'ils ont à ne plus respirer quand ça sonne, comment vous voulez faire travailler des gens comme ça, on leur demande de passer à la mairie, ils ne répondent pas, ils entendent ce que vous dites, ils comprennent, ils sont français, ils ne répondent pas aux questions, lui, le père, il a tout le temps les paupières qui tremblent, il ne boit pas, non, il a le cœur qui bat dans le cou tout seul, on le voit, ici, là sur le côté, je lui parle, ça lui tape, ici, je lui dis de s'asseoir, non, debout, tout le temps debout dans un coin, pour lui parler je dois aller dans le coin où j'ai mes étagères en fer, comment voulez-vous faire avec des gens comme ça, comment, comment, comment, alors le petit je lui tire les oreilles parce qu'on voit bien que des gens comme ça, on ne peut pas les taper, on les tuerait et de toute façon, ça ne leur fait rien, c'est pas un langage qu'ils comprennent...

Le renne, ça se bouffe le renne...
– Tout se bouffe, même les luges.

J'ai été enfant de chœur, on volait des sous dans la quête et avec les pièces on allait s'acheter des sacs de Jésus en sucre, au fond, l'argent sortait pas de la famille, ça partait dans la religion mais en passant par l'épicerie...

... la brochette de Noël, un lutin, une tomate, un lutin, une tomate, un lutin...

C'est la fête de la fraternité, moi je vais chez mon frère.

En l'an 3000, je sais pas si ça continuera le foie gras, ou peut-être que ça aura évolué, comme le cinéma...

C'est très spécial comme odeur la mauvaise haleine, à refaire en laboratoire, c'est pas évident...

Le cerveau c'est de la moelle, mais bien présentée.

Il regarde la télé. – Il est con ton chien.

Je le bats, il s'en va, je l'appelle pour manger, il revient, il a l'honneur rétractile ce chat.

Qui a voté Chirac ici ?
– Pas moi.
– Pas moi.
– Pas moi.
– Personne !

J'ai un oiseau qui est né il n'y a pas longtemps, il n'a connu que Jacques Chirac.

Hier soir, 9 heures, coincé à Arcueil, content Rosco...

... je vais pas me plaindre quand un client perd son stylo, je vends des stylos, ça n'est pas du sadisme, ah non, pas chez nous à Waterman.

Si ça fait pas de bien, ça fait pas de mal !

Ça me fait battre le cœur toutes ces lumières, et pourtant, je ne suis pas de l'EDF...

Si la rue continue à sentir bon comme ça, je vais manger du mur !

... tout ça c'est des frisottées, elles ont rien dans la tête, elles parlent beaucoup et elles éclatent de rire fort, les Ruggieri et les Mireille Dumas, c'est des idiotes, c'est des frisottées ça, et Marie-Paule Belle, c'est une frisottée ça, et y en a beaucoup d'autres des idiotes qui rient fort mais je me souviens plus les noms, c'est des frisottées.

Une lichette... holà holà holà stop !

L'homme, c'est le plus intelligent de tous sur la planète, il ne faut pas oublier ça quand on cherche à savoir ce que les animaux ils pensent, ils pensent comme nous en moins bien...

Il n'y a plus de Grecs, ce sont tous des Turcs.

Je pourrais avoir un comptoir dans le ventre, je suis tout le temps debout.

Moins neuf cette nuit.
– Chez nous la mare est gelée.
– Moins sept encore ce matin et à 10 heures on a regardé, moins trois, mais c'est bien, ça fait travailler le thermomètre un peu.

Je suis toujours un peu triste à cette période.
– Manque de magnésium.

C'est une nuit triste pour ceux qui n'ont pas de maison, même si le lendemain ils ont un grand choix de cartons...

Il disait beaucoup plus de conneries avant.
– Mais oui, on peut plus lui parler, il est devenu con.

Si vous voulez, je les fais taire.
– Mais non, ça va.

... le dernier calva et après je reste...

Je suis pas tellement menteur mais là, je suis chiqué.

Dès que tu bois de la bière, on te surveille comme une baleine.

Le gras du ventre, c'est pas le même gras que le gras du cul, chaque gras choisit un peu son endroit, si vous me permettez...

... pour les manger, ça va mais quand il s'agit de les ouvrir, plus personne est là !

... les huîtres c'est comme quand on fait les crêpes.

Le SMIC, on l'aura jamais truffé.

Le mec passe chez toi avec des calendriers, comment tu peux savoir que c'est un vrai éboueur, il arrive, il te donne un petit machin dix sur dix...
– Bonne Année des Éboueurs, je sais, j'en ai un.
– N'importe qui peut se faire imprimer des petits calendriers et venir les vendre chez toi, n'importe qui, ils ont des habits...
– Verts, je sais, ils sont venus.
– Et alors ? Ça prouve rien, n'importe qui peut s'habiller en vert et se faire passer pour un éboueur de la ville, n'importe qui, faut pas être de Polytechnique pour ça.
– C'est pas des polytechniciens, je sais, ils étaient deux.

Je les hais ces mecs-là, les plongeurs sous-marins.

Le plus beau cadeau que tu peux me faire pour Noël, c'est rien m'acheter.

Plus t'es vieux, plus t'es con.
– Pas mon fils.

Je vous encule tous !
– Oui eh ben essaye.

Le champagne derrière les oreilles, ça porte bonheur, et si t'en as pas, de la bière entre les doigts de pied.

On est des êtres humains avant tout, non ?

Dans le parfum, ils ont des grands nez mais dans le porno, il est petit.

Le travail, il faut le finir !
– T'es pas ma mère.
– ?

Les sondages, c'est bidonné.
– Ils demandent aux gens dans la rue.
– C'est bidonné.
– Ou à la sortie du métro.
– C'est bidonné, ils demandent aux gens dans la rue comme vous dites, vous pensez quand vous marchez vous ?

... Sans eau, pur, ça guérit du foie.

C'est la morosité.
– Un peu.
– Je n'ai jamais vu ça encore, une telle morosité...
– C'est vrai.
– Aucun patron paye son coup.
– Faut demander...
– Je suis de l'ancienne, je ne demande pas.

Le Grand Canyon c'est la moitié de la vallée de Chevreuse mais les Américains, eux, ils savent filmer.

Un enculé se fait pas forcément enculer, c'est les mélanges de la langue française qui méandrent tout.

La vraie nouvelle année, c'est pas le soir à minuit avec le champagne, c'est le lendemain à l'apéritif du midi, c'est là que c'est vraiment la nouvelle année, quand tu dis bonne année et que tout le monde est là et qu'il fait jour partout.
– Les deux sont bien, je trouve.

La bonne année, si t'es dans la merde...
– Tout le monde est dans la merde, on va pas se souhaiter bonne merde.

Elles sont pas abonnées aux clignotants les bonnes femmes !

J'aime pas m'endormir parce que j'ai peur qu'on m'égorge.

... le sanglier, le chevreuil, le renard, ça me traverse toujours devant la voiture quand je rentre, je peux pas m'endormir au volant, ça me traverse dans les phares, ça, c'est ma hantise de quand je rentre, le sanglier qui me traverse quand j'ai mangé à La Madeleine ou bien...

La femme, c'est avant tout les genoux.

L'Ambre solaire,
ça fait vachement
secte comme
crème.

Ils ont acheté leur vignette y a un mois et ils se suicident maintenant ces cons du Temple solaire !

... **C**'est ça, mais oui c'est ça.

Les sectes, les sectes, on est tous des sectes, d'abord chacun est sa secte à lui puisque tu crois tout ce que tu penses, t'arrives à te convaincre des conneries que tu dis des fois, et pour te faire lâcher le morceau, personne peut y arriver, mordicus tu penses quelque chose que personne te fera changer d'avis, c'est la secte que chacun garde dans sa tête qui est la patronne, moi le monde je le vois à travers ma tête et alors je te dis que ma secte dirige le monde, et si ça va pas comme je veux, pareil, je me suicide dans les bois et on fait une enquête alors on découvre des documents, des photos de moi avec une couronne sur la tête et un cahier avec ce que je pense ou des recettes de cuisine pas normales, et voilà, d'un coup, je suis la secte du Retraité solaire puisque je suis à la retraite.

... **C**'est ça c'est tout.

Mitterrand est mort.
– Eh ben... quelle histoire...

J'ai fait une bise à mon camion.

Bonne année mon bonhomme.
– Bonne année ma tata.

Les plantes ont une tête mais pour la pomme de terre c'est le contraire parce que c'est en dessous du niveau.
– Pas les frites.
– Et si on allait au « Gambrinus » ?
– Ah oui, bien.

L'alcoolique, c'est à vie, comme celui qui n'est pas alcoolique, c'est à vie, c'est une sorte de même dépendance aussi.

On fera du barbecue quand ça sera la saison, mais en ce moment pour manger dehors c'est impossible quoique hier, on a eu le soleil tout le midi, on aurait pu le faire le barbecue, c'est vrai, sortir dehors en avance pour manger comme les boutons de rosier qui le font eux, c'est vrai, ils sont là, sur les grimpants ils sont sortis et les merguez c'est pas loin du bouton de rosier comme cuisine...

Intellectuellement, le Français s'en sort bien.
– Intellectuellement, intellectuellement, ça dépend aussi.
– De ?
– De... de... l'actualité.

... à tous les points de vue...

Mitterrand est mort.
– Mort ?
– Mort.
– Mort... mais mort... complètement ?

C'est une blague ?
– Non, ce matin.
– C'est une blague !
– Non, d'un cancer de la prostate.
– Oui, ils en avaient parlé... c'est vrai ?
– Ce matin, il est mort ce matin.
– C'est vrai ?
– Ils l'ont annoncé.
– On a beau s'en foutre, ça fait un choc.

La prostate, c'est ce qui nous guette.

Il est mort dans son bureau.
– Eh ben, c'est pas à moi que ça arrivera !

Mitterrand, c'est la grandeur de la France alors que Chirac, c'est la taille de la Corrèze.

... C'est bien la Corrèze...

Un vieux qui a le cancer, faut pas faire les surpris non plus !

Une fois de plus, l'homme meurt avant sa femme...

... il est parti en même temps que les décorations de Noël...

... c'est quatorze ans de la France qui disparaissent.

Ils lui ont limé les dents...
– Quand ?
– Quand il a été élu.
– Holàlàlàlà le pauvre...

Quand un président est mort, ils mettent l'adagio d'Albinoni, eh bien, pas cette année.

Il en aura fait vendre des roses, celui-là...

Président de la république, t'as pas d'école, c'est pour ça que c'est dur à apprendre, et c'est pour ça que t'en as qu'un, d'ailleurs.

La pyramide du Louvre qu'il a fait, c'est du verre, c'est quand même pas Toutankhamon.

Il était très très très malade.
– Il est mieux mort finalement.
– Il est plus en forme maintenant, finalement.
– Mais oui, finalement.

Il était un petit peu nazi au début.
– Oui mais pendant la guerre tout le monde était comme ça, et ça ne faisait pas des drames.

La pyramide du Louvre c'est très futuriste sauf que dans le futur ça sera cassé.

C'est l'histoire qui le jugera, c'est pas moi, et pourtant j'aime bien l'histoire mais j'étais nul en maths.

Il est mort dans son bureau.
– Gainsbourg aussi.
– Nés la même année je crois, et morts le même siècle.
– Mitterrand, il en aura pas beaucoup profité de sa retraite.
– Il en a profité avant, va...

Il écrivait des livres.
– Ah bon ? Quel genre ?

C'est bien de vivre centenaire, c'est bien pour le vieux qui vit mais la retraite des vieux, qui c'est qui la paye, c'est les jeunes, la retraite des vieux c'est pas fait pour ça ! Combien ça t'en fait des jeunes qui travaillent pour faire vivre des vieilles dames comme ça ? Hein ? Y a des limites aussi ! Cent ! Cent dix ! Cent vingt ! Ça représente combien de jeunes morts des vieux pareils ! Pour chacun qui meurt normalement t'as un qui vit, combien t'en as des jeunes qui vivent pas à cause d'un vieux qui reste plus d'un siècle et plus ? Combien ? On ne sait pas ! On sait pour le vieux qui reste tout ce temps mais les jeunes on ne sait pas et on ne saura jamais si ça se trouve et c'est tant mieux, autant garder ça secret, t'as la révolution sinon ! Au bout d'un moment, c'est aux gens du *Livre des Records* de payer ces vieux-là si ça les amuse, ou à la télé, ils arrêtent pas de faire des émissions, ou ils ont qu'à faire des publicités pour des produits, je sais pas moi, de longévité, déjà et d'une ils seraient plus riches, ou les confitures des grands-mères, et de deux, ils seraient utiles et de trois, ils seraient centenaires pour quelque chose, alors que là, ils ne servent que pour des expériences médicales à la limite de l'honnête, et résultat, on les fait prendre des cachets matin midi et soir, pour voir, pour voir quoi d'abord, si c'est possible que tout le monde soit encore là à cent cinquante ans, alors là, ça va être beau la France, ça va être un cimetière assis qui ne peut plus se lever et qui s'endort et qui se réveille tous les matins, tous les matins, tous les matins, la vie c'est bien monsieur, mais il ne faut pas en abuser non plus !

... **M**ourir à la fin du siècle, c'est surtout ça qui fait historique.

... **C**'était un fils de chef de gare, c'est pour ça qu'il aimait les voyages.

... **U**n président comme ça, le moule est cassé.

... **I**l a fait plus pour la France que pour l'Espagne, ça c'est vrai...

... **J**e suis triste, je vais nourrir les pigeons sinon c'est moi qui mange.

Et ses canards ?

On peut travailler avec un cancer, à condition d'avoir un travail.

De Gaulle prenait pas l'hélicoptère pour aller bouffer chez Loiseau !

J'étais pas de son avis mais un mort, je le respecte, un mort, ça se respecte, plus qu'un vivant, même...

...ah oui.

Deux fois sept ans à l'Élysée, vous imaginez comme c'est long, presque sans sortir...

On devient immortel quand on meurt, c'est le seul avantage, sinon...

À la télé, ça parle que de sa maladie.
– Moi quand je suis malade c'est pareil.

C'est pas le moment de mourir, parce qu'avec Mitterrand qui vient de mourir, ça risque de passer inaperçu.
– Oh vous savez... même...

Le deuil national englobe-t-il aussi les territoires d'outre-mer ?
– Les englobe-t-il ?
– Oui, les englobe-t-il ?

On a eu deux grands hommes dans le siècle, de Gaulle et Mitterrand.
– ...
– C'est presque un de trop.

Il était humain, il mangeait du couscous.

Il est mort, du coup, tout le monde l'aime, Coluche c'était pareil.

Son cancer ne regarde personne, ils n'avaient qu'à annoncer une mort de vieillesse, après tout, il était vieux, il méritait bien une mort de vieillesse que plutôt un cancer, ça ne change rien pour nous, il est mort, il est mort, mais toutes ces histoires sur sa maladie, franchement, pourquoi ils disent tout ce qu'on entend, ça ne nous regarde pas, non non et non, c'est le secret médical au fond, de toute façon, pour moi, il est mort d'un cancer de vieillesse, alors ils peuvent dire ce qu'ils veulent, j'ai les oreilles bouchées.

Il a eu raison de se servir, finalement...

Irremplaçable !
– Déjà remplacé.

... le général de Gaulle, il a fui en Angleterre, c'est pas mieux !

La Grande Bibliothèque, l'Arche de La Défense, la Pyramide du Louvre, l'Opéra Bastille, c'est des grands travaux, mais son plus grand travaux, c'est l'abolition de la peine de mort !
– On voit qu'on vous a pas assassiné...
– Même !

Quatorze années, c'est énorme, quatorze années au pouvoir, presque un demi-siècle.

Un jour, t'es président de la République, le lendemain, t'es rien.
– Rien ? T'as vu les fleurs !

Le poisson frais, c'est pareil.

Chirac, six mois, on voit déjà l'os.

Tout Mitterrand qu'il est, on l'a pas enterré dans l'eau chaude !

On ne peut pas comparer les deux femmes, la mère de Gaulle, elle s'est quand même tapé de Gaulle !

Incinéré, et les cendres, dispersées sur l'Auvergne.
– Il est né dans les Charentes.
– L'Auvergne, c'est beaucoup plus beau l'Auvergne, c'est chez moi.

... Ils lui ont mis Arlette Chabot pour le commentaire.

Chirac, ça va pas lui faire du bien la mort de Mitterrand.

... C'est pas comme ça qu'il va remonter dans les sondages.

Il a tout prévu pour sa mort, l'enterrement, le chemin des voitures, la messe, les cérémonies, les chefs d'État qui sont invités, le rendez-vous à Notre-Dame, les télés, les musiques, jusqu'à la fin il aura dépensé de l'argent.

Quand on m'a dit sa mort, quand même, ça m'a fait drôle, j'ai eu la tête toute vide.
– Vous feriez pas un bon gagnant au Loto vous.

Des présidents, bons ou mauvais, on en aura toujours trop.
– Et vous voulez quoi à la place, vous qui êtes si malin, vous je vous connais !
– Des présidentes.

Il nous laisse un immense vide.
– Y a pas de quoi se vanter, il aurait mieux fait de nous laisser un immense plein.

Ils louent vingt mille francs les fenêtres au-dessus du cimetière pour que les photographes fassent des photos, vous vous rendez compte, après quatorze années de socialisme, les fenêtres gagnent plus que les vitriers...

... l'histoire, faut bien que ça s'arrête un jour...

C'est un grand de l'histoire de France, et d'ailleurs, il est au musée Grévin.

C'est le vieux renvoyé de Canal + qui s'occupe du testament.
– ?
– Celui qui a le journal qui s'arrête.
– Vous êtes sûr ?
– Certain.
– ?
– ... Jean-Pierre Coffe ?
– Mais non, l'autre.

C'est une personne qui a marqué la France.
– Dans quinze jours, ça sera fini, c'est tout comme ça avec les médias.

Une minute de silence ne dure jamais la minute, quand tu dis, allez-y et stop, ça t'a mangé la minute à la tête et à la queue, déjà...

Enterré en province.
– De toute façon, à Paris, il n'y a plus de place.

La France est la quatrième puissance mondiale.
– Oui, mais sur combien de pays, c'est ça qui est important, si c'est sur cinq ou six de pays, ça ou rien c'est pareil, on a que six chaînes de télé par exemple...

... tant que t'es pas au cimetière, t'as encore une chance au cas où la science tout d'un coup elle découvre mais après...

Il aimait beaucoup Dalida, elle était au Panthéon, juste derrière lui.
– Pour moi, Dalida était devant.

Il faut toujours avoir une famille et un caveau familial, sinon dans le meilleur des cas vous finissez avec des voisins.

C'est sa première nuit, ce matin il était encore chez lui, rue je sais plus quoi...
– ...
– C'est au cimetière qu'on est vraiment mort.
– ...
– ...
– ...
– ...
– Rue Leblay !
– Leblay, c'est ça, rue Leblay.

On est peu de chose... et nous, encore plus.

... la musique d'*Orange mécanique*...

... pour la mort de Pompidou, j'avais débranché les flippers.

Il a souffert, souffert, souffert, souffert...
– Ho ! Je mange mon croque, moi.
– ... à la fin, il parlait avec les deux yeux.

... une fille naturelle, c'est bien, ça fait écologiste...

Jarnac, ça va être aussi célèbre que Cajarc maintenant.

Il a fait du positif, il a fait du négatif, c'est un peu le bilan, je dirais...

En Inde, ils les font brûler sur un bûcher, toute la famille est d'accord.

J'avais froid, froid, j'ai mangé la soupe devant la télé à regarder l'enterrement.

En Occident, on ne sait pas mourir, on a peur de la mort, en Afrique, ils déterrent les morts pour danser avec, c'est une fête.
– En Afrique, tous les prétextes sont bons pour pas bosser.

De Gaulle numéro un, après Mitterrand numéro deux, pour mon goût je parle.

C'est pas du tout un reproche que je lui fais mais pourquoi les Landes ?

... la rupture avec l'extérieur pareil, enfermé pareil, tu penses à rien pareil, tu changes de comportement pareil, que tu es dans n'importe quelle secte ou que tu es dans les cabinets c'est pareil, dans les cabinets, tu es mûr pour les sectes pareil, tu es fragile pareil, quand tu es en train de chier, le lavage de cerveau il est pas loin, pareil...

Tête de nœud...

Patagon toi-même !

La petite saucisse à apéritif, la petite orange, comme ça grande, la pratique, on la réchauffe dans l'eau chaude, ça fait un petit plat avec l'apéritif, elle a un goût de fumé, on la met dans un petit bol sur la table et ça se picore, elles sont attachées entre elles et on les détache pas, quand on tire, tout vient comme les trombones, cette saucisse-là, on en mange, on en mange, souvent les cacahuètes elles restent, j'en ai toujours en avance, tout le monde adore ça, même les gamins, ça fait gai, ça nourrit, c'est pas seulement décoratif, ça nourrit et c'est moins gras que le saucisson et on dirait de la cuisine, c'est plus joli sur une table d'apéritif que les Apéricubes qui font juste acheté, la petite saucisse fait préparé, personne n'est dupe mais vous savez, avec nos amis, on s'entend bien et on est très complices...

Les vieux, ça ne sert à rien de les mettre au soleil, le soleil passe à travers.

... les seuls qui mangent encore du poisson le vendredi, c'est les oiseaux de mer...

L'avenir ?... vous savez... je ne suis pas strologue.

Quand on travaille sur les microbes, on garde pas la barbe.
– Pasteur a toujours eu la barbe.
– T'imagines les microbes là-dedans quand tu te penches ?
– Pasteur a toujours eu la barbe.

Je ne sais pas comment les cochons arrivent à se supporter eux-mêmes, une infection !
– Ils n'ont pas le même odorat que nous.

Faites pas semblant de rien, c'est vous qui sentez mauvais.

Dix heures cinquante, c'est onze heures moins dix, alors pourquoi on ne dit pas onze heures moins dix ? Si c'est histoire de rajouter des cinquante dans les heures pour faire américain, c'est raté.

La Castafiore a un corps de Noire et une voix de Noire mais elle est blanche comme Tintin puisque Hergé est raciste.
– À la limite, je préfère le racisme en bande dessinée que autrement.

J'ai fait pipi au milieu de la rue.
– ...
– Je vous l'ai déjà raconté ?

Je lis pas des livres que les autres écrivent, je suis pas inspecteur des travaux finis non plus...

Un policier avec de la farine dans le dos !
– ?

Ils écoutent et ils peignent en même temps sinon ils ne peignent rien les grands peintres qui travaillent chez eux pendant que la femme leur parle...

Je bois toujours un peu quand il y a un défilé, c'est la musique qui me fait boire, surtout la trompette.

Elle embrasse son chien sur la bouche...
– Tant qu'elle se trompe pas de côté, je continuerai à lui faire la bise.

Les papilles de la langue seront toujours les premières servies...

Il ne faut pas avoir honte d'avoir des cheveux blancs, après tout, c'est la pendule qui refroidit.

Il est con comme une bite.
– Y a pire.

C'est tout petit la fraise des bois.
– Ça coûte une fortune.
– On dirait un bout de sein par terre au milieu des feuilles...
– ...
– ...
– Comme si on avait assassiné une jeune fille dans le bois, tenez...
– ...
– ...
– Eh ben... moi je préfère un autre dessert.

Les otaries, c'est des connasses.

Dans le ventre des mamans ça sent le bonbon.
– Dès que je mets le pied dans une pâtisserie, j'achèterais tout, alors que la charcuterie me laisse froide.

Impossible à casser.
– J'en casse.
– C'est incassable.
– C'est vendu pour incassable mais ça se casse, j'en casse des manches de marteau en plastique.
– Mais non.
– Je vous dis que j'en casse des manches de marteau en plastique.
– Faut pas être adroit.
– Si, je suis adroit moi, je les casse les manches de marteau en plastique.
– Ça résonne dans la main.
– J'en casse plein.
– Faut pas être adroit.
– Tous les jours.

On apprendra l'anglais au bébé dans le ventre de la maman.
– Accoucher d'un Anglais, merci bien...

Le temps, c'est de haut en bas, on descend... Y a pas de quoi rire !

On sera obligés de coloniser l'espace, obligés, on est une race qui aime coloniser.

.... tu bouffes la peau de l'orange toi ?

Il est laid son bébé, il est laid, à mon avis la maman elle a fait caca et ils ont mis les chaussons...

Saucisses aux choux.
– Jamais on va y arriver au boulot, jamais !
– Téléphone...
– Jamais on va y arriver...
– Téléphone.
– Depuis 9 heures ce matin !
– Téléphone.
– Cinq millions de chômeurs et nous on fait les cons.
– Saucisses aux choux.

Le pauvre sera toujours perdant.
– Il a qu'à se battre !
– Le pauvre, il en prend toujours plein la gueule quand il se bat.

... Ça attaque la pierre de Notre-Dame.

Ils mangent sur le pouce.
– Le repas, c'est le moment le plus important de la journée.
– Sur le pouce... y a même pas la place de poser le verre...

... Paris, ça fait la cuvette.

Un côte-de-provence rosé qui reste dans la bouteille ? À la maison, jamais, si c'est pas nous qu'on finit, c'est les enfants.

Je suis pas ta serviette-éponge !

Deux grands calvas.
– Non, non, moi, un petit.
– ?
– Un petit.
– Deux grands calvas.
– Non ! Un petit pour moi.
– Deux grands calvas !
– Non !
– Deux grands calvas.
– Moi, un petit.
– Un petit calva, c'est la couche du dessus en contact avec l'air, plus tu vas profond, plus le calva est là tu sais pas ça toi ? Le meilleur calva est au fond, il est plus lourd, et le meilleur encore de tous c'est le calva du fond... comme pour tout, d'ailleurs, le parfum se dépose, je te parle même pas d'alcool, le goût qui est foncé, il descend, tout le haut a perdu quasiment tout le goût, tu bois un alcool dénaturé par l'air, surtout celui de Paris, il est pas là pour faire du bien au calva, il attaque la peinture des bagnoles, alors ton petit calva, en Normandie, je dis pas, le petit calva peut-être, mais ici... non... ici... non non... pas ici... ici... non... deux grands calvas !

Et deux grands calvas pour les hommes, deux !

... le plus grand poison c'est l'air.

Vous savez ce qu'elle dit, comme ça, à nous qui étions au bout de la table, qu'elle donne son nichon au bébé quand elle allaite !
– Pfuuuuuuu...
– Qu'elle donne son nichon à son bébé !
– Pfuuuuuuu...
– On ne donne pas le nichon à son bébé !
– Pfuuuuuuu... non.
– Et les parents qui rient.
– Alors ça...
– Heureusement, le bébé n'entend pas.
– Pfuuuuuuu... non.
– Ça promet !
– Alors ça...
– Il sera malheureux.
– Pfuuuuuuu... oui.

Un dessin animé, y a combien d'images ?
– Ça dépend des lapins, et ce qu'ils font les lapins.

On peut séduire, même sans rien faire, avec les parfums des glandes du cul de certains animaux.
– ?
– Le musc, c'est une glande de cul.
– Première nouvelle.

L'alcool te fait pénétrer dans l'irréel.
– Pour toi c'est facile, tu paies jamais ton coup.

Pour bouffer convenablement en Birmanie, faut te lever tôt.

Tu bois l'eau du Nil, t'as la chiasse cent ans.

Tu fermes pas à l'heure européenne.
– ?
– L'harmonisation des fermetures.
– Charlot va...

Il a fait beau, beau, beau, une journée exceptionnelle pour un mois de janvier, du soleil, pas froid, pas normal même.
– On ne sait plus quoi boire.

Une fourrure et une béquille devant la porte des cabinets ?
– C'est rien, c'est la libraire qui est dedans.

Tous les jours moi je monte mes escaliers, comme la roche de Solutré.

On ferme !

Le dernier !
– Tu boiras demain.
– Demain ? Certainement pas !

À quand l'abolition de la fermeture ?

Jérusalem, c'est un choc émotionnel.
– Haaaaaaa ?

Le froid empêche de s'abîmer, tu t'assoies dans la neige, t'as le cul qui vieillit pas.

... On est un peu comme des boudins pas cuits avec notre sang liquide dans le corps...

On ferme !

Pour vous, on est que du bétail !
– ...
– Allez, laisse, on se casse.
– Il a pas le droit de pas servir, on peut porter plainte si on veut.
– Laisse.
– On peut appeler les flics, et les flics l'obligent à servir... non mais attends, y a des lois !
– Y en a d'autres, des cafés, laisse.

Le gros coquillage se referme et le plongeur a le pied coincé dedans au fond de l'eau.
– Quelle mort idiote !

... ils commencent à avoir de beaux verres partout maintenant, j'ai remarqué...

C'est ça, y en a d'autres !

Terminez vos verres.
– Pardon ?

Je suis né place de l'Indépendance !
– Et alors ?

... premier arrivé, dernier parti...

... jusqu'à chez moi, c'est que du plat.

... ça monte pas...

... ça descend pas...

... et au bout c'est chez moi...

... **e**t le café ferme... vite ! Le dernier pour la route ! Quelle route ? C'est une rue dans la banlieue de Dijon... une ruelle étroite dans Marseille... un sentier un peu boueux à la sortie d'un village de Bourgogne... quelques mètres de neige verglassée dans les Alpes... un quart d'heure de mobylette dans la nuit sous la pluie... une bande de gravier derrière la gare le long du canal pas loin du marchand de pêche... un labyrinthe de petites rues dans Thiais... un morceau de périphérique qui brille... une heure de métro... une heure de bus... la nationale jusqu'au chemin et le chemin jusqu'à la cour de la ferme avec les lumières de la cuisine dans les flaques de pluie et les chiens... c'est la route... la route qui fait demander, et mon dernier pour la route ? C'est elle, la fameuse route du dernier pour la route... Ça vient, ça vient... le dernier pour la route... petit coup de pied qui pousse le client dehors, face à cette route qui le ramène chez lui, long chemin qui le fait doucement rerentrer dans sa peau pour qu'il n'arrive pas chez lui à côté de lui-même, comme s'il n'était plus que son propre fardeau alcoolisé, mal fagoté dans son dedans. Et mon dernier pour la route ? Voilà voilà ! Un seul dernier à chaque client pour toutes ces routes, est-ce à dire qu'ils partent et habitent tous au même endroit, à la même distance du point lumineux où dans ce début de nuit l'on boit, au même nombre de pas, tous les accoudés, tous, les voilà tous habitants du même lieu-dit, le lieu-dit *le dernier pour la route* ? Existerait-il, dans le système métrique du buveur accoudé, une unité ajoutée à l'ordinaire système, après le millimètre, le centimètre, le mètre, le kilomètre, *le dernier pour la route*, qui vaudra tous les autres ensembles et séparés. Le dernier pour la route étant égal à un mètre de route. Un kilomètre de route étant égal encore au dernier pour la route, etc. On sent d'ailleurs dans l'œil de celui qui habite à un centimètre de route comme une espièglerie à commander comme ceux qui habitent loin son dernier pour la route. Cette espièglerie, le patron la connaît bien, il appelle ça une casse-couillerie. Un centimètre pour un dernier ! Il habite à côté l'enfoiré ! Tous ces derniers et toutes ces routes ne vont pas tarder à le fatiguer. Dehors ! Je ferme ! Le patron ferme alors qu'il a le temps, lui, il n'a pas la moindre parcelle de millimètre de route à faire, il vit dans sa coquille comme un escargot. Il dort dans sa bave et nous, on a de la route. Tout le monde le pense, personne ne le dit, tant qu'il n'a pas servi le dernier pour la route, il y a danger à la ramener. Dehors ! Et le dernier pour la route ? Ils s'accrochent au dernier pour la route comme s'ils avaient à traverser le désert. D'ailleurs, peut-être, le traversent-ils pour rentrer à la maison ? Un petit bout de désert avec d'un coup le silence comme une sécheresse dans la tête. Le tournis des grands espaces sans les mots. Le vertige des horizontales sans comptoirs. Un déséquilibre soudain dans un monde sans brèves. Un malaise et les reproches qui arrivent vite, au milieu de cette
putain de route. Le dernier pour la route ! Vite ! Juré, après on y va ! Alors, le patron qui n'est pas chien sert à tous ceux qui doivent rentrer le dernier pour la route. Tous, en buvant ce même dernier pour la route, se préparent à faire le même itinéraire, après avoir pris, toute la journée, le même chemin. Le dernier pour la route, ça ne veut dire que ça. *Même*. Vous saviez ça patron ? — Non non non ! dehors !

Jean-Marie Gourio

1997

Suivez le peintre !

L'œil se pose sur une gravure fixée au mur, c'est une reproduction du château de Fontainebleau, dans les tons pastel, on y voit le château et devant le château un lac dans lequel il se reflète, il s'y reflète aussi le ciel plein de nuages blancs, grisés à leur base. Une dame en robe longue bleue regarde l'eau en tenant une enfant par la main. L'enfant tient un cerceau dans sa main gauche. La femme et l'enfant regardent un voilier passer sur l'eau. Les nuages passent sur l'eau. Un grand pin ferme l'image sur la droite. Le cadre est blanc, en plâtre, avec des moulures qui retiennent de la poussière. La gravure et le cadre sont fixés sur le mur peint laqué jaune, la peinture est datée, craquelée, un peu graisseuse et dans cette couche s'est accumulée une teinte fumée qui doit provenir des cigarettes. Le carrelage au sol est blanc et rouge, fait de carreaux hexagonaux. Le plafond est bas. Un néon zigzague sur toute la longueur de la salle. Sa lumière jaune tombe sur le zinc orangé. Une barre de bois rond court tout le long du comptoir de bois clair mouluré un peu comme le cadre de plâtre. Sur cette barre de bois, on peut poser son pied. Sur le comptoir on voit une boule de métal avec un couvercle coulissant dans lequel se trouve le sucre. Il y a une pompe à bière « triple bec » avec des publicités pour trois bières, une brune et deux blondes. Le percolateur est de petite taille. Au-dessus de lui une glace peinte, une dame en robe longue et grand chapeau porte un bouquet de fleurs, renvoie l'image des bacs à eau, des verres et des torchons, l'image d'une boîte en plastique dans laquelle on a mis à tremper dans un peu de lait du gruyère râpé, celui qu'on rajoute au dernier moment sur les hot dogs. Une bouteille de whisky, prise tête en bas dans un cerceau métallique blanc, brille. Sur une bouteille de pastis, elle aussi tête en bas, une main a collé la photo d'un chien. Le chien a les yeux rouges à cause du flash de l'appareil. Il est assis sur un fauteuil. Un appuie-tête en laine protège le haut du fauteuil. Le chien a un canard entre les pattes, un petit canard vivant. Les autres bouteilles sont alignées sur les étagères. Le sirops rangés tous ensemble, grenadine, citron, menthe, cassis, mandarine. Un peu du sirop a coulé et séché sur le col des bouteilles. La grenadine est presque vide. La mandarine est presque pleine. La menthe à moitié. Le citron pas encore entamé. Un escargot en terre cuite sépare les sirops des alcools. C'est un écureuil qui sépare les alcools blancs, la poire et la mirabelle des autres alcools, le calva, le marc, la prune, la mandarine alcool et la noisette. Entre la bouteille de noisette et le seau à champagne Mercier, une grenouille en porcelaine sert à ranger les stylos dans sa grande bouche ronde. Une bouteille de champagne vide dépasse du seau à champagne en fer blanc. La salle se reflète en rond sur le seau. Les portes sont rondes. On lit WC à l'envers. Le plancher est rond. Le plafond fait aussi un arrondi. Le mur du fond a été recouvert d'une grande image de montagne, un chalet se reflète dans l'eau d'un petit lac, la montagne s'arrondit sur le seau, le lac fait une tache à peine visible et le chalet ressemble à un champignon. Une plaquette de produit contre les mouches dépasse du seau. Une mouche morte a séché pattes en l'air devant la grenouille en porcelaine. Il y a aussi un oiseau de feutrine sur une plante en plastique. Le soleil a décoloré l'oiseau. Le temps a décoloré la plante. *Il volera plus celui-là !* dit un homme en tenue de peintre. l'homme porte une salopette blanche pleine de taches de couleurs. Il est accoudé au zinc. Il tient un verre de bière dans sa main droite. Ses mains sont épaisses, avec du plâtre sous les ongles. Du plâtre, on en retrouve en croûte sur ses genoux, sur la pointe de ses chaussures et pris dans les moulures de ses semelles. Il a de la peinture blanche sur le haut de son crâne. Sa moustache est grise. Ses yeux sont bleus. Il sourit. Il aime son métier. Il voudrait bien que ça dure tout le temps. Peintre. Et boire un demi en se moquant de l'oiseau ! Le patron ne répond pas. Il lit son journal télé. Il veut le silence.

Avant, pour que l'œil se pose sur la gravure fixée au mur, sur la reproduction du château de Fontainebleau dans les tons pastel, il fallait dire à René de se pousser, à son frère de se baisser, à son gamin de descendre de la chaise sinon ça allait mal se terminer ! Il fallait faire toute une police pour que les têtes s'écartent ! Et se retournent ! Et la regardent cette fameuse reproduction ! Alors ça fusait de partout ! *T'as trouvé ça à la décharge ! Ce machin-là, je le mettrais même pas dans mes cabinets ! T'as trouvé ça dans une pochette surprise ?* Le marchand avait dit, *c'est très beau, on y voit le château et devant le château un lac dans lequel il se reflète, il s'y reflète aussi le ciel plein de nuages blancs, grisés à leur base, une dame en robe longue bleue regarde l'eau en tenant une enfant par la main, l'enfant tient un cerceau dans sa main gauche, la femme et l'enfant regardent un voilier passer sur l'eau, les nuages passent sur l'eau, un grand pin ferme l'image sur la droite, alors, vous le prenez ?* Le patron avait dit, *le cadre blanc, en plâtre, avec les moulures, ça va tout me retenir la poussière !* Le marchand qui passait dans tous les cafés du coin avait dit, *sur votre mur là ça sera joli ! Sur votre mur peint laqué jaune,* il avait ajouté, *sur votre peinture toute fraîche !* Les clients avaient ri ! Ceux de la tuilerie avaient ri ! Ceux des usines de voitures avaient ri ! Ceux des hauts fourneaux avaient ri ! Ceux des mines avaient ri ! Ceux des textiles avaient ri ! Y en avait du monde pour rire dans ce café fraîchement repeint et décoré ! et les Ritals ! et les Espingouins ! et les Polaks ! et les Bougnoules ! et les Boches ! et les Ruskofs avaient ri ! Le carrelage blanc et rouge, fait de carreaux hexagonaux, pour le voir, fallait pousser des centaines de pieds ! Des pieds plein de boue, ceux des tourbières ! Des pieds plein de chaux, ceux des cimenteries ! des pieds plein de sciure, ceux des scieries ! Le patron avait fait mettre un néon pour illuminer toutes ces têtes qui savaient quand elles avaient soif où traîner leurs pieds ! La lumière zigzaguait sur toute la longueur de la salle ! Une lumière jaune sur le zinc orangé ! Et aussi une barre de bois rond tout le long du comptoir de bois clair pour poser les pieds ! Et un oiseau en feutrine dans la plante pour faire joli ! *Celui-là, le chat le mangera pas !* dit le peintre en salopette blanche pleine de taches comme des plumes de couleurs. Le patron ne répond pas. Il lit son journal télé. Il veut le silence. Il est assis au bout du comptoir sur un tabouret de bois. Il a posé son journal sur la caisse et lit en tendant son cou. Les bras tendus, les deux mains plantées sur les genoux. *À plus tard !* dit le peintre en salopette blanche au patron qui relève furtivement les yeux et lui répond, *à plus tard.* Le peintre plein de couleurs ouvre la porte, sort sur le trottoir et s'envole dans le soleil de midi quand le téléphone sonne. *Allô ! Oui, j'écoute,* dit le patron en regardant devant lui, *ah ! désolé monsieur, mais René vient juste de s'envoler !* Puis il raccroche. Se sert un verre de vin et ouvre à nouveau son journal télé en râlant. On l'entend dire entre ses dents que, *franchement, c'était mieux avant !*

Jean-Marie Gourio

Regardez les cités mayas, la qualité par rapport à nous...

... je le sais, je l'ai entendu dire personnellement.

Il n'y a pas de grande ou de petite cuisine, il y a la bonne ou la mauvaise...

La musique, c'est une langue universelle, tu peux faire chier la terre entière si tu joues mal.

Saint-Tropez, c'est le grenier à bites de la France.

Il travaille une semaine de jour, une semaine de nuit, une semaine il rentre saoul le matin et une semaine il rentre saoul le soir.
– C'est fatigant comme rythme.

En général, je le remets à l'eau mais celui-là je l'avais attrapé par l'œil, alors on l'a mangé.
– Parce que vous, vous respectez le poisson.

... On a rien fait de mieux depuis la 2 CV Citroën.

L'hérédité, ça marche pas pour le sexe, j'ai eu que des filles et jusqu'à preuve du contraire suffit de regarder je ne suis pas une fille, alors ?
– ...
– Je sais ce que je dis tout de même.

Dans certaines banlieues, un Noir par personne !

... la radioactivité se concentre dans les champignons, ils vont dans les bois avec un compteur, et ils en trouvent des cageots et des cageots ces connards de Tchernobyl...

Je lui ai roulé sur le pied pendant qu'il pissait sur la voiture putain je l'avais pas vu, je faisais attention de pas me tromper de vitesse pour pas reculer parce que j'avais Pascal qui chiait derrière, je l'avais dans les phares de recul.
– Elle est bien cette boîte ?
– Surtout ce qui est pratique, c'est le grand parking.

... faut pas nous prendre pour des cons non plus.

La France marche pas, alors pourquoi l'Europe ça marcherait ?

J'avale la fumée que d'un côté, j'ai un poumon non fumeur.

Qu'on nous laisse mourir de ce qu'on veut si on a choisi ! Pourquoi ils veulent pas qu'on fume ? J'ai un ami qui est mort de la sclérose et pourtant il fumait pas des plaques !

On a ri quand mon frère a fait tomber le couscous.
– Vous êtes pas comme nous vous les Arabes.

Le matin, je m'emmerde...
– Heureusement qu'il y a le soir.

La philosophie, j'en fais pour le plaisir mais j'en ferais pas mon métier.
– C'est payé mes couilles en plus.

Je sais pas ce qu'il fait comme travail mais quand il parle, on comprend rien.
– C'est un gentleman détective, c'est ça que j'aime chez lui.
– Il est de quand ?
– Il est de ma génération, on a le même âge.

Les animaux sauvages ne se cachent pas pour leur sexualité mais n'empêche que ils arrêtent de s'enculer si ils sentent l'homme.

Brassens, c'était autre chose !

Les vieux ont des grandes poches.

... **d**epuis les frères Lumière, ça piétine.

Qu'est-ce qu'elle est belle cette femme !
– Qui ?
– Tu veux un œil toi connard de merde ! Elle ! Là !
– Chut.
– Pauvre merde !
– Chut.
– Elle est belle !
– Chut !
– Elle est belle !
– Chut !
– Enculé !
– Chut !
– Mais non madame, restez.
– Salope !

Courteline et Labiche, tu parles, là-dedans, c'est que du baratin....

Les nudistes, faut les voir comme ils te regardent quand t'es avec un slip, c'est comme si t'es le Masque de fer.

Les plus beaux tatouages, c'est les vitraux de Notre-Dame.

Des Paoli, y en a pas qu'un.

Cap sur Istanbul !

Istanbul c'est pas par-là, c'est dans le Sud.

J'ai jamais quitté Les Sables-

On a pas le droit d'expulser les gens pendant l'hiver.
– C'est des excuses à la con, ce matin je suis sorti comme ça sans le pull et j'ai pas froid.

Une prune.
– À boire ou dans la gueule ?

On a bu comme des trous, j'ai la bouche, on dirait un coup de pelle !

C'est pas à moi à chercher mes clefs, c'est à mes clefs à me chercher.

... Un jeune qui a fait une connerie parce qu'il a pas de boulot faut pas le mettre en prison, faut le mettre maton qui est de la prison mais en plus avec un boulot.

Le métro aérien c'est quand même pas l'avion, t'as pas le plateau-repas.

Pour acheter des conneries qui servent à rien, la fausse monnaie, ça suffit bien.

... Si ça se trouve, toute la monnaie est fausse...

d'Olonne.

– Bravo.

La vie est dure.
– Les temps sont durs.
– Oui, les temps aussi.

Robin des Bois chiait dans les bois avec toute sa bande.

... il faut bien que la terre se défende, les maladies c'est la terre qui se défend...

J'en ai bu plein des coups là-bas le dimanche matin, à côté de la permanence, elle passait souvent Bernadette Chirac, elle est belle cette femme, avec ses cheveux.
– Y a trop de bureaux et pas assez d'appartements pour vivre, on a plus qu'à vivre au bureau.
– Le bureau c'est fait pour travailler, c'est pas fait pour vivre, c'est une permanence, elle y vit pas.

Un accident à trois heures du matin, alors du coup, les pompiers se lèvent du lit pour moi, j'avais honte...

... tu peux pas la garder l'antimatière, t'en mets dans une éprouvette ton antimatière, adios amigos !

Ils font des greffes de foie de porc sur des humains, c'est au point.
– Là normalement la Sécu, elle a pas à gueuler, le foie de porc c'est quinze balles.

J'aime pas me voir en photo, on dirait un connard qui est content.

Quand on voit les livres des écrivains, franchement, tout le monde pourrait être écrivain, blabli blabli blabli...

C'est des moines qui marchent pieds nus sur des braises au milieu des crève-la-faim, c'est vraiment provoquer avec l'odeur...

... mon père il est rentré pas bourré, il était heureux, avec des moules et des fleurs, il a trouvé un travail.

J'ai vu un pot de lait tout à l'heure, il est où le pot de lait ? Il était là le pot de lait ! Il est où ?
– Je ne vous dérange pas ?
– Non non, il faut le faire le bidule.
– Quel bazar.
– C'est un bidouilli ce machin, pour moi tout seul je le déplace pas.
– Je finis et on y va.
– Prenez votre temps.
– Vous allez en faire quoi de ce bidule ?
– Un machin pareil, je ne sais pas, vous le voulez ?
– Ce truc ? Et j'en ferais quoi du bidule ? Ça va plus m'encombrer qu'autre chose un truc chose comme ça.
– C'est un machin, vraiment ce machin, il m'en aura fait voir...
– Je prends mon manteau.
– Allez-y parce que dans le garage fait pas chaud.
– Ça me rend pas mon pot de lait tout ça...

L'hindouisme se cherche encore.

Le Coca-Cola, ça ronge les pièces de monnaie, attention !
– Comme le Martini.
– Le Martini on est responsable de soi puisque on est adulte.

Un fleuriste, toute la journée il a la tête pleine de fleurs.

... Il est tout maigre, il a les poumons en forme de trompette ce gamin.

... la chanteuse qui a des molaires devant, mais si, avec des molaires devant, la chanteuse...

Prout !
– Tu nous fais le bêtisier ce matin ? !

T'es sourd ou t'es muet ?

Le conseil que je donne, c'est de pas resaler quand on est à table avant d'avoir goûté au moins si c'est pas assez salé, sinon tu risques de trop saler en salant à l'aveuglette.

Attention, ils vont vous laver le cerveau !
– J'y vais juste pour demander des renseignements.
– Attention, ils vont vous laver le cerveau.
– Oui, eh ben, ça lui fera pas de mal !

Moi je suis mou et pour le judo c'est le mieux.

Il faut manger des croissants, ça fait les belles dents, il faut manger les tartines, ça fait la belle pine !
– Tu démarres tôt.

C'est bien d'oublier des choses pour se rappeler d'autres choses, on a le crâne en forme de vase et faut bien de temps en temps changer l'eau des fleurs !

L'être, le paraître...
– Avant on était, c'est tout, et ça marchait très bien.

Des milliards elle gagne cette chanteuse, des milliards ! On est bien des cons de lui acheter ses disques !
– Je les ai tous.
– Oui mais vous c'est pas pareil.

J'ai moins dix pour cent sur tout le magasin avec la carte Galeries Lafayette.
– C'est bien, quand vous irez, dites-moi.
– C'est une carte personnelle qu'on a à soi, d'ailleurs, normalement, je n'aurais même pas dû vous en parler.

Je me plains pas, j'ai une famille belle comme un kilo de cerises !

... je l'aime bien ce client parce qu'il est intemporel.

Il pue comme s'il était une région de marais !

Il a vu ma jambe, il a même pas tâté, il a sauté sur le téléphone pour l'hôpital.
– Ils vous ont mis où ?
– Une intoxication du sang, la gangrène.
– À quel hôpital ?
– À Sens.
– Il est près de la gare ?
– Il est pas près de la cathédrale, de ma fenêtre je vois la cathédrale loin, le docteur a été bien.
– Il est pas à la gare ?
– Une infection qui est devenue urinaire.
– Il est à la sortie.
– Urinaire.
– Ah oui, avant la grande surface, ah oui...
– Il ne faudrait pas rater le car.

Ma bite au banc d'essai !
– Fais pas chier, pousse-

Tu me prends comme un con ou quoi ?
– Non Marcel ! Non !

Patatalo, c'est mon héros !

Ne jamais acheter les yeux fermés, c'est ce que je dis toujours à ma fille quand elle vient me voir mais elle vient plus, elle dit que je l'emmerde !

Vous avez les oreilles décollées ?
– Vous confondez.

Les anges ont pas de

Rien, je n'ai rien eu de l'héritage, avec les avocats on a essayé de tricher sur les papiers, je n'ai rien eu.
– Les avocats, ils sont chers, ils ne font rien.
– Vrai, c'est bien vrai, j'aurais aussi bien fait de tricher toute seule.

Les informations régionales ont une vraie fonction, les autres...

On peut rien

Un morceau de musique trop gaie ça fait mec qui bosse pas et trop triste ça fait mec qui déprime et qui cherche pas du boulot, de toute façon quand on écoute de la musique à la maison dans la journée on n'ouvre pas grand les fenêtres.

Une inondation en Inde, je vois pas qui ça peut intéresser ici, tu crois qu'en Inde ça les intéresse les inondations à Béziers ? Tu rigoles, ils savent même pas qu'il y a un Béziers sur terre...

Y a encore du latin à l'école, ben putain !

Et à la cantine, ils leur donnent quoi ? !

trou du cul.

Si t'as pas de sexe t'as pas de trou du cul puisque ça va ensemble.

J'ai pas reconnu ta femme.
– Elle était bourrée ?
– Non non, moi.

On est moins civilisés que les Indiens d'Amazonie.
– J'ai pas une plume dans le cul moi !
– Ils ont une culture bien plus fine que nous.
– J'ai pas une plume dans le cul moi !

poser sur un plat ovale.

La Belgique sera la France avec l'Europe.
– La France sera allemande mais la Belgique sera la Suisse.
– Ah bon, vous voyez ça comme ça ?

Votre enfant ne vous ressemble pas du tout.
– Je sais, ma femme n'est pas une photocopieuse.

Va baver plus loin...

Qui c'est qui décide des génies ? ! Une fois de plus le gouvernement !

Au niveau de l'espace, le plus dangereux, c'est le soleil, le plus con, c'est la terre.
– Ah non, c'est la lune.

Ils vont dans l'espace avec une capsule, je les admire, une capsule même à la fête je monte pas dedans.

Dans ma famille, on est tous petits, vous êtes de quelle famille ?
– ?
– Vous êtes de quelle région ?
– La Bretagne.
– Ah non alors...
– Saint-Malo.
– Ah non.

C'est la même mémoire qui sert pour les numéros de téléphone et les camps de concentration.

Les États-Unis ont pas de passé alors que nous UN fromage, il a toute une histoire.

On a des charniers à la sortie de tous les petits villages de France, tu trouves ça beau toi ?
– Des cimetières.
– Des charniers ! La différence c'est quoi ?
– La petite photo sur la tombe.

Paulette, ça replaira un jour, c'est cyclique.

Philippe Noiret, il a dix millions de chaussures.
– On le saura qu'il a des pieds ce mec.

Les indigènes, ce qu'ils aiment, c'est les casquettes.

Je suis écartelé entre mes deux cultures si vous voulez.
– En France, on a pas ça, on a d'autres problèmes un peu plus costauds figurez-vous mais pas ça.

L'égalité entre les hommes, faudrait déjà qu'on nous demande notre avis avant !

Le monde est fou.
– Pas à Dijon !
Viens à Dijon.

Pourquoi les pédés vivent chez leur mère, logiquement, ils devraient vivre chez leur père.

Est-ce qu'il en dessine encore le vôtre des cristaux de neige à l'école ?

Les enfants sont plus vieux qu'avant...

Visite médicale ! Connards ! Une maladie ça se visite pas !

Elle a jeté son bébé par la fenêtre de la maternité.
– Il est mort ?
– Il est vivant.
– Et pourquoi elle l'a jeté ?
– Parce que, elle était sur le balcon en robe de chambre.

Trois paires de lunettes pour deux cents francs ! Des lunettes de vue pour n'importe quelle vue je m'en fous, c'est des occasions, avec ça sur le nez c'est bien pour chercher du boulot, pour l'employeur ça fait pas le branleur qui s'intéresse à rien, ça fait le gars qui regarde, ils aiment ça les employeurs.

Tu fous le pape dans les bois pendant un mois et s'il bouge pas trop, en dessous la robe on devrait trouver des cèpes.

Que le président de la République écoute ce que je dis au téléphone, ça ne me gêne pas, il peut même me téléphoner, ça ne me gêne pas.

Les écoutes téléphoniques, premier point, mais est-ce qu'ils ouvrent pas le courrier ? On le saura jamais... Moi des fois je trouve des lettres, limite limite d'avoir été lues, deuxième point, remarquez c'est pas grave, c'est des publicités.

Ça ne me gêne pas qu'on écoute mon téléphone, vous savez, pour ce que je dis...

***T**u donnes de l'argent pour le cancer, ils se le mettent dans la poche.*
– Maman, elle est morte d'un cancer, l'année d'avant sa mort encore elle a ramené un portefeuille trouvé devant un magasin, elle l'a donné à la caisse.
– Il faudrait mettre les cancéreux aux commandes quand ça concerne le cancer.

Quelqu'un qui est mort et qui ressuscite, c'est normal, mais quelqu'un qui n'a jamais existé et qui ressuscite, alors là, je sais plus.

***V**ous avez vu le froid aux États-Unis ? Moins cinquante degrés au thermomètre !*
– C'est bien, ça va les faire maigrir.

Tu me trouves un boulon qui correspond, sinon, c'est pas la peine de revenir !

Pour du bon boudin, je fais deux cents kilomètres, ah si absolument.

Le seul avantage d'une pastille de merde, c'est que c'est tout petit.

C'est au service militaire que j'ai appris à me laver les pieds, sans le service militaire, je ne me serais jamais lavé les pieds.

Je préfère un président trop malade à un président trop en forme, en ce qui me concerne.

... au foot c'est tous des cons, à part le ballon.

Entre la tête et les pieds j'ai un degré de différence de température, pas vous ?
– Chacun a son corps humain.

Les diplômes servent à rien, moi par exemple j'en ai pas de diplôme, eh ben, on dirait que j'en ai.

Le service militaire, on peut dire le mal qu'on veut n'empêche c'est au service qu'on commence à picoler...

Les Américains font ça, ils tuent les condamnés avec une piqûre, non seulement on te tue, mais en plus t'as une piqûre.

Quand on habite au bord de l'eau, faut pas s'étonner d'être inondé, pas vrai ?
– Un mètre d'eau dans la cuisine !
– Les gens inondés, le mètre d'eau il est toujours dans la cuisine, et quand on habite à la montagne faut pas s'étonner de se retrouver sous l'avalanche, vous habitez dans le quartier, vous ?
– Près de l'église.
– Vous avez le curé chez vous ?
– Justement oui, des fois le dimanche dans la cuisine.

... le Nil...

Avec la drogue c'est de l'accoutumance alors qu'avec l'apéritif, c'est rien que de l'habitude.

Prosit !

Avec la drogue en vente libre, le drogué pourra faire son Loto chez le tabac de drogue.

... **l**es gens n'aiment plus réfléchir.

... **m**ais à la télé, tout le monde en fume du cannabis, sauf à *Trente millions d'amis,* et encore, c'est pas sûr...

Les machines ont remplacé ceux qui travaillent, mais vous verrez qu'un jour, elles remplaceront aussi ceux qui ne font rien.

***C**inq cents chaînes, ça fait douze mille heures de télé par jour.*

– Pour les gens qui sont tout seuls, après tout...

Au « Baby-boom » d'après-guerre a correspondu un « Apéro-boom » puisque tous les bébés sont arrivés en même temps ici.

Nous, on disait la capote, pas le préservatif, mais c'était l'époque où c'était pas encore un médicament.

Tailler ses crayons, c'est l'enfance de l'art.

La philosophie dans les cafés, la violence dans les lycées, c'était mieux avant quand c'était le contraire.

Les jeunes sont de plus en plus violents.
–Justement, c'est pas le moment de supprimer le service militaire.

C'est pas de la publicité, mais ce monsieur boit cinq ballons de côtes-du-rhône avant de prendre son train...

Si tu crois qu'il est payé au SMIC Chirac !

Plus tu as de chambres d'amis dans ta maison et moins tu as d'amis qui viennent dormir dedans.
– On peut pas tout avoir... le beurre et les amis du beurre.

J'aime pas me promener, je me promène dans ma tête, pour la boue aux chaussures c'est pas pareil c'est pas la même boue.

La Roumanie, c'est le bordel, il leur arrive ce qui arrive à tous les pays qui ont pas de routes.

... tout ça c'est cyclique.

Je pêche et je sais pas nager,

Il n'y a pas de limite d'âge pour le donneur.
– Et si c'est un vieux de soixante-dix ans qui donne ses reins ? !
– Tu les prends, t'as pas le choix, on te les greffe, si tu crois qu'on te présente le menu avant.

La psychologie, la philosophie, je mélange tout.

Il a neigé sur du mouillé, la neige n'a pas tenu et ça a fait de la boue.
– Le mouillé, c'est la hantise des enfants.

Ce sont nos voisins qui ont en un, le mongolien est heureux en HLM.

Le pire pour un mort à l'étranger, c'est le rapatriement du corps, et que je te cogne, et que je te cogne ! Et ça c'est pas le pire ! Encore faut-il retrouver le corps ! Et que je te fais semblant de chercher, et que je te fais semblant de chercher !

… On s'est fait chier toute la soirée, c'est un peu la note discordante.

Chez le nageur, c'est surtout la moelle épinière qui travaille comme dans le dauphin.

Ma femme, c'est ma banlieue.
– T'es d'où ?
– Huguette.

Les vaches sont pas racistes, et pourtant c'est pas les races de vache qui manquent.

L'ortie ça pique pour se défen

Une année-lumière fait douze mois comme l'année normale mais c'est lumière.
... janvier lumière, février lumière, mars lumière...

je suis un peu kamikaze.

... **l**a tanche, ça mâchouille...

On se fatigue au boulot, et pourquoi ? Pour rien !
– M'en parle pas... ne m'en parle pas...
– Pour rien !
– M'en parle pas...

... **S**i tu crois que le chômage c'est pas fatigant !

On verrait en noir et blanc, on serait tous obligés de faire des jolis dialogues.

Tu l'as jamais fait, écrire ton nom en pissant dans la neige ?
– Si si, j'étais bon élève, je faisais les pleins et les déliés.

On aurait pas de la violence en nous, on se lèverait pas le matin.

Ils ne mangent pas, ils ne boivent pas mais ils travaillent.
– Depuis un an, je fais le ramadan à l'envers.

Il est très étonnant parce qu'à son âge, plus personne n'a les oreilles décollées.

... **C**e sont de vraies œuvres d'art, les courges, et plus généralement toutes les cucurbitacées.

dre mais ça n'attaque pas.

Il est con, il ne comprend rien, il est trop cérébral.

Woody Allen, ou c'est génial, ou c'est nul à chier.

Je veux mourir bourré renversé par une voiture, dans mon sommeil.

Tout ce qui est virtuel m'intéresse.
– Il vous en faut pas beaucoup.

Et mon ballon ? On m'oublie ou quoi ?
– Vous devez en être fière de votre petite.
– Pas du tout !

Il est très hivernal cet hiver.

Elle est énorme, on dirait la fille à Vauban !

L'homme est violent naturellement, c'est biologique, c'est les cellules du cerveau, c'est dans la tronche.
– Qu'est-ce que t'en sais ?
– C'est dans la tronche.
– Qu'est-ce que t'en sais ?
– C'est le reste de la part animale de l'homme qui reste en nous.
– Ah là ! Oui ! Là d'accord ! Il faut expliquer aussi.

Je boirai plus avec un retraité du bâtiment !

Les derniers appareils tu peux bouger, la photo est pas bougée, les gens qui courent, les voitures.
– C'est pour photographier les grèves ton truc...

Tous les déserts sont habités.
– Eh ben, tant mieux pour eux !

Vous posez un avion par terre, tout de suite ça attire les autres avions.

Les animaux n'ont pas de dernier soupir, sauf le cheval.

La société la mieux organisée, c'est le plateau de fruits de mer.

... dans tout notre quartier, on est tous pareils, on est fiers d'être du quartier.

... de loin.

Sa boucherie, c'est un zoo à monter soi-même...

L'Amérique n'a pas d'histoire.
– Deux cents ans.
– C'est rien.
– Ils ont vite fabriqué leur pays.
– Oui mais et le Moyen Âge, les guerres de religion, la Renaissance, la préhistoire...

Le croissant au beurre, ça me va directement dans les cuisses.

Faut déclarer la Corse réserve meurtrière !

Le Sylphide, c'est une espèce de beurre féminin.

Le travail n'a plus de valeur, c'est pour ça qu'il y a le retour du bricolage.

... C'est vrai, c'est pas gras le confit, comme ils disent dans le film.

... merde alors !

Ça se voit pas que t'es intelligent.
– Je m'en fous, ça se voit sur personne.

J'ai de très bonnes relations avec tout le voisinage et même avec certains...
– ?
– Des...
– ?
– Comme mon sac...
– ?
– Comme le café... des... des Noirs...

... Pareil que pour les montres à quartz, moi Internet j'attends.

Nous les jeunes on travaille pour les vieux mais en contrepartie le travail des vieux c'est de s'occuper de mourir de vieillesse et comme ça, nous, on a pas à s'occuper de ça, pour l'instant.

Les petits rideaux, dans la cuisine et les gros rideaux, dans le salon, c'est militaire chez nous.

Premièrement, en mer, faut pas être malade.

L'ordinateur de bord, l'autoradio, la boîte à gants, et où on va mettre les jambes à force ? !

Cent vingt ans de vie, ça lui fait combien de milliards de morts autour d'elle à cette bonne femme ?
– Elle fête ses cent vingt-deux ans.

Il est mort.
– Décédé.
– Exact la nuance, c'est vrai qu'il était plein de fric.

La vie, faut que ça s'arrête, sinon ça ne s'arrête pas et c'est comme la mort.

Je mange pas chinois, c'est pas pour parler anglais.

L'homme a de moins en moins de spermatozoïdes, après faut pas s'étonner qu'on supprime l'armée.

Plus de boulot.
– Plus d'armée.
– On peut plus faire grève, on peut plus déserter.
– Ils ont tué l'indiscipline.

Sur les manèges t'as plus les cochons, t'as que des fusées.
– Square des Batignolles, t'as les cochons.
– Oui, mais dans quel état aussi... faut voir comment ils entretiennent les fusées et comment ils laissent les cochons.
– Un cochon, t'as rien à faire dedans comme entretien.
– Faudra pas venir pleurer sur les cochons qui se dévissent, d'ailleurs ils les laissent se rouiller exprès pour les changer de toute façon les gosses montent que dans les fusées.
– Si les gosses aiment que les fusées, après tout, c'est normal de laisser tomber les cochons.
– Ah non ! il faut entretenir à égalité par respect pour le manège, les gosses plus tard remonteront sur le cochon, quand la mode idiote sera passée, ils seront bien contents d'en trouver...

La couleur des blés, elle est pas aux poètes, elle est aux paysans...

Le meilleur fusil pour tuer le temps c'est le chat.

La molécule, si ça c'est pas du branlage de mouche !

Il y en a tellement des gènes, tellement...

Les gens heureux les gens malheureux, c'est pas la peine de leur mettre des pancartes, le lendemain ça a changé tu sais plus qui est quoi...

En leur nourrissant un globule rouge sur deux, tu économises un repas par jour et tu peux sauver plein de petits Noirs en attendant mieux.

Quand est-ce que vous venez manger à la maison ?
– J'ai pas fini ma bière.
– Non mais un jour...

Tuer un autiste c'est rien, c'est comme si tu marches sur un champignon.
– Sans l'armée, on va en faire quoi des casernes ?
– Des HLM.
– On prend vraiment les pauvres pour des cons.
– Tuer un autiste...
– Tu nous fais chier avec tes autistes... qu'est-ce qu'il a avec ses autistes aujourd'hui ? T'as mangé un autiste ?

Il est tout le temps affalé sur le canapé devant la télé ! À seize ans, il a déjà sa rigidité cadavérique.

... le tiers monde, ils meurent, ils meurent, ils ne savent faire que ça. Un cimetière d'un hectare rapporte plus à une commune que la même superficie en blé mais on va quand même pas planter des morts, non...

On est obligé de reconnaître que c'est macho comme milieu les analyses de pisse, c'est que des femmes qui trempent les petits buvards.

Plus t'es petit et plus tu respires de la pollution, Chirac qui fait presque deux mètres, il s'en fout pas mal, c'est pour ça qu'il nous faudrait un nain comme président.

Pour opérer du ventre ils pourraient passer par le cul, ça éviterait bien des problèmes de recousure.

Le violeur était un bon père de famille.
– Les bons pères de famille, faut s'en méfier, c'est eux qui couchent les gosses.

Les danseurs classiques qui dansent pour leur plaisir, c'est les mêmes que tu retrouves à poil sur leur balcon le matin.

... la neige, en ville, ça nous complique plus qu'autre chose, à la campagne c'est joli mais en ville pour rouler, ça nous complique, regardez comment la neige reste, regardez, personne ne l'enlève, c'est entre les mains des Juifs, je n'ai rien contre, au contraire, mais les journalistes de la télé, de la radio, tous les hommes politiques sont financés par eux, je paye mes redevances, comme tout le monde, je ne suis pas contre eux, c'est même une race supérieure à nous, regardez comme ils sont à la télévision aux informations, ce sont eux les plus grands journalistes de métier, ils ont fait renvoyer tous les Arabes d'ailleurs des postes de commande, je vous parlais de la neige et voilà, on en revient à parler d'eux, une fois de plus...

Souvent je mets la robe rose parce qu'elle est fantaisie mais c'est quand même pas un drame, et il me traite de déguisée en capote ! Il aime pas quand je suis belle, quand je suis belle il me traite d'étrangère !

Suicidaire mais en buvant des bons produits, ça peut durer trente ans !

Ça se voit facilement quand le sportif est dopé, il gagne plein de fric.

La gendarmerie, c'est le même bleu que votre plafond.
– Je regarde jamais le plafond, pas le temps monsieur.
– Je vous le dis.

Ce que je préfère aux Restos du cœur, c'est la viande hachée.

Ils arrêtent les voitures en pleine nuit, non mais vous m'entendez, en pleine nuit, non mais ils ne dorment jamais les gendarmes, heureusement, une chance, j'étais au lit.

Le cyber-sexe, tu te fous une lampe de poche au bout de la bite, c'est pareil.

Ni bonjour quand je rentre dans l'immeuble ni au revoir quand je m'en vais, ce gardien, je vous jure, un mérou serait plus poli.

Le mérou, c'est le poisson le plus poli.

Tu as le droit de dormir dans ton propre escalier si tu es locataire depuis plus de cinq ans.
– Où t'es allé chercher ces droits du locataire ?
– Je le sais.

T'avais un coup dans les carreaux.
– Moi ? C'est pas mon style.

Les traîneaux à chiens, ils leur mettent de l'essence dans les boulettes.

Le Danois qui a un cancer du fumeur, tu le bouffes comme du hareng.

Le reflet du château sur l'eau,

Allez hop... tabac, loto, boulot.

Monsieur Lazare a besoin de ses chaises, alors tu les rends !

Il a bu, il est parti sans payer.
– Ça arrive, des fois on y pense pas.
– C'est la deuxième fois, attention, et ça n'est pas un acte isolé, son fils pareil !

Les pauvres, je les reconnais, ils ont un peigne dans la poche.

Le PSG, ils sont trop nourris.

Un oiseau qui fait bien carnaval, c'est le dindon.

Le thé dansant, c'est souvent thé bandant.

Internet, c'est le même réseau que dans le cerveau mais mondial... comme des cerveaux partout attachés entre eux...
– C'est la ronde des abats ton truc.

C'est un caméléon ce mec, je bois, il boit.

Vermeer, c'est joli, ça sent pas la peste comme peinture.

si tu sais décoller ça,

... il est sous l'empire de l'alcool, c'est l'empereur comme on l'appelle.

tu vends ça.

Ça sent bon, ça donne faim.
– C'est le pouvoir des odeurs, madame.

Ils ont l'air fin cette tribu avec leur zizi dans un tuyau d'arrosage !

La France, c'est un pays de nudistes.

On ne peut pas intéresser des mômes à la lecture avec du Maupassant.
– Maupassant, c'est pas d'hier en attendant.

Ça doit sentir bon un P.-D.G de brasserie.

On te retire de sous l'avalanche pour te mettre dans la terre ! je vois pas l'avantage, enseveli, c'est plus joli que enterré et en plus enterré, c'est payant.

J'ai quatre vrais amis que je compte sur les doigts de la main, et le pouce... je sais pas qui c'est.

Y a des cons partout, et y a des gens extraordinaires partout.
– Duras, j'en ai lu et puis après j'en ai plus lu, maintenant qu'elle est morte je vais peut-être en relire et après, j'en lirai plus, c'est comme ça que j'ai toujours fait avec Duras...
– Elle, elle est bien, sans plus.

Les scientifiques ont souvent rien qu'un petit pois dans la tronche, ils ne voient pas plus loin que le bout de leur nez.

On peut mettre beaucoup plus de choses dans l'espace que dans le temps, question place.

On piétine, on piétine, j'ai horreur de ça moi...

Je vais arrêter de mettre des croquettes pour les chats du quartier, l'hiver est fini, je ferme, comme les Restos du cœur.

J'ai pas pesé mes tomates, il a fallu que je refasse TOUTE la queue.
– On vieillit on se demande comment.

En Chine, y a pas les droits de l'homme et ça les empêche pas d'être des milliards...
– Moins t'as les droits de l'homme, plus t'as d'hommes, c'est recta.

Le cinéma français marche très bien en ce moment, surtout le comique, les gens ont envie de rire parce que c'est la crise.
– Se cacher dans le noir pour rire, alors là vous avez raison, ça sent la crise.

Flaubert, c'est une espèce de Depardieu en fait.

T'as dormi ?
– Quand ?
– Hier.
– Hier quand ?
– Hier soir.
– Putain, l'interrogatoire...

Les troubles du langage, pfu, tu te tais c'est soigné, qu'est-ce que tu vas dépenser des milliers de francs chez l'orthophoniste pour que le gamin il arrive à dire des mots que personne écoute.

Le dernier des cons, quand il rêve de cul il rêve d'une porte qui s'ouvre et toi, non ?
– Quand je rêve de cul, je rêve de cul.
– Un psychanalyste comprendrait rien à tes rêves.

J'ai le temps d'en boire une autre pendant que ma tache elle sèche, je peux pas sortir comme ça, on dirait que je m'ai pissé dessus...

La pluie, ça la fait friser comme une dictée à virgules...

T'es bien rentré ? – Je suis pas rentré alors que j'étais parti pour un jus de tomate...

... **J**e t'en pose des questions moi...

Mon chien est mort et il était plus intelligent que toi !

Trouve un système anti-buée pour les lunettes et tu vas gagner du pognon !

***C**e sont des monstres.*
– Qui ?
– Je finis mon apéro et je téléphone... ben les Grecs !
– Mais non, on boira l'apéro là-bas et tu téléphones de là-bas.
– Je téléphone.
– Tu téléphoneras de là-bas, c'est un café où y a le téléphone bordel, t'es con ou quoi ? !
– Ici aussi y a le téléphone.
– Ici aussi mais là-bas aussi.
– Bon... d'accord... je téléphone de là-bas.
– Attends, on en boit encore un ici, il est urgent ton coup de téléphone et d'abord t'appelles qui ?

Fais une bise à ta mère, fais-la la bise, il aime pas sa mère, celui-là pour qu'il embrasse sa mère, il faut qu'elle se roule dans le sucre.

Le magnat de la presse, si tu lui achètes pas son journal, c'est le magnat de mon cul, moi je suis plus magnat que lui si j'achète pas son truc, il vient me manger dans la main le magnat !

Un Chinois sur deux est un vélo, même couleur, bleu, avec des roues.

***T**oute la nuit il se tape des morues et le matin il est frais comme un gardon...*
– Mieux vaut rentrer sur trois pattes que sur quatre...

... **C**omme on dit...

***L**a plus grande puissance à venir, c'est la Chine.*
– La Chine, c'est pas les plus cons.

Les fax, ça a la même lumière verte que les vers luisants.

... je laisse les clefs du taxi sur le comptoir quand je vais aux toilettes, j'ai confiance, si on a pas confiance alors c'est la fin de tout, je vais aux toilettes, je ressors de là-dedans comme un lion, ils les cachent alors une fois sous la piste de 421, une fois sous les journaux, c'est une chose que je ne ferais pas, je ne fais pas aux autres ce que je n'aime pas qu'on me fasse, les clefs des autres, je n'y touche pas, je sors des toilettes comme un lion, alors là faut pas me parler, on ne joue pas avec les clefs d'un véhicule surtout quand ledit véhicule est un outil de travail...

Il est énervé en ce moment.
– Il ne boit plus, il ne prend que des cuites de temps en temps.

Les poules très cons, on les mange quand même, d'ailleurs on ne mange que celles-là, parce que les poules intelligentes genre poules d'eau, personne en mange, et pour cause, ça ne s'élève pas, et comme on mange que ce qui ne s'envole pas quand on ouvre la porte...

J'ai repiqué mes poireaux, résultat, ça a fait venir le soleil.

Tout l'après-midi je me suis marché sur le pied, c'est pour ça que je pouvais pas partir.

Le tendron, c'est quel morceau dans le veau ?
–?
– Le tendron.
– Le tendron, c'est un morceau dans le veau.
– Dedans, je me doute bien que c'est pas un morceau à côté du veau, mais où ?
– Dedans le veau, monsieur.
– C'est pas grave.

Je m'en fous que les jeunes se droguent mais attention, le lendemain, à l'heure au boulot, sinon c'est trop facile !

... Si les cons volaient, tu... même pas, tu t'envolerais pas tellement t'es con.

... le bébé tout fripé, un pruneau d'Agen, comme une vieille qui naît, j'ai dit qu'il était jeune comme bébé, j'ai été pris au dépourvu.
– Quand le bébé est très laid, on ne sait pas quoi dire.
– On ne peut pas se taire, tout le monde demande.
– Remarquez, quand personne demande c'est que là, vraiment, il est vraiment laid.
– Eh oui...
– Eh oui...

Regarde-la, elle a encore un enfant dans le ventre celle-là, elle doit être enceinte encore celle-là...

Le plus garde-à-vous, c'est l'asperge.

Il s'est fait tomber le ciment sur le pied, je le surveillais du coin de l'œil, il rêvassait le môme, il attendait que ça sèche.
– C'est difficile de trouver un bon stagiaire.

Le progrès ? Quel progrès ? On mange, on dort, on a toujours des maladies ! Quel progrès ?
– Et les avions ?
– Dans les avions, on mange, on dort, on a toujours des maladies, tu parles d'un progrès !

T'es à la Caisse d'Épargne ? Oui ? Alors que tu le veuilles ou non, t'es de l'écureuil.

C'est une rue très réaliste, avec tous ses magasins d'alimentation.

Un bon torticolis, tu peux

Chaud derrière !

Fils de saoul !

Par ici la monnaie !

On est tous des superflus.

Je suis pestiféré ? !

Lève tes pieds qu'on rentre à la maison !

Il buvait cinq litres par jour, même l'été.
– L'été, il y a la circonstance météorologique.

Il ne faut pas plaisanter avec le genou !

Venise, c'est la capitale de l'humidité.

La mondialisation dans notre village ça ferait du bien, y a rien, le dimanche c'est chacun chez soi.

pas te torcher.

… pousse-toi ! Il a des coudes d'avion celui-là…

Maintenant, les faux billets, les fausses pièces, ils les fabriquent en même temps que les vraies, même si ça se trouve au même endroit.
– Moi je m'en fous du vrai ou du faux, du moment qu'on me le prend, par exemple, j'ai un bout d'intestin qui est faux, et alors, tu vois une différence toi.

On a trouvé plein de fossiles sur le chemin là-haut, c'est un chemin qui date pas d'hier ce chemin.
– Ce chemin, c'est une ancienne montagne.

Tu respires pas une fois dans ta vie et après tu arrêtes, tu respires tout le temps, eh ben la poésie c'est pareil, soit c'est oui partout tout le temps, soit c'est non jamais.
– C'est l'usine ta poésie.

… il finira par s'électrocuter cet électricien, il a tout le temps la goutte au nez.

Servie avec de la viande folle, la frite paraît très intelligente...

... le fou aussi, c'est de la viande.

Les vaches sont tombées malades en mangeant du mouton, comme quoi c'est plutôt le mouton qu'y faut pas manger, quand ta femme est malade avec les fruits de mer tu fous pas ta femme dehors, tu jettes les fruits de mer, de toute façon c'est pas possible que les vaches deviennent énormes en mangeant que de l'herbe, en mangeant que de la salade, on maigrit.

À la maison on mange du porc parce que le porc on sait avec quoi c'est fait.

Si vous prenez une viande bien tendre, vous n'avez pas de risque de tomber sur une vache folle puisque le nerf de la viande ne sert qu'à ça, à la transmission du chose... plus la viande a des nerfs, plus il faut se méfier du chose.

Manger du bœuf, quand t'es un gros con c'est du cannibalisme.

On a trop de viande en stock, en inoculant le microbe, les Anglais vont faire rembourser l'abattage de viande qu'ils auraient pas vendue si elle était saine, tout ça c'est magouille et compagnie, le microbe n'y est pour rien, le microbe au final, il est pro-anglais, c'est un microbe qui fait de la politique, c'est le même principe que l'aspirine, tu en achèterais de l'aspirine si tu étais pas malade, la maladie est un moteur à la consommation, mais bien sûr, comme le rhume et le grog, mais bien sûr voyons.

– Le rince-cochon du lendemain.

– Exactement, en plus dedans, y a le mot cochon comme dans vache.

La viande tendre, c'est de la viande qui a été heureuse.

... en fait, c'est comme une petite corrida, la vache folle attaque l'homme mais l'arène est grande comme une assiette.

Moi, j'ai un copain boucher, il est tellement beau que dans sa boucherie on dirait que c'est lui la viande.

La viande, ça ramène plein de toxines, sauf le coq au vin qui ramène plein de copains...

Abattre quatre millions de vaches, même folles, c'est monstrueux, elles feraient de très bonnes débroussailleuses.
– Quand on voit ce que buvaient les cantonniers, ça peut pas être pire.

Dans tout le tas des vaches contaminées, y en a bien une ou deux qui font semblant pour pas qu'on les mange.
– C'est humain.

La viande à manger, de toute façon, ça n'est pas bon, c'est de la vie morte.

... C'est le bon moment pour aller se promener en Angleterre, parce que si ils abattent quatre millions de vaches anglaises, ça va en faire des prés où on marchera pas dans les bouses.

La vache anglaise est folle, mais de toute façon, une vache qui est anglaise, c'est pas tout à fait normal.
– Anglais, français, pour moi, tous les biftecks méritent de vivre.

On mangerait directement les vétérinaires, on aurait moins d'ennuis.

La viande la plus folle, en ce moment, c'est le Corse.

... en salant bien la vache folle, vous éliminez les risques comme avec la morue...

Ce qui est joli chez la vache, c'est les cornes, tu lui enlèves ses cornes, on dirait une camionnette en train de rouiller dans le pré.

Les vaches anglaises sont devenues plus célèbres que les Beatles...

On creuse notre tombe avec notre fourchette et à la fin on prend la cuillère.

Le microbe se met dans la viande, et quand il est dans la viande il conduit la vache n'importe comment.
– Quand j'ai bu, vous me ferez pas conduire une vache.

... C'est une folie, mais c'est une folie qui n'est pas une folie comme on comprend la folie, c'est pas la même folie que l'homme, c'est une folie normale en fait.

Même si on les mange pas, on a qu'à en faire des cartables.
– Elles vont êtres belles les notes.

Les vaches folles, tu parles, et de toute façon, la viande est toujours folle, c'est comme ça qu'elle vit.

On les tue, on les empaille et on les met sur les pelouses des grandes cités... décoration !
– Pour que les jeunes foncent dessus, tu parles.

On élèverait pas les vaches folles, elles seraient moins cons.

Je veux pas faire des gosses pour pas les ajouter à ce monde pourri !

Il faut manger des légumes, on a jamais vu un légume avec de la fièvre.

Les Américains pensent qu'au fric, ils se font des électrocardiogrammes pour trouver du pétrole.

Si les vaches étaient minuscules et couraient sur les murs comme des araignées on en mangerait pas, je vois pas pourquoi on les mange alors qu'elles pèsent la moitié d'une tonne et qu'on mangerait pas des araignées d'une tonne !

À la charcuterie, aucune viande n'est malade, mais attention, faut voir comment c'est propre.

... je comprends les femmes des fois.

On est trop nombreux sur terre, faudrait tirer les rallonges.
– Le million ! Le million ! Le million !
– Zéro.
– L'enculé ! L'enculé ! L'enculé !
– Il devient quoi Franck Fernandel ?
– Quatre grammes, sur l'autoroute.

Il achète son Millionnaire ici et il va le gratter dans une église... remarque à la limite, si il gagne...
– Au Tibet, ils sont croyants, et même trop.
– C'est pas un Tibétain.
– Un Japonais, c'est pareil.

Cent chaînes de télé, moi je les regarde.

Une cloche de dix tonnes ne joue qu'une seule note, moi dans les clochers j'aurais mis des harmonicas.

Les droits de l'homme, tu parles d'une connerie, on est même pas capable de prendre un nègre en stop !

Bernard Pons !
Bernard Pons !
Bernard Pons !

... elle est à l'écouteur, je te la passe.
– Allô maman, on téléphone d'en face La Poste.
... de La Poste.
– Allô maman, on téléphone de La Poste en face.
... fffffff...

Le cinéma, j'aime ça quand il est bon.

Je mange cent grammes de cheval tous les quinze jours avec une feuille de laitue, c'est pas la peine de tuer un cheval pour moi, c'est pas la peine non plus d'arracher la salade.

Dis donc, t'es virtuel au boulot toi en ce moment !

Ben ? T'étais où ? Et le camion ? Et les meubles ?

Et Gilbert ?

J'ai été enlevé par des extraterrestres.

Plus t'as d'hommes et moins t'as de droits de l'homme, ça, c'est couru d'avance.

Pour voir une petite fille en Chine, faut creuser avec une pelle.

On vend des avions aux Chinois, et après on se plaindra qu'ils volent tout partout comme des moustiques.

Le nucléaire, en attendant ça nous a permis la radio des poumons.

À Tchernobyl les enfants naissent avec quatre bras, c'est bien, ça leur fait des travailleurs qui ont pas beaucoup de bouches.

Les fuites nucléaires, ça donne des nuages radioactifs alors que les fuites solaires, ça donne rien que du beau temps.

Derrière le Loto, t'as pas un miracle de l'Église qui tient le coup.

La clef de la bonne santé, c'est le yaourt.

J'avais laissé un bout de jambon dans la grange, il était tout plein de crottes de souris, vous saviez que les souris étaient carnivores ?
– Ça mange les oreilles des petits enfants, ça peut bien manger du jambon.

Le chocolat, j'en mange, et regardez, je suis grosse.

Le chocolat aussi, c'est une drogue, à haute dose.

C'est pas seulement l'alcoolisme si je vais au café tout le temps, c'est ma nature profonde.

L'apéritif est mauvais conseiller.
– Quand je suis bourré, j'écoute personne.

Tous les ans j'arrive au boulot avec une heure de retard, jamais je me suis fait engueuler, j'espère qu'ils vont le garder le changement d'horaire...

Giscard, tu le piétines, il lui sort du dentifrice du cul.

... il y a un esprit jazz.

Quand on se tait, c'est pas la même façon de penser.

... deux arbres avec des feuilles sur l'avenue Paul Riquet, et les autres ils ont pas de feuilles, pourquoi qu'il y a que deux arbres avec des feuilles et les autres non, sur l'avenue Paul Riquet ?

Tapie, plus il a des emmerdes, plus il est à la mode, c'est un peu style Jésus comme mec.

C'est pas de la rillette ça ! Voleur !

Avec les télés numériques, y aura tellement de présentateurs qu'on leur mettra un numéro à la place du nom...
– Ils veulent nous inonder d'images, c'est ça qu'ils veulent.

... il a beau dépenser cinq milliards par an, il aura toujours une mâchoire de pauvre le mec Tapie.

... les Chinois, c'est jaune et bleu comme les casquettes Ricard.

... les Chinois, c'est des Japonais de la campagne, en fait...

Avec Chirac, on aurait vendu des locomotives pour amener les Juifs dans les camps, d'ailleurs on en a vendu.
– Si on devait faire du commerce qu'avec les démocraties, on boirait même plus de vin corse.

Te gratte pas la bite au soleil, ils vont t'envoyer un sac de riz.

... le Chinois finira qu'il sera une sorte d'Arabe.

... en Chine, t'as que des rizières, et c'est pour ça que le Chinois mange du riz.

... les Chinois sont tous habillés pareil, après la piscine, personne sait reconnaître son slip.

... avec leurs yeux, ils peuvent pas voir en haut, ils peuvent pas voir en bas, ils voient qu'au milieu.

Sur un milliard de Chinois, t'as pas un seul Noir.
– Sur un milliard de Noirs, t'as pas non plus un seul Chinois.

... On serait un milliard de Français, y aurait pas non plus des droits pour tout le monde.

Les Chinois, ils ont juste le droit d'être un milliard mais c'est déjà énorme comme droit.

Les droits de l'homme ça marche surtout pour les tyrans, c'est des hommes et ils ont tous les droits.
– Fais-moi gagner au Loto, tu vas voir comment les droits de l'homme je m'en fous !

C'est un tyran.
– Mais non, les tyrans sont barbus.

L'Amérique, d'accord, la Chine, admettons, mais l'Afrique...

Je comprendrai JAMAIS pourquoi les gens se garent mal.

Un demi !
– Oh dis donc, t'es en reprise toi.

Sur l'affiche du cirque y a un éléphant, mais comme il n'y a qu'une petite camionnette, je sais pas où ils l'ont mis leur éléphant ?
– Tapie, c'est un ver de terre, tu le coupes en deux, t'as deux vers de terre.
– Tu sais où ils l'ont mis leur éléphant ?
– Il est pas plus pourri que les autres.
– Je sais, mais lui, il a chargé la mule !
– Tous pourris.
– Ils en ont pas d'éléphant ! C'est de l'arnaque !
– Une de plus.
– D'un côté ils construisent une cathédrale à Évry et d'un autre côté ils virent les pauvres d'une église, comme quoi les églises, c'est pas fait pour les pauvres.
– Vous croyez en Dieu vous ?
– Non, mais je croyais un peu dans les églises tout de même.

Dé-shabillez-moi !

Un Ricard, vite, je suis sur la réserve.

Enlève tes lunettes !

... Moi, je prendrais pas un psy qui a des gosses...

Si on pouvait s'en passer de la voiture, j'en aurais pas.

Tu me croiras pas ! J'ai vu une abeille sur une crotte d'oie, et ça le miel de crotte, on nous le dit pas.

L'intellectuel, il parle, il parle, mais à la fin, c'est rien qu'une bouche à nourrir.

... moi par exemple, je regarde la télé depuis que je suis gamin et je suis toujours aussi con, alors soixante-dix chaînes, je vois pas ce que ça va changer... pour moi je parle...

La bière, ça fait pisser, c'est ça qui est bon pour le corps.
– Dans le Nord, ils sont très polis, on le voit dès la gare.

On mange à six heures moins le quart, à huit heures on est au lit, c'est pas nous qu'on aura un accident à neuf heures.

... moi je crois qu'une fois pour toutes, il faudrait faire des enfants qui ne vieillissent pas.

La télé, c'est pognon pour ceux qui la font et poussière pour ceux qui la regardent.

Pour un tueur fou c'est minimum dix morts, à deux-trois morts faut pas te croire tueur fou !

Elle est enceinte et elle travaille, normalement le patron doit aussi payer les huit heures du bébé.

... je dis bien, normalement.

... Si tout était normal.

... mais qu'est-ce qui est normal ?

... C'est le bordel partout.

... C'est les bonnes femmes qui ont tué le féminisme.

... l'Islam, je ne connais pas bien, j'ai peur de dire des bêtises.

Ils pondent les vôtres ?
– Ah oui ils pondent les miens.

La confiture le matin, c'est le début de l'affection.

Une voiture, si tu t'en sers pas, ça revient cher.

Depuis son accident il n'est pas sorti du coma, en tous les cas pas quand on est là.

Ils auraient dû leur donner un bout de l'Allemagne aux Juifs plutôt que les mettre au milieu des Arabes.

Les grands-parents, ma mère, mon mari et moi sommes restés très jeunes malgré que notre fils et notre petit-fils soient morts...
– Hein ?

C'est la terre qui tourne, alors que ça serait plus facile d'allumer ou seulement d'éteindre les lumières.
– On le fait déjà.

J'ai la bite dans une cage d'écureuil en ce moment...

La retraite, je serai mort avant.
– Un de moins !

... le mal au dos, il ne faut pas en faire une religion.

... Je suis un historien de l'alcool plus qu'un alcoolique...

En irlandais, tout est beau, tu dis carottes râpées en irlandais, je pleure.

Quatre-vingts ans, il se marie avec une jeune de trente ans !
– Trente ans, c'est pas si jeune que ça.

Si t'as pas envie de mourir, tu meurs pas, mais le malheur c'est qu'un jour c'est obligé t'as envie ...
– C'est biologique, la mort, c'est inscrit.
– C'est l'envie qui est marquée biologiquement, l'envie.
– Mais non.
– Mais si... t'as jamais eu envie ?
– Tout le monde a envie des fois.
– T'as eu envie ? Alors tu l'as dans le cul mon pote.

C'est quand même grâce

... du jamais vu depuis 1953 !

... qu'il est con.

Ils annoncent une sécheresse pire que celle de 76, là où j'étais ce week-end, il a pas plu depuis quatre mois.
– Ben ? Et tes cheveux mouillés ?
– Là c'est pas pareil, je viens de la douche.

La pluie ne s'infiltre pas dans le sol, elle ruisselle et c'est tout.
– Boire, c'est la seule chose que la terre fait moins bien que le terrien.

Il n'y a plus d'intellectuels, avant j'en voyais qui passaient sur le marché à distribuer des tracts, maintenant j'en vois plus mais ça va pas manquer, ils achetaient rien.

Il pète sans dire que c'est lui comme les ventriloques.

... la radio, vous savez, dans la cuisine quand j'épluche j'écoute d'un œil.

Picasso, tout Picasso qu'il était, il signait comme tout le monde en bas à droite.

La télévision, ça leur enlève la cervelle aux jeunes.

La retraite, plus on cotise, moins on touche, si ça continue, on nous fera vieillir gratuitement...

C'est le même système que la photosynthèse, les paupières font de la vitamine.

... des moines trappistes, ça s'égorge pas, ça se décapsule.

... toutes les pouffiasses de la météo essaient de faire des disques, toutes...

au racisme qu'on est blanc !

Tu penses à ta retraite toi ?
– Je pense qu'à ça.
– T'es jeune, t'as raison, moi c'est déjà trop tard.

Je suis érémiste, mais autrement je suis ébéniste, c'est presque pareil.

... la télé, je la regarde presque jamais, moi je préfère me promener, à la place de la chaîne de télé j'ai choisi la laisse du chien...

Du Internet, j'en veux pas chez moi !

... Pour se faire rembourser des suppositoires, faut pas être bien fière !

L'abbé Pierre, il est vieux, il ne sait plus ce qu'il dit.
– Je regrette mais il est moins vieux que Jeanne Calment, et Jeanne Calment, elle est pas nazie.

L'abbé Pierre, c'est parce qu'il a plus sa tête et Brigitte Bardot, c'est parce qu'elle a plus son cul.

Les vieux, plus ils perdent leurs neurones et plus ils cherchent leur porte-monnaie...

Elle rentre complètement bourrée et tu sais l'excuse, elle me dit que la femme du commandant Cousteau elle fait pareil.
– J'ai vu une fois, sur la Calypso, *ils font de la musique.*

Les radars se confondent avec la végétation, comment voulez-vous les repérer, les gendarmes se croient au Vietnam !

... moi j'ai le fusil au pied du lit...

Un défi à l'équilibre qu'il faut avoir vu c'est les motards de la police.

Quand j'ai un Bernard et un André dans l'équipe, ça finit toujours mal, jamais un André et un Bernard en même temps sur le chantier.

Il est arrivé troisième du concours de Bassou avec cent quatre-vingts escargots, avant il avait mangé une belle salade, la salade, ça appelle l'escargot.

Hitler, un truc qu'il a fait bien c'est les costumes.

Franchement, les émissions de télé qu'on regarde, elles sont tellement cons qu'on pourrait les faire...

Vous vous rendez compte, ils élèvent des moutons sur leur balcon !
– Pour une fois que des éleveurs demandent pas de subventions...

Les caricatures, je trouve que c'est exagéré.

L'humour, oui, mais à bonne dose.

... plus personne ne réfléchit.

Moi je donne rien à ces enfoirés de docteurs qui s'en mettent plein les poches, moi les organes je vends, et cher le kilo encore !

C'est la pollution de l'air qui fait piquer les yeux.
– La pollution de l'air plus le froid.
– Bien sûr, les deux... conjugués.
– En avion, la pollution ne se voit pas.
– Ça, c'est leur problème.

... Si tu glisses dessus, la fraise espagnole est aussi dangereuse que le bœuf anglais.

Y a un moment dans la vie où il faut ranger les verres.

Vous allez donner vos organes, vous ?
– Pourquoi ? Je suis trop grosse ?

Mon fils et moi on a la même mentalité, il fait cent six kilos.

L'enfer, c'est thermostat 58.

Même les conseils confort électrique, il ne les écoute pas !

Il était bien le policier hier.
– Je me demande pourquoi je l'ai regardé, dès le début, je savais que le juge était dans le coup.
– Elle, qu'est-ce qu'elle était mal coiffée, ça lui va pas sa nouvelle couleur de cheveux.
– C'est comme sa mère, je pouvais pas la voir, elle m'avait rien fait cette femme, mais qu'est-ce qu'elle était antipathique et son mari pas mieux, le chanteur.
– Y a deux beaux téléfilms ce soir.
– C'est quoi ?
– Je ne sais plus.

La justice, c'est que Dieu qui peut la rendre !
– Mais non.
– Que lui.
– Mais non, les dossiers sont trop compliqués maintenant.

Ils sortent de l'école sans savoir lire, sans savoir écrire, sans savoir compter, on se demande même comment ils trouvent la porte pour sortir !
– Le mien, il est en cinquième, deux fois par semaine il rentre bourré.

Une note de musique fonctionnaire, c'est *la*, tu l'as dans le téléphone.

... Plus il vieillit et plus il est bel homme ce policier.

La révolution Internet on reste assis, c'est la même révolution que quand on épluche les légumes.

Je suis la trompette de la mort pouët pouët !

Les Chinois sont tous pareils, on peut pas les reconnaître.

Valda y va plus, Crapaud y va plus, Cacahuète y va plus...
– Si Cacahuète y va plus, il a plus qu'à fermer.

Tous des vendus !

À Cannes, c'est une population de vieux et pendant le Festival, elle double.

C'est pas normal de se faire harceler par une concierge.
– Occupez-vous de vos oignons !

Je lui ai fait de l'agneau, il adore ça, mais là il en mangera pas, je lui ai mis dans une assiette blanche.

Quand on est ici, on peut pas imaginer que ailleurs, y a des guerres.
– C'est un gentil compliment monsieur Cabrol.

La fleur de pommier, c'est vraiment de la fleur à chapeau.

... il a quatre ans, il hurle, on le force à monter dans les manèges quand même, ça le durcit pour la vie plus tard, le pauvre, il pleure, il pleure, vous le verriez dans la chenille, c'est l'attraction pour tout le monde, on pourrait faire payer même !

... la ciboulette, ça c'est bon la ciboulette.

Ils ont repêché une voiture dans la rivière avec une femme dedans.
– Quand ? !
– Ce matin, les pompiers, avec une femme dedans.
– Quand on sait pas conduire, on reste à la maison...

... femme au volant, la mort au tournant.

PSG !

Trente mille francs.
– Une piscine à ce prix-là, c'est pour pisser dedans.

PSG !

… l'intelligence du cul c'est d'être derrière.

La grâce présidentielle, c'est un droit du président, il fait ce qu'il veut, il fait libérer qui il veut de prison sans rien demander à personne.
– Mitterrand s'en est jamais servi.
– Ah oui mais Mitterrand, il avait des couilles.

L'étonnement, je sais le faire, la joie, je sais la faire, si je veux, j'en fais de leur merde de cinéma, tu parles…

Vous n'êtes pas au courant ?
– Non.
– « Petit bite » a eu un accident !

Si ton bistrot y marche, c'est par la volonté d'une poignée d'hommes !

Des voiliers de plusieurs milliards chacun !
– Pour une personne solitaire, ben merde alors, moi je les fous tous sur le même bateau et le pognon je me le garde.
– C'est la transat en double ce coup-ci.
– En double, ben merde alors, moi je leur achète une table de ping-pong et le pognon je me le garde… ben merde alors.

À Auxerre on a moins d'argent qu'au PSG mais on a moins de nazis.

Concorde, il doit être garé quelque part à rouiller déjà…

On a sorti deux belles truites à la mouche, comme ça belles, mais belles… même les mouches elles ont pris la grosse tête.

… la dernière guerre, c'est un vrai roman d'aventures.

… il nous a très bien expliqué pour Jeanne d'Arc, c'est des cris de corbeaux.

… **a**ttendez qu'ils coupent toute la forêt amazonienne, vous allez voir le vent comme à La Défense.

… **V**a secouer la salade dans la tempête !

L'art contemporain, merci bien…

… **l**a danseuse étoile, elle a beau être étoile, elle danse pas toute la nuit.

Il faudrait que le train puisse sortir des rails et partir dans la campagne, ça serait des vrais vacances en train, suivre des rails on le fait déjà au travail.

***L**e dimanche, on ne sait jamais quoi faire.*
– Venez à la maison, nous non plus, on ne sait pas quoi faire.
– On va pas vous déranger ?
– Vous êtes pas les premières gens qui savent pas quoi faire qu'on reçoit, vous inquiétez pas.

Deux cents majorettes dans la rue, même si on n'aime pas, on est obligé d'aimer…

… **t**ous avec du goudron sur le maillot de bain… alors cette année on va à la montagne… mettez-vous à notre place aussi…

… **t**enez, rien que les subventions pour la culture, quel pognon gaspillé, déjà moi les cons qui dansent je les foutrais à l'armée, déjà.

… **u**ne bonne ruse, c'est de faire le tour.

… **l**a terre n'a pas le temps de se reposer, aussitôt on replante, on arrive à faire trois récoltes de blé par an, pour comparer, je vais chez le coiffeur deux fois dans l'année…

***S**i c'est pour sauver des gens, même toi, tu tortures.*
– C'est interdit.
– Pas pour sauver des gens, pour sauver des gens…
– C'est dans les conventions de Genève !
– Les Suisses, c'est eux qui blanchissent l'argent de la drogue, tu peux les croire ceux-là, tiens.

Les conventions de Genève, tu parles, c'est la ville du chocolat !

… nous, on est trop vieux pour faire un barbecue…

Le plus dur avec un enfant c'est de choisir le prénom.

En Afrique, on se rend compte qu'on est un être humain alors qu'à Paris on court on court, on a tendance à oublier.
– Vous y êtes restée combien de temps ?
– Deux semaines, c'est une vie tellement simple, ça suffit vous savez pour appréhender à peu près tout ce qui est appréhendable, on a même des photos de lions, il est libre votre téléphone ?
– Allez-y madame, attention la marche en bois, ici aussi c'est l'Afrique.
– ?
– Delaramée au tableau, tu t'en souviens ?
– Tu parles !
– Delaramée, dehors ! Delaramée, encore en retard ! Delaramée, faudra faire de la gymnastique, tu t'en souviens ?
– Le gros, bien.
– Delaramée, vous êtes trop gros pour faire les pompiers !
– Tu parles !
– Delaramée, pousse-toi ! Delaramée, paye ton coup, eh ben Delaramée, y s'est pendu.
– Meeeeeeeeeeerde...
– Oui.
– Meeeeeeeeeeerde...
– Le gros.
– Meeeeeeeeeeerde...

... On ne peut pas s'éloigner quand on attend une greffe.

Depuis qu'il a sa hanche en plastique, il va au bistrot en bas des marches !

Le temps va changer.
– Vous avez mal à votre os ?
– Non, ils l'ont dit à la télé.

Le gospel, les gros Noirs qui chantent, ils font pas pitié ceux-là.

Tu veux plus me servir ? D'accord... alors c'est la guerre !

... Vous pouvez le servir, il est sous ma houlette.

... **y** reste que les ploucs.

... à Cannes, y a plus aucune vedette, y a que les connards de la télé.

La grande époque de Cannes, c'était l'époque de Brigitte Bardot.
– Dans sa jeunesse.
– Oui, à ses débuts... à ses débuts...
– Catherine Deneuve, elle a trop travaillé dans sa vie... elle est vieille et fatiguée cette femme... et puis attention, elle a été mariée avec Gainsbourg ! ça n'aide pas, dans une vie... non, ça n'aide pas...
– C'est plus la grande époque.
– Ça nous rajeunit pas.
– Elles non plus !

... **t**out cet argent dépensé pour trois cons qui montent des marches, moi je leur foutrais une bombe.

Cannes, j'ai regardé l'ouverture, eh ben dites-moi, y avait personne de connu.

J'ai entendu le calcul ce matin à la radio, ça lui fait dix briques par jour à Delarue, dix briques par jour sept jours par semaine ! Il gagne un an de salaire de quelqu'un de normal par jour, et en une semaine ça lui fait presque dix ans de salaire de quelqu'un, dix années de travail, et en un mois il gagne trente ans de salaire, c'est presque une vie de salaire qu'il gagne en un mois, en trois mois presque cent ans, et ça fait quatre cents ans de salaire d'un ouvrier qu'il gagne en un an Delarue, quatre cents ans en un an ! Je le croise dans la rue, je vous jure, je lui crache au visage ! Je lui crache au visage à ce monsieur ! Il a pas intérêt à sortir je vous le dis ! Il a pas intérêt !

La moelle épinière se coince entre les vertèbres et ça fait mal, mais mal !
– Je mange très sain, je n'ai aucun surplus de moelle.
– Vous en avez de la chance.

J'ai vu personne aujourd'hui, j'ai vu que des merles.
– Vous prenez pas de calmants, vous.

Qu'est-ce que vous croyez... il sort plus...

J'aurai vu la disparition des opérettes...

Toute la journée devant l'écran de l'ordinateur, ce qui manque avec ces appareils, c'est de mâchouiller le crayon.

Les pédés danois ont le droit de se marier, ils sont plus en avance que nous socialement.
– Je vois pas le progrès d'avoir des pédés qui traversent les villages en klaxonnant.

Le système pénal français est bancal, monsieur, bancal !

J'ai une qualité, je ne pratique jamais la langue de bois.

Qui ?
– Frédéric Lodéon, le mec de France Inter, c'est un chef d'orchestre, il est violoncelliste comme dans la « Contrebasse ».

C'est électrique ?
– C'est un jeu électronique.
– Ah, parce que pour les gosses l'électricité, c'est dangereux.
– C'est de l'électronique, ils ne vont pas s'électroniquer puisque le jeu marche à piles.

Le cirque de Pékin, il en aura usé des femmes caoutchoucs.

... je sais pas mais depuis deux jours j'ai les cheveux plein d'électrons.

Ils mettent des ascenseurs qui vont vite pour qu'on dégueule son café et qu'on arrête d'aller à la machine à café, c'est pour dissuader, je le sais, dans la tour, c'est moi qui remets les cartouches de gobelets.

... j'appuie sur le bouton du poste, c'est la première chaîne qui s'allume, c'est bien, ça me suffit, je touche pas les autres boutons, c'est des coups à tout casser dans le poste...

La France n'est plus compétitive, et encore, on est que lundi.

Les arbres, c'est pas fait pour s'appuyer !

Même quand il dit rien ça fait pas le silence tellement il gueule tout le temps d'habitude.

... avec ce qu'on mange, si on finit en Alien faudra pas pleurer !

Elle a abandonné son gosse dès la naissance, tu parles d'un service après-vente.

... il rentre entre chien et loup, c'est même eux qui le raccompagnent.

... ils ont les nageoires carrées les poissons du canal.

Il est tout le temps fatigué.
– Vous avez essayé le coup de pied au cul ?

... il a perdu sa femme dans le chaos, il lui a lâché la main, plus rien, aux Galeries Lafayette.

Mon chien est certainement plus humain que beaucoup d'humains !
– C'est pas parce qu'il est humain que ça vous donne le droit de le faire pisser n'importe où !

Il était mort depuis huit mois dans son appartement HLM, personne s'est rendu compte de rien, personne lui parlait jamais, et personne a réclamé le loyer madame, personne, pendant huit mois il a rien payé et personne a rien réclamé, mais qu'est-ce qu'ils font aux HLM ?

... il me fait pipi au pied du fauteuil, alors je lui donne une fessée.

Le meilleur comédien français, cette année, c'est un mongolien.
– Ça ne m'étonne pas.

... C'est du cinéma vérité, pour un mongolien, on prend un mongolien, pour un Noir, on prend un Noir...

Jamais vu un mongolien noir, le mongolien est blanc par définition.

Le mongolien de Cannes, il faudrait écrire une histoire où il se marie avec la naine et ça fera un feuilleton pour la télé.

On est dix-neuvième à l'Eurovision, tout ça c'est à cause des essais nucléaires.

L'astrologue de la télé, il avait le sida, il le savait pas, vous parlez d'un astrologue...

Y *avait une muette qui avait eu un prix à Cannes, là c'est un mongolien, les friqués adorent les tordus.*
– C'est le seul truc un peu intéressant, aussi, par rapport...
– Intéressant ?
– Ça change un peu.

... J'aime bien le journal à lire parce que c'est du papier.

Djorkaeff, il était rien, on en fait une vedette et dès qu'il est une star, il s'en va à l'Inter de Milan, moi un mec comme ça, les deux pieds dans le ciment...

A*u PSG, ils aiment pas tellement les nègres.*
– Mais à la télé en général c'est comme ça.

... à Montmartre, on prend des facteurs de montagne, je dis on, mais c'est pas moi.

Un TGV contre du riz chinois, ils nous refilent toutes leurs merdes, on va avoir des tams-tams contre des centrales nucléaires et des boubous contre des avions, Chirac fait n'importe quoi, n'importe quoi !

Il faut être un animal pour tuer un prêtre, et encore, les chiens, ils leur mordent le cul, c'est tout, et encore, il faut qu'ils passent en vélo, et encore, en jouant la sonnette...

Ils les ont égorgés les prêtres !
– Ils l'avaient dit, ils l'ont fait, c'est pas des gens qui font de la politique comme nous, quand ils disent quelque chose, ils le font.

... ils ont tué tellement de monde les curés que sept morts chez eux, ça va pas me faire pleurer, au contraire !

Dans l'Islam, ils sont pas normaux.

... faudra que je lave les rideaux, y me salissent tout le soleil.

En bordure des déserts tu as ÇA de sable sous les meubles, ÇA !

... la forme des planètes tout ce qu'on découvrira ça sera rond, pour moi c'est déjà tout découvert tous ces ronds...

C'est des barbares !
– Tuer des prêtres sans défense, qui sont pauvres en plus franchement c'est honteux..
– C'est des barbares !
– La tête coupée à des vieux !
– Décapiter des prêtres... et en plus ils ont mélangé les têtes, il paraît.

Jésus, avec ses petits cheveux bouclés dans le cou, il fait fils de Dieu comme moi je fais fils de... de... de Marie, tiens.

... y a pas de livre bien cette année.

Je ne dis pas merci à Freud et à sa masturbation !

Einstein aussi, il avait pété les plombs.

Brahms, sans parler de sa musique pour pas faire chier, il buvait du vin blanc.

... la fin du Moyen Âge, c'est très actuel...

... Ce qu'il faudrait, c'est une révolution mentale.

L'essence à deux francs, ça serait un conte de fées.

... Une révolution mentale, les gens ne voudront jamais.

Le centre culturel, et d'une, je sais pas si c'est culturel au centre mais devant c'est plein de détritus et de deux, pourquoi la mairie leur donne des crédits alors que pour notre Confitures en fête, *ils n'ont rien donné, pas un sou pas un centime pas un franc !*
– La confiture, c'est pas culturel tellement.
– Comment ? Pas culturel la confiture ? Et qu'est-ce que vous faites de L'Histoire des confitures ? !

Les nègres, ils ont toujours plein de cuvettes en plastique.

Mais oui, c'est ça, allez, au lit.

Les hommes préhistoriques, tu leur foutais une télé dans la caverne, ils arrêtaient de faire du feu...

... ils étaient pas mieux que nous, les hommes préhistoriques.

Le meilleur moment de la vie, c'est le moins le quart de midi quand tu quittes le travail à midi pour manger.

Chaque fois qu'on parle faudra se mettre un timbre sur la langue pour sauver La Poste bientôt !

Moitié du caddie bière, moitié du caddie couches pour bébé.
– Ça a toujours bien marché ensemble l'alcool et les gosses.

Je suis malheureux mais je ne pleurerai pas, je me pleure dedans pour gêner personne.

Médecins du Monde, il faut être Noir et peser un gramme sinon ils vous regardent même pas.

Elle est infirmière.
– Infirmière ? Elle sent même pas l'éther.
– En psychiatrie.
– Ah bon, c'est pour ça qu'elle sent rien.

Le plus grosse réduction du temps de travail c'est pas le patron qui la fera, c'est la machine à café qui l'a déjà faite !
– Plus la cantine... faut pas oublier l'heure de cantine...

Sur leur calendrier tous les saints c'est des Saint-Con !

Avant, le jeune téléphonait dans la salle à manger devant les parents mais maintenant avec le téléphone sans fil...
– Tout ce qui est sans fil contre les parents, les jeunes adorent.

En voyage, je ramasse tout le pollen, alors je suis tout aussi bien à rester à la maison.

... en moto c'est toi qui es le plafond.

... au point où j'en suis.

Tout Arcueil a des poux !

Elle traite ses rosiers avec du produit à pucerons et après elle aligne ses gosses pour leur traiter la tête contre les poux, elle fait tout le monde avec le même produit, quand on a pas d'argent, on fait comme on peut.
– Et puis c'est bien finalement de traiter ses enfants comme les rosiers.
– Je sais pas si c'est bien, c'est comme ça.
– Les poux, c'est un genre de pucerons.
– Je sais pas si c'est un genre de pucerons, c'est comme ça... en tout cas, elle a des belles roses, je sais pas si les petits ont des bonnes notes, mais les rosiers ont des belles roses.

... C'est bien de vieillir, ça fait la peau des arbres.

Vous la laissez seule à son âge ?
– Elle est pas toute seule, c'est la télé qui me la garde.

Tuer un prêtre, je ne suis pas croyant mais là, y a de l'abus.
– L'Arabe a toujours été barbare, c'est sa culture qui veut ça, depuis la naissance on lui inculque la barbarie, que voulez-vous, un jour, ça ressort et tout le monde fait l'étonné !

L'Afrique, ça rapporte quoi, à part des ennuis ?

Ils avaient mis des cierges à brûler pour les prêtres et comme ils sont morts, ils les ont éteints hier.
– C'est pas la peine que ça brûle pour rien non plus...

... C'est des coups à devenir raciste... ou encore plus raciste, pour ceux qui sont déjà racistes... en tout cas c'est pas un coup à arrêter d'être raciste pour ceux qui sont racistes comme beaucoup de gens le sont... moi je ne suis pas tellement raciste mais franchement, je regrette.

... en attendant, c'est pas des pédés ceux qui ont fait ça.

L'Islam va gagner parce qu'ils y pensent tout le temps.

... il ne faut pas se cacher derrière son petit doigt.

… en vingt ans de conduite, j'ai eu quatre-vingt-dix accidents avec la même voiture, vous m'en ferez plus changer, je suis trop habitué à celle-là…

J'ai des réflexes au millième de seconde, c'est pour ça que j'écrase personne.

En tuant des moines les Arabes vont au paradis et les curés en se faisant égorger ils montent au paradis aussi, alors franchement je vois pas le problème… c'est des histoires entre eux… entre croyants… ça nous regarde pas… nous on pique une voiture et on va en taule… alors… les tribunes de Roland-Garros, je te foutrais ça au boulot, moi !

On va aller voir *Starmania*.

Des cons devant, des cons derrière, des cons partout, quarante-cinq kilomètres de bouchon !
– Au moins, c'est des vrais croyants ces gens-là, ils égorgent des prêtres alors que nous, on ne se lève même plus pour aller à la messe.
– L'Arabe est plus croyant que le Blanc, et ça continue, on le voit bien…
– On va aider les Noirs à Bangui mais est-ce que les Noirs viendront nous aider si on est en guerre ? ! Excusez, mais j'ai pas vu beaucoup de Noirs dans les films sur la Résistance.
– Gabin ou Signoret ou l'autre avec le chapeau…
– Quarante-cinq kilomètres de bouchon ! Remarquez, à côté de ce qui nous attend avec les Arabes, c'est rien.

Bernard-Henri Lévy, on l'appelle philosophe parce qu'il vit avec une pouffiasse et qu'il arrive à la supporter, c'est pour ça.
– Il faut de la philosophie pour une conne pareille !
– Elle est belle cette femme, je trouve.
– Les philosophes, ils ont toujours des pouffiasses, Marx, tout ça, ils se tapaient des boudins.
– Connais pas la femme de Marx.
– Toutes les Russes de l'époque, c'est des boudins.
– Maintenant avec la mafia russe elles sont belles, c'est des putes.
– La fin du Mur de Berlin, résultat les Russes, c'est des belles putes.
– À la limite c'est mieux.

Ce Mur de Berlin, c'était avant tout un énorme quiproquo…

J'aurais voulu être routier, pour manger le midi dans les routiers avec les autres routiers.

L'abbé Pierre s'est barré dans un monastère en Italie, ça serait tenu par des anciens de Mussolini que ça serait pas plus étonnant que ça.
– Mais laissez-le ce pauvre homme, même s'il est nazi c'est un nazi qui a fait plus de bien que pas mal d'autres gens d'en face, les terroristes et compagnie pour l'avortement !

La tendresse, c'est un muscle.

L'argent que l'alcool rapporte à l'État, c'est énorme, moi cette année rien qu'en picolant j'ai payé l'impôt sur la fortune !

Je suis pas tellement contente du beau temps vu qu'il est parti travailler avec ses chaussettes qui font suer.

L'abbé Pierre, il dit tout haut ce que le pape il pense tout bas... voilà tout.

L'abbé Pierre s'en va, Polnareff revient, finalement, on y gagne...

Ils jettent leur bébé dans la piscine et ils filment pour Vidéo-Gag, *ça fait gagner mille francs, même si t'en mets la moitié sur la caisse d'épargne du bébé, c'est salaud.*
– Tu le jettes tous les jours, n'empêche qu'à la fin du mois, ça te fait tes trois patates.
– Mais non, c'est qu'une fois, tu rêves toi ! À ce prix-là, tout le monde arrête de bosser...

... **l**a tanche, ça a la bouche qui fait la gueule, comme Béatrice Dalle.

... **l**a carpe miroir, les écailles, ça fait comme les Romains...

... **l**es tanches ont des bouches de demoiselles...

C'est gentil et ça fait de mal à personne un reportage sur les poissons rouges à la télé, eh bien, il n'y en a pas.
– Ou sur les écureuils.
– Ou sur les écureuils...

Y a un magicien qui passe au travers, pour dire comme la Muraille de Chine c'est pas si solide que ça non plus...

Moi, je me salis qu'une fois par an.

Bordeaux, le gâchis...
– Un club de foot dirigé par un bigleux, tu parles...

Maintenant y a beaucoup d'enfants qui meurent dans le sommeil, ça revient à la mode cette maladie-là.
– Avant, y avait pas tout ça.

Bordel ! Qui c'est qui m'a gribouillé les mots fléchés de Guy Brouty ? !

... moi ce que je fais à la batterie en restant carré, t'es halluciné.

... délire grave.

... je suis plutôt contretemps...

... y tape Hendrix, solo et tout, tu le verrais, t'es halluciné.

... les roulements que je fais, t'es halluciné.

... des paroles contre le gouvernement, de la folie grave, direct y rentre dedans la gueule des médias...
... il t'a des plans basse, à peine il arrive, à genoux, il est génial, les mains en or, la vitesse, tu suis pas...

... je me donne quatre ans pour sortir, d'ici l'an 2000, je peux, je fais les roulements des deux mains, mais c'est pas une battement connu de batterie, c'est que de l'inventif...

... grave...

... trois quarts de litre de whisky dans le gosier aussi, direct, halluciné, t'es...

Agassi, il joue comme moi quand j'ai trop bouffé.

Moi le mien s'endort avec la lumière, il a les paupières en bois.

Agassi, il a vendu son nom à Nike pour vous savez combien ? Cinquante milliards !
– Ça fait pas nom de chaussures...

La guerre, c'est pas propre, et moi qui suis un ancien militaire, je peux vous le dire, les militaires n'aiment pas la guerre.

Le mardi, je parle de philosophie.

... il a pas la bite dans sa poche, le gourou du Mandarom.

Voilà un franc, va t'acheter Thomson !

Les femmes qui font de la politique avec un chignon, moi je dis qu'elles seraient mieux à la maison !

Les gens qui sont joignables partout c'est toujours des connards.

... Je bois sporadique à cause du docteur.

Elkabbach fait un chèque à Delarue soi-disant pour la télé et Delarue lui refait un chèque en douce qu'il se met dans la poche un peu plus tard, mais si c'est ça, si je vous le dis, mais si, et il a raison Elkabbach de leur piquer leur fric, à la télé, c'est tous des enculés.
– C'est l'argent de la redevance, c'est notre argent après tout.
– Vous la payez la redevance, vous ?
– Non.
– Moi non plus, et c'est pas demain que je vais commencer, si ils envoient des inspecteurs, ils ont pas le droit de rentrer dans la maison pour vérifier si vous avez la télé, ils n'ont pas le droit de rentrer dans la maison, si je vous le dis, il faut qu'on voie la télé depuis le palier, et comme moi j'ai un couloir qui fait un coude, ils peuvent se mettre le doigt, les mecs.
– Nous on l'a dans la chambre.
– Vous êtes tranquille, ils ont encore moins le droit d'aller dans les chambres, on est pas à Moscou.

Un petit coup de blanc le matin, à la campagne, c'est presque obligatoire.

... je vois pas pourquoi l'abbé Pierre dit que c'est pas vrai les chambres à gaz des camps, puisque de toute façon c'est prouvé que les curés c'étaient les premiers à dénoncer les juifs pour qu'on les envoie dans les fours, alors, c'est pas logique non plus ça...

Ils lui auraient donné un million de francs par mois à Delarue si il avait été noir ? Certainement pas ! On est bien en France, y a pas d'erreur !
– À la télé y a pas de Noirs, c'est pas pour leur filer cent plaques.

Tchin !

J'ai marché dans une crotte

La prostate ou le côlon tout le monde rigole mais le mal aux dents tout le monde respecte le mal aux dents !

Éthylique ! Alcoolique à élytres !

Neuf enfants avec un dans le ventre et d'autres enfants avec une deuxième femme, là-bas au Zaïre ! C'est vraiment la misère.
– Plus on est pauvre et plus on a des enfants.
– Au Zaïre, avec la guerre et tout, ils gagnent deux francs les gosses à vendre des cailloux, neuf ! Et neuf avec une autre femme !
– Dites pas ça ! Vous seriez le premier à en avoir vingt-cinq si vous étiez africain !

Pour moi le cerveau c'est une extrémité comme les autres.

Les transports en commun, c'est bien quand c'est pas en commun justement...

Un accident de chemin de fer en Sibérie... y a pas de raison qu'ils en aient pas eux aussi... comme nous... on nous dit ça dans le journal comme une grande nouvelle... tu parles... c'est normal... y a pas que nous qui devons en avoir aussi... c'est bien fait pour leur gueule à ces cons-là, là-bas y a jamais rien...

... C'est *Jurassic Park* là-dedans !

Elle a des poches d'eau dans les nichons.
– Du robinet ?
– Sans doute de la source.

Quatre grammes cinquante-six, une jeune femme de trente-quatre ans.
– C'est pas possible.
– Quatre grammes cinquante-six, si si, une jeune femme qui conduisait avec ça d'alcool dans le sang.
– C'est pas possible, ou alors c'est un travelo, comme la femme torero.

Les microbes qui vivent dans le cerveau, au moins, ils ont de quoi s'occuper !

... ils ont mis des glaces au mur pour faire plaisir aux mecs de la télé qui viennent...

juste devant chez Dalida...

... je voulais maigrir pour les vacances mais finalement je vais pas prendre de vacances.

... les chefs d'État sont tous malades et nous on est pas mieux puisqu'on est malades aussi.

Le tramway, ça roule dans la raie du cul de la ville !

Le premier mois, l'embryon humain est un poisson.

On serait pas devenus intelligents comme on est si on avait pas mangé de la viande.

Internet, par chez nous, vous en trouverez pas.

Avec tous les moyens de transport, on va loin tellement vite que c'est comme si on restait chez soi, alors c'est la mort du voyage...
– Pour les vacances, tout le monde reste en France.
– C'est ce que je dis... c'est pas la peine d'aller loin si c'est tout près.

Loin, c'est devenu près, alors évidemment quand on est parti loin on a tout de suite envie de rentrer chez soi puisque chez soi c'est juste à côté, comme on habite à côté faudrait être con pour payer l'hôtel.

Chirac, il a le droit de distiller de la prune, ça se transmet de président à président.

J'aime bien les confitures parce que je suis conservateur, peut-être que c'est ça...

Les sportifs, faut pas trop leur demander de réfléchir non plus.

Plus un seul Français à Roland-Garros, tous éliminés.
– Il reste une Française.
– Une Française, c'est pas un Français, surtout en tennis.

... Une balance de cuisine et le gamin, il a fait une girafe en pâte à sel.

Je vais bricoler aujourd'hui mais je vais pas faire des miracles.
– C'est dimanche.
– C'est dimanche d'abord mais surtout j'ai la goutte au nez.
– Ah, çà, pour bricoler, la goutte au nez...

Tapie, tu l'incinères, il fait des flammes vertes, comme les faux billets.

Ariane, boum, trente-sept milliards en fumée !
– La recherche de l'espace ça nous sert à rien, c'est comme chercher ses clefs de voiture dans les arbres, ses clefs de voiture dans les arbres, ni plus ni moins ses clefs de voiture dans les arbres...

Il est pas trop serré son collier ?
– Quand on voit ce qu'ils font aux femmes girafes, il est pas à plaindre mon chien.

Leur soirée sida à la télé, ils nous demandent des sous, ben merde, ils sont culottés à la télé, ils ont qu'à demander des sous à ceux de la télé qui prennent des milliards, tous autant qu'ils sont à se montrer pour se faire de la publicité, ça en fait de l'argent qu'on leur donne, ça en fait !

Une Miss Monde, ça a du charme même dans ses urines.

Ceux qui chantent des chansons d'amour c'est des branleurs qui se tapent plein de gonzesses, souvent c'est ça.

Maintenant, on peut aller sur la Lune et personne y va, moi, mon jardin c'est pas la Lune et j'y suis tout le temps.
– Et c'est pas le même prix.
– Surtout ça, c'est pas le même prix.

À la télé, si ils savent écrire leur nom, c'est le maximum.

L'espace, ça peut attendre, ça a l'habitude.

L'ordinateur qui a déconné !
– Eh bien ça ne m'étonne pas.
– La fusée était même pas assurée, essayez de conduire sans assurance, vous allez voir les gendarmes ce qu'ils vont vous dire.

... la justice est pas la même pour les voitures et pour les fusées.

... du sucre dans le réservoir...

Ça sert à rien de partir dans l'espace, y a rien.
– Ils ont la bougeotte, ils ont qu'à venir ici le dimanche, y a rien et ça coûte moins cher.

... On a accompagné le mort qui savait pas où c'était...

L'anglais en primaire, c'est bien parce que le cerveau n'est pas encore formé...

Du sida sur toutes les chaînes, alors on a pas regardé, on a mangé dans le jardin, il faisait une chaleur, résultat, des moucherons plein les assiettes, c'est pas mieux...

Le Sidaction, ils ont qu'à demander du pognon à Mireille Dumas, cette salope qui s'en met plein le poches avec le malheur des gens !

... ils dépensent des milliards à Cannes et après ils viennent pleurnicher du pognon, putain, à la télé, ils ont tous les culots !

... le sida, le ministre a dit qu'ils allaient le guérir, alors je vois pas pourquoi il faut leur donner du pognon en plus, pour les cocktails ?

... moi j'aurais préféré un bon film, on paye pas la redevance pour ça.

Les féministes, maintenant elles se foutent à genoux pour faire les courses, les bonnes femmes !

Vade retro, satanas !
– Je paye un coup.
– Viendé, satanos et payos !

Elle est super bien cette boîte, le parking est gardé par des maîtres-chiens.
– Classe !

Tiens, vl'à les Titans !

... Ils aiment bien tuer les gens les socialistes.

... tout ça c'est des politicards de merde...
Il en aura fait Mitterrand des saloperies dans sa vie, les Juifs pendant la guerre, le sang contaminé, la farine pourrie, eh ben, vous parlez d'un grand homme !

... tout ça c'est des politicards de merde...

Quand on sait tout ce qu'on finit par savoir, ça fout la trouille d'imaginer tout ce qu'on sait pas...

... faire du mal à un petit Marcel, je comprends, mais martyriser un enfant que tu as appelé Kevin, je comprends pas pourquoi tu l'as appelé Kevin !

Les Anglais, c'est de la viande blanche et nous, on est de la viande rouge, on se comprendra jamais.

Elkabbach, pour leur signer des contrats comme ça aux trois jeunes, c'est qu'il devait se les taper, c'est obligé comme explication, il se faisait sucer par eux, tu parles, la télé c'est des malades... putain, je suis mieux comme je suis que golden boy au pieu avec le vieux.

... je lui ai fait une tonnelle pour lire son *Télé 7 jours*.

L'iris, c'est une très belle fleur, j'y mettrais bien ma bite dedans presque tellement c'est beau...

On a tous un destin et on a tous un intestin, c'est les deux trucs les plus longs qu'on a tous...

C'est horrible à dire mais je ne sais pas choisir, il faut y aller déjà avec une idée derrière la tête sinon la dernière fois que j'y suis allée je suis repartie avec deux petits fauteuils, vous imaginez ?

Le sang contaminé, après la farine empoisonnée, ils veulent nous tuer pour réduire le chômage ou quoi ?

Peut-être qu'un jour on partira dans l'espace mais en attendant ils augmentent les impôts locaux, les enfoirés...

Faire l'école du crime, c'est déjà mieux que pas avoir d'instruction du tout.

July, Elkabbach, Drucker, Juppé, Le Pen, Toubon, Jean Yanne, Jospin, tout ça c'est des anciens maos qui ont pris toutes les places au chaud, mais si ! C'est eux le danger ! C'est des positionnistes, mais si !

Je sais pas combien ils sont nombreux à travailler à la télé mais quand c'est du tennis tout l'après-midi, moi je vois que deux mecs qui bossent.

... à la télé, à part le porno, je vois pas ce qui est regardable et qui soit pas débile pour des adultes.

... d'habitude je ne bois pas énormément mais hier soir... alors... !

Je préfère me faire chier à la campagne que m'amuser à Paris !

C'est un alcoolique qui a inventé la peinture à l'huile, à cause qu'on est obligé d'attendre quand ça sèche.

La gamine, la tueuse, seize ans, elle était au lycée Picasso.
– Il s'arrange pas celui-là.

Avec leur histoire de vaches folles, tout ce qu'ils vont réussir les Anglais, c'est de se faire exclure de l'Europe.
– Déjà que c'est pas tout près.
– Vous pensez qu'on fera pas l'Europe à cause des vaches ?
– On est bien forcés de vivre...
– Qui c'est qui vous force ?

... tu regardes la glaise qui tourne toute la journée... dans les villages de potiers, tu as forcément des zombies.

... tout ça c'est des politicards de merde !

Il a des boutons sur la joue gauche et des cicatrices sur la joue droite, comme une figure qui se boutonne, voyez ?

Bambi, c'est quelle viande ?

Hohé hohé hohé ! Les montagnards les montagnards !
Hohé hohé hohé ! Les montagnards sont là ! Les montagnards ! Les montagnaaaaaaaaaards
soooooooooooooooooooooooooooooooooooooooooont là !

Hohé hohé hohé ! Les montagnards les montagnards !
Hohé hohé hohé ! Les montagnards sont là ! Les montagnards ! Les montagnaaaaaaaaaards
soooooooooooooooooooooooooooooooooooooooooont là !

Hohé hohé hohé ! Les montagnards les montagnards !
Hohé hohé hohé ! Les montagnards sont là ! Les montagnards ! Les montagnaaaaaaaaaards
soooooooooooooooooooooooooooooooooooooooooont là !

Hohé hohé hohé ! Les montagnards les montagnards !
Hohé hohé hohé ! Les montagnards sont là ! Les montagnards ! Les montagnaaaaaaaaaards
soooooooooooooooooooooooooooooooooooooooooont là !

Hohé hohé hohé ! Les montagnards les montagnards !
Hohé hohé hohé ! Les montagnards sont là ! Les montagnards ! Les montagnaaaaaaaaaards
soooooooooooooooooooooooooooooooooooooooooont là !

Hohé hohé hohé ! Les montagnards les montagnards !
Hohé hohé hohé ! Les montagnards sont là ! Les montagnards ! Les montagnaaaaaaaaaards
soooooooooooooooooooooooooooooooooooooooooont là !

Hohé hohé hohé ! Les montagnards les montagnards !
Hohé hohé hohé ! Les montagnards sont là ! Les montagnards ! Les montagnaaaaaaaaaards
soooooooooooooooooooooooooooooooooooooooooont là !

Hohé hohé hohé ! Les montagnards les montagnards !
Hohé hohé hohé ! Les montagnards sont là ! Les montagnards ! Les montagnaaaaaaaaaards
soooooooooooooooooooooooooooooooooooooooooont là !

Retour au car les montagnards !

... **l**es saucisses sur la table de la cuisine, à peine on se retourne que le chat avait tout piqué et qu'il était sorti par la fenêtre qui donne sur le toit des garages, un vrai scénario de James Bond.

... **e**n slip, on est plus fragile qu'un autre, c'est pour ça qu'à la visite des alcooliques on nous met en slip, pour qu'on soit pas content d'être là ...

... **c**'est vrai, quoi, non ? C'est pas vrai ?

***D**epuis que j'ai mis des nénuphars, on ne le voit plus, il reste en dessous.*
– Trop bien installé, le poisson rouge ne sort plus.
– Ça me rappelle ma mère.
– On lui a mis du gravier au fond, il n'y va pas, on ne le voit plus.
– Ça me rappelle ma mère.
– Votre maman ?
– On a mis du gravier dans l'allée, elle n'y va plus non plus.

... **e**lle vient plus, elle est dans sa période haricots verts.

***L**a pollution, oui bien sûr, le voitures en ville, mais le système de la respiration aussi c'est mal fichu, des trous ici pour aspirer les gaz, franchement, ça n'est pas très malin...*
– Oui mais les trous de nez, on ne peut pas les laisser au garage !

***I**l faisait venir les petites filles chez lui, parce qu'il a une piscine.*
– Et puis ?
– Et puis, et puis, il est dans le journal.

Modigliani, c'est des girafes qu'il aurait dû peindre, pas des bonnes femmes...

Dans le cul les Bulgares !

... tu te branles devant un film porno, c'est comme le karaoké...

Fabius, il a vendu du sida aux hôpitaux, c'est pas mieux.

Les nudistes sont des gens comme les autres, on ne va pas leur mettre une étiquette dans le dos.

Leur viande folle, ils la mangent bouillie avec de la menthe dessus !
– En plus...

Les Noirs sont pas égaux puisque déjà ils sont plus nombreux.

La tour Eiffel, finalement, c'est que des fenêtres qu'on voit tout Paris au travers.

C'est appréciable un policier dans la famille quand on vit seule comme vous en banlieue...

Simone Veil, allez hop ! À la maison faire la soupe !

Ella Fitzgerald.
– Elle est morte ?
– Oui, soixante-dix-huit ans, c'est bien.
– Soixante-dix-huit ans, c'est très bien.

La grande dame de la chanson...
– Ah non, la grande dame de la chanson, c'est Mireille.

... je préfère les chanteuses modernes, c'est plus frais.

Des musiciens, il y en a trop, même dans les Codec, ça chante.
– Fitzgerald, c'est pas pareil, il n'y en a que dans les magasins d'habits.

Une femme sur un vélo, c'est pas ce qu'on fait de mieux, non ?

... quatre mille drapeaux pour les jeux d'Atlanta... eh ben... on manquera pas de drapeaux.

... Si ça se trouve le sida c'est dans une farine aussi, de toute façon on ne sait plus rien aujourd'hui...

Tu la connais pas ? Pourtant c'est une connasse très connue.

... Ce genre de bouchon, c'est de la provocation.

Tous les jours c'est une nouvelle maladie qui arrive, maintenant c'est la tremblante du mouton !
– Ça se transmet à l'homme ? Ils ont dit quelque chose là-dessus ?
– La tremblante ?
– Oui, à l'homme la tremblante ?
– Si ça se transmet ?
– À l'homme ?
– La nouvelle maladie.
– La tremblante ?
– Du mouton.
– L'homme l'a ?
– La ?
– Maladie.
– Enfin bref, une par jour.

La pastèque n'est pas la femme du melon.
– Alors c'est quoi ?
– C'est une pastèque.
– C'est tout ?

Son foie à Marcel c'est son talon d'Achille.

... beu beu beu, si ils interdisent les voitures...
– Pour faire baisser la pollution.
–... moi je m'en fous, je prends ma bagnole.

La plume d'autruche est protégée, c'est pour ça, on la met dans une housse.

Dès qu'on marque un but au football on est une légende, des cons qui sont des légendes, on en a trop.

... je m'en fous de la pollution, je la prends ma bagnole !

En Suisse, ils sont Sagittaires et ça marche bien.

Dans la recherche spatiale, y a toujours un pied qui manque à la table !

... Si ils les interdisent les voitures, je la prends ma bagnole moi ! Je m'en fous ! Je la prends !

Jamais personne est déclaré mort dans le quartier chinois, ils font disparaître les corps pour revendre les papiers.
– Ils les bouffent !

Et la pension vieillesse, c'est pareil ! Pfuit !
– Plouf !
– C'est pareil !

Vingt ans que je le nourris ! Tu m'auras coûté cher en bouillons Kub toi !

On est les seuls à vivre dans l'univers et encore, y a la moitié de chez nous qui est malade.

La petite école dans les petits villages est toujours à côté de la mairie et quand vous voyez la grande école dans les grandes villes elle est toujours à côté d'une pâtisserie, après on s'étonne.
– En sixième, ils sont énormes.
– Et l'instruction civique, zéro !

Moulinex, ça marche bien, j'ai le même depuis le début.
– C'est pour ça que ça marche pas.

Born in you ya cha cha !

On est tous des connards, et moi le premier, je le dis que je suis un connard mais il faut que tout le monde accepte de savoir ça, qu'on est tous des connards, toi, lui, moi, quand on a su ça, faut pas monter sur ses grands chevaux mais s'en servir pour que ça soit utile, non ?

À l'école, ils n'apprennent même plus le générique français !

Donner de la viande à manger aux vaches ! Et pourquoi pas des frites aussi !

Un gardien belge pour Bordeaux, eh ben, ils vont être bien gardés l'équipe de Bordeaux...

C'est Londres qui souffle le chaud et le froid !

L'apesanteur, tu peux le poser nulle part.

Le grand chic, c'est de boire à Paris.

C'est la politique qui tue la société !

Tu regardes le défilé du 14 Juillet ?
– Non, pas en ce moment.

Un nid en forme de Beaubourg, l'oiseau pond pas.

Born in you ya cha cha !

La course à la compétitivité va toujours contre l'emploi, le pire ennemi de l'emploi c'est la compétitivité, sans la compétitivité l'emploi irait mieux, ce qu'il faudrait c'est supprimer la compétitivité, là, on aurait nos chances... je crois en tous les cas, c'est ce que je crois.

Vous m'en ferez pas faire de la controverse !

Céline, on lui a fait beaucoup de mauvais procès.

Les Anglais valent pas mieux que les Britanniques, au final.

J'ai téléphoné pour annuler le rendez-vous parce que j'avais picolé la veille à Auxerre alors je lui raconte, je lui dis au dentiste que je puais de la gueule, lui, je sais pas, y a que son pognon des soins qui l'intéresse, alors il me dit, venez quand même, j'y vais quand même, y me dit, venez, j'y vais, il a mis le nez dedans, moi je m'en fous, je dormais à moitié, après tout, il est payé pour ça, c'est comme le gynéco, on va pas se mettre un bonbon à la menthe dans le cul pour la visite, pas vrai ? Combien qu'y sont payés ces mecs en plus ? Pas vrai ? Alors ? Hein ?

Rentrez pas par la rocade, y a les gendarmes.
– Merci, vous êtes bien aimable.

Atchoum !
Merde !
– Mon verre !

La météo, une fois sur deux elle se trompe... c'est un boulot qui me plairait ça !

... le passé maintenant ça dure dix minutes, sauf si c'est rediffusé.

Toi c'est pas mieux ta série préférée c'est Docteur Cul !

Le thé coule plus, le café est dégueulasse, tout le monde prend de la soupe à la tomate, c'est plus une machine à café, c'est une machine à soupe à la tomate.
– Il faut appeler les choses par leur nom.
– Je dois être le seul de toute la SECMA.

Tu m'y feras pas monter sur

On passe la moitié de notre vie à dormir et sans compter la sieste.

La violence, c'est une porte de sortie, pour certains jeunes qui ne savent plus où ils en sont...
– Moi ceux que j'en connais, pour eux c'est une porte d'entrée.

On perdra en quart de finale, on a pas les nerfs.
– Que tu dis, toi !
– Tu verras.

Les vaches folles sont sacrées alors personne est malade en Inde du coup mais ils en ont d'autres des ennuis, heureusement !

Si ils font autant de publicité pour le Coca-Cola, c'est que ça ne marche pas.

Simone Veil, elle a des sacrés jambons celle-là.

Dans la grande couture, t'as pas toutes les tailles.

Jean-Paul Gaultier, c'est celui qui fait les habits ? – Vous appelez ça des habits ?!

Avec la pierre philosophale tu peux écraser la gueule d'un philosophe, c'est pour ça que c'est très recherché.

Attention à mon froc !

Primagaz !

Une langue parlée trop vite, c'est difficile à comprendre pour un étranger, alors qu'écrit trop vite, il suffit de lire lentement, ça ne change rien.

Ben con ! Un brouillon de Louis XVI vendu, tiens-toi bien, deux cent mille francs, ben con, si il avait recopié au propre le brouillon tu pouvais multiplier le prix par trois-quatre, ah oui, trois-quatre...

Le Portugal contre la Croatie, c'est vraiment le match du siècle ça...

... elle ne passera pas leur potion de censure.

Si tu cherches une adresse de ministre, faut regarder dans les listes des HLM... ah c'est comme ça maintenant, et la famille des ministres, pareil, dans les loyers modérés, c'est là qu'ils sont, et si tu laisses faire, un jour t'auras Madonna parce que c'est la copine à Untel ou à Untel...

Tout le temps qu'on passe à la machine à café, à la fin de l'année, ça nous fait une plage de café soluble.

Les pistes cyclables qui suivent les même routes que les voitures, alors autant prendre sa bagnole et laisser son vélo...

Un Français dans l'espace, vu les étrangers qu'on a chez nous, pourquoi un Français ?

Ils ont pris un Français dans l'espace avec eux mais tu parles, c'est des couilles, c'est pour faire des expériences dessus.

Une fois j'ai pété dans une église, c'est le maximum qu'on faisait.
– Et pour ça, la baffe !
– Ah certainement oui ! Plutôt deux fois qu'une !

... le repos éternel, si on vous réveille toutes les deux minutes...

Encore une profanation de tombe !
– C'est la télé, ça leur donne des idées comme ça...
– La télé ?! Elle a bon dos la télé ! Quand vous voyez Thalassa, *y a pas tout ça !*

Qui c'est qui repaye le cercueil ?
– La famille.
– La famille du profané ?
– La famille du profané.
– Eh ben...

Plus rien n'est sacré maintenant, et même ce que je dis, ça veut plus rien dire.

Ceux de Carpentras, on les a jamais retrouvés.
– C'est des fils de ministres, évidemment !

Pour déterrer des cadavres, ils sont là, mais pour rempoter un lilas, plus personne !

... incinéré, on devient du marc de café.

Ils profanent les tombes juives.
– Oui mais bon, la nuit, on va pas éclairer les nôtres pour pas qu'ils se trompent tout de même !

Maintenant faut mettre une culotte propre pour se faire enterrer des fois que des jeunes vous déterrent !

Ils veulent quoi ?
– Ils veulent se marier, les jeunes.
– Mais avec qui ?

Avec ma retraite j'ai même pas de quoi m'en payer de la viande folle, alors si ils la jettent, moi je la prends.

C'est des jeunes qui font les cons, c'est pas méchant...
– En sortant des têtes !
– C'est pas méchant...
– En sortant des crânes des tombes !
– C'est pour jouer, pour faire les marioles...
– Ils ont pas d'autre jeu !
– C'est pour se faire peur...
– En volant les vieux os !
– Ils se les mettent dans la chambre...
– Et les livres de classe, ils les mettent où ! ?

... Une fois, un chat qui faisait caca sur la tombe d'Henri...

... C'est pour ça, moi, comme je vais être incinérée, on risque pas de me profaner en me sortant du cercueil...

... elle est morte hier... on l'enterre demain... aujourd'hui, je vais chercher le costume...

... le bruit du moteur, ça me fait tiédir la cervelle.

Marche homosexuelle ! Pourquoi, ils ont pas de voiture ces gens-là ?

La germination du haricot, est-ce qu'ils l'apprennent encore au moins la germination du haricot ?

J'entends plus bien vous savez, j'entends plus que des bribes.
– Oh mais ça suffit.

Un mal de crâne !

L'Opéra de New York, déjà faut y arriver vivant...

La tronche de con de Coubertin ! T'as vu la photo ?

L'espace, c'est du vide qui coûte cher comme du super-plein à force...

L'homme dans l'espace, c'est pas sûr qu'il soit en situation régulière, on ne sait pas les papiers qu'il faut pour être dans l'espace...

La meilleure école de patience, c'est de faire cuire des saucisses dehors.
– Des sardines.
– C'est vite cuit, c'est pas la meilleure.

... je sais plus où je voulais en venir.

... Partisan du moindre effort.

Une bavette, JAMAIS t'en as mangé une comme ça !

Après manger, j'ai le cafard. – Tu bouffes trop.

Je suis peut-être le seul de France qui sait boire avec le nez, peut-être le seul de tous les gens qui boivent... huk !
– Arrête ! T'en fous partout !
– Vous y croyez à son plan de sauvetage de la Sécurité...
– Atchoum !
– ... sociale...
– Atchoum !
– ... à Juppé ?
– Atchoum !
– Eh ben...
– Trois semaines que je me soigne !

Mon demi
Mon demi
Tu le donnes mon demi
Mon demi tu me le donnes
Mon demi !
Rap d'enfer !

C'est de la merde à conduire leurs nouveaux avions.

Les journalistes avec Le Pen, tu parles, ils bouffent ensemble, ça fait monter l'Audimat, c'est tout ce qui les intéresse, tu parles...

Quand tu vois les ruines de Pompéi, c'est pareil que nous, y en a pas beaucoup qui bossaient quand ça a dégouliné...

Je veux la même paye que Chirac !

C'est des écoles comme à l'armée, le premier de la promotion fait la chirurgie du cerveau et le dernier de la promotion fait gynéco, et il choisit pas la ville sinon tu prendrais gynéco outre-mer.

Les femmes, c'est des fouteuses de merde.

Ils nous cassent les pieds les maris avec leur football !

Le sprint sur cent mètres, c'est un sport qui va quand même pas loin... même déjà par rapport au deux cents mètres.... c'est un sport qui fait la moitié...

Pour moi, on est champion d'Europe, même si on perd la demi-finale, je m'en fous, on a fait le plus beau parcours, y a que ça qui compte, et pour le reste, y fera jour... pas raison ?

... à part les Français, et je suis pas chauvin, ils jouent tous comme des merdes...

... On est plutôt la génération Cinzano...

Des surhommes mais pas de surfemmes.
– Wonder Woman.
– Wonder la femme, c'est pas une surfemme française !
– En France on a pas de surfemme.
– Pas UNE !

Vous fumez ?
– Et alors ?
– Vous êtes enceinte et vous fumez ?
– Oui, je veux un bébé fumeur, les non-fumeurs c'est des cons.

On va voir Jérome Maugis, tu viens ?
– ?
– C'est le sosie de Patrick Bruel, tu viens ?
– Où ?
– Au César, entre Clamecy et Varzy.
– Un sosie ?
– Il ressemble à Patrick Bruel, tu viens ?
– Les sosies, ça me fait chier, même à la télé.
– T'es fou ! Il ressemble à Patrick Bruel, tu viens ?
– Non.
– Tu viens pas ?
– Non.
– Eh bé t'es con, tu viens pas ?
– Non.
– Eh bé t'es con.
– J'en ai rien à foutre du sosie de Patrick Bruel.
– Alors viens pas, c'est tout.
– Je viens pas.
– Eh bé t'es con.
– Je m'en fous de l'autre enculé de Patrick Bruel.
– C'est pas lui, c'est un sosie.
– C'est pareil, c'est tous des enculés.
– Alors tu viens pas ?
– Non.
– Eh bé t'es con.

... il a dormi dans le fossé avec son vélo.

La Callas, le boulot que c'est la Callas !

Apollinaire, avec un p et deux l, comme un oiseau qui vole, deux ailes, et qui pète, un pet, c'est mon système pour me rappeler l'orthographe d'Apollinaire, deux l et un p, l'oiseau qui vole qui pète, c'est lui, le poète qui a écrit *Alcools*...

... Apollinaire, deux ailes, un pet...

On a perdu au tir au but, et les tirs au but, ça veut rien dire.
– On a mal joué, on était fatigués.
– Tactiquement, c'était moyen.
– En tout cas, on méritait de gagner contre les Tchèques qui eux, c'est encore pire !

J'avais acheté une télé, j'ai plus qu'à la revendre.

Les Tchèques contre l'Allemagne, c'est plus du tout l'Euro, c'est quasiment le bloc de l'Est...

Je sais pas ce qu'ils ont utilisé comme ballon mais qu'est-ce qu'il roulait vite !

On a perdu parce qu'on est les meilleurs ! Devant des cons on a plus envie de jouer et c'est les cons qui marquent ! Les cons ça a toujours envie de jouer !

Les Tchèques, tu parles... et c'est où d'abord la Tchéquie ? Ça existe ça la Tchéquie ?

Le Pen, au moins, y se prend pas au sérieux.

De toute façon, la coupe d'Europe, c'est de la merde à côté de la coupe du Monde...

J'emmerde la CGT !

... je serais l'équipe de France, je raserais les murs !

Je l'emmerde !

On a pas parlé du rôle paradoxal de la science.
– Mais si, bien sûr qu'on en a parlé !

Avec ma fausse dent et mes lunettes je suis quasiment bionique moi !

Un crotte de poule par terre chez eux ! On a bu un apéritif, on est partis.
– C'est bien les poules quand on peut en avoir, mais faut pas les laisser rentrer.
– Y a pas plus chez elle au bout d'une seule fois qu'elle est rentrée chez vous la poule elle est chez elle ! Attention si vous avez une poule.
– Une poule, même pour les œufs c'est non.

Si ils nous interdisent de manger de la cervelle, c'est pas comme ça qu'on deviendra intelligent.

Celui-là de poteau c'est une oasis, tu appuies ton vélo contre, personne te le vole.

Dans les boîtes de Vache qui Rit, ils ont mis les images des joueurs de l'équipe de France, c'est pour ça que j'en achète pour le gamin.
– T'es sûr que c'est l'équipe de France ?
– Dans la Vache qui Rit, c'est forcé que ça soit l'équipe de France.

J'ai goûté le rouge et le blanc, j'ai pas eu le temps de goûter le rosé.
– Qu'est-ce que tu fais de tes journées ? !

D'abord, et d'une, je suis une eurosceptique...

Retour à la case départ !
– J'y suis allé à l'atelier, c'est fermé.

Avec tout ce chômage, faut être taré pour chercher du boulot.

On ferait mieux de faire de la farine animale avec les chômeurs, tenez, ça serait plus avantageux pour tout le monde !
– Ou tous ces étrangers qu'on a, tenez.

Le Tour de France, c'est français, ça se court en France, c'est simple, c'est pour ça que ça a du succès...

Je peux pas manger les pattes de crabe quand il est pas là, les pattes de crabe, ça se mange à deux.

Et d'abord pourquoi les vaches mangent plus d'herbe ? !
– Techniquement, c'est trop compliqué.
– Si une vache qui mange de l'herbe c'est trop compliqué, on est pas sortis de l'auberge.

Ils vont interdire la tête de veau.
– Interdire la tête ?

Si on chiait dans notre froc plutôt que verser des larmes, on nous montrerait moins de malheurs aux infos...
– ...
– Quoique.

Avant, les chiens gardaient les vaches et maintenant aux vaches on leur donne les chiens à manger.

Y avait Brassens à France Inter.
– Il est pas mort celui-là ?

... avec ce qu'ils font manger aux vaches, si on attrape pas le sida...

... Ça change forcément la forme des bouses, les carnivores ne font pas de bouses...

Dans notre région, la carte postale a fait beaucoup de mal au soleil.
– Vous êtes où ?
– On est de Quiberon.

Le foot, ça fait des bras de grenouille.

Démonter l'armoire, sortir l'armoire de la chambre, descendre l'armoire dans le camion, rentrer l'armoire chez ma sœur jusque dans la chambre au fond du couloir, remonter l'armoire... je ferai pas ça tous les jours !

Des fourmis avec des ailes dans le buffet de la cuisine...
– Vous voulez un coup de main ?
– Ah oui, je veux bien.

... Mais l'abbé Pierre c'est un ancien nazi ! va savoir avec ces mecs-là, un coup de chirurgie esthétique, des faux papiers, des fringues genre Emmaüs, va le reconnaître l'ancien nazi là-dessous !
Y a pas de Noirs au gouvernement, alors pourquoi j'en prendrais un ?

... il avait du débit oratoire, celui-là, Malraux.

La mort, moi, faut pas me le dire deux fois, attention là !

De toute façon, des avions qui volent, y en a trop.
– Le gouvernement rajoutera pas du ciel.

Pour faire de la spéléo pendant les vacances, faut pas beaucoup aimer les gonzesses en maillot !

Si ça existait, j'en achèterais des sous-vêtements Pernod-Ricard.

Le golf, il faut prendre sur soi.

Je m'en fous de sortir une truite, deux truites, cinq truites dans la matinée, c'est la technique de pêche qui est importante, la façon de sortir la truite, tu en sors une à peine avec ma méthode de pêche qui est technique, ou même tu sors rien de la journée mais ça vaut mieux que toutes les truites du monde que tu pêches avec une technique facile, tu comprends...
– Moi j'aime bien ça manger une truite.

Nous, on a vu un petit lapin à Pimançon.
– Et quand on dit qu'il n'y a plus de gibier...

... faudrait pas vieillir.

Les bonnes femmes, dès qu'elles sont virées de la télé, elles font des gosses, ça sert à ça maintenant les gosses, ou alors elles font semblant d'écrire un livre, ça sert à ça les livres et les gosses maintenant, c'est pour occuper les pouffiasses virées de la télé !

Il faut bien balayer la scène parce que, avec le flamenco, on voit sauter les miettes...

Dans ma vie, tout est un fait réel, tout, si.

... **J**e pense qu'il y a tout, les pêches, les carottes, les aubergines, les pêches blanches, les abricots, la salade, dites donc il fait meilleur ici, il fait plus frais qu'en voiture, là on est bien, les concombres, les carottes, j'ai encore une livraison et je vais manger, parce que après j'ai un deuil à quinze heures, alors merci pour le verre mais pas le temps, une autre fois merci !

Quel temps...
– On va même pas pouvoir sortir les boules.

J'ai rêvé de Bernard Tapie.
– Il t'a fait un chèque au moins ?
– Justement si, je travaillais pour lui et justement non, il m'a donné que la moitié de l'argent.

Ils foutent du jazz à la radio alors que c'est le Tour de France, ben merde !

C'est une catastrophe ce Tour de France !
– En France, plus rien ne marche, c'est pas en faisant le tour que ça va changer...

La mer c'est reposant mais faut pas se baigner parce que la baignade, c'est fatigant.
– Bagnères-de-Bigorre ou rien...

Jalabert, dans les choux, Indurain, dans les choux !
– La montagne a fait le trou.

Tu marques un but, t'es le Dieu du stade, le lendemain tu rates un but, t'es la chute d'un Titan, putain, ça va vite.

... **C**'est tous des charlots.

Si on réduit le temps de travail, alors ceux qui cherchent du travail ont déjà plus qu'un demi-travail à chercher...

... **C**'est tous des charlots.

Tapie, tu parles, il a des dossiers sur tout le monde, c'est pour ça qu'il est protégé !

... **C**'est tous des charlots.

Longtemps inaccessible, la Birmanie, eh bé putain, elle peut le rester !

... **C**'est tous des charlots.

Le carpaccio à volonté, je sais pas comment ils ne perdent pas de l'argent, vous savez vous ?
– Souvent c'est à volonté, mais une seule assiette.
– Aaaaaaaaaaaaaaaaaaah... c'est ça... c'est du vol.

Le racisme, c'est naturel, mais c'est CE que l'homme il en fait qui n'est pas bien.
– Je sais pas.
– Si si.
– Je sais pas.
– Si si.
– Tu m'embrouilles.
– Le racisme, c'est naturel...
– Oui.
– Dans la nature.
– Oui.
– Mais c'est CE que l'homme il en fait qui n'est pas naturel.
– Je sais pas.
– Comme les flèches en bois d'arbre.

Je les ai à l'œil les médias !
Le sida, on est pas sûr que c'est pas un mensonge des médias encore ça.

T'en fais du bruit ce matin à respirer...
– Je respire par le nez, je suis à la retraite.

J'ai la crève.
– Prends du bouillon de poule, c'est l'aspirine de poule.

Ils vont exhumer les corps des gens tués en Bosnie...
– Un dimanche midi... tu parles d'un gâteau !

Le flic, il vient me voir et il me dit, l'alcoolisme est interdit sur la voie publique, de quoi je me mêle, et qu'est-ce qu'il en sait en plus !

John Wayne, c'est le justicier de l'Ouest, pour l'Est y a personne.

... Surdoué mon cul.

Un gosse surdoué, en six mois j'en fais un con !

C'est tourné avec trois sous ce film, tu parles, c'est La Planète des singes *ce porno, tout le monde a le cul rouge, ils s'assoient sur des chaises entre deux prises, t'as la marque des chaises sur le cul de tout le monde, c'est n'importe quoi !*
– C'est fait exprès.
– Le cul rouge dans les pornos, c'est jamais fait exprès.

L'imagination, tu peux la commencer par la fin, ça change rien.

Les guerres c'est bien, ça fait de la place !

Les femmes adorent faire des gosses, alors qu'elles fassent des gosses et qu'elles nous foutent la paix, elles sont pas objectives.

Plus on leur interdit de faire des gosses et plus ils sont nombreux ces Chinois.
– Dans les régions de montagne, tu peux rien interdire...

Les juilletistes, c'est tous des pédés, jamais je suis parti en juillet, toujours en août, avec les aoûtiens mais les juilletistes, c'est tous des pédés !
– Vivement le mois d'août parce que tu commences à nous courir, toi...

L'Indochine, j'y suis retourné, j'étais dans les commandos, j'ai été très déçu, ils ne servent plus de soupes dans les rues.

... Sur un vélo tu peux pas arriver propre au mariage.

Une femme président de la République, oui d'accord mais bon, et si elle est enceinte alors déjà elle est en vacances ?

Pour pondre, le cul de la poule est mieux.

... Ce qui manque à la France c'est un déclic psychologique !

... j'écoute jamais de musique, la musique existerait pas, je m'en serais pas rendu compte...

Pour cent mètres, un sportif gagne ce qu'on gagne en dix ans, c'est ça qui va pas, ils confondent les mètres et les ans !

Le soleil est généreux ce matin.
– Ça lui coûte rien.

Tu chies un serpent ! tu deviens mythologique ! pas de nos jours ! dans l'Antiquité tu pouvais vivre là-dessus ! aujourd'hui rien ! point !

La Sécurité coûte plus cher que l'accident lui-même, c'est idiot !

Ça coûte très cher à la Sécu.
– Une reprise des accidents du travail au moins ça serait signe d'une reprise économique aussi à la limite vaut mieux plus d'accidents et plus de travail !
– Oui, à la limite...

Ils peuvent m'en mettre des écoutes téléphoniques, tiens, qu'ils m'en mettent, je m'en fous, je pète dedans !

Je lis le journal de n'importe quand, je m'intéresse pas tellement à l'actualité, je m'en fiche, ce que j'aime c'est les nouvelles.

La mer, c'est la mère, c'est pour ça que les enfants aiment autant la mer, c'est le retour à la mère.
– Y a encore eu un noyé, tenez.

Les marées c'est l'attraction de la lune, un jour on construit des villes sur la lune tu vas voir tes marées, le bordel !

Vous avez des guêpes ?
– Plein !
– Nous on a des fourmis.

Toute la nuit ça a été la sérénade dans la chambre des gosses !

Monastir, Agadir, tu peux plus, les hôtels sont pleins de connards qui ont gagné à des jeux télé.

Je supporte pas le camping, j'ai peur la nuit, on est pareils qu'à dormir dans un cornet de frites !

C'est un question de confiance, si tu crois que dans les fourmilières on fait l'appel !

Les chiens n'obéissent plus, les jeunes n'obéissent plus...

... y a presque plus de grillons, les sauterelles avec les ailes rouges et les sauterelles avec les ailes bleues qui s'envolent quand on marche dans les herbes vous savez, on en voit plus, les gros criquets verts vous savez avec le sabre à l'arrière on en voit plus, on emmène le Monopoly et le 1000 Bornes pour les gosses, c'est vrai qu'il fait beau mais ça peut changer...

Les mangez pas les coquillages que vous trouvez !
– Si, pourquoi ?

... On mangera le produit de notre pêche...

... avec cette chaleur, les ventouses se décollent du plafond et les mouches tombent qu'on est obligés de mettre du plastique même sur la salade de riz.

Je sais pas qui mais alors, y en a un qui ronfle dans le camping !

L'herbe à regarder, c'est rafraîchissant, on aurait de l'herbe au bord des yeux plutôt que des poils, je vous dirais, c'est bien...

Tapie, il finira dans le porno.

Tapie n'a aucune envergure, aucune, il a pas les épaules, c'est un petit escroc de rien, d'ailleurs il fait du cinéma.

Poivre à steak, ça me fait rire, parce que ça fait poivre aztèque.
– Tu fais ce que tu veux, moi j'y vais.
– J'arrive, j'arrive...
– Oublie pas les boules.

C'est un enfant qui a jamais pleuré, il nous a pas coûté en mouchoirs.

Deux cent vingt morts, ça serait une bombe dans l'avion, paraît-il...
– Je ne comprends pas pourquoi on continue à vouloir faire voler des avions, ça ne marche pas, et ça ne marchera jamais...

Ça démarre mal leurs Jeux olympiques, ils ont déjà fait tomber un avion.

Ce qui m'épate le plus, c'est que Arthur de la télé il a trente ans, il a déjà plus un cheveu, j'aimerais pas le voir à quarante...

La télé, vieux dedans, vieux devant.

Ils ont pillé la république !

Juppé, il va prendre une balle dans sa gueule, c'est tout ce qu'il va prendre !

Ils piquent tous dans la caisse.
– Ils ont raison, personne dit rien.

Elle grossit, elle vieillit pas.
– Elle met sa jeunesse dans le gras, comme du confit.

T'es attaqué dans la rue, tu as pas le droit de te servir du karaté, il faut que ceux qui t'attaquent soient plus de dix sinon tu es radié et tu n'as plus le droit de mettre les mains en forme de raquettes.

Ça refroidit à une vitesse les nouilles !

Un demi... un panaché et toi, tu veux quoi ?
– ...
– Tu veux quoi ?
– ...
– Allez, tu vois pas que tu fais attendre la demoiselle...
– ...
– Elle m'énerve !
– ...
– Alors ? Mais c'est pas vrai ! Tu veux quoi ? Un Coca ? Un Orangina ?
– ...
– Tu veux quoi ?
– ...
– Décide-toi, sinon la demoiselle s'en va et tu boiras rien...
– ...
– Alors ?
– ...
– Elle est godiche ! Alors ? Tu veux quoi ?
– ...
– T'es pas toute seule !
– ...
– Tu veux quoi ? Et suçote pas ton appareil !
– ...
– Des fois, je la tuerais !
– ...
– Alors ? !
– ...
– Excusez-nous mademoiselle... servez-nous le demi et le panaché déjà et la suite on verra...
– ...
– Tu sais toujours pas ? Je plains son futur mari !
– ...
– C'est vraiment l'âge con ! Allez, hop, donnez-lui un Coca et ça ira comme ça !
– Non non un Pepchi !
– Tu veux un Pepsi ?
– Un Pepchi.
– Tu pouvais pas le dire avant ! T'as qu'à prendre tout le temps la même chose si tu sais pas.
– Un Pepchi.
– Un demi, un panaché et un Pepsi.
– Avec une paille.
– C'est ça, avec une paille.
– Vous avez les pailles qui sont tordues comme cha ?
– Ho ! C'est tout oui ?
– Et une rondelle de citron dans le Pepchi.
– Des fois, je la tuerais !
– Un demi ! Un panaché ! Un Pepsi rondelle avec une paille !

Il fait arrêter mon taxi pour acheter des fleurs !... ils vivent pas comme nous les gens du show-bizz...

J'aurais une coulée de boue dans ma cuisine, je deviendrais folle.

Vous me gardez le café, je vais secouer ma salade.
– Mais bien sûr, si y a quelqu'un, j'appelle.
– C'est ça, appelez.
– Qui ?
– Je suis dans la cour... Angèle !

Je réponds jamais au téléphone !
– Personne t'appelle.
– C'est pareil.

Les journalistes normaux c'est déjà pas ça question vocabulaire, alors les journalistes sportifs, à part les dieux du stade ou la chute d'un géant si c'est quelqu'un qui perd, les rois de la petite reine pour le Tour de France, ils ont pas beaucoup de mots dans la boîte...
– C'est pas des vrais journalistes, en plus ils font pas de sport...

Nous, là où on habite, on est loin de la médiatisation.

Il est professeur de mathématiques en banlieue, c'est dur vous savez.
– C'est les paras qu'y faut leur envoyer !
– Quand même pas.
– Les paras, ça sait compter !

Le cinéma français c'est pas vraiment du cinéma, c'est plutôt encore du long métrage.

Tapie, il a dit qu'il voulait se suicider.
– C'est bien, un de moins.

La crotte, c'est la boîte noire du chien, on lit tout ce qu'il a fait.

Tous les matins elle me donne un œuf.
– Vous êtes à l'abri du besoin.
– Je suis planqué, avec ma poule.

La machine à laver, c'est le premier enfant du couple.

... à la campagne, on mange à sept heures.

J'ai un grillon dans la bite ?

Pour un cambrioleur, moi j'appelle pas les flics, c'est le coup de fusil direct !
– Et c'est toi qui vas en taule.
– Eh ben j'irai en taule, je préfère encore aller en taule qu'on me pique ma tondeuse, tu sais combien ça fait de fois qu'on rentre dans mon garage ?
– Dis.
– Quatre fois ! Plus une fois, une fois le mec est pas rentré parce que le voisin passait devant le pavillon, cinq fois ! La prochaine fois je te jure si je suis là direct, le coup de fusil, ah tu peux me croire !
– Et t'iras en prison.
– Je m'en fous, je préfère aller en prison qu'on rentre dans mon garage !

Il dit toujours qu'il va faire moche le gars de la météo de la radio le matin et il fait toujours beau, c'en est un qui se venge qu'il a pas de vacances...

Mon royaume pour un demi !

L'hérédité, en fait c'est de l'inné acquis en fait, mais pas acquis par toi, c'est de l'acquis transmis en inné en fait...

Deux cent trente kilomètres aller Montpellier, deux cent trente kilomètres retour Montpellier, ça vaut le coup non ?

Le Burundi, ça va jamais, le Rwanda, ça va jamais, ça les regarde après tout...

J'ai fait trente ans d'armée, j'ai eu la médaille militaire, maintenant c'est de la merde tout ça !
– Vous embêtez la clientèle.
– Je t'emmerde, blanc-bec !

La Bretagne, on ne sait jamais si il faut mettre l'imper ou le maillot de bain.
– Vous connaissez bien ?
– J'y vais tous les ans.

Les Noirs sont encore plus racistes entre eux que nous avec eux.

Là où l'avion est tombé, dans deux ans, ça sera un coin à homards.

Il reste cent dix-huit corps au fond de l'eau.
– Ça leur fait des vacances.

Les Américains applaudissent que les Américains, les Français applaudissent que les Français, chaque pays devrait faire les Jeux olympiques chez lui, à la limite... vous applaudissez les Roumains, vous ?
– Je suis pas meilleur que les autres.

Vous avez vu la bombe à Atlanta ?
– Non, je regarde pas le sport.

... C'est pas sûr, c'est peut-être une invention des médias.

Chaque athlète lave ses slips ou bien ?

... faudrait pas qu'ils mettent des bombes partout...

... On s'en fout, on a nos médailles.

... Pour une fois que c'est pas chez nous...

Je sais pas ce qu'ils mangent les gars à Atlanta mais moi j'ai mangé du filet de hareng.
– Remarque tu t'en fous, tu fais pas les Jeux olympiques.

C'est un apéritif phare, le pastis.

... rien à foutre, même en Angleterre, je roule à droite, c'est pas mon problème...

Les menhirs, fallait pas être fainéant, trouve un jeune qui te fait un menhir, tiens...
– Ils croyaient à quelque chose...
– Trouve un jeune qui te fait un menhir, tiens.
– C'était une autre époque aussi...
– Trouve un jeune qui te fait un menhir, tiens.

Même si ton permis de conduire est plus bon en France il est encore bon à l'étranger, en Espagne il est bon, au Portugal il est deux fois bon, tu verrais comment ils conduisent là-bas, toi, même bourré, t'es Alési à côté des Portugais, t'es le dieu de la conduite avec tes grammes.

Je supporte pas les verres de contact, ça fait des yeux en aquarium.

Les Espingouins, tiens, ceux-là, on les voit plus souvent à la sieste qu'au boulot les Espingouins...

Je cherche à acheter une pendule.
– À c't'heure-là ?

Tu m'tueraaaaaaaas !
Si tu t'en vaaaaaaas !

Tu m'tueraaaaaaaas !
Si tu t'en vaaaaaaas !

Tu m'tueraaaaaaaas !
Si tu t'en vaaaaaaas !

Il est bien ?
– J'ai lu une ligne, j'ai rien compris, et le vôtre ?
– J'ai pas commencé.
– Vous me le prêterez s'il est bien ?
– Vous le voulez tout de suite ?
– Plus tard.
– Non non prenez, je le lirai après, vous me direz...

Tiens-toi droit ! À dix ans t'auras une bosse !

Des tremblements de terre en Savoie maintenant.
– On est plus en France, on est en Inde, voyez les problèmes de viande, on a les mêmes problèmes que les pays chauds...

Quand t'as piloté un hélicoptère tu peux en parler de l'hélicoptère, sinon tu fermes ta gueule.

Cette année, personne.
– Et la colonie de vacances de Montargis ?
– Les moniteurs boivent pas !

Il a une idée tordue dans la tête, tu lui parles, il écoute rien ça rentre pas, c'est une idée tordue qui lui fait un siphon et rien passe.

Wagner, c'est pas de la merde de variétés !
– Même en musique, le plus important c'est la qualité du produit.

Les fous ont des yeux mais pour voir ce qu'y voient y peuvent les ramener à la caisse !

Jésus, toujours à l'heure.

Plus personne achète de viande, les gens ont peur de la viande, et pourtant quand on les voit en maillot les gens ils sont pas faits en légumes !

Les grosses chanteuses, y a bien des moments où elles pètent a cappella.

Il reste chez lui là-haut à rien faire, comme une feuille d'arbre.

On a qu'à envoyer la viande aux pays qui meurent de faim, des tonnes de viande qu'on brûle, des tonnes.
– C'est de la viande contaminée.
– Y a eu trois morts, la famine c'est des milliers de morts, ça leur ferait plaisir d'avoir que trois morts chez eux à cause de la viande, ah oui, ça leur ferait plaisir...
– Mais non...
– Mais si...

… le sport je m'en fous mais les attentats, ça m'intéresse.

Y a Pérec qui court cet après-midi, après la bombe, c'est pas bon pour le moral.

C'est une pro, elle s'en fout, elle réussira à se concentrer, y a presque pas de morts, et même… si elle gagne pas l'or, c'est pas ça qui va les ressusciter les morts, faut pas mélanger le sport et la politique, la politique, hein, bon, Tapie, compagnie, les attentats, stop cinq minutes, on est en vacances, en plus c'est des gens qui étaient dans un concert de musique, c'est comme le Boeing, un attentat de plus, un de moins, ça change quoi, ça fait tout un ramdam parce que c'est des Américains qui se font sauter la gueule pour une fois, ça leur fait pas de mal, tiens, à ceux-là, la bombe aurait été sur un site olympique, là je dis pas, mais dans un square à la con la nuit franchement, c'est pas la station Saint-Michel chez nous, ils ont fait sauter trois branleurs, tu parles d'une affaire ! Elle l'aura sa médaille d'or la petite Pérec, tu paries ?

Tout est démesuré en Amérique, tout.

J'ai pris deux kilos pendant les J.O.

C'est un Américain qui a posé la bombe.
– Bien sûr, ils ont presque pas de médailles, alors ils foutent la merde… c'est humain.

Ce qui m'inquiète, c'est d'avoir laissé mes plantes vertes.
– Personne vous les garde ?
– La voisine me les arrose mais c'est quand même pas pareil.
– Pour le cent mètres, vous avez qu'à regarder, c'est que des Noirs.
– La course à pied, d'accord, mais regardez la Formule 1, c'est que des Blancs, comme tout ce qui est technique…

Le saut à la perche, ça ne sert à rien dans la vie, on ne court pas après le bus avec une perche…

Quel bordel ces Jeux !

Le tir à l'arc ça va bien dans les films mais aux Jeux olympiques ça fait vieux.

... C'est le merdier, c'est pour ça qu'on gagne des médailles, on se croirait chez nous...

T'as pété ?
– Ah non !
– Si t'as pété, celui qui pète sans le vouloir est un âne sans le savoir, c'est ma grand-mère qui disait ça, elle est morte.
– Pas de trucs tristes aujourd'hui !

... je suis italien, je suis venu en France en 39, j'ai fait six ans dans l'armée... je suis français... j'ai été brutalisé français !

... le monument le moins lourd c'est la musique.

... j'ai même des grains de blé dans mon porte-monnaie, qu'est-ce que ça fait là, faudrait pas qu'on croie que je suis paysan...

Le square Montholon, c'est un square qui date du Moyen Âge.

Quand tous les musées sont fermés, on revient à l'âge de pierre.

Les enfants martyrisés, ça fait de bons guides de montagne...

Chirac, il doit pisser loin quand il sort pisser dehors.

Klink ! Merde, le troisième depuis ce matin... je sais pas ce que j'ai, j'ai tout qui me glisse...

– C'est organisé par Coca-Cola.

On leur voit beaucoup la raie des fesses aux coureuses, je trouve.

Dix ans d'entraînement pour courir dix secondes, ça va tellement vite le cent mètres.

À part Mozart, des juifs géniaux, cite m'en un autre ?

C'est quand l'hiver ? Y a l'automne d'abord non ?

... On a pris en pleine figure la crise de la chaussure.

Ça sent bon chez vous...
– On parlait de la gamine violée.
– Ça n'empêche, ça sent bon chez vous.

Il est beau votre fils.
– Oui, mais il a un caractère ! Dis bonjour.
– T'es pas ma mère !
– Qu'est-ce que je vous disais ?

Il est tellement vieux que même son fils s'appelle Maurice.

On a visité le lavoir.
– Vacances de cons !
– ?

On nage vite avec des palmes comme ça ?
– Je sais pas, elles sont pas à moi, elles sont à quelqu'un...
– Un ami à vous ?
– Oui, un camarade.
– ?
– ...
– Vous êtes au camping des pédés ?
– Ah non non non non non non.

Alors, qu'est-ce que je vous sers ?
– On peut se baigner après le rosé ?
– Bien sûr.
– Alors un rosé.

Les spectacles historiques on ressort moins idiot.
– Nous avec Francis, on aime pas tellement ça.

Jamais deux sans trois comme on dit.
– On le dit plus.
– Nous on le dit.
– Vous êtes de quelle région ?

Moi, j'aime bien nager avec la bite dans l'eau.

Tout ce qui est culturel m'intéresse mais pas trop quand même, après deux minutes je m'emmerde.
– Demandez voir à mon mari, il est pareil.
– Les châteaux, je m'emmerde !
– Voyez...
– Comme le mien.
– Les châteaux, je m'emmerde !
– Voyez...
– Comme le mien.

Mais d'où elles viennent toutes ces mouches ? !
– C'est les mouches qui arrivent avec les Parisiens.

Les idiots des villages maintenant ils sont dans les villes.

Vous m'y verrez jamais au Festival d'Avignon !

Le seul festival qu'on a fait une fois, c'est la Fête de la bière.

Pour cent balles, quand t'es pauvre, tu préfères la viande.

Ils se plaignent qu'ils sont en grève de la faim depuis trois semaines, hé, ils sont pas obligés ! T'es en grève de la faim toi ?
– Et je me plains pas.

Tu prends la route après un cassoulet ?

Rien qu'en mangeant des moules on est plus en forme, et c'est que des moules.

... le reste de l'équipe continue mais moi j'ai arrêté d'être sur Andromaque.

Fort Boyard, la grand-mère croyait que c'était les Jeux olympiques.
– Pour les vieux c'est des gens en short.

Ça vaut le coup, et attention ! faut voir l'organisation !
– C'est les Allemands.
– Pas de bagarres, tout bien.
– C'est les Allemands.

Prison à l'île de Ré, à sa sortie tout bronzé.
– Vous appelez ça de la prison, je suis évêque...
– Récidive, on les refout en taule, ils rebronzent.
– Pape !
– Vous rebuvez quelque chose ?
– Tout ce que je dis je le fais.

La prison à perpétuité, ils te font sortir six mois après, tu parles !

Les plus beaux tee-shirts c'est les américains.

Quand j'étais jeune, j'étais belle.
– Mais vous êtes encore belle !
– Mais non, elle, c'est ma fille.

C'est malheureux à dire mais à l'Assistance publique c'est des cinglés, ils m'en avaient placé un, il me jetait les casseroles au plafond !
– Et les mirabelles.
– Oui maman t'as raison, et les mirabelles ! Les femmes, elles font les enfants et elles les abandonnent à l'Assistance, nous on les prend chez nous et ils nous jettent les casseroles au plafond !
– Et mes mirabelles.
– Oui maman, et les mirabelles, après deux enfants, stérilisées de force ces femmes-là !
– Et mes mirabelles.
– Oui maman, et tes mirabelles.

Le soleil brille de plus en plus, c'est pour ça qu'on a de plus en plus de la chaleur forcément ça nous tombe dessus, la chaleur monte pas.

Quand les comédiens seront tous en images de synthèse, le Festival de Cannes pareil, on l'aura à la télé.

J'aimerais être dans les affaires parce que y a le repas.

Avec tous ces gosses, y a que aux cabinets que je suis tranquille...

Vous vous souvenez l'éléphant qui monte sur les verres, c'est ces verres-là qu'on a.

Un grand orchestre c'est bien mais d'un autre côté c'est pas bien, les musiciens ont pas le temps de se connaître.

Tous ceux qui portaient les hallebardes étaient bourrés ! comment y a pas de blessés à leur nuit médiévale je me demande !

On a pas le droit d'être bourré dans la rue.
– Ben où alors ?

Il aime les pâtes mais il aime les pâtes ! il en mange à la maison tout le temps mais il aime les pâtes jusqu'au point d'aller au restaurant manger tu sais quoi ? Des pâtes !

Tu viens à la Bambala ?

C'est la bite de la fleur et toi tu mets le nez dessus !
– Là ? Quoi ?
– C'est la bite de la fleur.
– Ça, là ?
– C'est la bite de la fleur et toi tu mets le nez dessus.
– Où c'est qu'y va chercher ça lui !
– C'est la bite de la fleur j'te dis.
– Où c'est qu'y va chercher ça lui !
– C'est la bite de la fleur j'te dis.
– Où c'est qu'y va chercher ça lui !
– C'est la bite de la fleur, demande tu verras.
– Pourquoi tu m'as acheté ça toi ?!

... je sais pas ce qu'ils mettent dans leur lumière mais qu'est-ce qu'elle fait mal aux yeux cette boulangerie.

Nanar...
– Nanar, le grand Nanar.
– Oui, le grand Nanar ?
– Tu l'a vu ?
– Non.
– Il est pas parti à l'armée ?
– Nanar ?
– Le grand Nanar, il est pas parti à l'armée ?
– Le grand Nanar ? Je sais pas.

C'est le chômage qu'on devrait apprendre à l'école !

Personne pourra arrêter le chômage, ni la droite, ni la gauche, pour arrêter le chômage faudrait que le travail serve à quelque chose et ça sert plus à rien, moi depuis cinq ans j'ai plus de boulot eh ben, j'ai pas maigri !

Eltsine, je le verrais au comptoir ici, je sais pas si je lui confierais la Russie à ce mec...

... excuse-moi c'est vrai. ... c'est pas vrai ? ... quoi merde enfin...

Je sors plus.
– C'est vrai tu sors plus.
– Je sors plus.
– T'étais pas casanier comme ça l'année dernière, t'étais pas comme ça.
– Je sors plus, le samedi midi habituellement traditionnellement je sors, je sors plus.
– C'est vrai ça, tu restes de plus en plus à la maison, comment ça se fait ça ?
– Pour la pétanque quand j'ai su le concours j'aurais pu venir boire un coup, non, je sors plus.
– C'est vrai ça, tu sors plus de la maison, quel pantouflard.
– Dimanche à la garden party, eh ben, je me suis emmerdé, j'avais qu'une envie c'est de rentrer, à huit heures on a replié les cannes et on est rentré à la maison.
– Tu t'es fait suer ?
– Ah oui, je me suis emmerdé, dimanche ! Ah oui, je me suis emmerdé.
– T'as bien participé.
– Je me suis emmerdé.
– Pendant le spectacle ?
– Ah non, c'est pas pareil, mais j'avais qu'une hâte, c'est de

Les discours d'Hitler, moi ça

... C'est même pas sûr que je le serve, Eltsine, si il est dans le même état que pendant son investiture !

... c'est vrai non ? **... b**ien sûr que c'est vrai ! **... b**ien sûr.

rentrer, c'est pour ça là, je sais pas si j'irai... concours du plus gros mangeur de boudin... vente de miel... soumaintrain fermier... escargots... vins de la région... ratafia de cidre et cidre... démonstration de labours... artisanat... émaux... émaux... émaux... c'est quoi les émaux ?
– C'est comme faisait l'instituteur.
– Monsieur Touzelet ?
– Oui.
– Le jeune là ?
– Oui, c'est des assiettes en fer qu'on fait cuire.
– Des émaux...
– Des assiettes peintes qu'on met dans le four.
– C'est ce dimanche... c'est loin... je sais pas si j'irai.
– Il est pantouflard celui-là... mais t'étais pas pantouflard comme ça l'année dernière toi.
– C'est l'âge, p'têt... tiens, tu me remets un coup et on y va... même la promenade du soir avec les chiens, je la fais plus.
– Ah oui, c'est vrai...
– Tu nous remets ça et on y va.
– Tu deviens pantouflard toi dis.
– C'est l'âge, p'têt...
–P'têt...

... non ?

... alors...

... non ?

... mais si !

... bon...

... qu'est-ce qu'on boit ?

m'aurait mis la puce à l'oreille.

Si les gendarmes se mettent juste devant, j'ai plus qu'à fermer boutique moi !

Une femme président de la République ? Et pourquoi pas un chien !

Je te paierai demain.
– Certainement pas ! C'est fini ce temps-là !

La grande musique, elle est jamais plus grande que le trou de l'oreille.

La petite assassinée, l'affaire rebondit.
– Comment ils parlent les journalistes, c'est pas un ballon cette petite.

... toutes les deux minutes un avion passe au ras du toit, on risque pas d'avoir des guêpes sous les tuiles...

Le pire quand tu fais du naturisme c'est tu te promènes tout nu et tu marches dans la merde de quelqu'un, c'est horrible.

Les coups de soleil sur les parties, alors là oui, on déguste !

Quand t'as faim, la meilleure compagnie c'est madame assiette.

Un café et un petit ballon de côtes.
– Le rouge et le noir !

Il écrit mieux que Victor Hugo !
– Victor Hugo il est mort, c'est facile.
– Simenon, il a fait quatre cents livres.
– Simenon il est mort, c'est facile.

Il faut toujours aimer ses enfants... oui... toujours...
– Tu ferais mieux de rentrer.

Une heure de vélo à Paris, tu respires autant de merde que si tu fais cinq heures de bagnole en fumant le cigare, alors je préfère rouler cinq heures en fumant le cigare que faire le con sur un vélo !

Si la vie existe sur Mars, y a pas de raison qu'elle existe pas ailleurs.
– Ici.

C'est pas de la vie sur Mars, c'est des bactéries.
– C'est vivant une bactérie !
– Pas chez moi, je passe tout à la Javel.

... des microbes martiens maintenant !

L'homme est tout seul dans l'univers.
– On sait pas.
– D'autres vies, ça servirait à quoi ? Hein ? Déjà toi ici, tu t'engueules avec tout le monde.
– Et alors ? ! Je t'emmerde !

Soixante-quinze morts dans le camping... – Comme ça la prochaine fois ils iront à l'hôtel !

Ils ont annoncé des orages à la météo...
– Le pain est déjà mou, regardez, non mais touchez si je mens.

Tu glisses sur une merde, tu te casses une jambe, tout est dangereux.

On peut rien contre un torrent de boue, même un bon nageur peut rien faire, c'est pas de l'eau, c'est de la boue avec des pierres et les truites c'est des caravanes...

Ils construisent les campings dans des entonnoirs et après ils disent du mal des entonnoirs, c'est un peu facile aussi...

Capitoul ! Capitoul ! La météo avec les fromages frais du berger, Capitoul ! Didou didou dida didou !

... **S**a femme doit pas rigoler tous les jours...

... **i**l est fou...

... **t**outes ces voitures emportées par la boue, ça fait toujours ça de voitures en moins sur les routes...

Qu'est-ce que j'ai pu la faire l'école buissonnière ! J'allais au car et je me cachais dans le lavoir, après je disais, j'ai raté le car, j'ai raté le car !
– Je me souviens, je sais pas ce que j'y faisais, j'étais toute seule dans l'école, y avait pas d'élève, j'étais toute seule, je devais être chez moi normalement, j'étais toute seule, c'est flou comme souvenir, je vous parle de ça j'avais cinq ans, j'étais petite...
– Qu'est-ce que j'ai pu la faire...
– Je sais pas ce que je faisais là, franchement, je sais pas.
– Qu'est-ce que j'ai pu la faire.
– Ça a pas sonné midi à la mairie ?
– Quelle chaleur...
– Nantes, et après Auxerre.
– Ah ah !

... **u**n autre.

... **a**ttention, je tache !

Je me suis tellement fait chier au camping où on était que si on avait été au camping tragique, finalement, j'aurais préféré...

Y a pas pire pour le

Elle est sulfureuse comme mes couilles la patronne ce matin !
– Vous avez de la chance que le patron soit pas là parce qu'il aime pas beaucoup quand on me parle comme ça...

... eh ben, il est dans un drôle d'état lui...

... que y a une chance sur mille, sur un million, que y a une chance sur un milliard, que y a une chance sur cent milliards, moi je dis que... un bienfait est jamais perdu !

Au cinéma, quand on s'ennuie, on ne peut pas regarder par la fenêtre.

Les pyramides des pharaons restaient sur place, on les portait pas jusqu'au cimetière avec la famille qui suit derrière comme nous on fait.

Rien qu'en France, on a des milliers d'étoiles.

C'est un apéritif mutant fait à partir d'un mélange de plusieurs autres apéritifs.
– Un cocktail ?
– Oui, mais mutant.

... il est pas rentré de la nuit.

On voulait de la pluie, on en a !
– Oui mais là c'est trop !
– De toute façon on est jamais content.
– La semaine dernière je voulais arracher mes patates, pas moyen avec la terre comme du ciment et ce matin j'ai voulu y aller, c'est que de la boue, ça colle, pas moyen de faire rentrer quoi que ce soit !
– De toute façon on est jamais content.
– Faudrait que ça réchauffe jusqu'au 15 août.
– De toute façon on est jamais content.

Alors Marcel, tu dis plus bonjour ? Ça y est, t'es président de la République ?

... je suis comme Johnny Hallyday, j'aime la vérité.

Le pape, c'est rien qu'un fonctionnaire comme un autre.

C'est pas parce qu'on est mardi que c'est pas un jour comme les autres.

cœur que le sport.

Bachelard se tapait une Suzanne.

Cinquante francs les quatre nains de jardin, on en a pris huit.

C'est une fête de la mer qui a tourné au drame...
– Des moules ?
– Hein ?
– Des moules ? Une intoxication ?
– Mais non, un bateau qui a coulé.
– Je peux pas deviner !
– Vous vexez pas, je comprends très bien, on pense tout de suite aux produits de la mer.
– Vous me dites une fête de la mer, pour moi immédiatement, c'est une fête où des gens mangent, comme la fête des champignons, si je vous dis fête des champignons qui a tourné au drame, vous pensez quoi ?
– Des champignons mortels... non, la foudre, oui, la foudre !
– Vous pensez pas à un accident...
– Pas forcément.
– Alors quand je dis les moules, c'est pas une raison pour me prendre pour un idiot !
– Je vous prends pas pour un idiot, ah non, certainement pas !
– C'est rien.
– Je vous jure.
– Je m'en fiche.
– Vous vexez pas.
– Je me vexe pas... je m'en fous... vous avez vu aussi, ils ont viré les nègres de l'église, ceux de la grève de la faim, c'est pas dommage !
– Il repleut.
– C'est ça, parlons de la pluie !

Tous les gens que je côtoie ont de la philosophie, je préfère.

... Ça évite les mauvaises surprises...

T'es de là-bas ? Comment on dit camembert en créole ?

La musique d'église, tu baisses le plafond, t'as de la variété.

En Éthiopie la nature c'est tellement beau, on dirait du Bernard Buffet.

... ils savent égorger, là-bas, tiens...

Ils vont mettre les cendres de Malraux au Panthéon.
– Tant mieux pour lui finalement.

Il le mérite, ah si, il le mérite !

Le Panthéon, c'est le plus grand cendrier du monde !

Je comprends pas pourquoi les parents leur achètent toujours des grandes barquettes, les gosses finissent jamais leurs frites !

Ça plane pour moi ! Toutoutoutoutoutoutoutoutou !
Ça plane pour moi ! Toutoutoutoutoutoutoutoutou !
Pour moi ! Moi ! Moi ! Moi ! Moi ! Moi ! Moi !
Ça plane pour moi ! You you you you you you you you !
Toutoutoutou !
Toutoutoutoutoutoutoutoutou !

Moi, j'aime pas la Contrex, j'aime pas l'étiquette.
– Moi, j'aime pas l'Évian, ça me rappelle l'hôpital.

À cinq ans il dit allô, on dirait qu'il a téléphoné toute sa vie.

Tout le monde est mort dans ma famille !
– Paye d'abord ce que tu dois.
– Tout le monde est mort dans ma famille !
– Chaque fois que t'as soif, tout le monde est mort.
– Tout le monde est mort dans ma famille !
– Paye, après on verra... celui-là, faut se le faire...

... On se casse, y a que des vieux.

Branleur !

Shakespeare ? Houla !

T'as pas de gosse ? T'es la mouche du coche alors !

Je vais annuler mes vacances pour boire l'apéritif avec toi.
– Mais non, il ne faut pas.
– Mais si.
– Mais non, il faut partir.
– Mais non, je pars pas, je bois l'apéritif avec toi.
– On va pas boire l'apéritif pendant un mois.
– Ah bon ? Et pourquoi non ?
– Allez, il faut partir maintenant.
– Je veux partir avec toi.
– Mais non.
– On boira l'apéritif tous les deux où tu veux.
– Mais non, ta femme t'attend.
– Ma femme ?
– Ta femme t'attend.
– Où ma femme elle attend ?
– Chez toi ?
– Qu'est-ce qu'elle fait chez moi ma femme ?
– Elle t'attend.
– M'en fous.
– Il faut rentrer.
– M'en fous, je pars pas, je veux boire l'apéritif avec toi.
– Qu'est-ce que tu bois ?
– Rien, j'ai pas fini.
– Finis.
– Une seconde.
– Finis, que je te paye l'apéritif, c'est les vacances après tout.
– C'est les vacances, oui, c'est les vacances.
– Tu vas où en vacances ?
– Je pars pas, je travaille.
– Tu travailles ?
– Oui, je travaille.
– Tu veux que je travaille avec toi ?
– Non.
– Je travaille avec toi si tu veux ?
– Non, toi, tu pars en vacances.
– Non, je veux rester travailler avec toi.
– Tout à l'heure, tu voulais rester pour boire l'apéritif.
– Les deux !
– Allez, t'as assez bu, ta femme t'attend.
– Où elle est ma femme ?
– Chez toi, elle t'attend pour partir.
– Je veux pas partir.
– Vous allez où ?
– Nulle part !
– Eh ben... elle va être contente ta femme...
– Elle est où ?
– Pénible, à force...

Moi la capote c'est ancré.

L'Esquimau c'est le contraire, l'eau froide c'est de l'eau chaude.

Vous êtes dans le dictionnaire, si vous vous appelez Gambetta.
– Pierre Gambetta.
– Eh ben putain ! Eh ! Il est dans le dictionnaire lui !
– Ah bon ?
– Il s'appelle Gambetta !
– Pierre Gambetta.
– Eh ben putain, c'est la première fois que je vois un mec qui est dans le dictionnaire !

J'ai toujours l'impression que c'est quelqu'un d'autre qui marche depuis que j'ai mis le gravier devant la maison.
– Ça fait ça quand on marche sur du gravier la nuit, on se retourne, j'en ai aussi à la maison.

... c'est pas que ça sente mauvais, mais ça sent beaucoup.

Le jazz, pas plus d'une demi-heure, de toute façon, comme c'est toujours pareil...

... je suis tombé EXACTEMENT là où vous êtes...

Étouffer et violer une gamine, y en a qui ont de ces idées...
– Y a pas de guerre, on s'entre-tue pour autre chose...

Va dans le désert, tu ouvres une boîte de sardines, tu attends, tout de suite t'as une mouche qui se pointe, tu sais pas d'où, c'est des drôles d'insectes.
– C'est des insectes normaux qui vivent dans le cul des chameaux.

... en chambre d'hôte, tu chies au lit c'est encore pire qu'à l'hôtel puisque tu as eu un accueil personnalisé.

Michael Jackson, il a pas intérêt à se mettre au soleil sinon tu retrouves même plus le slip.

Vous avez entendu les chevaux perdus dans la nuit ? Les sabots sur la route ? J'aurais bu le soir, j'aurais cru à un mensonge de nuit...

La lune elle fait la marée mais la terre elle fait quoi en contrepartie ?

On demande toujours aux putes et aux flics pourquoi ils font ça, jamais aux dentistes.

Au revoir messieurs dames, merci !
– Au revoir messieurs dames merci !
– Et après, tu dis ? Qu'est-ce que tu dis après ? Tu dis ?
– ...
– Bon après-midi !
– Bon après-midi !
– Vas-y...
– Au revoir messieurs dames, merci ! Bon après-midi !
– Si ils sont déjà dans la rue, ils t'entendront pas.
– Au revoir messieurs dames ! Merci ! Bon après-midi !
– Bon... tu peux prendre ta pause.
– Merci.
– Une demi-heure, pas plus.
– Pas de danger !
– Il est bien ce petit... mais faut pas trop leur dire parce que après...

Son assiette de charcuterie pourrie, le Radeau de la Méduse que c'est !

Vous, c'est 95 B, vous êtes large du tour.

Moi je fais plus de compliments, c'est trop compliqué.

Une sécheresse ! On a pas vu ça depuis 76, pas une goutte, l'herbe est toute jaune, y aura plus rien à donner à manger aux vaches bientôt.
– Faudra leur donner des farines empoisonnées.
– Si y a que ça ! On va pas les laisser mourir de faim quand même !

Il a couru le contre-la-montre, c'était contre-la-pendule, gros cul !

Bonjour messieurs dames, je vous demande un peu d'attention messieurs dames, je suis polonais, les socialistes et les communistes mettent partout des gaz mortels qui tuent et qui attaquent les dents, merci messieurs dames de m'avoir écouté, bonne journée messieurs dames !
– ?
– ?
– ?
– ?

... Ma mère elle est vieille, elle secoue la salade.

... **m**e faites pas parler, j'ai mangé de l'ail.

C'est des assiettes creuses qui gardent bien la chaleur... la soupe agonise plus longtemps que dans les autres assiettes avant d'être froide.

C'est un microbe ambulant ce pape !

... **l**a fenêtre ouverte, je m'enrhume.

... **o**n est en pleine dégénérescence.

L'espérance de vie de l'homme c'est d'être vieux, ça sera jamais plus.

Faut toujours se dire qu'il y a pire mal logé que nous.

... **j**'y vais, pour pas être en retard à la visite de mon genou.

On a fait des bocaux de cornichons, comme ça on a nos cornichons, avec nos bocaux de cornichons, on vit en autarcie pour les cornichons.

Schwarzenegger, il se bat jamais, rien que tu le vois, tu lui cherches pas la merde à Schwarzenegger...
– On sait que tu sais le dire !

... en Levi's comme ça, on peut pas monter en haut, ils font rester en bas, quatre-vingts francs l'entrée et la conso et on reste en bas, c'est la boîte, il faut le costard, c'est une boîte de bourges, on reste jamais, on se barre ailleurs, on va au Soft, je connais tout le monde, tu parles, j'habite à quatre kilomètres du Soft, on s'éclate, t'habites où ?
– Aux Bordes-la-Gousse, à côté de Dixmont.
– Euuuuu... on se revoit si tu veux, j'ai une perm' dans quinze jours.
– Oui, pourquoi pas ?
– On se fait la bise ?
– Oui d'accord.
– Rote !... moi je rote toujours avant.
– Oui... euh... d'accord.

Bon, tu rentres ou tu sors ?

... et Tsink et poët, c'est plus possible de se trimbaler en France pendant les vacances, t'as des festivals de musique à la con dans toutes les villes, et Tsink et poët, ohhhhhhhh, assez !
– Tous ces festivals partout, mais on est pas en Afrique.

La vache folle, ça se transmet au veau maintenant...
– Ma mère elle avait du diabète, j'en ai, c'est pas la peine de dépenser de l'argent dans les études, on m'aurait demandé, je l'aurais dit.

De quel droit à La Poste vous mettez les saints du calendrier ?
– C'est pas nous.
– Et la séparation de l'Église et de l'État ?
– Moi j'en sais rien, je m'en fous.
– En France, tout le monde se fout de tout !

Y a des pays où un trou du cul par personne, c'est trop, et des pays où un trou du cul par personne, c'est pas assez... hein ?

Un bon canon, c'est un anesthésiant qui anesthésie.

Mylène Demongeot, elle a une langouste apprivoisée, comme quoi, tout s'apprivoise.

Je sais jamais quoi mettre sur une carte postale.

Une femme dans l'espace ! à la maison à s'occuper des gosses elle est dans l'espace aussi à ce que je sache...

Partir dans l'espace ? Avec cette chaleur ?

La marquise de Sévigné, y en a que pour elle en ce moment !

Avec le décalage horaire, à cette heure-là en Grèce, ils sont à l'apéro.

Regardez les Jeux olympiques, les médailles des Noirs, et les médailles des Français, regardez rien que ça, sans vouloir faire des discours, rien que ça, même ceux qui font le commentaire là, je sais plus les noms, ils l'ont dit.
– Faudrait être aveugle pour pas le voir !
– Ils l'ont dit ! Si si !
– Oui, mais bon, même, on le voit bien...
– Ils l'ont dit ! Si si ! C'est officiel !

Si vous régularisez deux cents personnes, le monde entier va arriver chez nous se faire régulariser.
– Quarante jours de grève de la faim pour avoir des papiers, c'est pas cher payé finalement.
– Ils s'en fichent d'être Français, ce qu'ils veulent, c'est les allocations familiales !
– Six bébés sont nés depuis qu'ils sont dans l'église.
– Eh ben, ça promet ! Et les curés disent rien, moi ça me dépasse.
– Ils ont plus personne dans l'église, là du coup on parle d'eux.
– Vous allez voir quand les musulmans vont nous tomber dessus comment on va se faire égorger, il sera plus temps de leur enlever leurs papiers, c'est eux les plus nombreux.
– Il a trop attendu le gouvernement, maintenant avec tous les médias.
– Ils ont qu'à envoyer des fusées de fumée et après envoyer les flics.
– Il aurait fallu les expulser dès le premier jour !
– Déjà, il aurait pas fallu les laisser rentrer en France, le mal il est là, une fois qu'ils sont sur le territoire, allez les retrouver, ils se cachent les uns chez les autres, à vingt dans un studio, ils se tiennent les coudes, pour ça ils sont moins cons que nous, nous on s'engueule pour un oui pour un non, chacun chez soi !
– Ils s'entraident, c'est vrai.
– On s'entraiderait à les foutre dehors, ça serait fait depuis longtemps, quand je vois les autres qui leur portent de la nourriture, les gars de la RATP, je me demande ce qu'ils ont dans la tête, et après quand il y a une agression dans le métro c'est les premiers à venir pleurnicher ! Et l'autre, le professeur machin du cancer, il ferait mieux de chercher un médicament contre le cancer, il passe sa vie à la télé celui-là !
– Et l'actrice...
– Qui ?
– L'actrice, la blonde, avec une grosse bouche.
– Morane ?
– Elle est blonde Morane ?
– C'est une actrice blonde.
– Connais pas.

– Elle dort là-bas.
– Mireille Darc ?
– Non, une grosse, bref, elle est là-bas.
– On voudrait régulariser qu'on ne pourrait pas ! Y a plus de travail en France, c'est terminé !
– C'est pas du travail qu'ils veulent.
– Est-ce qu'on va à l'étranger chercher des allocations, nous ? Vous y allez à l'étranger, vous ? Vous allez dans une église au Maroc pour demander de l'argent à l'État ? On vous aurait foutu dehors vite fait avec un pied au cul !
– En Algérie, ils ont encore égorgé dix-sept jeunes.
– Et en Algérie, vous y allez demander le chômage et les allocations ? Votre famille, ils vous la prennent et ils lui tranchent la gorge !
– Y a pas d'Arabes dans l'église, je crois.
– C'est des musulmans, Arabe, musulman, c'est les mêmes ! Si c'est pour voir ça aux informations midi et soir, c'est bien simple, je vais plus payer ma redevance !

C'est vachement bien le Mali, non ? Moi je serais malien, à cette heure-là je te jure je serais au Mali, on a été une semaine dans le Lot, que de la pluie...

... Si encore c'était la guerre chez eux, même pas, en plus le Mali est le plus gros producteur de tomates.

Ils ont Emmanuelle Béart avec eux
dans l'église.
– La fille de Guy Béart ?
– Elle est dans l'église.
– Elle est noire ?

Si on nourrit tous les gens qui meurent de faim dans le monde, alors moi j'arrête de travailler et je me fais nourrir aussi, y a pas de raison !

Vous n'avez pas de travail vous ?
– Non.
– Vous avez des problèmes vous ?
– Oui.
– Et vous n'allez pas au Mali pour autant !

Après quarante jours de grève de la faim, ils sont encore en forme, ils se lèvent, ils discutent, ils ont l'habitude, au Sahel, en un an sans rien, sans rien ! les gosses sont encore vivants, ils ont le gros ventre mais ils tiennent debout, on en voyait avant, fais ça en France, prends une école et donne rien à bouffer pendant un an, tu vas voir la différence avec les Noirs, nous on s'est fragilisés à force de bien manger, on s'est fragilisés, c'est bien fait pour notre gueule...

Avec ce froid, ça me gênerait pas d'être expulsé vers un pays chaud.

... il faut avoir vu les marchés de Bombay...

Vous vous rendez compte, ils en trouvent encore des corps de gamines qui ont été violées et étranglées par le malade !
– Les malades, c'est au lit avec la fièvre, c'est pas dans la rue avec la bite à la main.

Tu te rappelles pas, tu pelotais le cul à tout le monde ?
– Non.

Les mecs qui se tapent des gosses c'est pas des malades, c'est des animaux, faut les enfermer avec de la bouffe pour chien !
– C'est vachement bon la bouffe pour chien, t'as des boîtes au gigot.

Les psychanalystes, c'est des malades souvent.

Pédophile, moi je pourrais pas, ah non, je pourrais pas... tu pourrais toi ? moi je pourrais pas, ah non, je pourrais pas.

... moi je suis rentré direct mais les autres je sais pas.

Elle fait un rôle de gouine.
– Deneuve ? Et pourquoi ?
– Elle fait la gouine, avec une femme.
– Et Mastroianni qui avait été marié avec elle pendant dix ans...
– Il est en train de mourir, il paraît.
– Et elle fait un rôle de gouine...

Si, elle était belle fille, elle est morte aveugle, elle se faisait sauter par les Allemands pendant la guerre.
– Je vois pas...

Y a pas une phrase surprenante que j'ai entendue depuis que je suis né, presque.

... j'étais pas soldat moi, j'étais haut comme ça, eh ben, je mitraillais les Boches, moi aussi !

Elle est pianiste.
– Je la connais ?
– Non, elle est pianiste à la campagne.

La Mascotte était fermée, le Bruand était fermé, le Sancerre était ouvert mais j'y vais jamais à cause de la musique, pendant l'été en France, y a plus rien.
– T'as fait les 24 heures de la pétanque toi ?
– J'ai même le tee-shirt.
– C'est pour ça que je dis ça.

Déjà t'as de la chance, t'épates ta femme toi.

Sa femme est revenue ?

Faut pas boire du café avant si tu dois être hypnotisé...

Le savoir, moi j'en ai appris.

Le poulet de Bresse, on sait d'où vient le poulet.

... Ça change tout, d'où vient le poulet.

Christophe Colomb qui traverse l'Atlantique, c'est pas seulement pour épater les gens...

Le XXIe siècle sera produits du terroir !

L'exode rural le plus gigantesque, c'est le soleil qui se couche !

Chaque fois qu'on parle corrida, on s'engueule, et pourtant chez nous tout le monde est pour.

L'Espagne, c'est pas cher.
– Oui, mais faut voir ce que c'est aussi...

On est partis avec la télé, on a bien fait, dans le camping tout le monde en avait une, le pire en plein air c'est de dépendre des autres, plus que dans des murs en dur.

On y comprend plus rien à cette histoire de sans-papiers ! Alors y en a qui ont le droit de rester parce qu'ils ont des enfants, les autres qui ont aussi des enfants n'ont pas le droit de rester, des femmes ont le droit, d'autres femmes dans les mêmes conditions ont plus le droit, le mari de l'une oui et pourtant il ne travaille pas et le mari de l'autre non alors qu'il travaille en France depuis cinq ans en payant ses impôts comme il faut, plus personne s'y retrouve, heureusement qu'ils sont tous noirs, ça au moins, c'est un repère !

T'as tes papiers ? Sinon hop !

... beaucoup de bruit pour rien tout ça.

Des olives, des cacahuètes, des petites bouts de saucisson, personne parle, l'apéro chez lui, on dirait la cérémonie du thé.

... je suis très bien comme je suis !

Le fils d'Higelin il a changé de nom pour pas qu'on l'emmerde avec le nom de son père qui est une vedette mais moi mon père c'est un branleur qui a jamais rien fait alors pourquoi je changerais de nom ?

Merde, quoi, bois le dernier avant de mourir !

L'espace, c'est un bien grand mot, ils flottent comme des merdes de poissons.

La beauté ! La jeunesse ! Résultat ? On encule des gosses !
– Ou on aide tout le monde, ou on aide personne !
– Mais oui.

C'est Tapie qu'il faudrait foutre dans un avion pour le Mali !
– Il a son porte-monnaie en peau de hérisson.

La relève !

Ils expulsent des Noirs, d'accord, mais moi ce matin dans ma rue, j'en ai encore vu quatre.

Elle est bien la Française dans l'espace, la jeune, elle rit tout le temps.
– Elle fait des piqûres à des tritons à quatre cents bornes de haut alors elle va quand même pas pleurer, ou alors elle vient servir ici le samedi midi quand c'est le concours de pétanque !
– Quand on voit ce que faisait Mitterrand, il amenait Sophie Marceau en Chine, et il montait la Roche de Solutré avec Pascal Sevran...
– Il est bien Pascal Sevran.
– C'est pas Kennedy avec Monroe je veux dire.

Un pont qui s'appelle de Charles-de-Gaulle, ça prouve rien.

Les fesses, c'est pas fait pour se promener tout nu, c'est fait pour cacher le milieu.

Tu monterais dans un Airbus toi ?
– J'en ai lu deux, un livre sur l'Égypte parce que j'aime bien les voyages et un livre sur le vinaigre parce que mon mari adore la salade.
– C'est bien la lecture mais il faut le temps.
– Tu monterais dans un Airbus toi ?
– Tu nous emmerdes Hervé !

Des rave party dans le Cantal, ça sert à ça le Cantal maintenant.

Les tests génétiques qu'on fait, tu te branles.
– C'est ça les tests génétiques ? !
– Tu te branles et ils font des analyses, comme ça on connaît le violeur.
– Et si tu veux pas te branler ? Si tu refuses de te branler ?
– On te branle.
– On te branle ?
– Bien obligé.
– On te branle ! T'es un violeur, on t'arrête pour te branler ? Excuse-moi, mais la justice, ça déconne quelque part.

Ils ont un vautour dans le slip, ces mecs qui violent les gosses.

Y a bien un mec qui a fait les peintures chez Picasso, c'est obligé.

Tu sais pourquoi les gens m'aiment bien ? Parce que j'ai des petites jambes et une grande gueule.

Je sais ce que j'ai à faire !
– Rends la clef des cabinets.
– Je sais ce que j'ai à faire.
– Rends-là.
– Je vais la rendre.
– Rends-là, y a des gens qui attendent.
– Je vais la rendre, je sais ce que j'ai à faire.
– Allez, donne.
– Voilà.
– Merci.
– Putain, tout est compliqué avec toi.

Quand tu as été violé dans ton enfance, tu peux plus supporter les gosses quand tu es grand, par contre tu peux être copain avec des violeurs...
– Il est rentré Bernard ?
– Non, il est pas rentré Bernard.
– Si vous voyez Bernard, vous lui dites que je suis rentré.
– Vous êtes qui vous ?
– Pierre, du garage.
– Je lui dirai.
– Est-ce que Xavier est passé ?
– Xavier qui ?
– Xavier, celui du magasin d'à côté.
– Non, pas vu Xavier.
– Si il passe, vous lui dites que je le cherche.
– Vous êtes qui vous ?
– Je travaille en face.
– Oui mais encore ?
– Hervé.
– Je lui dirai.
– À plus tard.
– C'est ça, à plus tard... c'est la multiplication des casse-couilles depuis ce matin... bref, tu l'as pas volé qu'on te viole.

Bonjour bonjour les hirondelles !

Les pédés, moi je les reconnais juste comment ils mangent, si monsieur, si !

On s'est promenés, on s'est baignés, on s'est reposés, tout le toutim, quoi... elles sont abîmées les routes là-bas, vous verriez...
– Évidemment, faut pas aller en Égypte pour faire de la route !

Monet, il avait du sable dans les yeux ce peintre...

Il s'appelle Marc, c'est facile à se rappeler, Marc comme Marc Dutroux, celui qui tue les gosses vous savez...
– Marc, oui oui, je me souviendrai.

La semaine dernière on marchait au milieu de la rue et ce matin, c'est la queue de voitures jusqu'à place Clichy...
– Ça y est, les cons sont rentrés !

Tu l'as pas reçue ma carte postale ?
– Si.
– Tu l'as pas mise au mur je vois.
– Plus la place.
– C'est quoi celle-là ?
– Celle-là ? C'est la carte de Pascal.
– Il est à La Rochelle ?
– Il est rentré.
– Tu vas la laisser ?
– Ben oui.
– Et ma carte du Maroc ?
– Elle doit être là-haut dans la chambre de la gosse.
– Tu mets La Rochelle au mur et le Maroc, là-haut.
– Pas la place, j'ai pas des murs extensibles.
– Je sais ce qui me reste à faire l'année prochaine, j'irai à La Rochelle.
– Mais non... tiens, Myriam, va chercher la carte postale de Jacky.
– Sa carte postale ?
– Oui, la carte que Jacky a envoyée.
– C'est laquelle ?
– La carte du Maroc.
– Oui, le Maroc, avec le minaret.
– Je l'ai jetée.
– Tu l'a jetée ! ?
– Ben oui.
– T'aurais pu me demander !
– Ma chambre, c'est pas une poubelle.
– Tu vas où ?
– À la piscine.
– Rentre pas tard.
– Mais non... salut Jacky !
– Au revoir Myriam... et bonne baignade !
– Elle grandit à une vitesse celle-là...
– C'est pas grave.
– Quoi ?
– La carte postale.
– Je sais.
– Tu connais le Maroc ?
Tu verrais... le beau temps qu'y fait là-bas...

La pêche au vif, il faut accrocher un petit poisson vivant, je sais c'est cruel, c'est la chèvre de monsieur Seguin.

Les bébés qui naissent depuis le début c'est vraiment on prend les mêmes et on recommence !

La vache folle, ils l'ont fait exprès pour qu'on mange du poisson.

Superman, il est paralysé maintenant.
– Avec tout l'argent qu'il a...
– C'est pas pareil, ça remplace pas.
– Quand on a beaucoup d'argent, on a pas besoin de marcher.

... toute ma jeunesse j'ai bouffé du cheval-arçons.

Tout a un prix, même la merde du maharadjah.

Désintoxication ! Désintoxication ! Plus facile à dire qu'à faire !

Si y a des pinces c'est que c'est un homard, si y a pas de pinces c'est que c'est une langouste, c'est du homard ou de la langouste ?
– C'était en sauce.
– Eh ben y avait des pinces dans la sauce ?
– Moi j'ai pas eu de pince, t'en as eu toi ?
– Non.
– Eh ben personne a eu de pince, alors c'était une langouste.
– Mais non ! C'était marqué du homard à l'américaine.
– Eh ben ils ont mis une langouste.
– À l'américaine ?
– Une langouste à l'américaine au prix du homard, pourquoi vous avez rien dit ?
– Comment tu veux qu'on sache ?
– Eh ben tu savais pas la différence et toi non plus ma petite chérie ?
– Non.
– Non.
– Eh ben, si vous y retournez l'année prochaine, vous aurez qu'à gueuler.
– Dans un an, tu parles...
– Et si on veut aller ailleurs...
– Eh ben faut savoir ce que vous voulez ! Moi je dis ça, je m'en fous, c'est pas moi qui organise vos vacances ! Tiens, goûte-moi ça, t'en dis quoi ?
– Il est bon.
– Eh ben il est bouchonné mon con ! Avec des clients comme vous, on va en gagner du pognon nous ! Il est nul ton mari ma chérie, viens plutôt en vacances avec Francis, allez, fais-moi une bise tiens déjà... pouët pouët !
– Hum hum...
– Eh ben quoi ?! J'ai pas le droit de toucher les nichons à ta femme ? T'as vu les grandes mimines ? C'est de la grosse pince ça ! Et toi fais voir ? T'as pas de pinces toi, t'es bien une langouste... eh ben, on est bien bordés avec des totos pareils ! J'arriiiiiiiive mes petits canards, j'arriiiiiiiive !

J'ai mal dormi, mais j'ai mal dormi, j'ai les paupières en peau de hibou en ce moment...

Chaque fois que je me présente à un travail on me dit, madame, vous êtes trop vieille, vous vous rendez compte l'impolitesse ! Alors tant pis, je reste au chômage, au moins ils sont polis.

Je suis ancien d'Algérie, c'est pour ça que je réagis mieux que les autres, ma femme, elle est au chômage et si on peut pas acheter une télé neuve parce qu'il faut qu'on se prive, je réagis mieux parce que je suis un ancien d'Algérie, je peux me passer d'une télé neuve...

Un père pédophile, c'est pas un exemple non plus pour les gosses...

C'est pas fait pour ça !

Un petit Lu ?

Ils vont faire une loi sur l'air !
– Vous serez bien content de respirer du bon air aussi...
– On rêve ! Ici c'est un bureau de tabac, monsieur !
– Mais non, on ne rêve pas.
– Pourquoi pas un décret sur les courants d'air pendant qu'ils y sont !
– Ma fille, elle fait de l'asthme, c'est grave l'asthme.
– Ils se foutent du monde, vraiment !
– On peut en mourir.
– Eh ben, t'en referas une autre !
– Un où j'aime bien les films d'Hitchcock c'est celui des oiseaux qui se perchent.
– Ouais mais c'est vieux comme merde de film celui-là !
– Moi j'aime.
– Moi aussi, je dis pas du mal.
– Vous avez vu le boucher, le boucher à la télé ce matin, ils l'ont fait parler à la télé ce matin, c'est une émission entre sept heures trente et huit heures trente, c'était le boucher, lui, là, le boucher de là...
– Pour la viande folle ?
– Non, pour Jean-Pierre Cassel.
– Ah bon ?
– Il habite dans le quartier et c'est un bon client, il est très gentil Jean-Pierre Cassel.
– Ah bon ?

... Quand tu parles... attends... c'est pour dire ce que tu penses mais quand tu le dis la pensée est déjà passée finie... attends... je vais y arriver, bas les pattes... y a un millième de seconde qu'elle est morte la pensée pour que tu puisses parler, on peut pas faire les deux en même temps, du coup... attends... du coup... quand tu parles, tu ne penses pas... mais attends merde... même le mec le plus intelligent pense pas quand il parle... mais attends putain de merde que je l'ouvre...

... Tu sais plus ouvrir un paquet de chips toi ?

... On a une hache à la campagne et tu m'as jamais poursuivie avec...

Quand on boit cinq bières et qu'on mange pas, par exemple, ça fait comme un régime ?
– La bière, c'est pas gras en tout cas.

... Une attente interminable pour retrouver des corps, moi ça va, je suis très patient en général...

Ils reprennent d'une main ce qu'ils donnent de l'autre.
– Faudrait être gouvernés par des manchots !

L'important pour un jeune, c'est de se sentir utile, même en faisant quelque chose qui sert à rien.

Pour moi, Shanghai, c'est les puces de Montreuil qui sentent la soupe.

J'avais mangé trois crevettes mauvaises et dans l'après-midi je suis tombé du cheval, c'est le gars qui travaillait avec moi qui m'a ramené, le patron en a mangé plein, rien, et moi, malade comme un chien, je te parle de ça, j'avais quatorze ans, on allait ramasser les huîtres avec le cheval...
– C'était des crevettes folles déjà à l'époque.
– Je sais pas, mais je suis tombé du cheval.
– Avec ce qu'on mange maintenant, personne tiendrait sur un cheval !
– C'est bien possible ça !

La pêche, c'est sacré !

... C'est toujours pareil avec cette boulangerie, si je traîne à boire mon demi y a plus que du pain de mie...

Y a la rage là-bas, en Inde, y a la rage.
– En France aussi, à la campagne même pas loin...
– Chez les gens là-bas, dans les maisons.
– Sur les chiens ?
– Non, dans la maison, comme ça, elle est là.
– La rage ?
– La rage, elle est là.
– Tu confonds pas avec un autre microbe ?
– Non non, elle est là, mais avec les désinfectants qu'on met de différentes sortes, elle ne bouge pas.
– Mais de quoi y parle lui ?
– De la rage.
– Où t'es allé chercher ça ?
– Je suis allé en Inde avec Médecins du Monde, je suis médecin.
– Aaaaaah d'accord... un zozo... le premier zozo de la rentrée... rigole pas toi et sers l'Indien... y font vite pour revenir...
– Les gens sont habitués à la rage là-bas.
– Nous aussi, on est habitués...
– Vous êtes comptable vous ?
– Oui.
– Deux et deux ?

Jalabert est plus un vélo qu'un homme dans sa mentalité de champion.

... En Belgique, dis donc, c'est pas le moment de faire des gosses...

Il vaut mieux un tueur en série qu'une série de tueurs !

L'ADN, j'en ai, et après ? ni plus ni moins qu'un autre ! et alors ?

Quinze morts dans les Alpes pendant cet été...
– C'est moins dangereux qu'un autocar !

Il a sept ans et il veut déjà un cartable avec des roulettes !
– C'est comme ça... et les retraités passent la moitié du temps dans les salles de sport... que voulez-vous...

Je serais prof, un mot de travers, je bute tous mes élèves !
– T'es prof ?
– Non, mais si je serais prof, je les bute tous.
– T'es pas prof ?
– T'es con ou quoi ?
– T'es prof ou t'es pas prof ?
– Je serais prof, des mecs comme toi dans ma classe, je les bute tous !

Même si on voit pas les extraterrestres, eux ils nous voient, avec leurs yeux modernes.

J'ai pas besoin d'un éthylotest dans la voiture, je sais très bien quand je rentre bourré, je suis pas débile.

Je sais pas comment j'ai fait depuis que je suis petit jusqu'à maintenant, c'est un miracle que je sois encore là.

Chirac, il est élu alors maintenant il en a plus rien à foutre de nos gueules !
– Quand vous voyez sa femme, comment elle est nourrie...
– Sa femme c'est encore pire, elle est même pas élue et elle rit pareil.

Tout le monde ? C'est qui tout le monde ?
– Murielle et moi.
– Dis pas tout le monde se perd dans le métro, c'est Murielle et toi.
– On s'est perdus à Châtelet, c'est une station, personne s'y retrouve là-dedans.

Tu les reconnais les Esquimaux qui sont allés dans les écoles américaines, ils picolent et tu retrouves des capotes devant les igloos.

Avec un monde comme le nôtre, si y en a un autre qui est parallèle, il sera de travers de toute façon !

L'histoire, la géo, les maths, la physique, la chimie, tout ça ça sert à rien, même porter son cartable ça sert à rien, des manuts on en a trop !

En Belgique, y a plus de charbon dans la terre, maintenant c'est des enfants.

... à la maternelle, à part marcher sur des tubes de gouache, je vois pas ce qu'ils font ? !

... Si tu le laisses faire, il te mange tout le bocal de cornichons, c'est un enfant sauvage...

La batterie ça te fait travailler les jambes et les bras comme de la natation avec un instrument de musique...

Pour rechercher les cadavres normaux, on utilise des chiens, mais pour les cadavres d'enfants, c'est des chats.
– C'est horrible !
– Oui, mais c'est comme ça, le chat a des petites griffes pour chercher les petits os.
– C'est horrible !
– C'est comme ça.

J'ai mon gamin au chômage et j'ai honte d'aller bosser.

On habitera sur d'autres planètes, c'est sûr.
– On chie sur la terre et on part dans les airs, on est pas mieux que les mouches.

Les atlas routiers, moi qui aime marcher au bord des routes, c'est impressionnant.

La nature avait pas prévu qu'on téléphonerait avec les oreilles et pourtant ça a juste la bonne taille pour mettre l'appareil dessus.

Un strip-tease tout nu j'aime pas tellement, faut au moins garder le mystère, c'est plus bandant, ou le slip ficelle.
– Le slip ficelle, c'est la définition de l'érotisme en fait.

Ils m'ont fait des radios à l'hôpital, on dirait les catacombes !

Tu reconnais facilement Picasso dans ses autoportraits, il a des gros yeux.

On vieillit tous les jours, le mardi t'es plus vieux que le lundi et le mercredi t'es plus vieux que le mardi, la vieillesse c'est le truc le plus chronologique qui existe, à la fin tu meurs parfaitement dans l'ordre.

La bite, c'est pas un muscle !
– C'est pas la peine d'hurler.

Auschwitz, c'est vide maintenant, mais on peut visiter, il paraît que c'est bien.

J'aime pas manger du pâté quand y a des gens.

On se demande pourquoi ça coûte aussi cher les médicaments, c'est même pas du caviar.

Vous savez pourquoi je travaille pas aujourd'hui ?
– ?
– Parce que je suis un ambulancier en colère !

Les explorateurs ont disparu à force de découvertes, c'est bien fait pour leur gueule.

Ces chanteurs-là, les Dave et compagnie, tu parles, c'est facile d'avoir une belle voix quand tu manges que du veau...

Un gosse de quinze ans qui tue un autre gosse de quinze ans d'un coup de couteau, c'est le monde à l'envers !

La vie est de plus en plus dure.
– C'est quand même pas le Moyen Âge, on a plus les armures tout de même !
– Le gamin de Marseille il aurait eu son armure, il serait pas mort d'un coup de couteau.

Dans quel monde on vit, mais dans quel monde on vit !

Interdire le Front national ? Alors dans ce cas-là faut interdire Chirac qui avait dit que les étrangers ils puent dans l'escalier !

Le tocsin, les sirènes, une manif du Front national, trois cents CRS, tu parles d'un enterrement pour un pauvre gamin...
– En plus le gosse dans le cercueil, il croit qu'on l'enterre normalement lui.

Breton, c'est pas une race.
– Si !
– Mais non, c'est une région.
– Ah bon, parce qu'il y a pas de races dans les régions ? !
– Mais non, c'est pas une race.
– Si ! Et j'en suis fier en plus.

Des races sur terre, y en a qu'une, c'est l'homme.
– Non, au moins deux, avec la femme.

Blanc, noir, c'est pas une race, c'est une couleur, la race, c'est là où t'habites, en France, c'est blanc.
– C'est ton avis, t'as le droit.

... Ça apporte de l'eau à mon moulin...

C'est le Blanc qui a inventé l'égalité, alors il en fait ce qu'il en veut !

Il était noir Mozart ? ! Alors...

Un homard, on peut pas se

Le calendrier chinois, t'as pas des pompiers chinois qui passent te le vendre chez toi...

Il est susceptible parce qu'il est vieux.
– Tu nous fais chier avec ton hérisson !

C'est Michel Noir qui a cinq gosses je crois ?
– Une femme qui a eu dix enfants, c'est plus une femme.
– Il est en prison d'ailleurs je crois.
– À cinq faut les mettre en prison.
– Il y est pas pour ça.

Je sais pas si ça aidera l'économie, mais j'ai acheté des petits bols.

Le Mur de Berlin, finalement

Y a quoi dans le journal ?
– Rien, comme d'habitude.
– Au fait, elle est rentrée la connasse de l'espace ?

Qu'est-ce que vous avez dit ? !
– Va te faire enculer connard !
– Non mais avant ?

Y a pas de robots intelligents !
– Y en a pas des cons non plus.
– Non plus, il est intelligent si t'es intelligent, il est con si t'es con, le robot... c'est héréditaire en fait.

Je t'ai pas servi toi ?
– Ben non.
– T'es tout le temps là, je te vois plus.

Quand on parle à haute voix on entend mieux ce qu'on dit, en tout cas moi ça me fait ça...

moquer du physique.

C'est un alcool qui fait partir en arrière.
– Moi ça m'arrange, j'habite par-là.

Si t'es miraculé, après faut faire construire une église, t'es pas dans la merde.

On est loin du ciel avec ce pape-là, ça parle que de son trou du cul.

La princesse Stéphanie c'est un travelo, tu parles ! bien sûr, t'as vu les photos ? la baraque que c'est ! cette gonzesse ? c'est un mec, ben tiens, sinon ça ferait deux princes ! à Monaco ! il s'est fait opérer le mec ! obligé ! le prince ! couic ! une princesse !...

Le pape, il peut pas rester crever chez lui celui-là ?

c'est vrai, ça gênait qui ?

C'est la sixième opération depuis qu'il est pape !
– J'ai moins d'emmerdes avec ma bagnole.

L'alcool, le tabac, la fatigue tout ça, à ce qu'il paraît ça fait baisser la qualité des spermatozoïdes.
– Je m'en fous, c'est pas pour faire du ciment.

Je suis d'accord avec Le Pen, d'ailleurs la preuve, je suis né à côté de chez lui.

D'avion on les voit les pistes d'atterrissage pour les ovnis de chez les Aztèques mais maintenant elles sont désaffectées.

Les scientifiques ont rien inventé depuis trente ans, l'avion, c'est fait, le bateau, c'est fait, la voiture, c'est fait, la fusée, c'est fait !

Pourquoi ils nous cassent les couilles avec Clovis tout d'un coup ?

Et l'instruction civique tenez, nous on en avait de l'instruction civique à l'école, ça sert à rien mais on en avait, ils en ont même plus, comme de toute façon rien sert à rien maintenant autant leur faire faire des choses qui servent à rien mais qui font des souvenirs d'école quand on est vieux, ils vont avoir quoi comme souvenirs d'école tous ces gamins-là ? Aucun souvenir d'école ! Une école qui fait même pas des souvenirs d'école, elle est mal partie cette école-là, c'est moi qui vous le dis qui suis une ancienne directrice, et j'en ai des souvenirs de choses qui servent à rien, mais toute la vie c'est comme ça, le principal, c'est qu'il vaut mieux avoir un souvenir du latin qui sert à rien que de rien du tout qui sert encore moins.

J'ai peur des nouveau-nés.

J'ai la mobylette en panne et en plus j'ai mon mari qui a de la tension, tout s'y met on dirait, TOUT !

Clovis, marchand de vis.
– Pour dire ça c'est pas la peine...

Tu te rappelles de tout ce que tu fais toi ?
– De tout.
– Putain !... Et t'as pas la tête comme ça ?

Tapie, il a tué beaucoup de gens qui se sont suicidés à cause de lui, ils l'ont dit à la télé.
– Ce mec-là, faudrait le fusiller, ça serait pas un mal.

Le latin, j'en ai fait trois ans, qu'est-ce que ça me faisait chier ! mais c'est un bon souvenir finalement.
– Bien sûr !

La violence à l'école, ça a remplacé la gymnastique de par le fait.

Dès qu'ils sortent un film t'as les produits dérivés qui arrivent, c'est énorme comme organisation les Américains.
– Le plus énorme comme produit dérivé c'est la galette Saint-Michel.

Un môme qui joue avec un revolver pendant la classe, ça se voit tout de même !
– Les profs, tout ce qu'y pensent, c'est aux vacances.

Et mon bisou ?

Elle est tout le temps enceinte ! faire des gosses, c'est le pire trafic d'organes que je connais !

La gourmandise, c'est sur la langue qu'elle est, et c'est très bien qu'elle soit là.

Tu peux encore chier dans les bois à vingt minutes de Paris.

J'ai des copains dans la police, ils boivent plus que chez les facteurs mais c'est pas grave parce que dans la police on distribue pas le courrier...

Hoooooooooooo ! Du museau !

Si ça se trouve chez les animaux y a des immortels mais comme on arrête pas de les bouffer on peut pas s'en rendre compte...
– Ils n'ont pas le droit d'atterrir ni de décoller pendant la nuit, la nuit tu les vois là-haut les avions, ils restent dans le noir et le matin, ils se posent.
– Si ils veulent des organes, ils les payent ! On paye tout, même l'eau pour mettre dans le fer à repasser mais les organes faudrait les donner comme ça ! Où c'est qu'ils sont allés voir ça eux ? Certainement pas !
– On est pas obligés de les vendre cher non plus.
– Non, bien sûr que non.
– Toute la nuit le chien hurle à cause des avions.
– L'immortalité, si c'est pour pas dormir...
– Donnez vos organes.
– Ceux du chien !

Elle est partie chercher une bouteille de gaz chez madame Dupuy avec la brouette au milieu des vaches et elle a ramené des poires d'un poirier centenaire d'un vieille variété qui existe plus dans le sac plastique qui sert à emballer les rouleaux de papier des cabinets.

Eh ben...

J'ai calculé, si on veut qu'il y ait des champignons demain matin quand on y va, il faudrait qu'ils commencent à pousser maintenant.

Le cinéma en relief, pour les yeux, je suis pas sûre que ça corresponde.

Johnny Hallyday, il fait des journées de vingt-cinq heures.

Il faudrait que le docteur puisse annoncer que tu vas mourir sans que ça soit une surprise, mais quand le docteur t'annonce que tu vas mourir ça fait toujours une surprise, ce genre de surprise, merci ! c'est mon poing dans la gueule, ah moi c'est ça !

La morue c'était portugais mais ça l'est plus, c'est tout le monde.

L'heure, c'est une convention en fait...

Les informations, c'est toujours triste.

... le sida, c'est malade imaginaire et compagnie !

C'est les profs qui fabriquent les chômeurs !
– Ceux qui sont pas chômeurs...
– Y feraient mieux de l'être... tu sais ce qu'ils leur font comme cours au lycée les profs du gamin, la vie de Napoléon et toute la merde, on en a besoin, tiens, tu crois qu'ils apprennent la vie de Napoléon et toute la merde au Japon ? Allooooooons, soyons sérieux.... et c'est les plus compétitifs du monde les Japonais ! Allooooooons, soyons sérieux...

On peut crever de faim avec des gosses, pas avoir de boulot depuis des années ils s'en foutent, y a qu'un truc qui les fait chier tous c'est qu'on vote pour le Front national, alors moi je vote pour le Front national et je les emmerde !

Avec ma radio du camion, je me le chope Internet.

Même réincarné dix fois, je penserais pareil.

Juppé, il en est de la scientologie.

Ils m'engueulent parce que je suis à découvert, je les emmerde, et le secret bancaire je lui ai dit au mec du guichet !

Personne sait le bon nombre de pattes.
– Le chien, quatre pattes.
– Je parle des insectes !
– Quatre pattes, l'éléphant, quatre pattes, le cheval, quatre pattes.
– Les insectes !
– Quatre pattes.
– Ignorants ! Vous me faites tous chier !

Les banques sont pleines de l'or des nazis, ils ont qu'à le distribuer à ceux qui sont chômeurs, tu vas voir qu'ils vont le donner aux Juifs une fois de plus !

Le physicien des particules ou je sais pas quoi, si t'es pas là pour lui faire du pain, il mange les portes, ses molécules c'est du branlage de connard pour dépenser notre pognon !
– Des molécules, y en a dans le pain.
– C'est ça, défends-les ces cons-là !

Il n'y a plus de galaxies en formation, ils l'ont dit, les galaxies en formation, terminé !

Dans son film qu'il a fait le jour du mariage, il fait l'épileptique avec de la purée, et on y croit.
– Les films de mariage, c'est bien toujours pareil, tenez...
– C'est pour ça que lui, il a fait un petit scénario.

T'es gaucher pas par hasard...
– Je sais !
– Tu dois avoir un cerveau de gaucher.
– Au foot, je tire du pied droit !
– Ah oui mais ça c'est pendant le foot et tu joues en amateur.

Juppé, si vraiment il aime la France, faut qu'il se flingue !

Un bon chef d'orchestre doit entendre tous les instruments.
– Pour pouvoir juger.
– Bien sûr pour pouvoir juger, pas pour s'amuser.

... tout ce qui est anglais, c'est les Américains les plus forts.

La Roche-sur-Yon, je connais pratiquement tout le monde.

Il est mort à trente-six ans, et comme j'ai trente-six ans, j'ai le même âge que mon père.
– C'est pas possible ça.
– Qu'est-ce que tu me racontes toi ! J'ai le même âge que lui ! Bien sûr il est mort à trente-six et j'ai trente-six bien sûr !
– C'est pas possible ça.
– Il est mort ton père toi ?
– Hein ?
– Tu l'as ton père ?
– Il est mort.
– Il est mort quand ?
– Hein ?
– Il est mort t'avais quel âge ton père ?
– Il est mort, j'ai dix ans.
– Quel âge il avait ?
– Hein ?
– Ton père, il est mort à quel âge ?
– Trente-deux ans.
– T'as quel âge ?
– Hein ?
– Ton âge ?
– Ça se dit pas.
– Ton âge ?
– Quarante.
– T'as huit ans de plus que ton père !
– C'est pas possible, il est mort.
– C'est pour ça.
– C'est dur de discuter avec toi.

Le paranormal visible représente au maximum même pas un pour cent de tout le paranormal existant !
– C'est la partie visible de l'iceberg.
– Même pas.

Elle est fraîche ?
– Ho ! Je suis pas la météo marine !

Quel bordel en Israël, vous avez vu ça ? Mais pourquoi ils se battent comme ça ?
– Vous avez qu'à leur demander.
– Vous avez vu les morts ?
– Y en a toujours eu et y en aura toujours.
– Mais pourquoi y en a toujours eu ?
– Alors ça, vous avez qu'à leur demander.
– C'est vide, c'est du désert !
– On me les donnerait ces pays-là, j'en voudrais pas.
– Holà moi non plus, qu'est-ce que vous voulez que j'en fasse !

... Ça vaut pas un clou...

Vasarely n'a rien révolutionné du tout !

... avec leurs pêches blanches à trente balles ils ont tué le quartier !

La science-fiction, tu sais, nous, à EDF, on est presque déjà à en faire.

Nous, c'est pas tellement pratique pour voir les extraterrestres, il faut qu'on aille jusqu'à Sens.

... la terre c'est rien qu'une petite boule... moi j'ai raison et toi tu as raison et lui il a raison on a tous raison.

Quand on voit la taille de l'univers. – Jamais vu sa taille moi.

L'atome, c'est un secret de polichinelle maintenant.

Des extraterrestres d'une autre planète qui auraient fait des photos de la lune pendant que les Américains étaient dessus, ils auraient dit qu'il y a de la vie sur la lune, c'est pour ça je dis : il faut faire attention quand on regarde à la lunette.

J'ai vu *Independence Day* et *Ponette*, les deux sont un peu longs.

... y plus de joie.

C'est très très très bien fait, mieux fait que les extraterrestres français.

Des extraterrestres, en ce moment, c'est pas le moment.

***Independence Day*, le film, c'est *La Grande Vadrouille* multiplié par un milliard.**

On a mangé un gâteau

Je l'ai bien vu cet été, on a pris le TGV et quand on est arrivés il pleuvait ! Plus vite on arrive, plus vite on se fait chier ! Non ? Non ?
– Absolument !

Le TGV, c'est rien qu'un gros jouet qui coûte cher finalement...

Moi le midi, je prends mon temps, je mâche longtemps.
– Le monde a pas besoin de nous.

Avec votre aérophagie, une olive, un coup de mistral, vous pourriez pas habiter Toulouse.

... en prison sur l'île de Ré c'est mille fois mieux qu'habiter dehors à Annemasse, je suis né à l'un et j'ai fait cinq ans à l'autre, je sais de quoi je parle.

... le bagne de l'île de Ré, c'est la seule prison où t'entends la mer dans la casquette des matons !

La bagnole, c'est que de la frime !

Je peux pas rester trop longtemps enfermé dans des chaussures, j'ai la mutinerie des doigts de pieds.

Le Mondial de l'auto pour une femme c'est pas sa place, et c'est pas moi qui le dis, c'est les femmes, c'est pour ça que je me permets de le dire...

Si j'avais tout le pognon que je dois, ça irait bien.
– T'es comme Eurotunnel toi.

Un qui fait des dessins espagnols, c'est Goya.

La religion catholique aussi alors c'est une secte !
– C'est pas pareil tu peux pas dire que c'est pareil que la Scientologie.
– Dans ce cas, la religion catholique aussi c'est une secte !

Un vent de folie hier à l'hôpital, on avait mis des chapeaux en papier aux malades, un vent de folie !

Dans les catalogues,

roulé genre Ubu roi...

L'éléphant a une bite hors norme.
– Vous savez, pour la bite en fait, y a pas de norme.

L'enfance, on a mis du vin dans notre eau.

Je fais le plus beau métier du monde, je suis retraité.

Toi tu voudrais qu'on ait vingt ans à perpétuité mais ça marche pas comme ça ! Alain Delon ! Alain Delon ! Tu l'as pas vu de près !

Il est handicapé mais il rigole tout le temps, il est assis sur une chaise de jardin, il est assis sur une chaise roulante normale mais à force qu'il est de bonne humeur, il fait chaise de jardin.
– Faut te suivre toi...
– Le champion de judo avec l'accident de moto.
– Faut te suivre toi...

Je suis jamais à la maison.

Le Salon de l'auto, pour moi qui suis une femme, c'est la planète Mars.

C'est Juppé qui se l'est mise la bombe à la mairie de Bordeaux, pour remonter dans les sondages...
– Et ça marche !
– Même Jospin, il le soutient ! Vous savez, Mitterrand a fait pire... il en aura fait assassiner des gens celui-là.
– Mitterrand, dès qu'il est mort on l'a oublié, on s'en fout, alors que Coluche...

L'aventure spirituelle, c'est pas de la grande aventure, t'as pas la descente en canoë.

J'étais au lit quand je les ai entendus rentrer, je me suis dit, ils vont me réveiller.
– Et alors ?
– Ben ils m'ont réveillé.

tout est beau.

... Ce qui manque à Le Pen,

Vous allez à l'hôpital ? Vous avez le papier, faites voir, on y travaille nous en face, faites voir, c'est votre papier ça, ah oui, oui, ah oui oui... pour un frottis c'est quoi l'étage, Madeleine, c'est quoi l'étage pour un frottis, quel étage ?
– !
– Un frottis ? Un frottis pour qui ?
– Pas pour moi, qu'elle est bête celle-là ! C'est pour la dame là qui vient faire un frottis.
– !
– C'est vous madame qui venez pour un frottis ?
– Oui...
– Vous allez voir quel docteur pour votre frottis ?
– On mange nous !
– Vous allez voir quel docteur pour votre frottis ?
– Ho ! On mange nous !
– !
– Je renseigne la dame.
– On mange nous !
– Vous avez déjà fait un frottis ici ?
– Je me débrouillerai.
– C'est facile à trouver, vous verrez c'est marqué dans le hall en bas.
– Merci.
– De rien, c'est notre travail !
– Un frottis à c't'heure mais nous on mange !

Je parle le français ou quoi ?

Monaco prend le large...

La meilleure cuisine, c'est la cuisine maori.

Je veux un mari qui sache se promener.
– Vous aurez du mal à en trouver !
– J'ai attendu jusqu'à maintenant, je peux attendre encore.

c'est des intellectuels comme Céline.

L'embryon humain, on en a eu trois avec ma femme, un qui est à l'armée et l'autre qui passe son permis en ce moment et un qui est ambulancier.
– Trois garçons.
– Trois embryons garçons, oui.
– Pas de fille ?
– Pas d'embryonne, je sais pas si ça se dit, non.

La subjectivité, elle aussi, elle s'est trompée.

On ferait mieux de se mettre à l'heure animale !

Le changement d'horaire n'a jamais servi à rien sauf à abîmer les ressorts en fait...

L'heure ? moi ? tenez regardez, j'ai même pas de montre ! je la demande l'heure tellement je m'en fous, comme fumer, je demande une cigarette de temps en temps, j'ai arrêté l'heure !
– T'as arrêté l'heure, mais t'arrêtes pas de causer.
– Exactement, j'ai arrêté l'heure !
– Les zigotos des fois, les zigotos !

On ferait mieux de se mettre à l'heure animale !

Si y a que ça pour leur plaire aux jeunes moi je vais leur faire le Cybercafé ici, avec les cacahuètes qui téléphonent et tout le toutim !

Un billet de cent francs le bord tout blanc, je lui ai refusé, c'était un faux billet, moi quand on me l'a donné je l'ai pris, y me disait, alors prenez-le, il m'a fait tout un fromage !
– La fausse monnaie, tous les jours ils en découvrent, il y en a, il y en a, à New York il paraît que ça fait des fromages sans arrêt.

Shakespeare, il serait resté coincé dans l'ascenseur tout le soir de Noël tellement c'est un tragédien celui-là !

Y en a encore un qui sait pas viser et qui a pissé sur le littoral !

Même si on change l'heure à la montre, on ne peut pas changer notre horloge biologique, chaque homme a son heure biologique qui est à lui, personne a la même heure biologique, toi, tu as ton heure biologique et moi, j'ai mon heure biologique, c'est une horloge interne que chacun a à l'intérieur de lui, quand tu meurs, elle s'arrête, on t'enterre évidemment parce que personne garde une montre qui marche plus !

La plus belle liberté c'est de manger le poisson qu'on a pêché, pas vrai René ?
– J'aime pas le poisson !
– Toi, tu mangeras ce qu'on te donnera ! Ah là là ces mômes !
– Si il aime pas le poisson.
– Mais si il aime ça !
– J'aime pas ça !
– Ce qu'il aime pas c'est manger le poisson de son père, le poisson de son père il est pas assez bien pour lui !
– J'aime pas le poisson !
– Si il aime pas le poisson.
– La plus belle liberté c'est de manger le poisson qu'on a pêché, tant qu'il aura pas compris ça, ça sera pas mon fils...

Les herbivores n'ont jamais fait de grandes conquêtes !

L'espace, c'est plus rien qu'une poubelle.

Caritatif, rien que le mot, moi, ça me fait penser au dentiste !

Dans mon escalier c'est le Gabon, monsieur, je ne vous mens pas, c'est le Gabon !

Attention que les pistes cyclables ne soient pas un ghetto !

Plutôt que des guerres un peu partout n'importe quand une seule guerre toujours au même endroit.
– C'est aux chefs d'État qu'il faut dire ça, pas à moi.
– Genre Disneyguerre.

Il y a l'éclipse mais on a pas le droit de la regarder à cause des yeux.

Le jour où on nous enverra dans l'espace nous parce que soi-disant on ira tous dans l'espace un jour ça sera pas pour se promener nous autres vous verrez ! Ça sera plutôt pour qu'on nettoie tout avant que ces messieurs dames les riches arrivent ! vous verrez !

Le micro-ondes, ça a été inventé à partir de l'hypnose.
– T'as lu ça dans le Coran !

C'est bien beau leur éclipse, mais je vais quand même pas faire un trou dans le plafond !

Tu sors pas voir l'éclipse ? Y en a une tous les dix-huit ans !
– J'ai pas fini mon demi, j'irai à l'autre.

Picasso, c'est un Espingouin ?

Crozemarie, c'est bien un nom de voleur ça !

Cette histoire de l'ARC, les bras m'en tombent.
– C'est tous des pourris.
– Les bras m'en tombent !
– Gardez-en un pour boire votre blanc.
– Les bras m'en tombent !
– La lune se met entre la terre et le soleil.
– Quel binz ça fait dans le journal !
– Cette histoire de l'Arc !
– Un kir à la mûre.
– Et un kir à l'amour !
– Vous y allez à l'éclipse solaire ?
– J'ai du monde.

... malheureusement je suis tombé dans l'actualité depuis que je suis né, je dis malheureusement monsieur parce que quand vous voyez ce qui se passe tenez seulement la grève des fonctionnaires, désolé, mais avoir un travail déjà c'est un privilège, alors eux qui défilent, j'en ai dans ma famille qui sont fonctionnaires ils sont tout le temps à la maison, moi, y a quinze ans monsieur je conduisais le métro, je faisais mes trente heures et maintenant avec mon taxi je fais soixante-dix quatre-vingts heures par semaine sinon je vis pas, ils sont dans l'enseignement, alors évidemment contre la sélection, contre les notes, tiers-mondistes, moi aussi je suis contre la pauvreté dans le monde mais on peut y faire quoi, et la sélection si vous ne la faites pas au lycée il y en a de toute façon dehors depuis la naissance c'est une sélection, aussi je m'occupais d'un club de football avant avec des gosses, vous en aviez qui jouaient comme à la télé en se roulant par terre pour faire du cinéma et d'autres qui jouaient bien, qu'est-ce que vous voulez, j'ai pris des gamines en stop un jour de grève comme ça, elles pleuraient pour rentrer à la gare d'Austerlitz, elles en avaient marre marre des grèves, elles dormaient à l'arrière, elles avaient un niveau d'études si vous voulez pour la conversation, elles me disaient qu'à leur école les professeurs étaient démissionnaires, c'est le mot, démissionnaires, et ça les empêche pas de faire la grève aussi, plus personne ne sait où la société va, aussi ça n'a rien à voir mais moi je suis profession libérale si vous voulez avec mon taxi, je paye je paye j'arrête pas de payer et je reçois jamais rien, si je m'arrête de travailler, l'argent rentre pas, désolé mais le fonctionnaire peut être malade comme il veut, il a sa paye qui tombe, mais vous savez que j'ai vu des clients à moi faire leurs courses monsieur, leurs courses en taxi payé par la Sécurité sociale, ahurissant, c'est nous qui payons pour ça, c'est nous qui payons, aujourd'hui pour moi c'est zéro, vous avez vu, personne, pas de clients, pas de voitures, j'ai jamais vu autant de collègues à la station, je vais rentrer, je vais rentrer, pour moi c'est une journée fichue, je vais rentrer voir ma femme, ça va finir comme ça...

Deux jours à dire les mêmes conneries, moi je pourrais pas.

Tu imagines, si deux jours de suite, on disait exactement les mêmes choses ?

... le crâne humain est un fruit à noyau !

On prend une parabole parce qu'on a un satellite dans le quartier.
– Y a un satellite dans le quartier ?

... toutes ces paraboles et tous ces satellites et toutes ces chaînes de télé qui se croisent dans l'air ça finira qu'on aura des images qui se baladent dans le ciel quand il pleut !

L'Alaska, c'est des mecs bourrés dans des cabanes... à perte de vue... des mecs bourrés dans des cabanes...

Vous avez regardé Maigret ?
– Le mieux des Maigret c'était quand c'était Bourvil.

Jean Anouilh, il serait italien ça m'étonnerait pas, avec son nom comme ça.

Le monde est à deux vitesses, d'un côté les riches avec les voitures qui roulent vite et de l'autre côté les riches avec les voitures qui roulent lentement !

Ils veulent me faire passer les examens du sida, moi, un garagiste !

Je suis fidèle à « Gillette » parce que dans la vie, il faut être fidèle à quelqu'un.

Elle veut être mannequin des pieds parce qu'elle a des beaux pieds mais le reste, elle a un gros cul et un grand nez.
– C'est quoi ça mannequin des pieds, ça existe ?
– On fait des photos de vos pieds pour des publicités de chaussures ou des publicités de chaussettes ou des produits comme Akiléine pour les gens qui sentent des pieds.
– Elle pue des pieds votre fille ?

Si tu veux pas attraper le cancer tu l'attrapes pas, ceux qui l'attrapent franchement c'est un peu de leur faute.

La publicité, ça fait acheter que des cochonneries inutiles, excusez-moi de vous le dire !

La Belgique, ça existe plus, c'est un trou plein de merde.

Ils en voient des vertes et des pas mûres les condamnés à mort aux États-Unis...

Face au soleil, personne est courageux comme le chapeau de paille.

Les gens s'acharnent sur les gosses, c'est incroyable ce qui se passe !
– Pas tellement incroyable, moi j'ai une chatte, si elle a des petits et qu'elle est malheureuse, elle leur mange la tête.

La météo marine, si t'as pas de bateau...
– Ça fait rêver.
– C'est pas comme ça que t'auras un bateau !

Les docteurs, ils y connaissent rien !

À quatre cents kilomètres au-dessus de la terre c'est pas encore l'espace, l'espace commence avec les étoiles, la navette spatiale en fait n'est pas spatiale du tout, la première femme dans l'espace c'est du bidon en fait, l'espace, ça commence à la lune à peu près.

Ils m'ont pris en tenaille, j'ai pas pu refuser l'apéro.

... Une cuite par jour, ça finit par s'accumuler.

Pour les parents c'est pas du gâteau d'assister au procès.
– La peine à donner c'est la peine, on la sait, pour ces gens-là c'est la peine capitale.
– Ça finira par exploser tout ça, ça va exploser.
– On en trouve comme on veut, un coup de téléphone et vous recevez un catalogue chez vous.
– La petite à Perpignan.
– C'est les parents ?
– Ils le disent.
– Les policiers ?
– Ils ont rasé la maison de l'horreur, le couple vous savez qui enterrait dans le jardin, ils l'ont rasée la maison, les gens venaient en pèlerinage, ils ont quoi dans la tête les gens pour aller voir ça, ils sont masos ?
– Ça va exploser.
– La peine capitale pour ces gens-là, qu'est-ce que vous voulez ?
– Une tartine.
– Une tartine ?

... Soyons pas plus royalistes que le roi !

Je pissais, mais je pissais, comme si j'avais privatisé l'eau !

Ministre de la Justice, ministre de l'Injustice !
– Tu devrais écrire un livre tellement t'es con.

C'est Juppé qui s'occupe du changement d'heure ? Il a même pas de montre ce mec !
– Bill Clinton, il a deux cents mecs autour de lui pour lui donner l'heure.
– Il est en train de crever, vous l'avez vu comme il a maigri Juppé, il flotte dans ses habits, avec la pluie sa petite veste c'est un mouroir !
– Il a qu'à bosser.
– C'est un mec qui croit en Bouddha.

Le présent se juge pas, faut attendre que ça devienne historique, à l'époque des nazis on pouvait pas juger, il faut le recul comme disent les historiens, on peut pas juger à chaud ce qui se passe en Afrique, on comprendra plus tard pareil sans parti pris, meilleur exemple : pour un casse t'es jugé deux ans après...

Dans le corps humain c'est un sacré bordel, moi je leur dis chapeau aux chirurgiens qui savent quoi c'est quoi...

Et tout l'argent distribué à la culture ! Il est où cet argent ? Y a plus urgent que la culture, excusez-moi mais quand vous crevez de faim, les expositions de Picasso vous vous en foutez pas mal ! Vous savez ce qui se passe en fait, tout l'argent qui est distribué va à la culture, ça dégoûte de Picasso, c'est ça le résultat !
– C'est pas le plus pauvre.
– Il est mort.
– Sa femme, c'est pareil.

Le bouddhisme, il faut méditer deux heures par jour.
– Moi je bouquine aux cabinets.

Fuck la police ! Fuck la RATP !

... avec son aigle sur le dos on dirait Napoléon de dos.

Vous en reprenez un ?
– Non merci, ça va, je suis double face déjà...

Au cinéma je ne sors jamais avant la fin et à la maison je finis toujours mon assiette.
– Monseigneur !

Chef, écoute, écoute, écoute-moi, j'ai fait trois mois caissier, j'ai jamais volé !
– Tu veux une médaille ?
– Je veux pas de médaille ! J'ai jamais volé, c'est tout.
– Eh ben t'aurais dû !

Les animaux sont pareils que nous, le canari, les baleines...

Il est pas plus thaïlandais que moi son massage.
– Elle a les yeux bridés.
– Elle est passée à travers le pare-brise, elle est de Lille, qu'est-ce qu'elle t'a fait ?
– Elle m'a branlé, et elle a offert un café.
– Comme toutes les putes du Nord.

Mettez-moi président de la République une semaine, vous allez voir.
– Non.
– Même adjoint au maire, vous verriez ! tellement je suis dynamique comme retraité.

Le monde est en train de moisir.

« La mort subite du nourrisson », on dirait un nom de bière.

Quand tu ne sais pas, il faut le dire, parce que de ce côté-là le parachutisme ne fait pas de cadeaux !

Le caviar à la louche, les gouvernants !

Un tunnel sous la Manche c'est pharaonique, sauf que les pharaons en avaient rien à foutre de gagner du temps.

Il est encadré !
– Pardon ?
– Un monsieur est passé avec un cadre, c'est pour ça, je dis qu'il est encadré.
– Ah bon...
– Il est encadré.
– Oui.
– C'est mieux quand on le voit, on comprend.
– Oui.
– C'est mieux de le voir que raconté.
– Oui.
– C'est difficile.

T'es encore bourré...
– C'est quoi ce procès en place publique ? !

La moitié du monde meurt de faim, nous on balance des fruits à la décharge, le tiers monde c'est déjà une décharge, autant jeter les fruits là-bas !

Moi, je suis un loup !
– Et ton RMI ?

J'ai jamais le temps de rien faire !
– C'est déjà ça.

L'archéologie, je vais aux champignons, au moins ça se bouffe !

Ho les gars ! Vous êtes pas à la Grande Borne, ici, ho !

Vous avez vu chez elle toutes les plantes ? C'est le poumon du monde !

Je préfère dentiste aux maladies de l'anus, à choisir...

Attends un peu la colère populaire et Juppé ça sera plus qu'une merde de poule !

Balladur, Toubon et compagnie, ils en tripotent des gosses tu peux être sûr !

Je n'ai jamais eu de problèmes de poids, avec le stress, je me mange voyez-vous ?

Allez les voir au Sahel aujourd'hui ! Ils sont mieux logés que nous ! Ils ont des billets qui dépassent des poches !

On a changé les numéros de téléphone et maintenant on change l'heure, c'est ça que Chirac appelle le changement sans doute...

Un peu d'éternité, ça dure combien de temps ?

Les politiques, moi, douze balles dans la peau !

On change bien l'heure, pourquoi on recule pas d'une année, tous une année de moins, allez hop !
– On passe tous à quatorze ans et moi je me tire en colo de neige.

L'ENA, c'est tous des fils à papa qui baisent leurs gosses !

Le Pen, tu le laisses faire, c'est Hitler !
– Je m'en fous, du moment qu'il baisse les impôts, il fait ce qu'il veut, moi la politique, j'en ai rien à foutre.

L'éternité devant, l'éternité derrière, et nous on avance ou on recule d'une heure...

C'est fini les métiers, c'est plus que de l'activité !

C'est dans les magasins de pédé que tu en trouveras un slip avec un trou derrière pour Halloween.

La fondation Picasso, ils sont très durs, ils ne sont plus du tout d'accord avec les boîtes de chocolat Picasso, ils surveillent tout.

Picasso, c'est mon Dieu.

Picasso, c'est vraiment lourdingue.

Picasso, il aurait mieux fait de s'occuper de ses gosses.

T'as lu ça encore dans le journal ? Putain... la mairie de Paris... ils ont volé les maisons des Juifs pendant Vichy et en ce moment c'est des mecs de la télé qui habitent dedans, putain, et des ministres avec leurs pouffiasses... ça finira mal, moi je le dis ça finira mal !
– Moi je m'en fous, moi, un appartement juif gratuit j'habite dedans, pourquoi c'est toujours des ministres ?

Houla !
– Dérapage contrôlé !
– Vous m'avez fait peur.
– Oui mais hier c'était mouillé.

... le vrai mot c'est cinémaTOSCOPE.

Picasso, j'ai changé mon fusil d'épaule...

Picasso... son cerveau est passé à travers le pare-brise à ce mec.

J'aurais bien voulu être dans un trou de souris pour voir l'opération du pape, ils ont le droit de lui toucher la bite, tu crois ?
– Mais non, ils ont pas le droit de lui toucher la bite !
– Il est endormi, ils font ce qu'ils veulent.
– C'est surveillé.

On aura connu les nouveaux francs et l'euro, ça fait beaucoup à force.

L'homme a son cœur qui arrête de battre et on sait qu'il vient juste de mourir mais un arbre qui en train de mourir comment on sait juste quand il meurt ?

J'ai toujours renvoyé l'ascenseur !

En faisant l'Europe on singe les Américains et c'est pas un progrès !

Un kir ballon alsace !
– Tiens, v'là la dix-huitième réincarnation du dalaï-lama !
– Bonjour président.
– Un kir ballon alsace !
– J'ai dormi une heure de moins ce matin, je suis traumatisé pour la journée, je supporte pas... tes vaches, tes cochons là-bas en Auvergne ça va ?
– J'ai pas de cochons.
– Tes vaches... les vaches modernes le supportent très mal.
– Mes vaches... tu fais une belle vache toi, tiens...
– Un kir ballon alsace j'ai dit !
– Tout de suite la dix-huitième réincarnation du dalaï lama !
– Il est pas bien réveillé ton serveur.
– C'est toi qui le fatigues.
– J'ai dormi une heure de moins ce matin... huit heures, il est sept heures... c'est vrai ce que je dis, les vaches modernes le supportent très mal !
– Elles sont pas modernes mes vaches, c'est des vaches, elles sont moins modernes que toi mes vaches.
– Voilà le kir pour la dix-huitième réincarnation du grand dalaï lama !
– Failli attendre !
– T'es bien sur les nerfs.
– Je supporte pas, je suis traumatisé pour la journée ! Slurp ! Au revoir m'sieurs dames !
– À plus...
– À plus.

Je l'ai connu, il était commis chez Bertelass, t'as qu'à voir...

La dent la plus romantique, c'est la canine.

On est pas des animaux !
– Ben si.

Le musée de la Marine, si t'as pas l'eau...

Tu payes un coup ?
– Non, je dois réduire mon déficit public.

Eh ben... ça recommence l'exode au Rwanda, vous avez vu l'exode au Rwanda ?
– Ils partent à pied et nous à chaque fois on envoie des milliards, ils sont malins ceux-là aussi, tenez... c'est les combines à l'autre, là, le mari de la bonne femme de la télé, celle qui est hommasse.
– ...
– Mais si... le ministre, celui qui avait porté du riz avec un costume de chez Dior, ça avait fait un scandale, mais si !
– ...
– Les milliards, il doit s'en mettre dans la poche celui-là encore... c'est lui qui réclame à chaque fois de l'argent et résultat, y a jamais rien qui est fait, mais un jour on le saura, on sait tout maintenant avec les journaux.
– Le sang contaminé, c'était les journalistes, sinon.
– Sinon, aujourd'hui on mourrait par millions !

Les enfants, j'adore ça, c'est pas moi qui les violerais.

Une tête avec un biscuit en dessous, c'est comme ça qu'elle dessine le pape.

Gratte-moi le nez, j'ai les mains mouillées.

Eltsine, ils vont lui faire un quadruple pontage, carrément.
– C'est le pont de l'île de Ré qu'il faudrait lui mettre à lui.

Ma mère voyait plus rien mais dans la maison ça allait à condition qu'elle tienne son torchon, le torchon de la cuisine c'était son chien d'aveugle à maman...
– Beaucoup de femmes sont comme ça.

La jeunesse c'est bien quand on est jeune parce que après c'est que des emmerdes.

C'est Sacha Guitry qui disait ça, après moi le déluge.

Picasso, dès que tu l'accroches au mur, on dirait un faux Picasso.

... j'étais bourré, j'ai pris le taxi pour rentrer chez moi mais comme j'ai déménagé y a un mois j'ai pas encore l'habitude je suis rentré à mon ancienne adresse, c'est pénible d'être con à force, deux cents balles de taxi !

Chirac va faire chier les Juifs chez eux, il ferait mieux de s'occuper du chômage chez nous, tiens...
– Et la Corse !

La seule révolution que je connais c'est le soir quand j'enlève mes chaussures...

Le matin, je vais aux cabinets pile à sept heures, j'ai le cul qui donne l'heure.

... j'aimerais bien savoir combien y a de fausses dents en France, tiens.

Un beau silence, tu le vois qui flotte.

Paris sera toujours Vitry ! je suis de Vitry.

Moi je vois un tableau, y me plaît ou y me plaît pas.

C'est un sacré cavaleur Alain Delon !

Beaubourg va fermer deux ans.
– Pour moi ça a jamais ouvert.

Toutes ces nouvelles lessives c'est de l'attrape-gogo.

Agen, c'est les pruneaux, c'est ça ?

En Afrique, c'est des guerres naturelles, elles servent à réguler en fait.

... elles tombent de l'arbre même pas mûres, on a pas gagné au Loto avec ces pruniers...

Ça sent le fauve !

La seule plante qui a le sens des responsabilités, c'est la vigne.

Un café et une serviette en papier.
– Un café et une noisette à emporter ?
– Un café, et une serviette en papier.
– Un café et une noisette à emporter.
– Mais non, un café et une serviette en papier.
– J'ai compris monsieur, je suis pas sourd, vous allez pas m'apprendre mon métier, un café et une noisette à emporter, c'est pas ça ?
– ... si.

Brigitte Bardot, finalement, avec son Front national, elle est quand même moins pire que les pédophiles d'enfants, non ?

Gaaaaard'à vous !

Repos !

Mon mari ne s'occupe de rien, l'argent c'est moi, lui il tient les cordons de sa bourse et encore...

J'en ai un dans la caisse, vous voulez le voir ? Il est pas très beau... la couleur, elle est pas belle...
– C'est lie-de-vin... vinasse... on a pas l'impression d'avoir deux cents francs avec ce billet de deux cents francs.

Deux autres !

Maman, le canard dans la boucherie, il était mort.
– Chut ! On ne dit pas des choses comme ça.

Il a le sida et il a pas la Sécu.
– Ça... il fallait y penser avant.

Depuis ce matin ils nous emmerdent avec les élections américaines, depuis ce matin c'est que ça, déjà que chez nous les élections ça nous fait chier alors les leurs !
– Personne a voté.
– Ils nous emmerdent avec des élections qui les intéressent pas eux-mêmes, on est pas une poubelle !
– C'est comme les films de Woody Allen, aux États-Unis tout le monde s'en fout et hier il était encore à la radio ici.
– Connais pas.

Si j'étais pas culpabilisé, je boirais du blanc à cette heure-ci.

Même Mireille Mathieu, elle enregistre à Los Angeles maintenant.

... On en rigole parce qu'on a bon caractère mais l'enfance battue c'est pas marrant...

Pour les enfants, j'ai toujours le ventre en retard.

La femme française aussi elle a les mains voilées avec son torchon !

Que ce soit un missile américain ou les Arabes qui mettent une bombe ou autre chose pour moi c'est pareil de toute façon c'est la même chose.

L'aide humanitaire, au final ça fait plus de mal que de bien.

Si tu veux t'en sortir faut être mobile, un jour t'élèves des chevaux, un jour t'élèves des escargots.

... Choisir la couleur de son bébé c'est un bien grand mot, y a pas trente-six couleurs !

Bacon, c'est des douleurs musculaires peintes.

Il a perdu deux cent dix kilos avec son régime !
– C'est comme si tu perds la femme et les gosses.

Combien de fois je t'ai dit que Mobutu c'est un trou du cul ?

Ils donnent la Légion d'honneur à Sharon Stone parce qu'elle montre ses nichons et y a des poilus de la Grande Guerre qui ne l'ont pas, et Enrico Macias il l'a aussi !

... On ne sait jamais ce qu'il pense, c'est l'orée du bois ce bonhomme.

C'est pas parce que ça a fait un tabac en Inde et en Amérique que ça va plaire à Sens...

… elle m'emmerde encore comme ça, je lui fais signer la Convention Obsèques et après je lui fous un coup de pelle !

La bande dessinée fait tomber toutes les frontières, c'est une arme qui fait peur aux dirigeants !

Sagan, elle aurait pas eu son permis, elle aurait jamais vendu de livres.

Jeannie Longo, elle a un gros cul.
– Je sais même pas la tête qu'elle a.

La France, la France, c'est vite dit !

… ils ont un bon tempérament les gens à aller au travail alors qu'ils vont mourir…

Le tunnel sous la Manche, c'est une fausse bonne idée.

Faire un trou sous l'eau, c'est con.

Le chirurgien qui s'est retrouvé avec le cœur d'Eltsine dans la main, moi j'étais lui, ça partait au chat !

Dis donc, t'as vu, ils se rapprochent du titre.
– Qui ?
– Monaco.
– Mais non !
– Monaco se rapproche du titre !
– Mais non !
– Monaco se rapproche du titre !
– Il se rapproche de mon poing parce que mon poing, il s'appelle le titre !

Les insectes sont comme nous, quand on les écrase ils sont écrasés.

… On peut pas toujours comparer, deux libellules qui s'enculent c'est pas deux hélicoptères qui s'enculent.

Du boulot, il en reste plus qu'en taule !

Immigration clandestine zéro, c'est pas possible, ce qu'il faut c'est élever le niveau de vie des pays qui nous les envoient comme ça quand ils auront de l'argent ils viendront en vacances chez nous.
– Pour qu'on les serve, c'est pas mieux !

Bonne soupe !

En France, on a toujours eu des intellectuels à moitié tarés du style Malraux...

N'empêche que déterrer Malraux ça aura coûté bonbon.

Malraux, c'est un bouffon.

Malraux, c'est un peu mon époque, il a l'âge de mon père.

... C'est Lucky Luke, avec sa cigarette.

Je ne suis pas du genre fourmi, je n'aime pas le sucre.

La mort la plus idiote, c'est de mourir en allant en Angleterre.

Jeudi, c'est le beaujolais nouveau qui arrive et samedi c'est Malraux au Panthéon, c'est la semaine de la tremblote.

... des cendres, après vingt ans, c'est plus bon.

Malraux, y a pas une vidéo ?

... C'est là qu'on met tous les grands hommes ensemble, du coup ça en fait pas des masses si tu comptes.

... et que je t'enterre ! et que je te déterre !

... Cette histoire de déplacer les cendres, comme si on avait besoin de ça en ce moment !

Malraux, c'est que un baratineur.

Encore une soirée sida ?... ça arrête pas !

... la batterie, ça fait peur aux gens.

On peut pas faire la vaisselle en l'écoutant, il faut rentrer dedans, c'est ça qui est fantastique avec la musique concrète.

Toute la matinée je me suis engueulée avec un moineau, j'ai encore le cœur qui bat...

Barbara, la chanteuse, c'est elle qui fait des bons ragoûts.

Je n'achète que des biscottes qui sont résultat de recherches.

Si ça suffit de bloquer les routes avec son camion pour que Juppé donne du pognon ! alors moi je vais passer mon permis poids lourd ! et je vais m'acheter un camion ! et je vais le garer au milieu de la route !

T'aurais pu m'attendre !
– Pas le temps.
– T'aurais pas fait un bon soldat de Napoléon à attendre personne !

Picasso, je connaissais mais de nom...

C'est bien cette exposition Picasso, comme ça on va aller voir la tour Eiffel.
– Vous l'aviez jamais vue ?
– Si, à Toutankhamon.

Picasso, c'est bien quand tu as le courage de dire que c'est moche.

J'aurais le sida et qu'on m'envoie des clowns dans la chambre pour me faire rire, je suis pas un gamin !

Manger, c'est un partage...
– Certainement pas ! J'ai mon assiette, toi, t'as la tienne !

Vous voulez des jours de congé les filles ?
– On est en vacances.
– Vous voulez des congés maladies ? Embrassez-moi les filles, j'ai la crève.
–?
–?
–?

***M**onsieur ?*
– Un petit bordeaux... et votre patron, il boit quelque chose ? Tu bois quelque chose ?
– Un Vittel citron.
– Un Vittel citron ? ! Il a changé votre patron ! Avant, c'était trois bouteilles de bordeaux le matin
– Non, il boit toujours un Vittel citron le matin.
– Les trois bouteilles de bordeaux c'est le soir.
– Le soir après manger c'est normal.
– Moi je prends un petit bordeaux, je suis debout depuis trois heures !
– J'ai rien dit.
– Je suis à la moitié de ma journée, trois heures, quatre heures, cinq, six, sept, huit, neuf, après je vais casser la croûte.
– Tu fais une sieste ?
– Je rentre chez moi et je me mets dans le fauteuil devant la télé, je bouge plus, téléphone, on sonne, je bouge plus, fini, devant la télé, fini je bouge plus !
– Chacun fait ce qu'il veut.
– Vous buvez quelque chose ?
– Non.
– Pas le personnel !
– Vous buvez rien, alors pourquoi vous mettez la petite jupe ?

... tu verrais le garage de son père, y a pas un bout de planche !

Je suis le contraire de Louis Jouvet, les gens je m'en fous mais je peux aller me promener pour regarder un tas de cailloux...

Je viens de transplanter un vieux rosier, j'espère que ça va marcher comme Boris Eltsine.

Mitterrand, on l'a oublié à une vitesse celui-là !

Du GIA, on en est aussi, le Groupe Intégriste Auvergnat !

L'appareil pour le corps d'athlète, il est encore dans le carton.

Vous vous rappelez pas de moi ? C'est moi qu'on a amené aux urgences médicales...
– Vous tombez bien, qui c'est qui me règle ?

Jésus s'est posé sur d'autres planètes et que avec ses sandales !

C'est le carnet de santé que j'ai reçu, tu l'as pas reçu ?
– Ça sert à quoi ?
– Si tu vas chez le docteur, le docteur le marque dessus, si tu y vas une fois, deux fois, trois fois, dix fois, cinquante fois c'est marqué dessus.

... la logique industrielle, si tu veux je te l'explique mais tu payes un coup.

Touche mes mains... j'ai froid aux mains et j'ai chaud partout... tu veux que je te donne la grippe ? Mais il faut qu'elle sorte de mon nez aussi.

Malraux, c'est celui des cendres de l'autre jour qu'ils ont dit ?
– C'est lui.

... y a des moments, il écrit pas trop mal Malraux quand même.

... pour moi Victor Hugo a marqué la vie littéraire de l'année dernière puisque j'en ai lu l'année dernière...

Avec la science, on aura les gosses au menu.
– Ou à la carte...

Le portable, les cigarettes, les clefs, la casquette, le parapluie, le chien, pour rien oublier jamais faut être prix Nobel maintenant...

Tu payes un coup, j'ai pas de sous.
– J'en ai marre des profiteurs de crise !

Aucune équipe peut rien contre la machine monégasque !

... tout mérite travaille salaire... ou un truc comme ça...

Je bois plus.
– Tu nous fais chier avec ton chant du cygne !

Du légume transgénique, ça fait longtemps qu'on en mange quand tu vois la tomate farcie...

... avec lui, il faudrait que je me greffe un téléphone dans l'oreille !

Mettre des bombes dans le métro c'est pas une solution, la preuve, ils ont tué que des Arabes.

Chirac boit de la bière parce que si il boit du vin, il en boit trois litres, c'est lui qui l'a dit.

Le haut de la tour Eiffel était dans le brouillard ce matin.
– Quel travail ça a été à la faire tenir cette tour Eiffel !

C'est fou le nombre de femmes d'ici qui viennent après le coiffeur d'à côté !
– Avant j'allais tout le temps au bistrot à Villeneuve mais maintenant j'ai pas de raisons, ma femme elle a plus son docteur là-bas.
– Femme malade, homme au rade, comme on dit.

... quand j'ouvre le placard je reconnais les odeurs de souris et les odeurs de fourmis, c'est déjà pas mal.

J'aime pas les mouches quand je mange !

... tu me ferais un encéphalogramme quand je mange, ça carbure !

Albinoni, c'était de la musique pour enterrer de Gaulle à l'époque.

... n'importe quel café où je rentre je sais où sont les cabinets, c'est instinctif chez moi.

Un spectacle de rue, c'est plus joli de l'intérieur.

C'est la terre qui est lunatique, pas la lune !

... tu parles, les faux francs, des faux marks, des fausses lires, des faux billets espagnols, là les mecs auront plus qu'une seul faux billet à fabriquer qui sera valable pour toute l'Europe, avec l'euro tu vas voir le bordel !

La plus belle nature morte, c'est la ville.

Quand René met sa veste, il vient, mais si on appelle, il ne bouge pas.
– Les chats blancs, c'est pas normal.
– Il est sourd.
– Les chats blancs, c'est pas normal, c'est pas qu'ils sont blancs...
– C'est une race.
– Non, c'est pas normal, ils sont sourds.
– On passe l'aspirateur là-haut, il ne bouge pas, l'autre chat s'en va, pas lui, et sous les voitures, une qui met le moteur il ne bouge pas.
– C'est dangereux la campagne.
– Le chien peut aboyer à côté, rien.
– C'est un bas rouge ?
– Le bas rouge existe pas, il n'est pas dans le calendrier des chiens, c'est un beauceron, c'est des chiens à vache.
– On leur coupe les oreilles à ceux-là.
– Pour qu'il aient l'air méchant mais pas lui, quoique le soir je le laisse, ici c'est son territoire... quand ça a été le rallye automobile, vous auriez vu ! On a fait du vin chaud et des soupes à l'oignon.

Il est en garde à vue Bisounours !

D'où y vient tout ce pognon ?

Le Japonais est pas chapeau on dirait.

J'y vais plus sur les Champs-Élysées, c'est trop vulgaire.

Ils ont trouvé de l'eau sur la lune. – Je sais, c'était déjà dans Tintin.

Le pouce de la main y a que lui qui bosse, les doigts ils attendent comme des cons, ils sont serviables mais ils sont cons.

C'est à lui qu'on a remis le grand prix du connard 1996 !
– Au mec avec le bonnet ?

Le Français est fainéant.
– Surtout, y a plus de vrais Français de souche.

Tiens, v'là le yéti !

J'adore les films en costumes, mais ce que je ne supporte pas c'est les erreurs d'anachronismes.

T'as pas vu *Angélique ; marquise des Anges ?* À un moment, elle ouvre un café...

Le cirque de Pékin c'est un truc pour nous, en Chine ils ont autre chose à faire les Chinois.

... le pipi on le fabrique, alors que les larmes, on les a en naissant.

... C'est pas une glande, c'est un sentiment.

... j'ai toujours eu un parcours gynécologique sans problème...

En ce moment je dors mal, je dors que trois heures.
– Tu mets un carbone, ça fait six heures, tu reprends quelque chose ?
– Non non, je suis déjà en main, je bois là, je bois là, je bois là, à la fin...
– Moi je conduis pas dans la voiture quand j'ai bu deux trois verres...

Y a pas de calories dans la langouste, tout part dans la mer.

Tu me passes mon sac avec mon pyjama ?

Crozemarie, c'est dommage à dire, mais il faudrait lui prendre de force ses bons organes pour les mettre sur ceux qui souffrent, ça c'est une vraie punition, utile surtout...
– Il va s'en tirer avec un amende !
– Prélèvement obligatoire du cœur et du foie, je sais, c'est dommage à dire.
– Et les reins.
– Et les reins, on en manque vous avez raison, ça ferait réfléchir les autres au moins, c'est dommage à dire, mais si on le découpe en morceaux ce monsieur, les autres ils y regarderont à deux fois avant de voler !
– À deux foies.
– Pardon ?
– À deux reins.
– Comment ?

Le film sur les insectes c'était sur écran géant dans une grande salle, et j'en ai vu un autre de film sur des gens en prison dans une toute petite salle, avec l'écran qui était minuscule, remarque c'est normal...

Le Téléthon, ils mettent des enfants en avant c'est bien mais le Sidaction ils mettent des gros pédés en avant, et moi, je donne pas !

Ça m'angoisse d'avance d'avoir à faire les cartes de vœux.

Tout seul, il s'est mis dans la merde tout seul ! Un an après il est revenu me voir, je lui ai sauvé ses six appartements à Pantin, j'ai affranchi le maire de Pantin, une femelle, une heure et demie après c'était réglé il me tombe dans les bras, tu m'as sauvé la vie...
– Et le boulot, ça va ?
– Tu sais moi je vais à ma petite vitesse, je fais mon truc, je vais partir à la Martinique dans pas longtemps.
– Bon...
– Moi je suis comme ça.
– Bien...

Il va au cinéma pour manger du pop-corn !

... Une infusion au houblon !

Contrôle vétérinaire ! Je viens pour l'élevage de cafards !

... C'est pas méchant la pâte à crêpes.

Tiens, j'ai un autre client qui s'appelle François, comme toi, ça me revient, je lui dis, salut François !
– Alors, il vous manque rien monsieur ?
– François ?
– François, comme toi, salut François !
– François comme moi.
– François.
– Il vous manque rien ?
– Non non, que des verres à Ricard, depuis la casse au Rallye, ça fait cent fois que j'en demande !
– Je le connais l'autre François ?
– François ? Il était là hier, il entre, salut François !
– Et du café ?
– Il est trop cher votre café, et ma machine elle est habituée à son café, si je lui en change...
– François comme moi ?
– François comme toi, c'est en te disant François que l'autre m'est revenu, salut François ! Il était là hier matin... ce matin c'est toi.
– Moi, je m'appelle Paul.
– Pas moi.
– Moi, c'est François.
– Et vous monsieur François, du champagne ? Parce que vous savez, je fais aussi les particuliers.
– Heureusement qu'on est sur terre nous les François.

Brigitte Fossey c'est une cliente, elle vient ici, elle fait ce qu'elle veut au fond...

Un calva ! Un CD rhum !

En France, c'est comme ça.

C'est celui qui fait tomber qui ramasse !

La violence gratuite, personne y gagne.

... C'est une très grande professionnelle, elle a racheté les droits de Casimir.

... On est allés là-bas quatre jours, là on monte un escalier mélanésien dans le rocher c'est une grotte, et aussi on a bien mangé.
– Vous avez de la chance, vous avez le temps.

Ma mère, elle disait même quand j'ai tort j'ai raison parce que je suis ta mère !
– Oh, elle avait raison.
– Sinon...
– Ah oui, sinon...
– Les gosses...
– Oh oui...

V'la la poste ! Hu, dis donc, l'écureuil il est descendu de sa branche là.

Une bière ! ce que j'aime bien la bière, c'est le matin comme ça.

... Ce qu'il faut, c'est que les mentalités évoluent... aussi c'est ça qu'il faut...

... t'as plus de chances de te tuer avec une voiture offerte, déjà c'est une belle voiture et t'es un jeune con qui conduit vite pour avoir un cadeau pareil...

À la télé ils l'ont dit, l'ordinateur fait mal aux yeux.

J'aime pas le cinéma quand c'est des gens normaux dans le film.

Encore cinq ans comme ça et j'aurai droit à la médaille du sans travail.

La retraite, il faut la donner à ceux qui ont plus de dents, ceux qui sont capables de mâcher, ils sont capables de bosser !

La bave du crapaud n'atteint pas la blanche colombe.
– Gros pédé !

Attention à la grippe cette année !
– La boulangère elle l'a attrapée EN DIRECT devant moi.

Cette année, c'est un virus asiatique.
– Pareil que l'année dernière, et ça sera de pire en pire asiatique.

Il s'habitue aux médicaments qu'on prend, ça le blesse même pas.

... **r**ien qu'un pétard du 14 Juillet je ne supporte pas alors assise sur une bombe dites donc...

Pose ton petit frère,

À *chaque fois ils mettent la bombe dans le métro.*
– On va leur faire sauter les chameaux nous ça va pas traîner !

... **c**'est vraiment le métier des bons à rien, comique...

... **e**lle dit que des choses gentilles, son cerveau c'est une salade.

L*es sectes vous hypnotisent en vous parlant de ce que vous aimez le plus, à vous ils vous parleraient des huîtres.*
– Il faut quatre ans pour faire une huître.

Boston, c'est très sympa.

C'est plus la peine d'apprendre l'anglais à l'école, vaut mieux apprendre l'arabe !

J'aime pas tellement les laitages, ça sort d'en dessous.

L*e prix Goncourt, une fois j'en ai acheté un pour ma fille, je vais pas en acheter à chaque fois non plus.*
– Pas deux fois le même cadeau tout de même... et un disque ?
– Pareil, elle l'a.

Boris Eltsine, c'est ça que j'aurais voulu faire dans ma vie.

... **q**uand il a bu, il pelote la gamine.

L*e maire met plus les guirlandes sur le sapin de la place, c'est volé.*
– Un petit pays comme ça, qu'est-ce que ça devient !

... **m**oi je m'en fous je bois mon canon j'en ai marre on devait commencer le défilé à quatorze heures trente, il est seize heures, on attend Blanche-Neige mais moi je m'en branle de Blanche-Neige, nous on est dehors dans le froid sur la carriole comme des cons en plus les fringues de lutin c'est de la merde ça laisse passer tout le vent et en plus pour ce que je suis payé si dans cinq minutes ça part pas je m'en fous je reprends un canon...

La bibliothèque François-Mitterrand, ça donne pas envie de lire, la bibliothèque d'un mort !

c'est pas un jouet.

Ils sont écrasés de misère.
– La misère ça pèse rien !

Si vous êtes fidèle aux traditions, vous êtes à moitié sauvé dans la vie.

Les comédiennes, dès qu'elles sont moches on dit qu'elles jouent bien, ils sont comme ça les critiques, ils aiment les moches.

... Vingt minutes d'attente pour avoir un livre, moi je dors déjà !

La Grande Bibliothèque, tu parles, qui c'est qui va lire ça...

Je suis xénophile.
–?
– J'encule les xénophobes.

C'est la mondialisation partout maintenant.

Je leur ai mis de la rillette sur la fenêtre.
– Vous allez les rendre comme les vaches les petits oiseaux en les faisant manger de l'animal.
– Ils mangent des insectes, c'est pareil non ?
– Les insectes c'est pas de la viande !
– Les insectes je sais pas mais les vers de terre c'est en viande, je m'excuse.

Le monde change, c'est ça aussi qu'y faut prendre en compte aussi...

Chirac, Juppé, c'est le con à deux têtes !

Si Juppé il allait un peu plus souvent dans les cafés, il saurait ce qu'on pense de lui !

... ma grand-mère elle mettait les coquilles d'huîtres sur le dessus de la poubelle pour que les voisins croient qu'on est riches...

... en ce qui me concerne, je préfère la vie de tous les jours.

La gastronomie c'est culturel mais après tu vas chier alors ça vaut quand même pas la lecture...

Ils ont viré la faucille et le marteau du drapeau communiste et pour mettre quoi, des téléphones portables ? !

Il va être grand-père.
– Ça se fait encore ces jeux-là ?

J'aime autant les légumes manipulés que trouver des petits escargots dessus !

C'est pas le premier truc manipulé qu'on mange, si vous croyez que les sardines sont pas tripotées !

... C'est mon avatar de ma vie mon gros nez.

La messe de minuit dans tous les villages, ça ferait des boulots.
– T'es curé ?
– On s'en fout, pour dire amen faut pas polytechnique !

Ils essaient de nous vendre que le Père Noël est américain !
– Les États-Unis ça date de 1700 et quelques, je vois pas comment...

Celui de la télé hier... Gulliver... tu sais pourquoi il est à la télé ?
– ...
– Gulliver le géant dans le petit écran !
– ... ?

... les gosses à deux têtes,

Tu peux passer la nuit assis devant le frigo, c'est presque un igloo.

Edern Hallier, oui, c'est pas mal écrit, c'est niveau bac.

La Reine, elle lui touchait pas la bite au Roi, tu rigoles...

Souvent, les gens ils parlent de moi comme si je venais de la planète Mars.

T'es pas gâtée par la nature.
– Ah non, j'ai gagné que dix francs au Banco.

... les cinq lettres pour ton opération !

Il a une tête d'enfoiré, c'est une ordure et il voudrait qu'on l'aime Juppé !
– Même Patrick Bruel on l'aime plus, alors qu'il a rien fait de mal.

Il fait semblant d'être humain ! de changer de slip tous les jours ! s'il croit que c'est comme ça qu'il va remonter dans les sondages !

Elle est redevenue championne de France de patinage la Noire.
– Une Noire tout le temps sur la glace, c'est pas tellement normal.

Le dimanche avant Noël, faut pas espérer se garer.

... dans ce cas-là vaut mieux pas se coucher du tout.

Un sandwich.
– À quoi ?
– Qu'est-ce que vous avez de meilleur ?
– Mon fils, il a A partout.

On y va ?
– Je te rejoins.
– On y va ?
– Je te rejoins.
– On y va ?
– Tu m'emmerdes avec ta sacro-sainte bûche !

... même une mouche dans les cabinets ça me dérange alors c'est pas pour accoucher devant les gens de la télévision !

je croyais que c'était fini ça...

Si t'augmentes tes prix, ici ça va être une poudrière !

... Sans mon haut du poumon ça va mieux, je peux refumer normalement.

Avec une femme diplômée, moi c'est non.

Van Gogh, ça ne se vend plus, c'est fini.

C'est un grand pays les États-Unis, ils ont trois mille condamnés à mort...

Le Mon Chéri, l'alcool qui est dedans, tu peux en donner à un gosse de deux ans.

On ne sait plus quoi leur acheter !

... Une poupée et une panoplie de connasse ça suffira bien !

Même avec les allocs on s'en sort plus, alors les cadeaux, cette année...

Un café-boulangerie, on dit un concept de boulangerie maintenant !

Les mots, ça veut rien dire.

Je te respecte en tant que patron mais aussi en tant qu'homme !

L'Afrique du Sud, tu verras qu'y regretteront !

... On va regarder les nichons sur Canal et après au lit.

La politique africaine de la France... eh ! eh ! eh ! mon œil !

Ils ont trop de jouets.
– C'est comme ça qu'on fabrique des chômeurs.

Barbra Streisand ? La femme qui louche ? Moi j'achète pas le disque.

Il était déjà mort en 81 ton Mitterrand !

Y a plus d'agriculture, l'artisanat c'est fini, le seul geste millénaire qui va nous rester c'est se torcher le cul !

Non !
– Pourquoi non ? Tu sais même pas ce que j'allais dire.
– Non !
– Tu sais même pas...
– Non !
– Tu payes un coup ?
– Non !

Vous avez fait les bonnes résolutions ? – Y en a pas pour Noël, on s'en branle.

Elle en fait faire de la vaisselle cette religion !

... j'espère que j'aurai pas un livre !

Charles Aznavour, c'est le premier qui s'est fait opérer du nez même quand c'était pas à la mode et quand on voit son nez maintenant dans *Paris Match* il boit le pastis, c'était pas la peine... vous avez vu le nez de Charles Aznavour dans *Paris Match* ?

Un mystère de la vie bien pour les enfants c'est la patate qui germe.

... C'est toujours spectaculaire les véhicules.

J'ai beaucoup d'admiration pour les femmes formidables.
– Il en faut parce que les pauvres c'est pas facile...

Un taré comme Michel Noir on pourrait comprendre mais un pépère socialiste comme Mauroy on se demande pourquoi ça l'intéresse les Jeux olympiques ?

Ils volent les gosses pour les offrir à une grande prêtresse d'une secte satanique !
– Tu sais pas que c'est elle, en plus tu lui offres une robe pour Noël.

Gouvernement de couilles molles !

Le problème de la télé c'est les gens.
– Quand c'est des animaux, c'est toujours bien.

Même si on est tout le temps malade, y a trop de médecins.

... Un septennat de six ans suffirait bien.

Combien d'années avant l'AN 2000 ?
– Tu verras bien !

Pressing 2000, Pizza 2000, Lavage 2000, l'an 2000 on y est déjà en fait.

Morts de froid en pleine ville !
– Un demi.
– Vous êtes courageux de boire du froid avec ces morts de froid.

Nous on se casse pas la tête, c'est les huîtres et le boudin blanc et la dinde et la bûche, si c'est pour se casser la tête autant faire le ramadan arabe.

Avec les Arabes qui vont nous envahir, ça va être vite réglé l'Europe.

Mon mari est mort il y a dix ans, il est mort subitement, il sait pas qu'il est mort.

... ma mère, c'est les frontières du réel tellement elle est con.

C'est un chat !
– Tu lui expliques tout à ton chien ?

C'est pas parce qu'il fait froid qu'il faut me traiter de grosse conne pleine de graisse ! Ils ont tous les culots ces SDF !

Le froid, à la limite je préfère le chaud.

Six morts de froid en une semaine ! Ils le font exprès ou quoi ! ?

C'est la Sibérie, regardez, j'ai le nez bleu.

C'est quand il fait moins dix dehors qu'on regrette de pas avoir bien travaillé à l'école.
– C'est exactement ce que je dis à ma fille.

Bouddha, à côté de Jésus, c'est la mère Sardou.

Elle est plus tellement au diapason la petite Paradis.

Jack Lang, coup de boule direct !

Un peu de neige et les trains marchent plus.

C'est honteux ce froid !

– Ils les faisaient rouler jusqu'aux camps leurs trains pendant les hivers que c'était la guerre !

Une ville de huit millions d'habitants réchauffe moins qu'une paire de chaussettes !

Ils veulent qu'on trie nos déchets comme si on était des bêtes !

Putain quel froid !
– S'il en restait quelque part des dinosaures, ce coup-ci c'est sûr y en a plus.

La Redoute, c'est une sorte d'Internet puisqu'ils livrent.

Microcosmos toi-même !

Les navigateurs solitaires, tu parles, ils arrêtent pas de téléphoner !

C'est pas du sport ! C'est des bateaux de plusieurs milliards, ils les font couler, on va les rechercher en avion, ça fait des photos pour *Paris Match* et les mecs reviennent chercher du pognon, on leur redonne des milliards pour un bateau que ça refasse des photos pour *Paris Match*, vaut mieux des photos de Stéphanie qui se fait mettre, ça coûte moins cher à la population et puis c'est très bien ces photos.

... le Minitel, déjà à l'époque, je savais pas où le poser.

Regarde, une bouteille de Ricard, si je le vends tout de là à là, c'est ce qui revient à l'État !
– Les trois quarts du litre ?
– Les trois quarts pour l'État !

… je suis taxi, plus je travaille plus j'y perds alors bon hein…

Si c'est pour payer plus d'impôts alors je préfère travailler moins c'est naturel aussi non ?

Rien qu'en transport jusqu'au boulot j'y perds déjà…

… si c'est pour se retrouver dans un bureau…

Moi je fais pas la queue une heure si c'est pour un boulot de merde !

… la carte Orange plus la bouffe du midi j'en suis pour ma poche…

Avec la vache folle, on a plus qu'à mettre la clef sous la porte !

… mon camion me coûte moins cher quand je roule pas, moins cher.

… pas le choix…

Travailler, c'est fini ça !

T'as fait ta lettre de motivation ?
– Je la fais demain.
– Tu seras plus motivé demain ?

Traverser tout Paris pour aller bosser à Creil, ça me rapporte quoi à moi, autant que je donne mon pognon à la RATP, autant faire ça !

… après tout, je fais bosser les gens de l'ANPE…

Tout part dans les taxes !

… rien qu'au prix où est l'essence si c'est un peu loin, payé au SMIC j'y perdrais par rapport à mon RMI…

Au prix où sont les légumes cette année, j'ai plus qu'à fermer.

Je resterais au lit, je gagnerais plus.

Plus je travaille, moins je gagne !

J'y perds !

Dès que tu deviens

J'ai été reçu au RMI !

... **a**utant directement donner l'argent à Juppé.

C'est pas à dix ans de la retraite que je vais commencer à bosser !

Qu'est-ce que tu veux faire avec quatre mille balles par mois ? !

***A**près vingt ans de maison, viré comme un rien du tout !*
– C'est pour ça, moi, je prends ce qu'on me donne et voilà.

En France, dès que tu travailles, t'es étranglé net !

On est la vache à lait nous les automobilistes !

Et si demain ça marche moins bien comment que je le licencierai le jeune que je viens d'embaucher ?

... **j**e prends des petits jeunes au noir, qu'est-ce que tu veux...

... **l**es Japonais sont pas cons, ils travaillent de moins en moins...

Je le vends dix francs, y me reste tu sais combien ? Un franc !

***À** l'époque, le travail c'était quelque chose mais maintenant...*
– T'as mieux de rien faire que d'attendre qu'on te licencie !

Je prends plus les courses en banlieue, avec le retour à vide, j'y suis de ma poche !

... **t**'embauches un gars à quatre mille, c'est simple, ça te coûte huit mille...

... **à** part le bistrot, j'ai pas de loisirs, je peux pas, pas de sous, tu sais combien ça coûte le cinéma ?

***D**ans son resto il refuse du monde, obligé, passé un nombre de clients, t'y perds en taxes de toutes sortes...*
– Vaut mieux gagner moins que plus des fois.
– Ah mais oui, questions des impôts, ça vaut mieux de faire moins de chiffre !

imposable, c'est foutu !

Rien qu'en électricité, je gagne à pas ouvrir le dimanche.

Moi c'est tout de suite que je la veux la retraite, ça coûtera moins cher à tout le monde que si je suis chômeur non ?

Avec deux payes, moi et ma femme et les gosses, deux payes, on crève la dalle...

Cinquante bornes aller, cinquante bornes retour, ça fait cent bornes pour aller bosser, j'ai plus vite fait de pas y aller...

Du travail pour toi, y en a peut-être à Auxerre.
– Auxerre ! J'ai plus la patience de faire de la route, moi.

Ils veulent plus qu'on bosse et après ils veulent qu'on bosse, faudrait nous dire, merde !

... réduire le temps du travail, et réduire, et réduire, et réduire, après faut pas nous demander de bosser, c'est logique non ?

... moi je me souviens des heures supplémentaires, putain...

... avec ma voiture à moi à la limite je fais des bonnes courses mais dès que je prends le taxi de la compagnie, je roule pour le patron mais moi j'ai quoi ?

À l'Assemblée nationale, si tu crois que les mecs bossent...

Moi je veux bien bosser mais attention, il faut que les autres bossent !

Mon grand-père se levait à trois heures du matin, mon père à six, moi je me lève à huit, mon fils va se lever à dix et son gamin à midi, je sais pas mais en tout cas c'est parti pour ça !

Mitterrand, ils vont lui faire un timbre avec sa tête mais c'est avant que ça lui aurait fait plaisir, quand il était vivant mais maintenant le pauvre...

Les vieux qui parlent au cinéma, je les tuerais !

Elles sont à poil à faire de la publicité et maintenant elles veulent faire de la politique les bonnes femmes, ah, mais faudrait savoir !

… de toute façon, c'est pas conseillé d'aller en voiture à Évry.

Allez au Futuroscope, vous verrez la bulle.
– Ah mais on va y aller à la bulle !

… madame Chirac en mange du filet de poisson, ça se voit tout de suite mais pas lui.

Je veux bien qu'ils mangent à la maison mais ils vont chier chez eux, c'est normal non ? !

Les mecs gagnent plus de fric à faire naufrage avec leur bateau qu'à arriver premier !
– Plus fort que Jules Verne comme idée.

Le rêve polyester !
Pour moi l'amour c'est de la terre !
J'ai fait un rêve polyester !
Yeah yeah oh yeah yeah !

Le Jeu des Mille Francs *ça peut durer deux cents ans, ça se démodera jamais, c'est des questions.*

Tiens… combien le crabe ça a de pattes ?

Ta gueule !

Quatre.

Dix !

Neuf.

Douze.

Six !

Douze !

Quatorze.

– Je l'ai déjà dit.

Vingt-deux !
– Non, sérieusement, combien le crabe il a de pattes ?

Trois bites !

Six couilles !

Seize… huit et huit.

Deux.

Bonne année les branleurs !

Ils l'enlèvent le Louvre, moi ça me manque pas.

T'es bourré, tu peux plus rentrer, tu mets ta balise !

C'est pas parce que t'as la casquette que t'es marin.
– Non mais c'est mieux.

Le premier écologiste, pour moi c'est Tarzan.

... l'Algérie redeviendra française quand il n'y aura plus d'Algériens, ça se fera naturellement, vous verrez...

C'est dur de vivre seul, et en plus dans la cité on est mille.

Il habite une jolie maison.
– Avec sa tête de con ?

Une bombe atomique sur Ajaccio, avec moi ça serait vite réglé !

La Bourse de Tokyo, c'est le pied d'argile.

Les marrons glacés on en voit plus, c'est plus la mode ou quoi ?
– La mode ? Elle a autre chose à faire la mode !

Elle est médium de naissance, elle les mérite bien ses lauriers d'or de la voyance.

Tous les ans on découvre des nouvelles étoiles, c'est pas pour ça qu'il y en a plus.

Quand l'Amérique va se réveiller, tu vas voir le bordel !

Arrête un peu ! Il est toujours pendu à mon verre c't'enfant !

La boxe avec les poings c'est de l'art mais avec les pieds en plus ah non, c'est l'araignée ça !

Depuis trente ans que j'habite le quartier, j'y suis allé que quatre fois en face, ici, à la Rotonde, mais en face, que quatre fois en trente ans.
– Bonne année alors ?
– Bonne année.

J'ai de la paresse intestinale.
– Vous y allez quand même ?
– Ah oui, j'ai quand même pas le cul qui dort !

La dinde, c'est encore le mieux.

Ça fait vide sans le sapin chez nous, on dirait qu'on a été saisi.

L'art africain, il est pas plus africain que toi ou moi ! C'est fait en Corée les merdes qu'y te vendent dans la rue.

Qui c'est qui achète de l'art africain ici ?

Les écrivains, c'est pas des cons ces gens-là !

Depuis dix ans que j'habite l'immeuble, comment ça se fait que j'ai pas un double ?

Le Ve siècle avant Jésus-Christ, c'est HIER... hier c'est.

Coordinateur logistique ! Directeur informatique ! Ingénieur brevets ! Ingénieur commercial ! Administrateur de réseaux ! Y a pas un boulot normal dans ce journal !

L'indice Nikkei, moi je lui renifle sous les ailes si je suis banquier.

Une poule ça comprend rien mais qu'est-ce qu'il y a à comprendre dans un poulailler ?

Y en a marre de bouffer !

... Si l'eau augmente moi j'en bois plus et je les emmerde.

... elle croyait qu'elle allait avoir la fanfare bretonne, pour qui elle se prend ? !

À *l'armée, ils ont droit à sept pour cent de pertes.*
– Fais-la déjà toi !

Tu t'abonnes pour un an à un journal ? Si tu crois que tous les jours ça va se passer quelque chose à lire !

... C'est malheureux à dire, mais on en a pas zigouillé assez pendant la guerre d'Algérie...

... C'est malheureux à dire...

Le Perrier citron, seize balles, il était malade !

... elle est dégueulasse cette chienne, elle était dans le jardin morte pourrie...

Cancéreux depuis 81, il en aura coûté du pognon à la Sécu !
– Il voulait pas qu'on sache alors il devait pas se faire rembourser.
– À moitié mort il s'empiffrait des ortolans servis par des gendarmes.
– Quarante francs le kilo de poireaux !

... le crottin pour mes fleurs je le trouve aux défilés de la garde républicaine...

Cent pour cent d'accord avec toi !

... juste avant de mourir il avait la tête dans un plat avec une serviette dessus !

Les oreilles, ça se lave !

Il ne faut pas systématiser !

Fais-toi enterrer avec ton portable, les gens qui savent pas que t'es mort, ça sonnera dans ton cercueil.

Si on devait faire le bénédicité à chaque apéro !

Y a Edern Hallier qui est mort en faisant du vélo.
– Tu parles d'un écrivain...
– Il aurait bien aimé mourir comme Mitterrand, il est mort comme Anquetil !

Il est mort comme un cheveu sur la soupe.

... il était en roue libre ce mec.

Il avait la même maladie d'œil que Le Pen.

Demain sera un autre jour !
– Pas sûr.

Y en a beaucoup des pochetrons qui vont chez le dentiste ?
– Comme dans la vie, la moitié.

Je veux pas qu'on dise dans le quartier que François c'est un enfoiré, c'est pas vrai que j'ai téléphoné depuis la Normandie pour la bonne année ?
– ...
– C'est pas vrai ?
– ...
– Salaud !

Les Américains au moins ils ont le respect du public !

Il veut pas me payer la demi-journée, je pourrais lui pisser à la raie mais je suis trop diplomate.

De Niro, quand il grossit pour un film, c'est à ses frais.

La retraite à cinquante-cinq ans c'est du bidon, personne n'arrivera à cinquante-cinq ans avec un travail maintenant, personne ! Si t'arrives à cinquante ans avec un boulot, tu mérites la médaille !

Tuer sa mère à coups de couteau à sept ans, c'est une forme de génie.

Six à un contre le PSG ! T'as vu la branlée ?
– Ils sont trop nourris, trop de fric à Canal.

Si t'es pédé tu le dis toi ?
– Non... et je le suis pas en plus !

Il sait ni lire ni écrire, c'est pour ça qu'il donne des bons coups de boule.

Je me suis réveillé à une heure du matin ! Heure française !

Bonjour Pierrot.
– Good morning !
– Tu me parles pas anglais ! Tu me parles auvergnat si tu veux mais pas anglais ! Je suis pas la vache folle...

Un film qui est bien c'est Microcosmos, *il n'y a pas des acteurs qui parlent, c'est des insectes.*
– Les acteurs qui parlent, moi ça me saoule.

La cigarette du condamné, aux États-Unis, ça va être supprimé.
– Peine de mort non-fumeur !

Les pédophiles tu les trouves là où y a des gosses, c'est là qu'il faut chercher, pas au bistrot, c'est interdit aux moins de seize ans.

C'est un connard ! Il dit que des conneries ! Dans le quartier tout le monde répète les conneries qu'il dit ! C'est un connard, tout le monde pioche dedans !

... en allant à Roissy je me suis perdu... comment dire ? ... une ou deux fois...

Les cendriers c'est quand même bien pour mettre la cendre, c'est creux.
– Tu dis ça à neuf heures du matin ?

Brive Brive Brive ! Allez Brive Brive Brive !

La retraite à cinquante-cinq ans ! Mais à cinquante-cinq ans on est en pleine forme !
– C'est bien pour ça.

T'as toujours contesté la nécessité de l'expression radicale de la modernité !
– Moi ? Pas du tout !
– Ho les clowns, du calme là !
– T'as toujours refusé la diversité des expressions culturelles !
– Moi ? Pas du tout !
– Ho les tantouses, ça suffit là !

Le plus dangereux pour la santé, c'est encore la vie...

On ne rigole pas avec l'océan !

T'en as une belle cigale !
– C'est une cliente qui m'a offert ça, c'est fabriqué à Aix-en-Provence.
– Dans le Sud ?
– C'est en plâtre.
– Dommage que ça chante pas.
– Dans la tête, quoique en ce moment, les cigales dans la tête c'est en berne.
– Elles ont les ailes mouillées.
– Pour les voir les cigales, faut se lever de bonne heure.
– Il faut du soleil au contraire.
– Je te sers quoi ?
– Un demi.
– En berne elles sont.
– T'es pas bien rose aujourd'hui ?
– Vivement la retraite qu'on aille au soleil !
– Tu veux l'adresse du cimetière ?
– Cinquante-cinq ans le pauvre, pile, et il disparaît, tu te fais chier toute ta vie pour mettre de l'argent à gauche et quand c'est la retraite, c'est la tuile.
– Il était à l'hosto à Tours.
– Tours, je sais.
– En Touraine, y a pas de cigales si c'est ça que tu veux savoir.
– Y a pas de cigales à Tours... heureusement qu'il les avait dans la tête les cigales, elles sont en berne, qu'est-ce que tu m'as demandé ?
– Un demi.
– Ah oui un demi, excuse-moi.

La bande dessinée qui me plaît à moi c'est la bande dessinée qui me fait voyager vers d'autres mondes.

1789 ? C'est pas une date ça ?

Demande-moi l'heure qu'il est.
– Quelle heure il est ?
– Onze heures et quart, j'ai un réveil mental.

T'en trouveras pas des nitrates là-dedans !

Le Ricard, le soir.

... le conflit des générations, nous à la maison on ne sait pas ce que c'est !

C'est pas bon d'être un brouillard isolé quand je roule avec les phares du camion !

... C'est moi qui te le dis !

... à part Shakespeare, j'en vois pas d'autre qui est compliqué comme ça.

Je sais même plus ce que j'ai fait hier.
– Vaut mieux !

Tu reviendras me parler quand tu seras intelligent !

À coups de hache en Algérie !
– Moi ça ne m'étonne pas, au Zaïre c'est pareil.

Elle a traversé le pôle à pied.
– La mienne, ça fait vingt ans qu'elle sort pas du frigo.

T'aimes la science ?
– Je suis pas malade !

Dans Microcosmos *t'en as un.*
– ?
– Le film sur les insectes.
– Ça m'étonnerait, y a pas un cafard d'ici qui a fait du cinéma !

Salut Colonel ! T'es là bien tôt ! T'as pas dormi ?
– Je vais à un enterrement.
– Dis pas ça, t'es en pleine forme.
– Pas le mien !
– Je te bisque.
– Et ma côte ?
– Une côte pas fraîche.
– Tiède !
– Pour le colonel pas mort.
– Vivant !

... **Un** trompettiste dans un immeuble, je n'en ai vu que au cinéma.

Sois prudent.
– T'inquiète pas, j'ai mes yeux pour conduire.

Salut Kung Fu ! Ça va ? T'es tout jaune ce matin !

Là où Napoléon allait se baigner, maintenant c'est du ski nautique.

Juppé, plus un point dans les sondages.
– C'est facile pour qu'il monte, faut lui souffler dans le cul.

Habiter sur la lune, c'est quasiment fait.
– Habiter là-bas ou ailleurs...

L'indépendance de la justice, quand tu vois les robes qu'ils mettent, t'as tout compris...

La justice anglaise c'est pas mieux, ils ont des perruques de pédés !

La Pyramide du Louvre, la Grande Bibliothèque, au final Mitterrand aura laissé que du verre !

Encore au boulot ?
– Les pieds c'est fait pour la promenade sinon je vois pas pourquoi c'est fait !
– C'est pas un reproche.

Banco de Rogdan.
– Non.
– Bivanito.
– Non.
– Eliseo.
– Non.
– Diane bleue.
– Non.
– Extra Tilly.
– Non.
– Capella des prés.
– Non.
– Espérance ludoise.
– Non.
– Fort Knox.
– Non.
– Gigolo du Menhir.
– À la rigueur oui...

Les gens qui regardent dans le mouchoir après qu'ils se mouchent, c'est des profs.

Tu vas au bureau ?
– D'abord à Inno.

Ça me fait travailler intellectuellement, c'est pour ça que j'y vais au yoga à Melun.

J'aime pas l'été, d'ailleurs faut tout le temps faire les carreaux.

C'est le cerveau qui fabrique la mémoire, parce que sinon, y a rien à se rappeler.

Le poisson est pas si con que ça, il pense sous l'eau.

Toutes ces cigarettes que t'auras fumé dans ta vie, ça va te faire un cancer dans les feux de la rampe !

Vous êtes mort et tout est dépeuplé, proverbe de moi !

On meurt quand on nous le dit ! maintenant on meurt plus vieux ! c'est même marqué dans le journal !

J'ai mon beaujolais qui vient de la coopérative.
– Vous êtes bien organisé.
– J'y gagne vous savez.
– A chaque fois je me dis, il faut que j'aille en chercher aussi à la coopérative et chaque fois je me débrouille autrement.
– C'est pas plus compliqué qu'autre chose la coopérative.
– Je sais, mais il est grand ce bâtiment.
– C'est quand même pas le château d'eau !

Dans l'opinion publique, vous m'y verrez jamais ! Je reste chez moi !

Sa mère, elle a la maladie de la mémoire.
– Moi la mienne elle continue de me faire chier avec des trucs que j'ai fait à cinq ans ! alors à la limite...

Avec Alzheimer, tu te torches le cul, tu crois que tu te fais les cils !
– C'est pas terrible pour une femme.

La mode c'était le sida, maintenant c'est Alzheimer.
– Putain, je préfère la mini-jupe !

C'est pas de la gnognote une symphonie.

Les symphonies, quand t'as fini d'en écrire une, t'as envie de souffler avant d'en écrire une autre !

Il gagnait sa vie en tirant des feux d'artifice, alors tu parles que pour lui la retraite elle est triste.

Rebelote et dix de der !
– Cocu.

Les gendarmes sont commandés, ils ne font pas les trucs comme ça, on leur dit allez au bois de Chitry ils vont là-bas.
– Ils viennent me chercher, là-bas y a que deux maisons.
– T'étais pas en règle ?
– Mais si j'étais en règle ! j'avais juste un coup dans le nez.
– Ça suffit pour eux !
– Si on en est là...

En France plus personne veut bosser à part les chômeurs !

... y a pas de fumée sans feu.

C'est quand les feuilles des arbres ?
– Printemps.
– Pas avant ?
– Tu t'ennuies ? Range-moi les tables.

Non ! non ! non ! Je viens de laver !

Tu la veux la Corse ? Je te la laisse !

Le brochet est loyal mais la perche, la perche, c'est une salope !

La religion n'a plus de sens à mon sens.
– Moi j'habite à côté de l'église, je ne veux pas en parler !

C'était pas prévu que tu viennes.
– Ho ! Du prévu, trouve-m'en !

Ni en bien, ni en mal !

Si je m'écoutais, j'aiderais tout le monde ! Ah non je ne m'écoute pas, vous vous écoutez ils vous tombent sur le portefeuille ! Une fois j'ai failli m'écouter, vous auriez vu les yeux des vautours ! Est-ce qu'ils m'écoutent eux ! J'ai encore mal au genou par exemple, qui c'est qui me le paye mon genou ?

La grosse ampoule ronde, ça te fait une lumière qui est à la retraite.

Beaubourg ? Que du bric-à-brac !

Les repas de famille au début ça va mais à la fin, c'est vraiment de l'accouchement par-derrière !

Dix siècles d'art khmer au Grand Palais ? Au Grand Palais ? Combien vous dites ? Ça m'étonnerait !

L'art ! Normalement t'as pas besoin de dire d'où il vient l'art ! L'art khmer ? Il est louche ton art mon pote.

Ils démontent des châteaux pour les reconstruire plus loin, faut le faire quand même ! Pierre par pierre !
– Tu me verrais au garage, c'est pas mal non plus.

... On est allé à la Galerie des glaces, que des familles moches dans les glaces.

Tu parles !
– T'y connais rien...
– Et toi !
– Je te parle pas de ça.
– C'est pareil, tu veux en venir où ?
– Pas du tout, je veux en venir nulle part.
– J'ai horreur de ça.
– Alors emmerde pas ce que je dis.
– Tes idées ! Quelle idées ?
– T'es trop con !
– Gueule pas !
– Je gueule pas.
– Je te préfère quand tu parles de rien, franchement !
– Ça m'étonne pas de toi.

Tous les jours il faut que je sache ce qu'on va manger le soir ! Depuis l'âge de quatorze ans ! Même Chirac à l'Élysée c'est pas lui qui fait ça.

Elle avait ses cheveux comme un oiseau.
– ?
– Sur la tête.

... avec des températures comme on en a eu, la mésange n'a pas la carrure.

Un très grand danseur qui part de là pour aller là en dansant, il ferait mieux d'y aller à pied.

Et votre fiston ?
– C'est de l'histoire ancienne, il est marié il est routier.
– En effet !

Je ne sais pas si c'est un fait exprès mais je n'ai jamais pris l'avion et vous avez vu, ça n'arrête pas de tomber.
– Non, y a pas de rapport.
– J'ai de la chance je veux dire.
– Si vous montez jamais dedans c'est pas de la chance !
– Oui mais...
– Oui mais non.

La mode, le lendemain c'est fini.

J'aime pas tous les trucs médiatiques, tenez d'ailleurs regardez, je n'ai même pas une photo de ma femme dans mon portefeuille.

Mesrine, ça c'était un mec, il avait des grenades quand il s'est fait buter, il s'est pas rendu comme la fiote, même Broussard il a dit que Mesrine c'était un vrai, Tapie ? ma femme elle lui met les pinces, ma femme !

***E**n prison le Tapie !*
– Tu vois, je te l'avais dit.

... **l**es cols blancs, on leur donne des cellules propres.

***I**l a le numéro 265449 G.*
– Deux plus six, huit, huit et cinq treize, treize plus quatre dix-sept plus quatre vingt et un plus neuf, trente... c'est quoi le trente comme département ?

La prison, faut bien que ça serve à quelque chose...

C'*est un vrai personnage de roman.*
– Moi je m'en fous, je lis pas de livres.

Tapie, je dis, il ne faut pas s'acharner sur lui, ni plus ni moins la justice que les autres.

... **l**a semi-liberté, tu sors le jour et tu te fais chier chez toi la nuit, je connais, je fais ça tous les jours.

Tapie tu le voyais à la télé, le lendemain tu l'as devant toi qui bouffe sa soupe...

***I**ls vont le mettre à poil, ah si quand tu rentres en prison on te fouille à poil ! Tu te penches et on te regarde dans le cul ! Ah si !*
– Un mec que tu lui as regardé dans le cul après il peut plus te regarder dans les yeux.

Mitterrand à Vichy et Tapie en prison, eh ben dites donc, les années Mitterrand... eh ben dites donc...

La justice indienne, là ça rigolait pas !

Moi je le connais pas alors...

... **C**ombines... il a été lâché... meurtre politique... gros poisson... il en savait trop... il aurait pu faire sauter qui il voulait... la mafia... Mitterrand... les nazis... tout ça... houla !

Ils l'ont mis dans une cellule de neuf mètres carrés.
– C'est la taille des chiottes en or sur son yatch, il sera pas dépaysé.

C'est une sorte de Robin des Bois.
– Pour ça faudrait qu'il s'évade, sinon c'est un mec qui est en taule comme les autres...

Vous vous souvenez les *Rois Maudits* avec Jean Piat ? C'est le même bordel.

... Sa cellule est grande comme ma cuisine, c'est comme s'ils l'avaient enfermé dans ma cuisine, y a pas de quoi hurler...

... elle est très bien sa cuisine.

... bien sûr c'est une cuisine.

... C'est une cuisine normale.

... même mieux que normale.

La mafia viendra l'aider.
– La mafia, elle a autre chose à faire.

Il a des murs roses !

... On pourrait même y mettre deux taulards dans sa cuisine.

... On pourrait même y mettre deux prisonniers dans ma cuisine puisque j'y mange avec mon mari.

... C'est ce qu'elle a dit.

... C'est ce que je viens de dire.

Il va se branler, en prison tout le monde se branle.

Tu parles d'un taureau ! En cinq ans il est au bercail le mec.

Pour les matons c'est bien, ça leur change...

… **U**n sac plastique dans un arbre en face de chez mon frère, il est là depuis qu'ils habitent le pavillon, même peut-être il restera que eux ils auront déménagé à cause de sa femme, elle s'ennuie, évidemment ! C'est un village qui a pas de commerces, elle a qu'à monter dans l'arbre, ça va l'occuper !

Il ne parle que de sa bagnole !
– Eh ben ?

C'est la vie qui m'a usé.
– La vie ? La vie ? L'eau-de-vie oui !
– C'est la vie qui m'a usé.
– Mouche-toi, t'as un ortolan.

Je suis pas pour la peine de mort mais des fois, tu vois de ces boudins.

Moi je le fais l'amour, et moi je n'en parle pas des heures !

On ne peut pas savoir le nombre de vrais Français, il n'y a pas toujours eu des mairies.

C'est fait, Veronika a dit oui à Robert.

L'inaccessible étoile ! comme il dit l'autre con.
– Jacques Brel.

… Ce que t'oublies, c'est le conflit Vatican II...

La compote de crabe, cherche pas loin, c'est anglais.

Il en faudrait plus des gens comme vous !

Les Américains savent pas où est la France, pour eux on est comme l'Égypte pour nous si tu veux...

Bling ! biding !
bing ! bing ! bing !
bing ! bling !
biding biding !
biding bing
biding ! bling
biding bing bing
bing bing bing !
biding biding
biding bing
biding ! bling bling
bling bling !
– Pas de mal ?
– Même pas cassée
dis donc !

Les hommes et les femmes qui font le même travail et qui gagnent pareil d'accord c'est bien mais qui c'est qui est l'homme alors hein c'est qui ?
– Moi non je ne suis pas d'accord, la femme c'est la femme.
– Attention ! Je suis d'accord, mais par principe, sinon t'as raison aussi et moi non plus, je ne suis pas d'accord comme toi.
– Parce que après, c'est qui l'homme ?
– Absolument !
– Le même travail mais pas la même paye puisque de toute façon on se lève plus tôt nous.
– L'autre elle arrive à midi à cause des gosses on va pas non plus lui donner la paye du Loto !
– Le principe est bien.
– Tous les principes c'est bien, mais la vie attention la vie, c'est pas des principes, c'est la vie...
– De tous les jours.
– Exactement !

Ils sont à qui ces gâteaux ? Personne ? Qui c'est qui avait ces gâteaux ? Qui c'est qui recevait de la famille ?

J'ai des taupes dans le jardin, je me plains pas, y a des pays ils ont des mines.

La sagesse orientale, c'est bien, mais il faut quand même que les usines elles tournent aussi ! Sinon c'est fini !

La responsabilité de l'Occident ? Quelle responsabilité de l'Occident ? !

Ben merde !

Les Coréens, alors ceux-là faut les surveiller !

... ils vont nous bouffer tout crus.

... pire que les Chinois.

... les Chinois, ils ont une morale mais les Coréens...

Le dernier homme qui a été mangé par un lion c'est Jacqueline Dulac.

La mauvaise haleine c'est le pire contre la séduction, c'est le résultat d'un sondage d'un journal que...
– Un sondage ?
– Oui.
– Dans quel journal ?
– Un journal.
– C'est du bidon.
– Un journal féminin.
– Encore plus bidon !
– Je l'ai entendu à la radio.
– À la radio ?
– Le matin.
– Quelle radio ?
– À l'épicerie, on en a parlé même.
– Avec l'épicière ?
– Tu la connais d'ailleurs.
– Elle dit n'importe quoi celle-là ! Elle raconte partout qu'elle avait un tabac avant !
– Elle avait un tabac avant.
– C'est du bidon !
– Dans le Beaujolais.
– Et elle vient nous faire la morale sur la mauvaise haleine !

Dans plusieurs années la moustache peut-être ça sera du musée.
– Pas la moustache.

Les cons ? Moi c'est au vin !

Je dis pas du mal des Noirs, y a des cons partout, c'est tout.

J'ai pris ce train à cause du wagon bar et y en avait pas alors j'ai demandé et le contrôleur m'a dit que c'était une illusion d'optique sur le panneau... ?... t'es au courant de ça toi ?... sur l'affichage... ?... c'est quoi ce cirque encore ?

Bouge de là !

On va chez lui pour bouffer, il nous fait faire les douze travaux d'Hercule !

Demain et mercredi...
– Le jour où ils seront pas en grève ceux-là !

Des gros nuages comme ça qui donnent ces petites pluies, en France on a même le ciel qui vieillit !

Pourquoi Tapie il a pas fabriqué des petits Tapie en caoutchouc ?
– Va lui dire !
– Il aurait gagné des sous, des petits Tapie comme ça, y avait Chouchou à l'époque, tu te souviens Chouchou ? à l'école de mon môme ils en auraient tous acheté !

Tout ce qu'il lui reste à Tapie c'est voler des casquettes !

C'est la fin des temps modernes qu'on vit !

Tapie, c'est l'idole de mon fils qui à neuf ans.
– Et vous le laissez faire ?
– Son père est parti.
– Et il a choisi Tapie ?
– Qu'est-ce que vous voulez que j'y fasse, je ne vais pas porter plainte !
– Et si il se met à voler ?
– Alors là ça changera !

... Tapie en forme de capote...

... Si ça se trouve il y est même pas en prison, tout ça c'est des magouilles...

Le pâté en croûte c'est le cheval de Troie.

La terre disparaîtra, les scientifiques le disent et le redisent!
– Le disent d'accord mais le redisent quand même pas non plus...

Des vrais Français en France, combien y en a, des vrais, depuis le début de la France?
– Depuis les Romains, j'en sais rien.

Mais je danse aussi avec l'autre génération vous savez!

Shakespeare? Comme Hamlet à la poste!
– À la porte.
– À la poste!

C'est sur les gens de la télé qu'il faudrait tester les médicaments, comme ça on verrait les résultats à la télé, plutôt que faire ça dans des laboratoires où on sait jamais rien puisque c'est secret...

J'emmène le gosse à la Cité des Sciences voir le fonctionnement du cerveau.
– Tu nous raconteras.

Trente kilomètres de Clermont-Ferrand? Je connais mais là je vois pas.

Il est pareil que les autres PPDA, il s'en met plein les poches et il a bien raison!

... du jour au lendemain il a arrêté de travailler et il s'est mis à habiter dans le porte-monnaie de Gégène...

C'est une armoire avec une tête de mouton sur la porte, il lui manque que la parole à cette armoire.

Le marron glacé, il est pas plus froid que mes couilles, c'est un nom comme ça.

... quand c'est labouré, je me fous du reste, je suis rassuré...

Y a pas que des vieux au Front national, y a des jeunes, le jeune de la télé qui a des lunettes, Karl Zéro, il y est, ils l'ont dit...
– On l'a vu avec sa maman une fois, il va à l'église.

On t'a attendu tout hier après-midi pour jouer aux cartes !
– Heu...
– T'étais ivre mort devant ta télé !
– Pas du tout ! Je dormais !
– C'est ta femme qui nous a dit, t'étais ivre mort tu ronflais devant ta télé !
– Qu'est-ce qu'elle y connaît quand je suis saoul elle ? Elle est honoris causa ?

... une fois de plus !

Les chorales, derrière ils sont maigres et devant ils sont gros, toujours comme ça les chorales.

Le temps qu'il est dans son verre, tu le ferais parler dans un micro t'aurais des heures de bande !

Pour manger du boudin avec du chablis elle est forte mais pour aller chercher les gosses à l'école plus personne !
– C'est mieux que le contraire remarque...

Le rouge-gorge a son territoire et il ne faut pas empiéter sur son territoire sinon...
– Sinon quoi ?!
Sinon RIEN !

Il va se faire soigner son côlon en bus jusqu'à Villejuif.
– Il a pas son permis ?

... **j**e vais reboire un coup... parce que y a du soleil.

Ouf ! C'est pas encore aujourd'hui que chr'a mort !

Vous me rappellerez que j'ai une belle nature morte pour vous, madame Corian, mes hommages, à demain...

... **i**l lui a peint une pomme dans son coin...

... **i**l essaie de se faire payer un coup...

... **C**'est de bonne guerre pour un peintre...

... **d**u quartier !

Y a deux minutes qu'il est parti pas plus ! si vous marchez vite vous pouvez le rattraper...
– Un demi.

On est chef d'orchestre ou on ne l'est pas !

Voilà une affaire rondement menée !

On ferme !

Ben et nous ? On est transparents nous ?

On ferme !

Tu me tues à fermer comme ça tout le temps !

On ferme !

J'avais demandé un demi je l'ai pas eu !
– Tu l'as eu.
– Je l'ai pas eu !
– Tu l'as eu.
– Qui c'est qui me l'a bu mon demi ? C'est pas moi ! Je l'ai pas eu !
– Tu l'as eu.
– Je l'ai pas bu !
– Tu l'as bu.
– Bistrot de menteurs ici !

On ferme !

Qui c'est qui ferme ?

On ferme !

Sur la place c'est encore ouvert !

On ferme !

On ferme !

J'ai rêvé à un étang gelé.

On ferme !

T'en as pas marre de fermer tous les soirs ?
– Ah non ! C'est d'ouvrir le matin !
– C'est ça qui va plus en France !

J'ai pensé à une cireuse à chaussures.

On ferme !

J'ai cru que j'allais y passer en touchant le fil de la machine à laver !

On ferme !

J'ai jamais rien vu de pareil au cinéma !

On ferme !

Marilyn Monroe c'est pas un bon coup, elle est recousue de partout !

***D**errière l'église c'est encore ouvert. – Je suis pas le pape !*

... **l**e fœtus est plus proche de l'animal que de l'homme.

... **c**'est un petit animal en fait.

On ferme !

J'ai eu mal aux dents, mais ce qui s'appelle mal aux dents !

... **à** une semaine il est même pas formé.

On ferme !

... **à** une semaine il est un animal même pas formé !

J'ai pris trois fois du hachis.

... **j**e le sais, j'en ai eu.

On ferme !

... **D**e Gaulle il a été pareil, fœtus.

J'ai remis la tournée mais le beau-frère, rien !

... **t**out le monde y passe.

On ferme !

Dehors ou je me fâche !
– C'est toujours le patron qui veut fermer.
– T'as qu'à devenir patron !

J'ai pas pensé à mal.

On ferme !

J'ai fait plastifier ma carte d'identité, comme ça c'est fait.

Le cinéma, si ça parle...
– C'est comme le restaurant pour manger un bifteck-frites, autant le manger chez soi.

C'est une aberration sportive de mettre Perpignan contre Dijon !

Vous avez un chien ? Première nouvelle ! Et moi qu'est-ce que j'ai alors ?

On ferme !

Le ciel est bleu ! la mer est verte ! tu prends mon cul pour une trompette !

Quand je pars d'ici je pisse toujours au pont du TGV, c'est mon coin.

ON FERME !

L'homme a pas les nichons de la femme.

Oui ben ça y est on a compris !

... et le café ferme...

Les mots s'envolent. Le bordel reste. Le patron passe derrière son comptoir en tournant autour de sa main posée à plat sur le zinc. Il entend que ça parle encore dehors, sur la place, au pied du monument aux morts, il jette un œil par-dessus le rideau, ça bavarde encore sous l'éclairage public, le Poilu a la lune sur son casque, il plante devant sa baïonnette de pierre. Le patron cherche à reconnaître ces voix qu'il connaît par cœur mais les voix finissent par s'éloigner et disparaître. Une portière de voiture claque. Une autre, plus lourde, une porte de coffre sans doute. Un break démarre. Il klaxonne en passant devant le café. Le patron lève le bras. Dernier salut. Des pneus crissent dans le gravier devant la Mairie. Puis plus rien. Le silence. D'un coup. L'air se vide et meurt comme après le passage des grues. Le patron mal à l'aise plonge ses mains dans l'eau et fait des gros bouillons. Joli bruit. Fait claquer le torchon. S'essuie. Tousse. Se mouche. C'est l'heure où il traîne les pieds. Ce bruit le porte tout droit jusqu'au fond de la salle – là où il a fait installer un billard – Il s'étire sur la pointe des sandales pour atteindre le bouton et il allume la télé fixée là-haut dans le mur pour pas que les jeunes triturent les chaînes. Le silence tombe à genoux et prie comme sur la place on a vu prier la jeune femme du Poilu en pierre. Le patron se sent mieux. La télé lui fait du bruit, c'est bon dans les oreilles. La télé, comment dire, est son dernier client. À cette heure-ci, l'homme, la machine c'est du pareil au même ! Des mots et des mots encore des mots comme dit la chanson ! Puis le patron rasséréné commence à balayer son grand café tout sale. Un coup ici. Un coup là. Il pousse devant lui le petit tas. Mégots ! Morpions ! Black-Jack ! Tac-O-Tac ! Le patron a encore un peu vieilli aujourd'hui, mais c'est comme tout le monde ! Il fait des zigzags avec son balai. Quand il balaie il rajeunit ! La télé lui pose une lumière sur le haut du crâne un peu comme la lune, qu'on voit parfois à la télé, sur la tête du Poilu ! *Quel sens y a-t-il à inventer quelque chose ?* dit la télé, *à le poser là où il n'y avait rien ? Que pouvait-on voir dans cette partie de l'espace où apparut la Danaé du Titien ?* Alors le patron arrête de balayer et fixe la télé qui parle, la pointe du manche de bois contre son menton. *Que pouvait-on sentir dans le vide que ce nu féminin est venu remplir ? Peut-on croire à une prédestination de l'espace ?* Le patron regarde autour de lui son café enfumé, les mégots sur le sol et les chaises mal rangées, les verres des jeunes encore sur les tables près de la musique. *Était-il inscrit,* continue la télé, *qu'à cet emplacement vide dût apparaître précisément ce tableau mythologique ? Pourquoi pas un portrait du pape ou une Vénus ?* Pourquoi pas ! reprend le patron, c'est vrai pourquoi pas ! Il a toujours son menton appuyé sur le manche de son balai et le bout de ses chaussures dans le petit début du tas de balayures, il regarde, il écoute et il tangue un peu, il a trinqué une, deux, trois, quatre, sept fois ! *Que voyait-on,* dit la télé, *avant que le tableau ne s'interpose entre le monde et l'œil ? Dans quel monde allait plonger Van Gogh quand lui poussèrent devant les yeux en manière de haie quelques fleurs ? Dans quelle vertigineuse lumière ? Dans quel fantastique bouquet ? Que trouvait-on à cet endroit de l'espace, à ce moment du temps, où Van Gogh peignit des fleurs ? Que cachent-elles à ceux qui arrivent trop tard, c'est-à-dire une fois le tableau fait, une fois l'ouverture masquée par la toile, comme une vitre brisée masquée par un bout de carton ?* Le patron se retourne. Il l'a sur son mur le tableau de Van Gogh ! Le tableau dont la télé parle, les fleurs qui cachent ! Il s'en approche. Le regarde. C'est une reproduction sous verre achetée au marché. Il la décroche prudemment et regarde le mur. Il la raccroche. La reproduction balance un temps et s'immobilise. Le patron va vers la télé qu'il éteint. Puis il se remet à balayer. Il sourit. Regarde les fleurs. Et dit, demain, ça va causer peinture !

Jean-Marie Gourio

1998

Le journal du matin...

On s'est installé(s) là depuis longtemps déjà, au bout du comptoir... Joli matin... On somnole devant le journal... S'il n'y avait les nouvelles du jour, ce petit matin bleu ferait penser au petit matin d'hier... Petits matins les uns derrière les autres, les uns contre les autres, dans les cafés à peine ouverts... Un reste de nuit au fond des tasses...

L'homme portait une casquette, dehors il faisait froid, nous sortions d'une période glaciaire, *le poireau à trente francs c'est du caviar en vinaigrette!* un méchant moment à passer pour les petits oiseaux et les moureurs de froid qui faisait dire à tous *c'est la Terre qui refroidit monsieur, mais jusqu'à combien ça va aller, cette histoire?* avant que les températures du nouvel été anormalement élevées ne nous fassent dire qu'elle se réchauffait, *cette chaleur, chez nous sur la fenêtre le thermomètre n'y comprend plus rien... mais oui, monsieur! Le pôle va fondre et on va voir son crâne!*

Au final la Terre, du moins dans ce café, passait l'hiver à se refroidir et l'été à se réchauffer.

Une autre voix se fit entendre, c'était un petit timbre de voix pointu, un coup de cuillère sur un verre à moutarde, l'homme était de petite taille, il portait un anorak par-dessus un costume trois-pièces et une cravate, l'anorak trop court laissait voir le bas de sa veste jusqu'en haut des poches, il tenait par la sangle son casque de mobylette, il n'avait presque plus de cheveux sur le crâne et le bout de son nez rond luisait comme une cerise, il dit ça vous dérange pas si je jette un coup d'œil à votre journal ? Vraiment, c'était beau à voir ! Puissante ligne de bonshommes plantée face aux rouleaux !

Enfin, la lecture était un métier d'homme ! Ce qui justifiait de pareils formats ! Si hauts ! Si larges ! Si encombrants ! Si salissants parfois qu'ils vous laissaient le bout des doigts tout noir après une bonne séance de lecture, avec les journaux du matin on prenait la journée tout entière dans ses bras, on la soulevait du sol, on l'embrassait, on la reposait lourdement comme un sac dans la poussière, c'était stimulant et vivant, sanguin ! contrairement à ces journaux télé si petits qu'il faut les lire assis dans les maisons, près d'une lumière, cône lumineux qui vous prend la joue et les mains, laissant le reste du corps et du monde dans l'ombre. Il y avait de la lumière partout sur le zinc, que renvoyait sur les visages rasés le clair des larges feuilles. Le jour se levait de cette aube en papier.

Vous avez vu ça en Algérie ? Et le pire, c'est qu'on n'y peut rien.

Les liseurs se dessinaient avec précision dans la lumière qui venait de la rue. Ils ressemblaient, c'était frappant, à des artisans déjà au travail tandis que les autres, les fainéants fluos, il était déjà neuf heures, faisaient encore leur jogging ! Un de ces coureurs en ville poussa la porte du tabac, sans cesser de lever les genoux en cadence, sans s'arrêter de compter, un million huit cent soixante-quatorze mille six cent vingt-sept, un million huit cent soixante-quatorze mille six cent vingt-sept, un million huit cent soixante-quatorze mille six cent vingt-sept, un paquet de Stuyvesant s'il vous plaît, un million huit cent soixante-quatorze mille six cent vingt-sept, il s'acheta des cigarettes et retourna trotter sur le trottoir, il contourna une crotte de chien et annonça un million huit cent soixante-quatorze mille six cent vingt-huit avant de se lancer dans les grands escaliers qui mènent jusqu'aux jardins. Depuis quand courait-il ? Un an ? Trois mois ? Une heure ? Le vent du dehors avait tordu les fumées. Un seau d'air glacé nous était tombé sur la tête et nous filait dans le cou. Sans détacher les yeux des nouvelles, les liseurs rafraîchis recommandèrent, et attention qu'il soit bien chaud, un petit café ! Personne ne travaillait ? Le temps n'existait pas. Moins dix-sept au thermomètre à Nancy ! Pensez ! *Les secondes ont gelé, monsieur, j'ai la montre comme du glaçon !* Le temps pendait aux branches et aux gouttières. Il faudrait un redoux... Le monde en mots vissait et se dévissait sous les doigts, gros titres que tous écartaient comme des tiges de fer pour avancer plus avant dans le moteur de la vie des hommes et de leurs combats. On suait presque à fouiller sous ce capot ! Ça hérissait le poil ! Ça triturait dans ce fouillis à coups de neurones bien calibrés ! Passe-moi le neurone de dix ! Passe-moi le neurone de douze ! La matière grise couverte de graisse et de cambouis ! Cervelles d'hommes souillées comme le sol d'un grand garage, hémisphères mordorés, avec de-ci de-là des petits points de rouille à gratter.

Il n'était pas question qu'un journal restât ouvert sur le comptoir sans que quelqu'un le lût ! Les nouvelles du journal étalées au petit jour avaient quelque chose d'irrésistible, de frais, et c'est dommage qu'on ne dise plus – ou alors pour se moquer de l'expression elle-même – les nouvelles fraîches, parce que les nouvelles du matin étaient vraiment fraîches ! Physiquement fraîches ! Même s'il s'agissait le plus souvent de terribles malheurs qui étaient racontés çà et là, deux mille morts dans un tremblement de terre en Iran, dites donc ! Les liseurs de comptoir se rafraîchissaient aux mots des quotidiens. Et tous ces morts, au fond, c'était de la vie. Le dernier arrivé était un immense bonhomme hirsute, pas rasé, avec un grand pardessus gris et des grandes poches dans lesquelles il fourrait ses grandes mains entre deux gorgées de bière. Il sortit la main droite de sa poche. But une gorgée de sa bière. Remit sa main droite dans sa poche. Tout le haut de son corps prenait appui sur ses bras qui eux s'appuyaient dans le fond de ses poches et les faisaient bâiller. Ses longs bras le faisaient vivre comme sur pilotis, avec sous lui deux grandes jambes qu'il traînait avec fatigue. Il redit, je peux prendre votre journal ? Je lui redis, mais bien sûr, allez-y monsieur ! Il me redit, vous êtes sûr ? Je lui redis, certain. Il ajouta, si vous le revoulez, je vous le rends tout de suite. Je lui assurai que je n'hésiterais pas, il me demanda de confirmer, je confirmai, et quand l'accord fut pris entre les deux parties, il resta là, debout, face à moi, sans lire. Son haleine sentait la bière et le tabac froid. Son pardessus froissé luisait aux coudes et aux épaules. Il chaussait au moins du quarante-cinq. C'est moi qui revins à la charge, allez-y, je lui dis, vous pouvez le lire si vous voulez, et il me répondit, merci. Il me regarda dans les yeux. Puis il me demanda, parfaitement immobile, quoi de neuf aujourd'hui ? Il sortit la main de sa poche et but une gorgée de bière, il reposa le verre et demanda quel jour on était. Mercredi. Mercredi combien ? Je lui répondis que je ne savais pas. Alors il prit le journal dans ses mains et regarda en première page le jour qu'on était. Il releva les yeux et demanda, vous êtes sûr que c'est le journal du jour ? Absolument sûr, monsieur, je répondis. Puis il l'ouvrit grand dans l'air et commença à lire. Sans la date en première page, peut-être ne l'aurait-il pas lu ? Pourquoi lire un journal dont on ne sait pas la date ? Les événements relatés dans le journal se passaient à la date de maintenant, et ça, comment le savoir sans la date ? Et si ça ne se passait pas en ce moment, pourquoi le mettre dans le journal du jour ? Hier c'était hier ! Sinon, pourquoi la nuit ? Pourquoi ce noir si long pendant lequel naissait le journal ? si ça n'était pour qu'il aille, au large du jour finissant, pêcher de nouvelles ressources et revenir les étaler sur la plage brillante de nos comptoirs chaque nouveau matin ! La nuit, le monde se refaisait silencieusement pour ne pas troubler nos sommeils. Les petits bouts du monde se recousaient. Et même si le matin du monde était pareil il était différent ! C'était un principe de vie ! Comment aurions-nous pu avancer sinon ? Dans une mer étale de nouvelles pas fraîches ? À l'odeur drôle des fois ? Le journal du matin, ça n'était pas hier ni même aujourd'hui, quand l'humeur était excellente, c'était presque déjà demain ! Par moments il lâchait le côté droit de son journal qui se mettait à pendre jusqu'à ses genoux, il ne le tenait plus que par la main gauche, tranquillement il tétait un peu de sa bière, il prenait bien son temps, reposait le verre puis il se penchait et plongeait sa main droite pour saisir tous les angles supérieurs du journal, rassemblait les pages en une sorte de fouillis qu'il remettait en ordre les bras tendus à l'horizontale. Cet homme visiblement ramassait ses filets. Cette image d'un pêcheur allait bien avec mon ballon de blanc. J'aimais ses gestes et lui aussi les aimait, ça se voyait bien qu'il était content de tripoter tout ce papier ! Le plier, le déplier, le faire voler, le froisser bruyamment et se perdre dedans devant tout le monde dans ce café bondé de liseurs bavards ! Liseur agile parmi les siens ! Sur le même bateau ! Il ne mouillait pas son doigt pour lire. Toute sa main brillait car il ramassait les gouttelettes qui se condensaient sur son verre. Parfois il se secouait la carcasse. Il riait mais sans émettre un son. Ses haussements d'épaules m'informaient sur son état d'esprit. Que lisait-il de si rigolo ? Que s'était-il passé de si marrant dans le monde pour que cet homme hirsute et pas rasé s'esclaffe intérieurement sur mon journal ? Je lui demandai, c'est quoi l'article marrant ? Il se raidit. J'insistai. Pourquoi vous rigolez ? Il me répondit, un truc marrant ! Je lui demandai à la fin, quel truc ? Il posa le journal en vrac sur le comptoir et fila sans répondre en direction des toilettes. Lui ? me dit le patron, tu parles ! Il a jamais su lire ! C'est un Yougo ! Il fait semblant pour qu'on l'aime bien ! Un ange passa. Le grand bonhomme hirsute sortit des toilettes. Il passa devant moi. Je lui tapotai l'épaule le bout du doigt et lui criai alors qu'il s'éloignait à toute vitesse, vous savez monsieur, moi Shakespeare c'est pareil ! Il avait je crois deux plumes d'un oreiller crevé collées dans le dos. Il était neuf heures trente-cinq du matin. J'avais fait fuir un ange. Oui, vraiment, il faut lire le journal au comptoir des cafés.

Jean-Marie Gourio

L'intelligence artificielle, pour moi, c'est pas un progrès.

Faudra se rappeler que le lundi à Saint Florentin ils donnent des bouts de boudin avec l'apéritif…

Quand c'est Van Gogh sur la boîte, souvent c'est du grand chocolat.

Rodin qui épluche son orange, c'est de la sculpture.

L'air faudra payer.
— Déjà au Japon ça paye pour en avoir.
— Le Japonais respire quand il a le temps de toute manière…
— C'est des cons au Japon, ils mangent des soupes dans la rue avec des chemises à manches courtes.
— Trois heures de métro pour sortir de Tokyo.
— Et pour aller où en plus ?
— Pour rentrer chez eux.
— Trois heures pour rentrer chez eux, putain, moi je reste à Tokyo pas toi ?
— Je bouffe pas de la soupe dans la rue moi !
— Tu rentres chez toi ?
— Non je reste à Tokyo mais je mange pas la soupe.
— Ah j'aime mieux ça.

À la maison, on est tous Vache qui rit.

Le réchauffement de la terre, je trouve que c'est bien pour ceux qui habitent dehors.

L'avantage du sida, c'est que la mienne qui a seize ans elle reste devant la télé.

Une boule dans le ventre.
— La trouille ça fait comme la fondue.

La plus colorée c'est la puberté chez l'oiseau.

Elle a des belles jambes cette femme.
— Des jambes, nous on en trouve à l'écluse.
— Ça sent quoi ?
— Rien, je fais une tarte normale.

Il a pas besoin d'une maîtresse Chirac, il a besoin d'une femme qui est mieux coiffée que celle-là.

C'est la maison de l'horreur chez lui, il chie dans le jardin.

Tout le monde tape dans la caisse, putain ! y a combien des caisses ?

Qui a réalisé le meilleur tour au Grand Prix de Monza en 1995 ?
— Berger ?
— Edberg.
— C'est le tennis.
— Non l'autre.
— Celui qui est avec une Noire.
— Becker.
— Noah.
— Noah il est avec une Blanche, il est pas fou.

Comment tu peux prouver qu'on habite au même étage ?

La fin du monde ? On sera morts avant.
— Même avant.

Le Noir, c'est pas du bronzage, c'est la peau naturelle.
— Pour bronzer noir comme ça, faudrait pas beaucoup qu'ils travaillent les Noirs.

Là où on voit bien la psychologie des collègues, c'est à la cantine.

T'es tout rouge.
— Et toi ? Tu crois que t'es bleu ?

La mariée, pleine de pinard !
— C'est toujours beau une mariée.

L'échographie, c'est comme si vous passiez votre cadeau de Noël au rayon X.

Le plus beau jour de la vie, ça fait pas beaucoup de jours.

Les congés payés ont commencé avec la terre qui se réchauffe.

Ils crèvent de faim mais en contrepartie ils ont les vacances toute l'année.

Pour un pou, le shampooing aux œufs, c'est du gâteau.

Le poulet Label Rouge, c'est pas un connard de poulet ! — J'ai pas dit ça.

... Même ici je suis confronté à un problème de compétitivité...

Moi ?
— Non, le pape !
— C'est le geste qui me plaît pas !
— Oui, ça va...
— C'est le geste qui me plaît pas !
— Du calme !
— Tu sors de là, on raconte ça, tu sors de là, on raconte aut' chose, je suis tombé une fois, j'avais bu, alors maintenant tout le monde le sait, trois fois on raconte que je suis tombé, une fois, c'est tout, une fois !
— Calme-toi René... André... Pascal...
— Jean-Pierre !
— Jean-Pierre...
— Moi aussi j'ai un grand Jean-Pierre, c'est les meilleurs les Jean-Pierre.
— Ça veut rien dire, j'ai failli m'appeler Albert ! Faut que j'aille à Auxerre pour me calmer !
— Je m'excuse.
— Elle a regardé dans mon sac !
— Je m'excuse.
— C'est un geste de trop ! J'ai acheté du vin, et alors ?
— Je m'excuse.
— Vous excusez pas !
— Je m'excuse.
— Vous excusez pas ! C'est moi qui ai tort, vous êtes plus vieille que moi, je vous dois le respect.

Le mondialisme, il faut relativiser aussi...

Les plantes sont moins cons que nous, elles ont pas une heure de trajet le matin.

À notre époque, trouvez un cornichon qui croque !

Le fer.
— Le bois…
— La pierre, la tuile.
— Le lino, la crotte de pigeon ça attaque tout.

… Comme c'était gelé ils m'ont bu l'acide dans le tonneau que j'avais mis pour décaper mes briques, c'est des vieux chiens, si ils me pissent le sang je les fais piquer mais ça a l'air d'aller…

— Je m'excuse.
— Un geste de trop !
— Recommence pas.
— Donne-moi une côte.
— Je m'excuse.
— J'aime pas faire pleurer les femmes, je vais aller à Auxerre me faire soigner.
— Patache est passé ce matin.
— À pied ?
— Trois ans de retrait il a eu pour rien arranger les choses il continue à boire du blanc le matin.
— Patache, alors lui, Patache…
— Le matin.
— Le matin.
— Eh ben.
— Le soir il était pas mieux.
— C'est comme la petite Chinoise, elle s'est vite mise au diapason.
— Tenir un café… quand t'es chinoise !
— Moi je suis une femme mais pas chinoise.
— Vous, on vous connaît.
— Je m'excuse.
— C'est trop tard !

La mer c'est joli mais quand vous êtes au milieu c'est beau.

Loin de moi cette idée !

Et dire qu'en face c'était une prospère fabrique de pinces à linge...

On utilise que dix pour cent de notre cerveau, le reste, c'est de la cervelle.

... Mais si c'est ça !

Une bonne salade de tomates, ça commence par une agriculture de qualité.
— Même la salade tout court.
— La verte.
— Même l'endive.
— La salade romaine.
— Les fruits.
— Tout.
— En fait tout ce qu'on mange.
— Même la merde c'est du compost.

L'agriculture de demain, c'est comme celle d'hier, faudra arroser si tu veux que ça pousse.

Ça me fait chier d'être né sur terre, y pleut tout le temps.

Sur un poulet c'est rien, mais sur des milliers de milliers de poulets la merde du poulet ça fait de l'argent en poids, c'est ça l'Europe des frontières, c'est ça.

Il est plus sous garantie ?
— Non, le portable ma fille me l'a offert en quatre-vingt-quatorze, pour ma dernière hémiplégie.
— C'est comme ça et c'est pour ça.
— D'accord mais bon, ça pourrait changer.
— Pourquoi ça changerait, c'est comme ça.
— Oui mais bon ça changera.
— Si ça change, on suivra.
— Oui mais bon, faut suivre aussi.
— Il marche plus.
— C'est peut-être les piles ?

Y a une bonne femme dans l'armée de l'air qui pilote un Rafale.
— Une bonne femme peut-être mais pas un Rafale ! Un Mirage 2000 peut-être si tu veux mais pas un Rafale allons soyons sérieux on en parle ou alors on en parle pas, mais si on en parle soyons sérieux, voyons...
— Un Mirage 2000.
— J'aime mieux ça ! Voyons...

Le plus efficace contre la délinquance juvénile c'est le riz au lait.

Ce qui nous tue nous la France c'est la polémique de chapelle.

Les ennuis de chaque jour moi c'est tous les jours, alors merde !

C'est pas les juifs qui ont tué Jésus, c'est Jules César.

À quoi tu penses ?
— Ça se dit pas à quoi on pense.

La muraille de Chine, on la voit depuis la lune mais on ferait mieux de la voir depuis la terre.

Ce qu'il faut c'est regarder les chiffres dans leur réalité.

Je me suis brûlé les pieds dans la cheminée mais je ne me plains pas, y en a qui n'ont pas ça.

Des couilles en dessous les flocons de neige tu prends ça sur la capuche bonjour !

Si y a un coin de la planète qu'on connaît par cœur c'est le pôle Sud, à la télé le titre de l'émission c'était, explorer un monde inconnu… non mais t'entends de ces conneries des fois…

Maintenant c'est que ça, des partis politiques de tous bords !

C'est le short qui est raté chez les troubadours des films.

Tu bois ou tu réfléchis ?
— Non non je bois.

Je vends du boudin mais avec le système des impôts je paie un peu la grande bibliothèque de Mitterrand.
— Et il est bon son boudin…
— En plus de la bibliothèque je vends du bon boudin.
— Personne demande à naître.
— Et mourir souvent pareil, personne demande.

… Les asperges et la luzerne c'est ennemi l'un de l'autre…

Faut toujours penser les conneries, c'est plus sincère…

J'espère qu'elle picole parce que si elle a une tronche pareille sans picoler, c'est dommage pour elle.

Plus les gens sont maigres et plus les plantes sont grasses dans ces pays à la con.

Le Noir de la ville va écouter du jazz alors que le Noir de la banlieue va écouter du rap… ah si…

On sait pas comment ils avaient la bite à l'époque puisqu'on a pas d'images.

Quand on habitera sur Mars personne sera assez riche pour venir se baigner en Bretagne alors quel intérêt ?

Même les punks osent pas chier dans les jardins anglais.
— Leur pelouse c'est de la vraie moquette.
— Ils chient sur la moquette les punks.
— Oui mais c'est dedans.

Il est pas à toi ce verre !
— Ah pardon…
— On boit pas dans le verre à René !
— Hein ?
— On dit pas hein, on dit comment !
— Comment ?

Y fait froid ce matin.
— C'est le vent d'ouest comme disait Jacques Brel.

Tu manges ta femme dans une assiette, mais après qui c'est qui fait la vaisselle ?

Moi si j'étais cannibale je ferais pas la vaisselle.

Il est passé où le dieu du stade ?
— Aux cabinets.
— Comme Archimède, une heure aux chiottes.
— Pardon pardon…
— Une femme qui fait le ménage c'est beau.
— C'est ça, allez jouer dehors.
— Si la bande dessinée c'est des intellectuels, alors ils sont beaux les intellectuels…
— À qui le journal ?
— J'aime pas lire.
— Et alors ? Personne.
— Pardon pardon…
— Pastis ! Pastis ! Pastis ! Pastis ! T'aurais vu le traquenard !
— Pardon pardon…
— Les pédés souvent ils ont un goût vestimentaire pas très subtil.
— Pardon laissez passer le balai pardon…
— La planète bleue, mon cul, pas chez nous.

Il va falloir penser à se rentrer…

J'ai le vin triste, mais que avec la crème de banane.

Pourquoi on est sur terre aussi hein pourquoi ?

— Allez-y.
— Ils prennent des milliards pour faire du bateau.
— C'est des héros ces gens-là.
— Normalement les héros c'est gratuit.
— Pardon pardon excusez-moi messieurs merci pardon...
— Tous les intellos qui signent la pétition, tu parles, c'est des cons qui vivent dans les appartements de deux cents mètres carrés !
— C'est pas eux qui vivent dans des cités pourries...
— Tu parles qu'ils sont au chaud les mecs, d'ailleurs j'ai pas vu un Noir qui signait la pétition.
— Catherine Deneuve.
— C'est pas elle c'est son mari.
— Ce qui s'est passé depuis des années et qu'il faut dire, c'est qu'on a assisté à une montée en puissance...
— Bien sûr que c'est ça...
— Merci pardon...
— Tu vas bosser ? Bosse pour moi, je te ferai une procuration.
— Merci tout le monde !
— Elle prend trois cents plaques pour faire la vaisselle dans un film Carole Bouquet !
— Autant lui faire porter du Dior.
— Pour trois cents plaques, j'écris pas un rôle où elle fait la vaisselle !
— Elle a des fourrures.
— Elle est belle comme ça.
— Elle fait pas la vaisselle.
— C'est une salope.
— Elle joue bien.
— Oui.
— Jette pas le papier, ça vient de balayer.

Je paye un coup !
— Moi !
— Moi !
— Moi !
— Moi !
— Moi !
— Moi !
— Moi !
— Moi !
— Moi !
— Moi !
— Moi !
— Moi !
— Moi !
— Moi !
— Moi !
— Moi !
— Moi !
— Moi !
— T'as vu l'Audimat...

Rushdie, il se cache pas tellement ce mec, il était même en photo dans le Journal du Dimanche.
— Rushdie ? Le mec iranien ?
— Non, le Journal du Dimanche.
— Tout à l'heure elles étaient assassinées les gamines et là regarde elles sont massacrées.
— C'est pas le même journal.
— Pas de politique intérieure ni extérieure !
— On parle de la Chine.
— Vous parlez pas, vous vous engueulez !
— Nous ?
— Non, eux !
— C'est rien la Chine.
— La Chine, on en parle sur le trottoir !
— Deng Xiaoping.
— Ping-pong c'est dans la cour derrière !
— C'est histoire de parler.
— Histoire de parler de la Chine on se tait !
— Les Auxerrois se sont fait sortir par Troyes.
— Si tu veux parler de l'AJA c'est dehors !
— On parle de rien alors...
— C'est ça, taisez-vous, ça vaudra mieux tenez.
— Santé.
— À la tienne.

Je peux pas manger du piment sinon je chie du pit-bull.

Les goûts et les couleurs, ça se discute pas.
— Un Noir qui mange du caviar, ça se discute.

Elle est enceinte, elle tourne, elle vire, elle sert toujours au magasin, c'est pas bon pour le petit.
— Pour le bébé c'est du manège.

Jackie, tu cherches du boulot ?
— Tu crois pas que j'en ai assez !
— Dans Télé Star, *y a Vanessa Paradis qui veut un enfant.*
— Si tu crois que j'ai le temps !
— Elle était avec Florent Pagny celle-là...
— Elle fait ce qu'elle veut...
— Ils avaient un moulin près de chez mon beau-frère... ils y allaient je les voyais... on les voit plus... alors tu lui fais ?
— Pas le temps !
— Demain.
— C'est ça, demain... demain...

Il a intérêt à avoir son slip bien propre l'Esquimau quand il baise dans la neige.

Ah non !... il faut pas te gratter Coco... il faut pas manger tes plumes... Coco arrête de te gratter Coco... il faut pas manger tes plumes... arrête... il faut pas te gratter les plumes Coco... tu veux qu'on mette ta cage au soleil... moi je peux pas marcher Coco... quelqu'un veut bien mettre la cage au soleil dans la cuisine ?... vous êtes bien gentil monsieur moi je peux pas marcher vous savez... il faut l'empêcher de manger ses plumes... arrête Coco... dites-lui vous pour qu'il arrête, moi il m'écoute pas... je peux pas marcher alors il m'écoute pas...

Il a un profil grec, comme on disait dans le temps.

Le plus grand héros de la mer, c'est le poisson.

On peut même plus visiter Lascaux ! si c'est ça le progrès...

Il marche pas bien le téléphone.
— Oh... pour ce que j'ai à dire.

Si le climat change, le bout du nez changera aussi ou il mourra !

Tu me feras pas jouer au tiercé si c'est des autruches qui courent !

T'arrives à faire trois queues de bœuf sur un bœuf et tu vas voir le scandale avec les cons de journalistes.
— C'est vachement bon la queue de bœuf...
— En gelée.
— Pour relancer la fréquentation un apéritif super junior.
— Tu vas voir les cons de journalistes...

Tout le mercredi après-midi il fait des solos de batterie parce que dans l'orchestre il a pas d'amis.

L'éducation, c'est un moule.
— Moule toi-même quand on voit ton fils comme il est con.

... Tous les vieux Chinois sont ratatinés sur eux-mêmes...

Un Chinois qui meurt, c'est pas le premier et ça sera pas le dernier.

Deng Xiaoping, c'est pas la peine de l'enterrer, tu le laisses sécher sur le bord de la fenêtre ça suffit...

Deng Xiaoping ? Le fils Mao ? Il est crevé ? Et alors qu'est-ce qu'on s'en branle.
— Je le dis parce que c'est dans le journal.
— T'as besoin du journal pour parler toi ! Eh ben...

Des Chinois de toute façon y en a trop, et c'est pas moi qui le dis, c'est à la télé.

Le brochet, cinquante centimètres, le sandre, quarante, l'ombre, trente, la truite c'est vingt-trois, en dessous, faut remettre à l'eau.
— C'est terrible cette loi à la con !

Un film sur les insectes, oui mais avec Delon.

On aura connu l'âge d'or de la charcuterie.

Si tu veux tu descends du singe mais pas moi.

Un homme qui s'est fait opérer on lui a enlevé les parties, je m'excuse, mais pour moi c'est plus un homme.

Des fantômes qui reviennent, tu leur fais des nouilles, c'est vite fait.

À l'origine, tout était original.

Pâques, je m'en fiche, c'est un jour comme les autres.
— Je vous ai vue bénir les rameaux l'autre jour vous étiez la première !
— Je suis catholique moi.
— Les rameaux c'est catholique.
— Pas pour moi... et Pâques je donne du chocolat à mon chien.
— Vous avez un chien ? On le voit jamais.
— Vous voulez dire quoi, qu'il est mort ?
— Rien.
— Ah bon... si on est plus maître chez soi... je donne du chocolat à qui je veux... on est pas encore à l'Islam !
— Ils font des œufs de Pâques pour les chiens maintenant.
— Et alors ?
— Prends le panier bordel qu'il est con il va chercher les œufs avec ses mains, il en casse la moitié.
— Et on va sur la lune...
— Pas lui !

Les pédés c'est une race, c'est pas un homme qui aime un homme c'est pas vrai ! et les gouines pareil, c'est un truc spécial.

Moi, je me suis arrêté à Chopin...

Deux frottis par an, avec les nouvelles lois, ça sera plus possible.

La grève des hôpitaux, ça va leur permettre de faire un peu le ménage parce que faut voir sous les lits…

La colonne vertébrale, la moelle épinière elle est enfoncée là-dedans mais c'est le cagibi !
— Faut voir le livre médical qu'il a chez lui.
— Du vingtième siècle.
— Toutes les maladies du vingtième siècle.

Le *Larousse* des maladies, je sais pas si les docteurs ils en soignent des maladies mais il est toujours aussi gros !

Tu pars à Toulouse ?
— Toulouse, c'est la ville du rosé comme on dit.

C'est de la responsabilité un bébé.
— Moins qu'un gros camion.

Il est pas là ?
— Il faut qu'il se repose… il a un gros cœur.
— Ça fatigue aussi le va-et-vient du comptoir.
— C'est un métier dur vous savez.
— Je sais moi je suis tout le temps de l'autre côté, je les vois les kilomètres qu'il fait pour servir.
— Quarante kilomètres au moins !
— C'est le marathon, sauf que la campagne c'est nos gueules.

C'est un gène qui mange les graisses, t'as pas intérêt à le faire tomber dans le beurre.

L'Europe des combien ? On sait même plus !

… C'est sûr que les cons ça les rend pas intelligents de gagner plein de sous.

Avec un python dans la maison, faut pas laisser traîner le tube de dentifrice.

Ça passe vite...
— Vite oui...
— Je me rappelle même plus.
— Y en avait dans le jardin, j'en suis sûr de ça, deux enterrés dans le jardin et deux dans la maison.
— En tout il en avait tué combien ?
— Vous les gardez vos journaux ?
— Je ne peux pas, avec ma cheminée.

Vous lui donnerez un pastis quand il viendra que je vais payer tout de suite et vous lui direz que c'est dédié par moi.

Les gens qui ramènent des cartes postales du Maroc c'est souvent qu'ils ont eu peur de se faire voler l'appareil.

On se boit l'homologue ?
— Idem.
— Deux demis !

... C'est pas La Poste ici.

Le vin rouge c'est bon pour le cœur.
— Ça a la même couleur d'ailleurs.

Prout ! Pardon.
— Pousse-toi.
— J'ai dit pardon.
— Pousse-toi !
— Ça donne pas envie d'être poli avec toi.

Une soirée Michel Legrand ? De quelle heure à quelle heure ?

Vu le prix des tableaux du Louvre, des milliards ! c'est culotté de nous faire payer l'entrée.

Céline, on reconnaît bien le style en tous les cas.

J'ai lu les lettres de Flaubert, mille fois mieux que ses romans.

La philosophie, ça m'étonne pas que ça soit à la mode ça, tiens.
— Plus personne fait du sport.

Frédéric Mitterrand, il en fait des belles émissions sur les grands du monde.
— Même Mitterrand lui serrait pas la main, qu'est-ce qu'il y connaît…

Si monsieur Picasso n'aime pas les femmes, qu'il n'en dégoûte pas les autres !

Tous les personnages de Fernand Léger ont une moustache.
— Mais Léger avait une moustache, vous savez, c'est pas tombé du ciel.

Quand tu vois un film de cinéma sur l'Irlande et à la fin du générique c'est marqué remerciements à l'Ecosse, c'est tourné en Corse ce truc.

La vision cubiste, c'est la vision des animaux.

La belle musique de film me fait pleurer mais après je vois tordu.

Roger Hanin, c'est le seul père que j'aurais accepté qu'y me batte.

J'ai bien aimé *Les Dix Commandements* et pourtant, je n'aime pas tellement les films de guerre.

Une ombre c'est le soleil, quatre ombres, c'est les grandes surfaces.

Noël et Claudine, ça leur plairait Francis Bacon.

Ulysse, c'est l'Odyssée.
— Il croit tout savoir mieux que tout le monde !
— Ulysse, c'est l'Odyssée.
— L'Odyssée du commandant Cousteau, oui, c'est ça oui bien sûr...

Jamais je perds mes clefs, résultat hier j'ai perdu mes clefs.
— On disait pareil pour le Titanic.

Avec une brebis ils ont fait un clone de la brebis, c'est la même brebis exactement !
— C'est bon les petites côtelettes.
— Des jumelles brebis.
— Ben tiens.
— À la braise de la cheminée.
— C'est dangereux !
— Ben tiens.
— Les brebis, c'est toujours déjà exactement pareil, ils vont nous cloner les lentilles demain et nous on va gober !
— C'est vrai.
— Il est passé le boucher ?
— Il est en vacances au ski.

... Ça m'étonne pas !

— Au ski le boucher ?
— Ben tiens !

Les docteurs, ils n'y connaissent rien ! C'est des cons les docteurs !

— C'est des histoires d'argent ce clonage, ça évite les saillies puisqu'ils prennent un bout de la brebis pour refaire une brebis.
— Manger ça franchement !
— C'est bon.
— Vous avez goûté ?
— Non.

Tu m'en mettras pas dans l'assiette du clone !

— On le saura jamais !
— Et l'étiquetage.
— Ben tiens.
— Le poisson cloné ça existe déjà, les sardines c'est que ça !
— Rien à voir.
— Il est passé deux fois la semaine le poissonnier.
— Il profite que l'autre est au ski.
— Au ski !
— Je me considère pas comme une gourmande mais les petites côtelettes, j'adore ça !
— Ça vous arrange vous les clones.
— Moi ? Certainement pas ! Pour moi ça sera toujours pareil qu'avant ! Des côtelettes uniques.
— Y a des pays…
— Justement, y feraient mieux de cloner des brebis que cloner les gens !
— On le saura jamais !
— On le saurait !

Pour crucifier Bouddha, faut déjà le soulever...

Une rue piétonne c'est pratique pour les handicapés, mais moi qui suis normal personnellement je fais mes courses en bagnole.

C'est pas tous les jours qu'on mange alsacien !

Les êtres humains sont très différents les uns des autres et pour les chanteurs c'est pareil.

Le plus gros insecte, c'est l'homme en fait.

Le PSG ! Même ma femme joue mieux... Même ma femme !

Toujours le pastis avec les olives, les olives c'est les yeux du pastis.

Attention aux oiseaux avec vos pellicules, on dirait des miettes.

Combien ça coûte un chameau, toi qu'es de là-bas ?

Prost, il est bien, à part son nez.

J'ai toujours envie des deux en même temps, le vin rouge et le vin blanc.
— C'est pas grave mémé, c'est pas grave, de toute façon t'as droit à rien.

Moi, je suis parfaitement équilibré.

— Moi j'ai marché dans la merde en arrivant.

Celui qui touche un gosse, moi c'est la peine de mort direct ! sans qu'il ait le temps de dire ouf ! dans les habits que tu le trouves le mec ! à la guillotine hop dans son jogging !
— Le Rwanda, c'est pas le moment qu'ils nous demandent du pognon ceux-là, pas le moment.
— Une fois, ça va.
— Ils les enlèvent les gosses et ils les revendent à des réseaux pédophiles pour moins cher qu'une voiture !
— La vie vaut plus rien, et les voitures c'est pas mieux, quand tu vois Renault…

Donne-moi un truc qui se gratte, ça va occuper ma femme.

L'enfant in vitro, tu t'en occupes plus que l'enfant normal.
— C'est comme les fausses dents qui coûtent du blé, moi je les brosse plus que les autres dents qui sont normales…

Les gens vivent sur les bords mais au centre du Japon personne habite, tous les Japonais vivants que l'on connaît sont ceux du bord.

Pour les souris c'est comme les pauvres, t'as tout de suite un mari sous la main pour faire des enfants.
— Nous on a pas de souris.
— Nous on a plein de souris.
— Vous avez pas de chat ?
— Qu'est-ce que ça fait là le pichet ? C'est quand même pas arrivé tout seul !
— Non.
— Eh ben c'est ça.

Buuuuuuuuuuuuu uuuuuuu… VONS ! Buvons ! Buvons ! Le sirop Typhon ! Typhon ! Typhon ! L'anniversaïïïïïïïïïre des panacéé éééééééééés !

Ce soir je serai la plus beeeelle pour aller au caféééééé éééééééé !

Des fois il vaut mieux rester chez soi que vouloir aider la commune ! Je faisais la cantine de l'école tous les midi et les routiers, vous savez, ça en fait du travail tous les jours, tous les jours, et j'avais des inspecteurs qui sont venus, ils venaient trois fois par an pour contrôler la cantine c'est rien c'est normal aussi vous savez, ils demandent, vous avez du camembert ? oui, je dis oui le camembert il est au frigo je leur dis et j'envoie la petite au frigo, j'employais une gamine vous voyez, une petite apprentie et je me demande pourquoi ils veulent voir le camembert et plus tard vous savez ce que j'ai appris par la dame qui est venue un midi avec les bacs pour chercher les plats, que j'ai été dénoncée oui dénoncée oui, dénoncée, que ici on avait des vers dans le camembert ! Vous vous rendez compte ! Vous savez c'est dur, j'en avais les sangs tout retournés, j'ai pleuré pendant quinze jours alors aider la commune maintenant moi, je reste chez moi, je me suis fatiguée pour la commune, vous savez, fatiguée...

J'y aurais pas pensé à mettre les frites dans un panier...

Ça va ?
— Pas trop... d'ailleurs faut que je prenne rendez-vous pour mon corps.

Les Latins c'est des grandes gueules... ça parlait pas latin, ça hurlait latin !

Je suis le seul de ma génération qui a pas de moustache.

Ils interdisent le chewing-gum pour les jeunes.
— C'est très bien !
— Et pour la drogue c'est la peine de mort.
— C'est très bien !
— C'est propre.
— C'est très bien !
— Et pour rentrer dans le centre de Singapour c'est une vignette de circulation, c'est cher c'est deux cents francs par mois mais dans le centre ça roule.
— Il n'y a pas d'embouteillage dans le centre de Singapour ?
— Non.
— Tout ça il nous le faudrait en France ! Et votre femme ?
— Elle est restée à Singapour pour garder la maison.
— C'est très bien !

J'ai jamais eu aussi peur de ma vie que quand il m'a ramené hier soir !

Ah non ! Moi j'aime pas conduire saoul, c'est pas un plaisir.

La France a pas à faire le gendarme, je m'excuse.

Les gambas, c'est bon mais c'est salissant.

T'as déjà vu un enterrement en Allemagne ? Et dzing et boum ! Ils enterrent, ils adorent ça enterrer.

Il a pas un peu grossi Chirac ?

Tout d'un coup y a quelqu'un qui va donner le signal et ça va passer de la bière au Ricard, mais c'est instantané attention !

— ...

— ...

— ...

— ...

— Même chose ?

— Non, un Ricard.

— Tu vois...

T'as vu tout ce que je bois et tout ce que je roule avec le camion ?

Moi mon chien il passe avant moi, je lui fais un pot-au-feu, il est content, quand on aime pas les bêtes on en prend pas, faut les aimer sinon on ne s'en occupe pas, sinon la bête est malheureuse, c'est pas la peine d'avoir une bête malheureuse si c'est pas pour l'aimer non plus.

— ...

— Comme ce matin j'épluchais les asperges et les oiseaux me disaient, je les entendais, maman ! maman ! parce que ils sont bien traités, ils me regardent en m'aimant, je les nourris !

— Notre chèvre naine...

— C'est pas un animal ça, c'est de la rigolade de ceux des laboratoires, nous on en mangerait pas.

Le poisson ne vaudra jamais la viande.

La mode Chanel, faut pas que ça pleuve, on voit les nichons.

Ils sont tout rouges dans ma télé.

— Vous êtes sûre que vous vous regardez pas dans la glace ?

Il met ses poules naines dans la cuisine alors chez lui faut voir ça, c'est l'ambiance cabaret.

Il est pédé à EDF.
— Avec nos impôts !

Où il est passé mon

Voyages 2000, tu parles, on est resté en carafe à Fontainebleau.

Venez voir la mariée !
— Elle est où la mariée ?
— Là-bas mémé, derrière les voitures.
— Elle est moche cette mariée, elle est mal habillée cette mariée, les jeunes veulent rien dépenser pour se marier.
— Mais laisse-les donc mémé, les gens font ce qu'ils veulent, ils s'habillent comme ils veulent, ça nous regarde pas.
— Elle est moche cette mariée.
— Mais laisse donc mémé et rentre, tu vas avoir froid au final.

Il est directeur d'une clinique psychiatrique, c'est notre voisin de la campagne, lui et sa femme ils achètent des œufs au boucher, pour dire que c'est pas dans leur clinique qu'il faut aller à ces cons-là.

Ben oui je suis rouge et alors mais je peux pas dérougir sur commande non plus !

Attends, Harvey Kerté, c'est quand même pas un gamin !

Si le gendarme veut te faire souffler, tu peux exiger que lui aussi, c'est comme ça, c'est la loi, c'est pas moi qui fais la loi, c'est une protection du citoyen en cas que ça déborde avec des méthodes d'autres pays… si… personne le fait, évidemment, on est tous pleins, évidemment mais si t'es vide à jeun tu peux.

Le plus grand intellectuel du monde, même pour les courses il se fait une liste.

Le Salon du livre ? Moi je préfère les vaches.

zèbre ?

L'avantage de maintenant c'est qu'on peut être fier de n'importe quel boulot de merde puisque c'est un boulot qu'on a et pas les autres.
— Ça vous suffit vous ?
— Ah oui, c'est l'avantage de maintenant !
— Une petite côte, je suis en service commandé.
— Une petite ?
— Ouais, dans un grand verre, attention, pas le droit à l'erreur, je suis en service commandé.
— Un petit kir à la mûre mademoiselle ?
— Oh non ! Y a des jours, la mûre…
— Des chips ? Ou des petits gâteaux salés ?
— Oh non ! Moi, les chips…
— Ça va bien ?
— Oh, ras-le-bol…
— Service commandé !

Ton Europe, tu veux que je te dise ? C'était une grande idée mais y a deux cents ans, en même temps que les États-Unis il fallait la faire l'Europe ! Mais oui… on a raté le coche.

Un oiseau comme le paon, il a pas besoin de la télé.

Ça nous fait une belle jambe tiens leur Internet !

Hé ! Chacun est maître de sa vie !
— Blaaaaanche-Neeeeeige et les seeeept naaains ! Bouerk !
— L'autre con du prince qui sort, t'es ça !
— Pauv' con !
— Oh ! Blanche et le prince, vous allez vous battre dehors !
— Vous faites la bière de mars ?
— La planète ?
— Faudra que tu les ressortes tes marcels, parce qu'avec les manches longues, on les voit plus tes décalcomanies.
— Tatouages !
— Pareil.
— Toi, t'es un ordinateur.
— Mais non.
— Si, t'es mon pote et en plus, t'es un ordinateur.

Quand tu te regardes dans le carrelage propre c'est comme la vision des mouches.

On en entend vous savez des bêtises...
— Ah çà quand on tient un café, des vertes et des pas mûres, moi je garde les vertes et je laisse les pas mûres.
— On devient fou sinon.
— Pour moins que ça !

Vous avez vu la forme des maisons de ces cons-là ? Les artistes vous les feriez habiter dans une nouille !

C'est incroyable moi je sers ici et ma sœur jumelle sert à l'Étoile, les gens nous confondent toujours, incroyable ! ils me disent, vous servez à l'Étoile ?
— Vous avez une sœur ?
— Jumelle, à l'Étoile.
— L'Étoile ? J'y vais jamais.

Le Chinois qui vient ici, fais gaffe à ton verre, t'as une tronche de Tibétain.

Tu l'écrases dans un ravier toi l'archange Raphaël ?

Le tire-bouchons au moins c'est un appareil qu'on a pas besoin d'aiguiser.

J'ai personne chez moi, sauf quand je rentre.

Les pédophiles, y en a que pour eux maintenant.

On ferait moins de gosses, y aurait moins de pédophiles !

Le mec j'ai failli me battre, heureusement je me suis pas battu, c'était un arts martiaux.

On avait mis cent pieds de tomates, c'est fou, d'ailleurs cette année on en mettra que cinquante, la grêle, ça calme son bonhomme.

C'est la sirène ça ? Il est midi ?
— Regardez que maintenant il faut le bac pour faire balayeur.
— Pour caissière faut le bac.
— J'ai fait seize boulots depuis que je travaille et j'ai trente ans !
— Plus rien sert comme diplômes.
— Seize boulots ! Comme les Schtroumpfs, seize.
— Putain cette sirène à midi, je m'y habituerai jamais !
— Regarde l'arbre qui est devant, ça gêne pour la terrasse mais je l'aime bien, depuis dix ans que je suis là ça fait bien trois quatre arbres qu'ils me mettent et que ça crève tous, celui-là c'est le premier qui tient.
— Faut l'enlever si ça gêne pour la terrasse.
— C'est tellement subjectif tout ça.
— Quoi ?
— Les arbres.

La transparence, il faut qu'elle soit perçue comme telle !

T'es citoyen du monde mais ici c'est moi le patron.

Faut pas être feignant pour décapiter à la hache.

C'est un baratineur, sur le soleil il t'installe une plaque de cheminée.

Faudrait pas commencer à se monter le bourrichon pour l'an 2000, ça sera comme avant, pas le réveillon bien sûr mais après...

C'est un cautère sur une jambe de bois toutes ses lois !
— Des lois il en faut.
— De ce côté-là on est bien d'accord.

C'est une bonne idée son petit tonneau.
— On sort mais on se retourne pas sinon on va revenir.

Les dinosaures, c'était le sida, pas un sida comme celui des chanteurs maintenant mais un sida de l'époque...
— C'est une météore qui a détruit les dinosaures.
— Des météores on en a encore et les pédés sont même pas décoiffés.
— Elles ont pas détruit les pédés les météores !

... J'ai pas été plus loin que tout le monde à l'école, tous mes copains d'école viennent ici.

Je l'appelle Proutville ce bled parce que y a écrit Prout sur un mur.

À quoi ça les avance de mettre le feu aux voitures ?! en plus ça fait travailler les Japonais.

Je t'encule !
— Tu te calmes.
— Je t'encule !
— Oui mais tu te calmes.
— Je t'encule !
— Fais comme moi, fais-toi une cure de musique classique.

C'est de l'andouillette roulée pas hachée qui fait la même différence que l'andouille roulée et l'autre, tu sais, l'autre ?
— Oui ?
— L'autre andouille pas roulée.
— Moi j'aime tout.

Un qui a eu une belle vie, c'est Tarzan.

Tu fais le tour du monde à la voile et tu rentres ta femme elle te dit, tu veux pas manger des radis ? Non non non...

Si tu prends une cuite au monoalcool, le lendemain matin faut reboire le même alcool que celui de la nuit et ça va.
Pas de mélanges ! Monoalcool ! Tu veux vivre vieux ? Surtout monoalcool !

Le prince Charles qui va à Clichy-sous-Bois, tant mieux pour Clichy-sous-Bois mais pour nous...
— Vous savez pas les progrès.
— Des gens, j'en vois tous les jours, je m'en fous du prince Charles.

T'arrives même pas à le dire !
— Zingzaguer.
— T'es bourré.
— Zingzaguer...
— Bon salut à demain y me tape les nerfs lui là.
— Zingzazer... Zig... za... guer... zigzaguer ! Je l'ai dit.

Je m'excuse, c'est l'heure de ma Suze !

... Se crêper le chignon entre nations, c'est pas une solution non plus.

Un point dans l'espace, j'y vais tout de suite moi j'ai pas peur.

Le feu au cul pour une pute, c'est la flamme du gaz pour un cuistot.

Mes frères, I have make a drim !

... Jésus, il avait plus de fric que les autres va...

... Te fais pas de la bile pour lui va...

... Les curés c'est des malins.

On est le seul animal qui prend sa bite à la main pour pisser.

Topor, le mec qui rigole, il est mort.
— Y pissera moins.

L'insecte qui

...On y pense pas

On peut plus y pêcher dans l'étang ?
— Ben non.
— Quand ?
— On sait pas, ils sont en train de le curer.
— Cette année ils vont remettre l'eau ?
— On sait pas.
— On peut pêcher où ? On est des pêcheurs.
— Pêcheurs pêcheurs ?
— Pêcheurs.
— Pêcheurs pêcheurs ?
— On est pas des tueurs non plus, on est des pêcheurs.
— Y a pas un autre endroit ?
— Allez là-haut.
— Là-haut ?
— La mare des Puyos.
— Y a pas de poissons dans cette mare !
— Nous c'est pour s'amuser, c'est moi qui lui ai acheté sa carte de pêche.
— Et tu m'as donné ton porte-carte.
— Allez là-haut.
— Les envoie pas là-haut, y a pas de poisson là-haut !
— Y a ce que les gens y remettent.
— Nous c'est pour nous amuser.
— On est des pêcheurs.
— Vous voyez la place et le garage ?

Depuis Adam et Ève, l'eau a coulé sous les ponts.

Ils dorment toute la journée dans les observatoires astronomiques.

hurle, c'est le grillon.

aux champignons de Paris...

— Là !
— Là ?
— Laisse-le expliquer.
— Vous tournez et après c'est tout droit jusqu'à la mare.
— Prenez plutôt la route du haut.
— Tu vas les perdre !
— C'est la route et au virage vous prenez le chemin derrière les poubelles.
— Attention vous allez être surpris, c'est un chemin à tracteurs.
— On est pas pressés.
— On pêche pour s'amuser.
— Y a du gardon là-dedans.
— C'est bien pour nous.
— On est des pêcheurs.
— Messieurs !
— Au revoir messieurs !
— ...
— ...
— Y feront rien là-haut.
— C'est pas des pêcheurs pêcheurs ces gars.
— C'est des pêcheurs.
— Tiens, tu me remets ça... et après... je vais faire mon bois.

Bien sûr qu'ils ont arrêté le concert, c'est interdit au-dessus de soixante-dix centimètres de décibel.

Surtout, les Anglais savent pas s'habiller.

C'est con de mourir quand on est chef des pompiers.

C'est des despotes chez Danone !

Le mariage, c'est rien qu'un bout de papier en fait.

Juliette Binoche, elle fait plus Binoche que Juliette.

Pour que les martiens nous foutent la paix, faut tout de suite leur montrer des chiottes publiques…

Tous vautrés dans le bas de l'escalier ! c'est pas des jeunes, c'est une marche en plus !

C*'est un mec d'Asnières qui a gagné les quinze milliards du Loto.*
— Putain ! Moi Asnières j'y habitais !

T*u joues n'importe quel numéro ? Moi je joue les dates de naissance.*
— C'est du hasard pareil.
— Ah non ! les dates de naissance c'est pas du hasard.

… **M**oi je vais pas aux

Il ne faut pas avoir peur d'être con.
— On n'a qu'une vie.

Les ouvriers ne valent plus rien pour les patrons.
— On vaut moins que les habits qu'on porte.

J'ai envie de mourir.
— Je te connais, quand tu seras mort ça sera le contraire.

Si y a des meurtres à Paris en l'an 3000, j'aurai un bon alibi, je serai mort.

Y a que des noms militaires pour les rues, à cause des casernes, avant ça devait s'appeler...
— Rue de la Gare à cause de la gare.
— Ah oui, et c'était mieux que les rues du Régiment-Machin, ici c'est la guerre.
— Faudrait les rues d'avant, rue de l'Abreuvoir puisque ici avant y avait des chevaux.
— Si c'est pour mettre rue Mitterrand...
— Ah non pas lui ! Je préfère encore rue du Régiment-Mes-Couilles.

Vous avez un microclimat dans les joues ?
— J'ai tout le temps chaud.

J'ai pris de la Percutalgine et deux cachets de Miolastan et mon torticolis est encore là !
— Comme quoi...
— Percutalgine et Miolastan !
— Comme quoi...

J'ai encore rêvé de toi cette nuit.
— Hé oh ! T'as pas de subconscient à toi ?

cabinets après Raspoutine.

... Les meilleures c'est les plates.

T'es aigrie, t'as les ongles sales, tu pues de la gueule, tu ferais un bon critique à *Libé* !

Il ne faut pas faire une fixation sur l'emploi des jeunes.

Ma mère elle voyage partout, les Fjords, l'Égypte, alors qu'elle y voit pas à trois mètres...
— Et c'est nous qu'on paye les retraites.

Même ceux de collection on leur met de la poudre contre la vermine.
— Les hirondelles c'est plein de poux.
— Les corbeaux c'est propre, ça les mange.
— C'est la moindre des choses de manger ses insectes à soi.

On a des amis qui tuent le cochon mais c'est des profs, ils ont le temps.

Est-ce que ça fait grossir le saumon fumé ? C'est un débat sans fin.

Elle a pas de miroir chez elle tant mieux, brûlée au troisième degré, on boit pas de l'essence...

Elle s'était perdue de chez elle toute seule comme ça elle sort dans le soir ! tout de suite ils ont envoyé des chiens de recherche, trois mille francs le chien et l'hélicoptère je sais pas la somme c'est honteux, honteux c'est honteux ! et c'est nous qu'on paye pour la rechercher cette vieille qui est tout le temps folle ! la famille a qu'à s'en occuper, c'est scandaleux, moi j'envoie les gendarmes que si la famille envoie l'argent sinon c'est nos sous qui recherchent une folle, franchement moi je préfère acheter du manger...

Un coup de blanc ?
— Quand c'est l'heure c'est l'heure...

C'est compliqué pour une vache de faire pipi, si elle pousse trop fort c'est son lait qui sort.

Ils brûlent les bus, alors évidemment après ils sont obligés de voler des voitures pour pas rentrer à pied, c'est la spirale infernale.

C'est eux qui votent les lois.
— Quelles lois ?
— Toutes les lois.
— Quelle loi ? Dis-moi une loi.
— Interdit de tuer quelqu'un.
— C'est pas une loi, c'est une interdiction.

J'ai vu un marchand de chaussettes à la foire de Sens.
— Des chaussettes, on en voit partout.

On a un petit muscadet du « Coin du Clos de Saint-Fiacre ».
— Holà ! avec un nom pareil.
— Vieilli en fût de chêne.
— Comme les cercueils ?

... J'ai vidé les poubelles du stade, maintenant faut que je me remonte.

La forêt disparaît mais il faut savoir évoluer aussi...
— Comme quand il pleut... souvent ça fait partie de la vie.

Quand c'est offert, je prends un ballon mais un petit parce que je suis poli.

L'Europe du prix des fraises, vous rêvez !

Devenir propriétaire, oui, mais est-ce que c'est raisonnable ?

Un verre d'eau ! C'est pour dissoudre l'Assemblée nationale !

Le sexe c'est pas sale mais souvent c'est dégueulasse.

Je te sers plus ! fini ! dehors ! t'es en exil !

Vas-y et nous fais plus chier.

Notre pire ennemi, c'est l'humidité.
— Nous on habite dans un virage.

Je mets le bout de papier dans l'urne histoire d'y aller mais moi dans ma tête je ne vote plus...

Il est où ?
— Il est avec son copain Jean-François qui a quarante-trois ans.

Faudrait qu'on ait des gonzesses à poil au fond des yeux comme dans les tasses des restos chinois !

Y a un épisode de *Derrick* où il est dans la forêt, c'est pas normal, l'inspecteur Derrick a rien à faire dans les bois.

Je suis traditionnellement de gauche.
— T'as des traditions toi ? Alors commence par payer.

Faut le prendre à la

Un Coca.
— Et votre copain ?
— Dans mon Coca.
— Faut que ça vienne chez moi les jumeaux Coca...

Une expérience scientifique connue c'est l'accouchement...
— Ma femme elle en veut plus.
— Elle est pas tellement scientifique ta femme.

Je sais pas qui a inventé ça le râteau mais t'as vu la forme de fou ?

Tous ces orages partout, c'est histoire de faire chier le monde...

Ça va madame Murat ?
— J'ai faim.
— C'est une bonne maladie.

S'envoler !

pétanque l'ordinateur !

Tu meurs lundi, t'es réincarné mercredi, t'as loupé que mardi.

Va pisser, tu me diras ce que tu penses.
— Pas envie !
— Vas-y, c'est mieux qu'avant tu verras, j'ai fait repeindre.

Un génie qui se suicide, c'est le même nombre de cachets.

Le cinéma porno, c'est un peu le système du gavage des oies.

... On a Molière mais les Américains ils ont Shakespeare.

La machine est plus forte que l'homme aux échecs.
— Facile, je sais pas jouer.

C'est pas une preuve d'intelligence de gagner aux échecs, et en plus il a perdu...

L'intelligence artificielle c'est gros comme un carré de chocolat, c'est pour ça que c'est pratique.

Enculé !
— Faut pas jeter l'anathème comme ça...

Pas étonnant que son film ça soit n'importe quoi ! tu l'as vu le mec ? c'est un réalisateur avec une mèche devant !

... Le cinéma américain, au moins ils sont pas assis dans une cuisine...

... Elle explose la cuisine...

... Minimum...

La femme du grand peintre, elle se dépêche de faire la vaisselle après manger pour qu'il puisse rincer ses pinceaux dans l'évier...

Avec mon mari on voyage dans le monde et souvent on a remarqué qu'une semaine dans un pays pauvre revient plus cher qu'une semaine dans un pays riche, c'est incroyable mais c'est comme ça, c'est à cause du prix de la viande.

Mais ta gueule René, ta gueule !

... Les élections...

Mais ta gueule René !

... Les élections...

T'as vu Adjani ? ! La tronche de hamster ! Mais ta gueule !

Les frères Lumière d'accord mais les Curie, ah non ! parce que bosser avec une bonne femme je sais ce que c'est, merci ! ... Ou alors que

Les enfants finissent toujours par partir.
— C'est d'ailleurs pour ça que j'ai pas de chat, pour pas avoir à les tuer.

Des fleurs, ça fait plaisir.
— Moi j'enfle.

On a rien sans rien.
— Moi si.

On est arrivés au bal en retard, ça dansait déjà dans les dégueulis.
— Les bals c'est toujours loin.

Y a un film avec des extraterrestres dans des cosses de petits pois.
— Connais pas.
— Un vieux film.
— Connais pas.
— Ils sont dans des cosses de petits pois dans le jardin et ça grandit...
— Connais pas.
— Les extraterrestres sortent des cosses et ils ressemblent à des gens, les bonnes femmes foncent dans la foule avec leur voiture...
— Connais pas.
— Elles ressemblent à des gens normaux.
— Connais pas.
— T'habites sur quelle planète, toi ?

Le violeur de gosse, t'as vu le brochet qu'il a sorti ?
— Faudrait pas leur vendre la carte à ces mecs-là.

Tu vas boire des coups chez René ? ça ne m'étonne pas ! c'est la villa Médicis des cons !

avec Joliot... ... Parce que bosser avec une bonne femme... ... Merci !

Ce sont les communistes qui font le mieux la vodka.

Sophie Marceau ? La grosse mémère ?

Qui c'est qu'est garé comme un con ?

Ce qu'il faudrait pour faire disparaître le chômage, c'est qu'il y ait du travail pour personne.

Payer une pute en euros, moi c'est fini, j'irai plus aux putes.

Chez les dealers pareil, ça risque de foutre un sacré bordel l'euro.

On torturait en Algérie mais nous, on égorgeait pas !

Qantonéééééé
partirooooooo
I qué né piou nu
piou
Et qué né piou
Né piou qui tout
nous et qué né
piou !
Et qué né piou
Qué né piou piou
piou piou !
Partiroooooooooo
oooooooooooo !

Mobutu... celui du chapeau ?

Le Lapon sait même plus recoudre un bouton !

... On est tous des maillons de la chaîne...

On est trop bons en France, trop bons !

C'est la Chine millénaire qui est intéressante à visiter, l'autre c'est comme ici...

Ce que j'aime pas, c'est être pris en otage.

Vous avez vu le résultat de la guerre ? C'est les Allemands qui vendent le plus de bagnoles.

... Moi je suis un maillon de la chaîne mais y a pas chaîne...

À force de regarder la télé, les jeunes savent plus la réalité.
— Après on le voit le gâchis le jour du permis de conduire...

La Cinquième République.
— Pas plus ?
— Ah non, on est la Cinquième République.
— C'est pas beaucoup.
— En Afrique c'est l'après-Mobutu, c'est pas mieux.

On critique que c'est l'argent qui dirige le monde mais dans les petits villages c'est pas mieux.

La France a pas voulu torcher les gosses, eh ben voilà, elle va torcher les vieux.

Le baba au rhum, c'est le loup dans la bergerie.

... La boulangère aime pas la pluie parce qu'elle glisse sur la route.

Pas une touche, rien...
— Tu parles, à cette heure-là, le poisson il est dans sa tour d'ivoire...

... **G**rosso modo c'est l'éternel paradoxe.

On a plus le café qui est fermé depuis deux mois, heureusement on se croise encore à la pharmacie.

... **L**es problèmes du sida, chacun réagit avec sa porte.

Le cinquantième Festival de Cannes, je sais pas comment ils font, en tout y a pas cinquante bons films...

On aurait les jardins de Babylone qu'on achèterait la fraise espagnole.

... **O**n est des cons.

... **E**n France, on est des cons.

C'est pour ça qu'on est pas trop voyageurs, on irait en Inde on boirait l'alcool local et ça tue leur truc là-bas avec le bois dedans...

L'Inde, c'est l'alcool de bois ?... ah bon...

C'est idiot de se laver le cul à l'eau potable, t'en avales toi de l'eau avec ton cul ?

Je regarderai le ciel quand ça sera par terre !

Les mères des cons, elles sont toujours enceintes !

... **O**n entre vraiment dans une ère de marchands du temple, ah si !

Si la gauche passe tu verras le bordel pour la monnaie...
— La gauche elle aime la monnaie comme tout le monde.

Un regard que j'aime bien c'est Jean Lefebvre...

J'ai pas été trop chiant ?
— Tu le savais très bien que tu serais détruit en cinq minutes, alors ?
— C'est le vin blanc.
— Tu le savais très bien ! Chaque fois c'est pareil.
— J'ai été chiant la dernière fois ?
— Bien sûr ! chaque fois !
— C'est le vin blanc.
— Pareil... pendant une semaine après tu chouines... gna gni gna gna j'ai pas été trop chiant...
— C'est le blanc, ils mettent quoi dans leur blanc...
— Mais tu le sais !
— Vous les femmes vous êtes plus fortes que nous mentalement quand vous avez bu la veille.
— T'as pas dit ça la dernière fois, tu m'insultais !
— Ah bon ? J'ai été chiant ?
— ...

... Non non non le samedi c'est pas pareil que le dimanche.

... Ça se comprend.

La vérité si je mens !

... J'aime bien lire mais pas tout, ça dépend ce qui est écrit.

Tu me passes l'eau ?
— Avec ce que tu bois de pastis, Cosette elle a des bras de catcheur.

— T'as pas ton verre ?
— ?... ?... Je sais pas où je l'ai mis mais je l'ai bu.

Déjà qu'il retrouve où il habite avant d'être la mémoire vivante du quartier !

Pour une fois que je veux lire un livre, un Proust un machin, je trouve un poil de cul dis donc...

Je l'ai avalé y a deux jours, je le sens encore.
— C'est une miette.
— C'est lui ! Il dort dans ma trachée artère !
— Un puceron serait mort.
— Il y dort !

Il faut voter.
— Je sais mais bon… c'est à trente-quatre kilomètres.

Un demi…
gloup…
a voté !

C'est notre devoir de citoyen !
— Citoyen, c'est vite dit quand on voit hier dans quel état…

Qu'est-ce que tu fous là si tu votes par procuration ?

Vous êtes loin ?
— Oui mais on a la qualité de l'air.
— Vous êtes venu voter ?
— C'est les hasards du calendrier.

… Pour une fois, je vais peut-être voter pour la femme verte.

Tous ces candidats, ça donne le tournis.

… Eux ils ont leurs palais et nous on a quoi ?

Pourquoi ils nous font voter ?! ils ont qu'à faire voter les sondages !

… À peine qu'on a mis le bulletin dans l'urne, ils nous mettent dehors vous avez vu comme ils nous font circuler…

… Tout ce qu'ils savent faire c'est serrer des mains…

… Du rouge à lèvres partout Jospin…

… Des sourires larges comme ça par-devant et par-derrière, rien…

… Des coups de pied au cul qui se perdent…

… Une fois qu'ils sont élus, terminé…

… Ils vont les faire sauter ou pas les contraventions ce coup-ci ?

… Mais des fois on se demande si ils savent qu'on existe…

… C'est indéniable qu'il y a overdose de politique, indéniable…

… Le chômage, tu parles qu'ils s'en foutent du chômage, ce qui les intéresse c'est l'Europe des patrons, mais bien sûr c'est ça…

… C'est la télé qui fait élire de toute manière et les médias alors…

… Moi je ferais pareil ceci dit…

Quand ils viennent sur le marché avec leurs sbires on n'a plus qu'à se pousser, des vraies guêpes sur les melons !

... Et en plus on est gentils on leur donne des petits bouts d'andouille à goûter sur place...

... Des mots des mots des mots...

... Chaque fois pareil...

... Les promesses, ils sont forts...

... Il leur en faut de l'énergie quand même, ils sont à vingt endroits en même temps...

Faut pas nous lécher le cul même avec une langue de bois !

Et le scandale du sang contaminé, plus personne en parle !
— Là, tu es de mauvaise foi, c'était l'autre septennat.

On est barré vers une nouvelle cohabitation, là on est barré pour ça.
— Tout de suite tu t'affoles !
— Avec le ric-rac des résultats ?
— Tout de suite tu t'affoles.
— Tu verras.
— C'est ric-rac et après ?
— Hyper ric-rac !
— Ric-rac.
— Hyper ric-rac !

... Bonnet blanc et blanc bonnet même les Verts !...

... La cinquième roue du carrosse !...

Tu écris *ta gueule* ou *merde* il est nul mais il est pas blanc, le bulletin blanc faut pas écrire *prout* dessus sinon c'est un bulletin nul, c'est ça le vote blanc... c'est ça...

... Ni ta gueule ni prout...

... C'est vote blanc.

... Prout... ... Prout...

... C'est vote nul prout.

Juppé viré !
— Il était mieux à Bordeaux... qu'est-ce qu'il est venu foutre à Paris ?
— Bordeaux faut voir la ville.
— Et les vins.
— Tu quitterais Bordeaux ?
— Je suis Rouennais au début.
— Rouennais c'est où ?
— Rouen.
— C'est beau Rouen... qu'est-ce que tu fous ici ?

L*es deux tiers des accidents de voiture se passent à moins de quinze kilomètres de chez soi.*
— C'est vrai, moi j'ai foncé dans mon mur.

J'ai encore un vieil édredon en plume de poule.
— Eh ben, vous en avez de la place à perdre.

Y a des jours c'est incroyable, on voit pas les toiles d'araignée.

J'ai tous les cosmonautes à la maison sur l'étagère.

On fait mieux le cassoulet que les voitures !

La bouche c'est important et le cul aussi, le reste du corps c'est de la distance.

Tu peux pas apprendre un boulot en six mois avec un stage, c'est pas possible ! pour apprendre un boulot faut du temps pour l'apprendre le boulot... moi j'ai appris mon boulot en des années, je prends le coin et je mets le scotch et sur l'autre coin il faut tendre bien le papier pour mettre le scotch sans que ça fasse du pli et tu retournes... stage bidon...

Ça sent bon.
— J'ai tondu l'herbe.

C'est pas du tout comme en Asie ici.

On met le réveil parce que le soleil fait pas de bruit.

C'est quoi l'ordre du jour à midi ?
— Saucisses aux choux.

Le patinage artistique de la télé, ça me fait toujours peur que la glace elle casse.

Quand tu roules plus vite, t'es moins dangereux puisque tu es moins longtemps sur la route.

T'es qu'un gros con !
— Dis pas ça, tu me connais pas.

Y a un s à Sancerre ?
— On va être obligé d'acheter une bouteille pour savoir.

... La semaine prochaine à cette heure-là on sera sur la route...

Du pain grillé, moi tout de suite je me lève du lit.

Ils font de nous des bébés avec leurs yaourts aux fruits...

J'aime pas quand mes cheveux font le champignon.

... J'ai des ongles qui arrivent même pas au bout des doigts, tu parles d'une affaire...

Je vous préviens vendredi ça sera fermé, j'ai un client qui m'a marché sur le pied, ça m'a fait un ongle incarné, faut que je passe sur le billard.
— En plus avec vos petits vernis...

... Des fois je sais plus ce que je fais, je pourrais être dépeceur... sans le savoir...

Toujours appuyée à l'étalage de glace ma mère, dans son bide y faisait déjà moins deux.

C'est incroyable cette cavale meurtière du retraité...
— C'en est un qui aime pas la pêche celui-là...

Salut Lulu.
— Salut Lulu.
— Tous les deux vous vous appelez Lulu ?
— On va pas changer pour te faire plaisir non plus !
— Un Loto Flash.

On est pas envahis d'intellos !

... C'est le moins qu'on puisse dire !

... Personne ne sait plus rien.

... Le monde ne sait plus où il en est...

Internet, c'est une régression pour moi.

... Si c'est ça le progrès... ... C'est pire qu'avant !

T'aurais pu discuter avec nous plutôt que lire ton journal télé !
— C'est mon seul plaisir de la semaine.

... Qu'est-ce que vous voulez qu'on y fasse...

... Si on en est là...

... Avant au moins on savait où on allait...

C'est les coups de pied au cul qui m'ont manqué, mon père m'en aurait donné un peu plus, eh ben, j'en serais pas où j'en suis, je sais pas où j'en serais mais pas où j'en suis...
— Au même endroit, mais avec un coup de pied au cul en plus.

Ooooooooh yeah dance with me ! la biscotte...
Ooooooooh yeah sister gril girl dance with ton homme !
la biscotte !

... Plus ça va et plus les grands de ce monde rétrécissent...

... Comment vous voulez que les jeunes s'y retrouvent ?

... Les parents s'en fichent !

... Tout le monde se fout de tout...

Si on t'écoute, c'est la chrétienté qui a tous les torts...
— C'est toi qui écoutes pas, j'ai dit le contraire.

... **C**'est ça le problème...

... **V**ous savez combien ils me demandent pour afficher les journaux devant la porte pour l'enseigne des journaux, deux cent mille francs, moi j'ai les journaux pour les clients, faut que les clients le sachent c'est un service en plus c'est pas ce que ça nous rapporte la vente des journaux ici, ceux d'en face c'est des cons, si on leur demande où on trouve des journaux ils diront pas qu'ici on a des journaux à leurs clients parce qu'ils ont trop peur de les perdre leurs clients je vous dis c'est des cons, deux cent mille francs ! alors qu'on leur vend les journaux aux gens des journaux, c'est eux qui devraient nous payer l'enseigne mais non, ah mais je vous dis on ne peut plus travailler, les jeunes ne peuvent plus s'installer, moi j'en connais des jeunes qui sont travailleurs, comment voulez-vous qu'ils s'installent comment voulez-vous avec les frais, vous savez combien on a de chômeurs ici, dites, cinquante, cinquante et un même ! dix pour cent du village ! et vous savez qui reprend l'épicerie, c'est un Bicot, y en a deux familles déjà six sept gosses, pas un qui travaille, et nous on paye on paye on est la vache à lait, je voulais continuer à travailler mais comment voulez-vous, je vais prendre ma retraite, terminé terminé, assez d'être con, et en plus ils vont faire payer les retraités, vous savez on a travaillé toute notre vie et maintenant on nous prend tout pour des gens qui ne travaillent pas, mémé tenez, mémé, toute sa vie elle a trimé la pauvre, elle a mal partout et pourquoi pour les autres qui ne font rien, toujours ça, ceux qui font pour ceux qui ne font rien, et maintenant que c'est la gauche qui est revenue, il va bien falloir le trouver l'argent pour faire ce qu'ils ont dit, ils vont augmenter les taxes des gens comme nous, moi j'arrête, je vais vendre mais je vends pas à un Bicot non ! je vais leur écrire d'abord pour dire ce que j'ai sur le cœur et après dans deux ans j'arrête, je prends ma retraite que voulez-vous, on ne peut plus on ne peut plus, tiens voilà Josette, j'allais passer vous voir justement...

... **L**a ministre de la Justice la nouvelle la jeune là, elle a un fils en prison il paraît...

Chirac, il est pas plus président que n'importe qui.

Ministre de l'Intérieur ? Chevènement ! Putain on peut faire les cons avec celui-là, tu voles une voiture, il démissionne.

Lebranchu ? C'est quoi ça Lebranchu ?

Jules Ferry, il pourrait même plus garer sa voiture devant Jules-Ferry sans se la faire brûler maintenant...

... **Y** en a des biens des femmes ministres mais aussi y en a des moches je trouve...

... **L**a seule que je me ferais c'est celle qui s'appelle Royal ou un nom comme ça mais la grosse de Strasbourg, ah non !

Des femmes ministres c'est bien mais vous allez voir quand ça va être l'époque d'être enceinte...

... **L**a débandade...

***E**lle est ministre celle de la choucroute ?*
— Trautmann ? Elle est ministre de la Culture.
— C'est rien ça, c'est de la merde comme ministère.

Des femmes ministres ? Une guerre tiens ! et tu vas les voir avec leur jupe...

Séguin, c'est un silure...

La meilleure console de jeu quand t'as seize ans, c'est la bite.

Les musiciens du *Titanic*, maintenant c'est les moules dans les violons pour ces gens-là.

J'ai été marin au long cours, alors des gens qui dégueulent dans leur voiture, j'en ai vu vous savez...

... Mais non c'est rien...

... Ne vous excusez pas...

... Vous en faites pas pour ça...

Le médicament qui va marcher sur la souris va pas marcher obligatoirement sur l'homme.
— Les suppos que je mets, elle explose ta souris.

L'humour anglais, t'y comprends toi ?

Avec leur foulard islamique ces gamines, comment vous voulez qu'elles passent leur brevet de piscine ?

Pauvre con !
— Tu t'es pas vu ?

... Il pète comme un pit-bull...

Il a fermé l'assemblée pour avoir une nouvelle assemblée.
— Con de président, ça veut pas dire président des cons !
— Il l'a sa nouvelle assemblée !
— La preuve.
— On a gaaaaagné ! les doigts dans le cul !
— On a peeeeerdu ! les doigts dans le nez !
— Personnellement, je vote comme les autres.
— Moi je m'en fous, je vote ! le reste de toute façon après c'est toujours pareil ils ne font rien… j'adore voter… c'est une jolie mairie…
— Pour moi tout ça c'est une élection avec des protagonistes.
— Dans ma cirçonscription, une candidate ni d'Ève ni d'Adam.
— Rien ne tient debout dans la vie.
— Même pas nous !
— On sait plus qui est le champignon de Paris et qui est le crottin…
— Des élections, c'est pour élire des résultats et y en a.
— Quand on a une assemblée majoritaire on la dissout pas ! ou alors on la dissolve mieux que ça.
— Tous ceux en prison sont pas réélus.
— Bon débarras !
— Dans toute l'histoire, on a jamais vu cette bourde il paraît…
— Je vais jamais chercher mes recommandés.
— Toi t'es un fou !
— Le problème c'est que la France sera pas gouvernable.
— Ça c'est pas le problème.
— Il écrit l'histoire mais avec un seul doigt.
— La déculottée !
— C'est pas une surprise en fait.
— On a voté pour un connard, après faut pas s'étonner.
— Exactement !
— Moi je l'aime bien Chirac.
— Il est marié avec une conne qui doit pas l'aider beaucoup.
— Ça c'est pas nouveau.
— Il se laisse manœuvrer !
— Comment on dit ?
— Deux ans de pouvoir et déjà viré, c'est les annales.
— Quand c'est un ballon en hauteur pour le champagne ?
— Une flûte.
— La honte…
— C'est pas la première honte, c'est pas la dernière honte, croyez-moi… la France elle en a eu d'autres des hontes, croyez-moi… ça empêche pas la soupe de chauffer…
— Tu nous fais chier Rémi !
— La risée du monde, ah si, la frisée !
— Le monde il est pas mieux.
— Il se dissolve pas en attendant.
— Y a des pays qui feraient mieux.

Il a voulu qu'on vote, eh ben il est servi le grand con en chaussettes !
— Tout ça c'est du calcul.
— Il est con c'est tout.
— C'est du calcul.
— Il a perdu, qu'il s'en aille !
— Où ?
— Ça y est ? il est élu l'aut' Aristochat ?
— Et pour pine d'ours, combien ?
— Jospin, ça va redonner un peu d'espoir au moins.
— Un chèque !
— Il a du poil dans le nez…

— Niqué sur le poteau !
— C'est la gauche moderne du nouveau moule anglais…
— Tout ça c'est du centre en fait…
— Il a pas la carrure Jospin.
— Et Chirac tu crois qu'il a la carrure ?
— Chirac il a pas la carrure mais Jospin encore moins !
— Chirac il a aucune carrure.
— Et Jospin, tu crois qu'il en a une de carrure ? Il en a pas de carrure !
— C'est vrai que Jospin a pas la carrure mais Chirac encore moins.
— Chirac a pas la carrure mais franchement par rapport à Jospin plus.
— Jospin a plus de carrure que Chirac ?
— Un peu plus.
— Certainement moins !
— Pour la politique internationale oui peut-être mais pour l'intérieur certainement pas !
— À l'étranger Jospin est moins connu que Chirac.
— À l'étranger peut-être mais pour l'intérieur Jospin est plus connu…
— Que ?
— Hein ?
— Il a gagné, maintenant il faut qu'il en tire les conséquences…
— C'est quelqu'un proche de nous.
— Comme ça si il s'est foutu de notre gueule on saura où le trouver !
— Et la grosse truie, elle est élue ?
— Elle est pas mal sa femme.
— Par rapport à celle de l'autre c'est facile.
— Elle a tiré le gros lot en se mariant avec lui en 94, elle a épousé un connard et maintenant il est Premier ministre.
— C'est le sacre en quelque sorte…
— Tu l'aimes bien Jospin ?
— J'aime pas ses yeux et j'aime pas ses dents.
— Moi ça m'intéresse les trente-cinq heures, j'en fais zéro…
— C'est pas lui la dissolution, c'est sa fille.
— Claude là ?
— C'est de la faute à sa fille.
— Claude ?
— Moi c'est pas ma fille qui ferait dissoudre.
— Claude ?
— Claude Chirac, sa fille.
— La femme du judoka ?
— L'ancienne.
— … pour une fille…
— Ni mon fils d'ailleurs…
— Elle a quel âge ?
— Ni mon fils ni ma fille ni personne puisque c'est une responsabilité personnelle…
— De ?
— Dissoudre.
— C'est les institutions.
— Fais attention en débouchant cette eau gazeuse, c'est une vraie bombe atomique !
— Oui mais elles obéissent aux décisions.
— C'est la prérogative du chef de l'État.
— C'est pas elles qui font la dissolution c'est sûr.
— De Chirac en fait.
— C'est sa fille qui lui a dit de faire ça, moi je répète.
— Comment elle est cette fille ?
— Celle du téléphone portable à la main.
— Bouvard arrête les « Grosses Têtes » ?
— Tout le monde arrête tout en ce moment !

Ils ne trouvent personne pour ramasser les fraises, ah mais je vous dis, on tourne à l'envers.
— J'ai lu ça dans le journal.
— Elles pourrissent par terre et personne veut les ramasser !
— C'est payé au cageot.
— Au kilo ! Y en a pas beaucoup dans un kilo mais qu'est-ce que vous voulez, même se baisser pour ramasser une fraise les jeunes ne veulent plus ! moi je serais à la retraite, mais j'irais les ramasser tout de suite les fraises ! pour les confitures ! mais les confitures les jeunes, c'est pas assez bien pour eux !
— On a pas le droit de les donner !
— On marche sur la tête.
— Du rôti de porc pour un hospice, vous n'avez pas le droit d'en donner.
— Et avec les trente-cinq heures comme ils annoncent, vous allez voir comme tout va s'écrouler, les commerçants auront plus qu'à fermer.
— Et les yaourts périmés d'un jour c'est rien c'est encore bon.
— Surtout les yaourts en plus nature.
— C'est des lois.
— C'est pas des lois, c'est de la connerie tout ça ! On ne trouve pas de gariguettes en ce moment, vous vous rendez compte ? Elle est bonne la gariguette ! C'est la meilleure.
— Et on se plaint.
— Et tous les gosses qui ont des carences ?
— En plus.
— Vous avez raison pour les yaourts.
— Et le rôti de porc !
— On marche à l'envers.

... J'attends Godot.

La vie, c'est rien qu'un outil.

Le plus intelligent, c'est de se taire, enfin pour moi...

... Puuuuuutain quel temps de merrrrrrrde...

Un joli plateau de fruits de mer, faut que ça fasse Facteur Cheval.

Moi je dis toujours la même chose.
— Avec un portable tu dis pas la même chose puisque tu téléphones de n'importe où.
— Pareil.
— Dans le bus tu dis pas pareil qu'à la piscine, je m'excuse !
— Moi si.
— Mais non !
— Chaque fois que je t'appelle de la cabine je dis pas la même chose peut-être ?
— C'est pas pareil, c'est pour que je vienne.
— Eh ben ! c'est l'exemple.
— Non, puisque c'est la cabine.
— Moi je dis la même chose.
— C'est dans une cabine, là d'accord, mais un portable, non.
— Moi je dis la même chose.
— Au ski tu dirais pareil ?
— Au ski c'est plein de cabines.

La morale ça s'enseigne, alors qu'avant ça s'apprenait.

Télé 7 jours et *Télé poche* ! T'es multimédia ce matin !

Il faudrait mettre en orbite des oiseaux de mer.

T'aimes le comique anglo-saxon ? Toi ?

Je crois que le plus haut gratte-ciel mesure 319 mètres.
— Tu crois ou t'es sûr ?

Moi je prends pas une bière si y a pas des cabinets.

Ce chat, il m'a mordu le doigt, ça enflait, ça enflait, je regardais…
— Le chien ça écrase et le microbe reste dessus tout écrasé…
— Le chat c'est pointu c'est ça ?
— C'est ce qu'on dit.
— Le microbe y va bien profond dans la chair et là il se développe, on peut pas l'attraper, faut aller profond avec des outils.
— Et ça enflait, ça enflait, je regardais, ça enflait le bras, jusqu'à l'épaule ça enflait…
— Moi une fois j'ai enflé aussi.
— Ah bon t'as enflé aussi, c'est bonnard comme nouvelle…
— Ça enflait, ça enflait jusqu'au cou, j'avais des… sous le bras…
— Des ganglions.
— J'en ai eu des ganglions aussi.
— Et ça enflait, ça enflait…
— Et comment ça s'est fini ? Tu as guéri ?
— Oui j'ai guéri.
— Il est bon le vin.
— C'est quoi comme vin ?
— Il est bouchonné non… un peu… un peu bouchonné…
— Fais sentir… ah… un peu…
— Et lui ce chat c'est comment le nom ?
— Aspirine… on donne des noms comme ça…
— C'est toi qui as ouvert la porte ?
— C'est facile.
— T'as ouvert la porte, t'as fait le trou de la porte je veux dire.
— Vous avez froid ou bien ?
— Non non ça va…

Une crème de noisettes pour l'Écureuil !

Le pape, tout son fric il le passe en chapeau.

J'aimerais bien lui faire ses courses à Pierre Tchernia.

Sinatra quel beau chanteur, c'est un rouge-gorge partout ce chanteur.

Miaou !
— Qu'est-ce qu'il a le chat ? Qu'est-ce qu'il veut ? Soit il en a trop dit le chat soit il en a pas assez dit le chat !

Pour des inventions de langage, une qui est forte c'est ma femme, c'est une mine de conneries...

J'ai rien compris, elle me regardait habillée sexy bien et après elle a mangé du camembert mais qui puait !
— Y a rien à comprendre avec les femmes.

Un milliard les Chinois ! mais c'est pas du sauvage, c'est du Chinois d'élevage.

Ils vous ont pas montré le parking gratuit ? C'est des niais...

Tu vois les boyaux de Pompidou ? Eh bien c'est pareil.

La crème pour les mains, pour un moignon c'est la même ?

Quoi de neuf ?
— Rien... pareil.
— Ça roule ?
— Pas de changement... ni en bien ni en mal.
— C'est le principal.

Le vrai Français, c'est le Français breton.

Je peux pas faire du nudisme, j'ai une bite de roux.

… Je suis au chômage depuis la fin de la première série de *Navarro*.

Y a que les gènes qui passent au travers de l'impôt.

L'univers, t'en as de toutes les tailles et le nôtre où on vit il est de la taille… moyen.

Les galaxies tu risques pas de les voir, t'es au lit à huit heures !

La terre que vous mettez dans vos pots de fleurs, vous la retirez de sur la planète.
— Oh mais j'ai pas peur des procès !

Les martiens ont les clignotants qu'on voit bien et d'ailleurs sur les photos des gendarmes ils les mettent quand ils se posent.

Je n'y crois pas à ces vies d'ailleurs.
— Sous une autre forme.
— Même avec une forme.

Le soleil de minuit… putain… y en a qu'ont le temps…

Plus t'es chômeur de longue durée, plus tu vois le boulot loin comme une longue-vue…

C'est normal qu'ils arrêtent le « Club Dorothée », elle a toujours été pro-Chirac.
— Un personnage réac c'est Babar.
— Elle l'avait Babar dans son émission ?
— Bien sûr qu'elle l'avait ! en plus des Mangas ah oui elle en a pas raté une…

Le « Chicago Orchestra », c'est loin pour ce que c'est.

Une jolie valse, même en voiture ça me donne envie de tourner !

Des maladies, moins on en a mieux ça vaut, croyez-moi…

… Je sais de quoi je parle…

… Je vous montrerais mes analyses…

… Vous verriez…

… Où je les ai mis ces papiers…

… Ah les voilà !

… Regardez…

C'est théorique ce bouchon-verseur mais c'est pas tellement pratique.

Je sers à boire que si on me commande un verre ! je force personne à boire moi ! je suis pas une république bananière ici !

La merde du résistant elle était pointue et celle de l'Allemand elle faisait la bouse.

Quand on grossit ça devrait pas se voir puisque c'est la vie privée.

Un kir.
— T'es pas fort comme Prévert pour les inventaires.

... Ça donne pas tellement envie de sortir de savoir que les Champs-Élysées c'est la plus belle avenue du monde...

Le trou à la chaussette, ça fait partie de la chaussette... point final.

Elle a exactement les mêmes yeux que vous votre fille.
— Je sais, elle a récupéré tous mes gènes des yeux.

Trois-Doigts, c'est un con !
— C'est Double-Z'œil qui l'entraîne.

Vous êtes passé à la télé ? J'ai pas regardé.
— Bien sûr... vous, rien vous intéresse !

Je préfère pas être connu parce que je veux pas qu'on m'assassine...

Nos ministres communistes seront forcément dépendants de la Chine puisque l'URSS a disparu et que c'est le dernier bastion...

... Je sais pas ce qu'ils ont mangé mais depuis ce matin tous mes clients c'est la farandole...

Internet, tu peux pas le faire debout.

Quinze francs le jus d'orange ?! Ah là là là là là ! ça fait cher du goût.

L'Algérie, il faut en parler, déjà ça les aide.
— Ça leur fait les oreilles qui sifflent.

... Moi j'ai une fille et je compte pas le téléphone...

Tu pourrais mettre du Internet dans le café ?
— C'est ça... pour qu'on me le casse...

... Des gars que j'ai vus au Lux Bar, des photographes qui vont aux Cathares, dans les Émirats arabes unis, c'est un pays du Golfe, tu peux rien faire là-dedans, faut mettre le foulard et tu bois pas d'alcool, ils boivent de l'alcool dans les tasses de thé et les voitures de trois mois c'est des antiquités...
— C'est la police qui fournit l'alcool là-bas.
— Y a rien à photographier, c'est le désert...
— Ici tu mets une bombe toi-même et tu fais les photos que tu vends.
— Ils y vont avec des mannequins pour poser dans le désert... ils veulent que j'y aille avec eux mais moi je veux plus faire des photos, je veux changer, je voudrais servir dans un bar.
— C'est la traite des Blanches non ?
— Si c'est la traite des Blanches tant mieux j'irai dans un harem, c'est pas pire que les assédics.

Un pianiste ? Dans le quartier ? Ah non vous vous trompez, en tout cas pas dans la rue ni sur la place...

... Où ?

... Mais non c'est un con qui met des disques...

À New

J'aime bien parler avec les petites gens.
— Vous tombez mal aujourd'hui j'ai que des présidents de la République.

Les chômeurs de longue durée, ça aurait fait des bons marins pour Christophe Colomb.

Dans une bonne journée il faut toujours un point d'orgue.

J'ai le droit de savoir ce que je bois !

Revivre le vingtième siècle en vidéo, j'y tiens pas.

À partir des premiers icebergs, toute la culture est basée sur la graisse de phoque.

À cette vitesse-là, il fera soixante degrés sur la terre dans cent ans.
— Houlà ! J'irai pas travailler.

J'aime pas pêcher au canal, c'est trop cartésien.

York je sors pas, je fais livrer.

Quand on a bu l'apéritif, l'avantage c'est qu'on craint plus son mari.

Holà là ça y est elle a ses pattes mouillées…

Mon mari, il aurait une fée dans la poche de derrière, il s'assoirait tout le temps dessus.

À trois heures de l'après-midi…
— Y a pas d'heure pour avoir un coup dans les carreaux.

Attention avec les régimes, tu manges ton muscle mais tu gardes le gras.
— En un mois j'ai mangé toutes mes jambes mais le ventre ici je l'ai toujours.
— Vous avez mangé vos jambes en premier, d'autres les bras, y a que la tête…
— Qu'on mange pas ? Et les joues ?

Tout n'est pas possible, pas tout tout tout tout tout…

Salut Monarque !

On fait le concours

Johnny Président !

L'Empire Ricard,

Critique pas...
— Je critique pas !
— Attends voir... l'andouillette au micro-ondes si c'est ça que tu veux !
— Je critique pas, mais trois heures entre l'apéritif et le dessert !
— Dans ce cas-là tu manges un sandwich, si tu veux de la cuisine faut attendre ou tu manges chez toi.
— Je critique pas... une entrée... les ris de veau après à la sauce aux champignons...
— Des fois, ça dépasse les bornes, c'est vrai aussi des fois...
— La sauce champignon, faut le temps...
— Pas une heure.
— Qu'est-ce tu nous casses les couilles ? En plus t'étais invité.
— Par contre, ça c'est vrai, le ris de veau...
— C'est bon ça !
— Comme ça le ris de veau !
— Alors qu'est-ce tu nous casses les couilles ?
— Si c'est ça que tu veux le micro-ondes alors là... on est pas de la même école... alors là... l'andouillette... à la maison moutarde et tout !
— T'as vu ton nez ? ! Mais tu fais quoi dans les restaus ?

... Casse-couilles et pompons celui-là...

de confitures ? Qu'est-ce

c'est nous. qu'on risque ?

Ça respire par

Sur terre on prend tous sa bagnole, je vois pas pourquoi on veut marcher sur Mars ?

Un milliard de gens sur la planète vit avec un dollar par jour !
— C'est mieux qu'un franc.
— Cinq francs le dollar.
— Un milliard de fois un dollar ça fait un milliard de dollars par jour, tu me les donnes, moi j'ouvre des usines et je les fais tous bosser le milliard de gens.
— Trente milliards de dollars par mois ? et les mecs sont dans la merde…

La mondialisation, ça y est, on y est dans la mondialisation et la preuve du contraire je ne la vois pas moi…

… Ceci dit à trente bornes de Paris, c'est déjà fini la mondialisation.

J'adore ses films mais dans la rue vous l'avez vu Michel Blanc, c'est rien du tout… heureusement qu'il y a le cinéma pour des gens comme ça…

Charlie Chaplin jouait de la musique.
— Charlie Charlot ?
— De la clarinette.
— Charlie ? Charlot ?

… Jospin finira président de la République, de toute façon tout le monde y passe.

Des escrocs qui vendent des organes qui ne marchent pas, c'est des gens à… à… à même pas regarder !

T'es en retard !
— J'ai un réveil qui pense qu'à lui…

Si t'es une réplique génétique, t'es pas obligé de le gueuler sur les toits non plus.

le bec, la poule ?

T'es obligé d'obéir à la nature.
— Non.
— Quand tu fais des enfants tu obéis à la nature.
— Non... en plus j'en ai qu'un.

Y en a deux des Congos ?
— Et c'est le bordel dans les deux !
— C'est vraiment des vieux noms ça, Congo.
— C'est le fleuve.
— Congo ?
— Oui.
— J'irais pas me baigner là-bas !
— De toute façon, c'est Roland-Garros en ce moment.

Créteil, c'est pas tout près !

Ma mère, elle avait horreur des deuils, c'est une perte de temps.
— On fait ça pour les enfants.

Si tu veux briller à table, le mieux encore c'est d'être un couvert.

Les jeunes des cités, c'est ceux qu'on retrouve engagés chez les CRS.

Ils le changent tous les combien, l'élastique du saut ?

Les idées toutes faites, eh ben faut les faire déjà !

... Un parfum moi je dis on n'a pas besoin d'en mettre c'est du luxe.

... Le violon, c'est ça qui donne la touche.

... On joue pas de la trompette dans une chambre.

On fait griller les sardines dehors mais l'odeur rentre dans la maison et ça sent la sardine comme si on les fait griller dans la cuisine, il faudrait tout fermer quand on fait griller les sardines dehors mais ça devient une entreprise parce que avec ce beau temps, tout calfeutrer à cause des sardines qu'on fait griller dehors, ou alors il faudrait aller plus loin mais aussi le jardin n'est pas extensible, on va pas prendre la voiture pour faire griller des sardines loin de la maison, alors on en fait quasiment jamais, on fait des grillages de porc, avec la taille du jardin et les fenêtres on fait ça…
— Vous plaignez pas, vous avez un jardin.
— Minuscule !
— Vous y faites des grillages de porc.
— Mais je ne me plains pas.
— Si vous faites des grillages de porc c'est que c'est grand.
— On en fait pas dix kilos non plus, on en fait deux par personne.
— Des grillages.
— De porc.
— Vous êtes sûre que c'est des grillages.
— De porc.
— Des grillages ? Vous êtes en France depuis combien de temps ?
— Douze ans.
— Et vous avez un jardin ?

… Le sida, ça finira par se soigner alors que les mauvaises notes à l'école…

Allez la cousine, on z'y va !

Franchement ?
— Franchement.
— Franchement ?
— Franchement !
— Le dernier ?
— Franchement non.
— Franchement ?
— Franchement, je suis plein jusqu'en haut.

C'est pas possible que le Beaujolais fournisse tout le beaujolais qu'il y a dans le monde entier, ça se vend dans le monde entier, quand tu vois la taille du Beaujolais, le Beaujolais ne peut pas... non... non... non il ne peut pas... non... c'est pas du beaujolais... c'est autre chose... un autre vin mais pas du beaujolais... regarde la carte du Beaujolais... même en travaillant jour et nuit vingt-quatre heures sur vingt-quatre le beaujolais ne peut pas être vendu dans le monde entier... non... non... non monsieur... non... moi j'en suis du Beaujolais... je connais les limites du Beaujolais... je les connais... non... non monsieur... et la Chine en plus maintenant non... je dis non...

... Hier soir ?

... Hier soir t'étais en hausse à la fermeture !

... Ce matin ?

... Ce matin t'es en baisse à l'ouverture !

Y a pas plus salissant qu'une gomme...

La taille des pieds, un jour ça s'arrête mais quel jour pile ? personne sait.

... La reine d'Angleterre, les carrosses... l'alignement !... tranchée ! au cordeau ! ça donne envie de remplir !

Je peux pas réfléchir à cause des antibiotiques.

Moi je suis de Marseille, t'arriveras pas à m'hypnotiser.

La terre c'est un bout de la lune.
— Le contraire.
— Ou le contraire, on va pas se battre pour ça.

Le hasard, on sait où il est là, il est à droite du cerveau.

… Hiroshima, il a fallu tout reconstruire, et ceux-là qui ont gagné de l'argent c'est les Américains encore.

… En bâtiment c'est les meilleurs les Amerluches…

Les jours où on s'ennuie, en l'an 2000, on nous mettra dans la glace.

La cérémonie du thé je sais pas mais quand je prends une tartine le matin ça vaut le film aussi…

C'est qui la nouvelle connasse qui remplace Lio ?

Il prend son bain avec ses enfants. — C'est comme ça que ça commence, en jouant avec les bulles.

Toi t'as réussi socialement, tu travailles à la Sécurité sociale.

On a tous en nous une part d'échec.
— Deux.

C'est dégueulasse les insectes, c'est toujours tout nu.

Les pédophiles ? moi je gagne au Loto je m'achète une guillotine.
— Tu manges pas le blanc de ton œuf ?

Ils les violent, ils les étranglent...
— Et encore on sait pas tout.

C'est une perversion des pays riches, les pauvres couchent pas avec leurs gosses !
— Ils les vendent, c'est pas mieux.

Pédophile admettons... les filles... à seize ans maintenant elles font vingt d'accord mais pas avec des bébés de cinq ans !
— Avec les produits qu'on leur donne en plus à cinq ans ils font moins, c'est dans le tiers-monde que à cinq ans ils font plus.
— C'est eux qu'on utilise en pédophilie le plus souvent, le tiers-monde.
— Le tiers-monde, c'est tous des fous là-dedans.

... Tout le monde est plus ou moins pédophile dans les îles...

Des curés qui couchent avec les mômes ! Mais pourquoi on leur enlève pas la bite à ceux-là puisque de toute façon ils ont juré qu'ils en voulaient pas de leur bite alors pourquoi on leur retire pas la bite aux curés et ceux qui veulent la garder au fond c'est eux qui sont des dangers publics sinon qu'est-ce que ça peut leur faire une bite ?

Des cassettes pornographiques avec des enfants c'est huit cents francs et quand vous voyez la paye des instituteurs... oui... vous avez compris mon regard...

... Faut être logique aussi.

Le curé qui garde sa bite c'est qu'il a une idée derrière la tête !

Chut !

... Faut être logique aussi.

Le premier fromage médiatique c'était la Vache qui rit avec son image.

Jospin, je fais même pas la photo du calendrier avec sa tronche.

Quand on passe devant son rade c'est la honte, il hurle pour qu'on rentre boire un coup.
— Les abeilles, elles bougent les ailes pour raconter où y a du sucre.

Même si je suis riche je serai toujours pauvre, moi un bout de pâté ça me suffit.

Chacun est différent ! l'homme de la femme non ? Les féministes elles ont tort du contraire non tu crois pas ? On est pas pareils mais pas un plus que l'autre mais différents, c'est des connes de toute façon celles qui disent ça non ?

Tu trouves dedans ce que tu y apportes, l'hindouisme c'est un peu une auberge espagnole.

Au salon du Bourget, t'as pas intérêt à avoir une crotte dans le nez parce que comme tout le monde regarde en l'air on voit dedans…

Le pire de tous, c'est le naja.

Beyrouth, quand on voit l'architecture, ils ont bien fait de tout casser.

Je sais pas comment j'ai fait quand je suis sorti du ventre de ma mère parce que en général j'aime pas qu'on me regarde.

Sans Internet, je suis SDF mental.

La réciprocité via le Web, à mon sens c'est positif.

... Attiré par les processus d'intelligence collective je te dis oui mais techno enthousiaste béat là je dis non tu me connais mal...

Melun, je préfère à la limite que New York.

T'es jamais bourré ?
— Je picole platonique.

L'Europe, ça sera jamais qu'un ramassis de pays.

N'est pas président de l'Union mutualiste qui veut !
— Je ne rate jamais une paella dansante.

Jugnot, il est intelligent mais avec sa tête qu'est-ce que vous voulez qu'il fasse ?

Des mains de pianiste, c'est pas pratique pour un batteur.

Même chose ?
— Oui je me fais le remake.

Jésus-Christ, c'est quand même le premier naze de l'histoire.

Il invente plein de gâteaux dans sa tête.
— Ça vaut le coup de le psychanalyser lui !

Adjani, elle est belle mais elle est grasse cette femme-là.
— Elle est pas grosse Adjani !
— J'ai pas dit qu'elle est grosse, j'ai dit qu'elle est grasse comme la peau du chapon.

L'euro ça va être un beau bordel, on ferait mieux de faire comme les Américains et choisir le dollar.

Il ne faut pas se plaindre tout le temps parce que après ça fait le mur des lamentations.

C'est pas très pratique pour les poubelles cette fête de la Musique...

Un bouddhiste, tu lui fais du riz, il est content.

Vous savez d'où ils viennent les nouveaux charcutiers ?
— Tout est mou aujourd'hui.
— Du Nord.
— Ils ont remis un coup de neuf aux gargouilles de l'église.
— Pas trop tôt parce que recevoir une gargouille sur la tête, non merci.
— Et mon demi ?
— Tu l'as bu.
— Je l'ai bu ?
— Tu l'as bu.
— Eh ben ça alors c'est pas banal...
— J'aime pas quand y a des nuages et que ça pleut pas...
— Sans les allocations familiales, c'est même plus la peine de faire des gosses, quel intérêt...
— Y a plus que les richissimes qui en feront.
— Je dis pas que l'enfant c'est la tirelire mais tu fais gaffe à la dépense.
— Ah il revient croustillant le pain, ça devrait s'améliorer le temps...
— C'est inné la propreté... sinon t'es sale.
— C'est pas à midi qu'on fait le ménage !
— Je fais le ménage quand la patronne elle demande.
— On peut pas boire un coup tranquille !
— Je pouvais pas deviner.
— Si, justement, faut deviner.
— Je suis voyante, y a des choses que je vois, mais je vois pas tout.
— Pavarotti, vous le connaissez ? le chanteur... celui qu'on appelle Fifi.
— Tout est mou aujourd'hui.
— C'est les nuages gris qui font ça.

Les jeux culturels c'est bien mais dommage qu'il y ait les connards d'animateurs.

L'universalité, en Égypte, tu l'as.

On a bu tout le florilège !

Le fœtus, c'est une sorte de grumeau des gènes.

Vous avez du mal à marcher ?
— Les jeunes filles me couraient après !
— Y a pas que dans le Sud que ça se vante.
— C'est le beaujolais.
— Y en a dans le monde entier du beaujolais, comment vous voulez...
— C'est grand le Beaujolais.
— Moins que le monde entier alors... j'ai été enregistrée au Panthéon.
— De ?
— Je suis née au Panthéon... je suis née là où y en a qui meurent.
— C'est grand le Beaujolais comme région.
— On y passera tous.
— Je bois du bourbon...
— C'est pour ça...
— Non ça n'a rien à voir... mes jambes c'est mes jambes...
— On y passera tous.
— Moi j'y suis déjà...
— C'est un vin qui représente la France...
— Surtout pour prendre l'avion, je bois ma demi-bouteille de whisky.
— Vous voyagez encore ?
— Pas en ce moment, je bois de la bière.
— ... le beaujolais.
— Quelle chaleur.
— C'est l'orage.
— En avion, c'est l'horreur ça, et pourtant ça fait cage de Faraday.
— Quand vous êtes en l'air, ça change rien.

Quand tu sors de Chablis si tu veux pas rencontrer les gendarmes t'as qu'à passer par Poinchy...
— Merci ça m'arrange j'ai déjà du sursis.

De Gaulle n'est pas mort, on nous fait croire qu'il est mort mais il est caché aux États-Unis.

Vous savez pourquoi il pleut ?
— Euh non.
— C'est Chirac !
— Ah bon... euh...
— C'est Chirac ! ils ont le pouvoir de faire pleuvoir ces gens-là !
— Euh ah bon ?
— Vous vous souvenez 1976 ?
— 1976, euh oui.
— La sécheresse de 1976... c'est Giscard !
— Ah ?
— C'est Giscard !
— Euh oui.
— Il faut s'élargir l'esprit !

Si Internet rendait intelligent, ça serait dégueulasse pour ceux qui l'ont pas.

On a mangé aux *Moulins*, c'est bon comme restaurant, c'est pas bourratif.

Le cancer existe pas, c'est le docteur qui donne le cancer pour faire marcher la médecine.

... Quand c'est bourratif c'est trop...

... Il faut élargir l'esprit...

... J'en veux plus des animaux, on les aime on les gâte ils meurent ça fait trop de peine, mon mainate il est mort dans mes mains il avait mal à ses pattes...
Allez debout mémé reste pas assise comme ça on dirait que t'es déjà morte ! Allez debout va voir tes clients ! Reste pas assise comme ça ! Va faire des exercices tu vas jusqu'à la porte et tu reviens et dis pas qu'il fait froid, il fait très bon dehors !

Cousteau est mort. — Toute la vie en maillot de bain je pourrais pas...

... La balle de ping-pong en haut du tube ça marche jamais.

Cinq heures de baignade par jour ça devient un boulot.

... Au fond t'es écrasé comme une merde, c'est la pression.

Il est mort de sa belle mort.
— T'y étais ? T'étais là ? T'étais au pied du lit ? Alors...

Quoi qu'on dise, quoi qu'on fasse, on est pas des poissons !

... On sera jamais des poissons.

... Jamais !

... Surtout ça.

... C'était un homme hors du commun et toujours sous l'eau.

Il a inventé les palmes.

... Ah si !

— Mais non les palmes c'était avant.

... Le grand ennemi du pont de l'île de Ré déjà c'est les moules.

Des refuges sous la mer comme dans la montagne ça s'écroulera sous les moules.

... Je sais pas combien il laisse à la banque mais ça doit faire bonbon...

Les ouïes, là, ici, les ouïes, c'est ça qui sert à la fraîcheur.

Bombard, le gros, ne mangeait que du plancton, c'est comme du pain.

Le mérou qu'on connaît c'est grâce à lui.

Il a fait aimer la mer à des millions de gens. — Pas plus que les vacances.

Le commandant Cousteau c'est un génie.
— C'était.

Je n'aime pas quand l'eau rentre dans les oreilles.
— Vous n'êtes pas faite comme lui.

… Le harpon dans les fesses ça doit pas faire du bien !

Les Japonais en mangent des algues, c'est très bon.
— Ils sont plein de carences !
— Et le poisson ?
— Pas de fromage ni de lait ni de laitages fromages blancs et autres et surtout après ce qu'ils ont connu historiquement…

Cinq continents plus des îles, faites le calcul…
— Plus il était dans l'eau et plus il était maigre.
— Sa femme par contre il paraît c'était vin blanc vin blanc…
— C'était beaucoup plus un homme d'affaires qu'un amoureux de la mer, la preuve, ils l'enterrent ! Au milieu de la mer, tu peux pas faire des magasins de souvenirs !
— Ils enterrent le commandant Cousteau ?
— Ils l'enterrent.
— Eh ben… c'était bien la peine…

Vivre sous l'eau pourquoi pas, mais les meubles ?

… Vous avez vu l'épisode des langoustes qui marchent au fond ?

… Sous l'eau sans mourir, c'était ça son invention.

Le Russe, c'est une race à problème.

Mon mari il est au syndicat, après une manifestation, pour enlever ses chaussettes, il lui faudrait des pinces comme à la Nasa.

Dans l'espace tu ne peux pas freiner t'as pas de pneus.

... Ici t'as intérêt à faire tes courses avant une heure sinon t'es baisé...

Un jour, une merde grosse comme ça !
— Eh ben moi je marche pas dedans.

J'ai pas envie d'être le plus riche du cimetière !

On est obligés d'aimer la mer.
— Ça serait moins cher ça serait pas plus mal.

... Un poisson qui est cher, c'est la sole.

C'est pas des racines qu'il faut donner aux jeunes des banlieues, c'est un joli pot.

... Ça vaut pas la soupe de poissons.

Si tu portes du Dior et qu'il pleut par exemple alors tu fais quoi ?

C'est un vaisseau cargo qui est rentré dans le module de la station orbitale.
— Quand tu sais pas conduire tu sais pas conduire.

Sur terre tout le monde flotte.
— C'est encore à prouver ça.

Le temps, si t'arrives à en faire un cachet et que t'en prends quatre, bonjour les dégâts !

... Il faut que j'y aille accompagné de quelqu'un ET avec mon permis, j'aime pas comme c'est écrit, c'est pas ma période en ce moment, j'y suis allé ce matin avec un papier c'est pas le bon papier, les casse-couilles, il leur faut le papier du tribunal mais je l'ai plus, je préfère qu'ils demandent directement à Seignelay, c'est des casse-couilles ceux de Cerisiers, accompagné de quelqu'un AVEC mon permis, j'aime pas comme c'est écrit, en plus lundi je suis convoqué à Joigny, ils me l'avaient enlevé déjà je le récupère et voilà, en plus depuis la dernière fois je conduis pas, je le sais pour les points, accrochage c'est six points, état d'ivresse six points et délit de fuite ils me l'ont dit les flics c'est six points, et le défaut d'assurance, c'est pas ma période, quand j'y vais faut pas que je me monte, je vais y aller avec mon père, lui il sait me calmer, c'est écrit véhicule à moteur, j'aime pas comme c'est écrit, ça serait écrit vélomoteur mais c'est écrit véhicule à moteur.
— Il faut faire remarquer l'approximation, sinon on est à la merci de ces gens-là...

... Il me mettait un petit pois sur deux à côté de la casserole !

Mitchum...
— Et Fratellini.
— Même wagon !

La mort des grands, ça fait pas forcément plaisir non plus.

Robert Mitchum, c'est son nom qu'on se souvient surtout.
— Robert Mitchum.
— Les Américains savent trouver les noms.
— Robert Mitchum en France tu peux pas.
— De toute façon c'est pris.
— Yves Robert.
— Robert Lamoureux.
— Qui les connaît outre-Atlantique ?

C'est la dernière légende qui est morte.
— Pour savoir faut attendre... vous savez, des légendes qui meurent y en a tous les jours qu'on ne connaît pas...

Robert Mitchum.
— Qui ?
— Robert Mitchum.
— Chum ?
— MitCHUM.

... Atchoum...

Elle avait un cancer depuis huit ans.
— Et pourtant elle était clown.

Ils vont rendre Hong-Kong mais l'argent est parti, c'est une coquille vide avec des Chinetoques dedans...
— Si ils rendent Hong-Kong c'est qu'ils en veulent plus, va, te fais pas de bile pour eux va...
— Je me fais pas de bile, ils font des feux d'artifice, c'est que tout va bien.
— Ou alors c'est des cons.
— C'est pas des cons, va, les cons c'est nous dans cette affaire.

... Des rizières derrière les stations-service comme nous le potager.
— C'est sa vision à lui, si tu y vas, tu verras autre chose.

... Plus on voyage, plus on se décoiffe, regarde les gens dans les trains, non mais regarde-les !...

Hong-Kong, King-Kong, ping-pong, tu parles...

... Jette-moi la première pierre toi et après on discutera...

Le clavecin, c'est du piano sans les couilles à cause de la petite voix.

... Je prends jamais de bière bouteille, j'aime bien le geste à la pompe même si je le vois pas...

Cinq cents francs c'est rien à l'heure actuelle.

Sophie Marceau, t'enlèves les nichons, il te reste le cul.

Ils massent les bœufs avec de la bière.
— Les Japonais, si tu décortiques tout ce qu'ils font...

Y a tout dans le dictionnaire, c'est trop, mets un dictionnaire dans le cartable d'un gosse, tu verras si c'est pas trop.

Les paysans qui ont des supermachines, des ordinateurs, ils ne peuvent plus avoir les oreilles décollées comme avant...

Des tapis de girolles !
— Menteur.
— J'en viens ce matin, des tapis !

... Des tapis ?

Moi j'en cherche pas des champignons, j'en trouve !

Un train

Chaque année tu peux pas créer du Haendel à Beaune.
— À Beaune franchement y a mieux à faire que du machin.

Attention, l'apparence c'est pas le réel !
— Sauf l'eau.

On dit que la terre elle tourne rond mais non ! tous les ans on rajoute des secondes.

Son bébé qui meurt, ça lui laisse la place pour un autre bébé aussi si elle veut, faut pas voir que le mal...

Tu sais pourquoi ? Tu le sais ? Je veux pas qu'on se marie parce que tu seras saoule au mariage.

Bon week-end.
— Week-end, qu'est-ce que c'est ça ? C'est anglais ?
— C'est un rêve de jeunesse.
— J'ai plus l'âge.
— N'empêche...
— Allez raconter ça à la boulangerie, c'est des jeunes.

T'es increvable !
— Eh oui, sinon je serais déjà mort.
— Quelle heure ?
— Huit heures ce matin pas chez moi...
— Putain...
— Le même slip et les mêmes chaussettes que hier.
— Un kir !
— Non pour moi.
— J'ai plus le droit de boire de l'alcool c'est pour ça que je bois des kirs.
— Un jour de boulot, trois jours de délire...
— Qu'est-ce que tu bois ?
— Quelque chose de liquide qui mousse un peu.
— J'ai téléphoné que j'ai dormi chez toi.
— L'air de rien moi j'ai bossé aujourd'hui.

... L'amour tant pis, on trouvera autre chose !

Y boit pas et avec l'argent il va au Japon, c'est pas la même vie aussi...

à midi au moins c'est clair.

C'est pas la peine d'acheter celui-là, mamie le lira pas.
— Si, il est bien.
— Vous savez pourquoi elle veut acheter celui-là ? À cause des garçons.
— World Apart papa.
— Wor apar papa...
— Je le prends ?
— Prends Télé Poche.
— Télé Star *c'est pareil.*
— Mamie le lira pas.
— Pfuuuuuu...
— Ça durera pas, mais pendant qu'ils sont là ils prennent de la mie.
— C'est les producteurs qui sont derrière qui s'en mettent, la chanson est prête, ils cherchent des physiques précis, les physiques précis vous verrez, ça durera pas.
— Plus vite ça sera fini pour eux, mieux ça sera pour nous.
— Je le prends ?
— Repose, mamie le lira pas, prends Télé Poche.
— Pfuuuuuu...
— Et râle pas.
— Pfuuuuuu...
— Wor apar papa... gnagnagnagna... un Ricky !

Vous partez pas aujourd'hui ?
— Ce soir après avoir fait manger la gosse... un Ricky !

Un Ricky !

Un Ricky !

Ils ont roulé sur Mars. — J'espère que ça roule mieux là-bas qu'ici.

Et si ils trouvent de la vie ailleurs, alors ceux qui disaient le contraire, vous verrez la mine déconfite !

497 millions de kilomètres, ça ne veut même plus rien dire.

... Ça fait quand même beaucoup de kilomètres pour trouver de la vie...

... C'est pas de la vie c'est des histoires d'argent.

On va sur Mars, très bien, mais Moulinex ?

... Et les salariés de Vilvorde ? puisque vous parlez de ça...

... Ça fait trois jours... moi-même pour Mars j'aime pas la routine...

... Quand la terre va s'éteindre toute la vie sur le soleil va mourir...

De l'eau ça veut dire que peut-être il y a eu de la vie sur Mars. — Je bouffe même pas ce que je pêche.

Ça bouffe de l'essence au départ et à l'arrivée mais sinon le trajet se fait sur la poussée du lancement... c'est le système de la descente et après ça remonte jusqu'à la planète... ça se pose et en plus ce qui correspond justement à ce que je dis c'est les poussées contradictoires qui se calculent elles...

Après Mars le déluge !

Il vous en faut pas beaucoup ! C'est un minuscule camion avec des caméras et pour voir quoi ?
— C'est le progrès quand même !
— Et d'une, combien ça coûte ?
— On va sur Mars tout de même.
— Alors allez-y ! Si c'est ça ! Qu'est-ce que vous faites ici allez-y !
— Et vous ?
— Moi au moins je suis logique.

... Si ils y trouvent des mollusques sur la planète, ça ne veut rien dire, la vie se caractérise par des bras.

Lady Di, qu'elle balaie devant sa porte déjà !

Et pourquoi elle s'habille en rose si elle aime pas les photographes ?

... Dans la foulée je vais aller m'acheter un pantalon, le même que celui-là mais pas tout à fait le même, je voudrais que les gens voient que j'ai changé de pantalon.
— Garde le même ou une autre couleur.
— Ah non !
— Riz Uncle Ben's !
— Il est déjà noir celui-là.

Mourir pour des idées
D'accord !
Mais de morlauche
D'accord !
Mais de morlau-au-che.

Vingt-cinq ans il avait ce rosier... moins dix-huit cet hiver tu parles...
— Ça va repartir du pied.
— Il aura plus vingt-cinq ans à l'œil.
— T'arrêtes de boire, tu fumes plus et dans vingt-cinq ans il aura vingt-cinq ans ton rosier.
— Même pour ma femme je le fais pas...

Mourir dans la pleine force de l'âge, dans ce cas-là t'étais pas tellement fort et en plus quel âge, pauvre con ?

J'ai pas peur de le dire, il faudrait une loi pour débrancher les morts-vivants qui coûtent à la Sécurité sociale.

Vous partez à la mer ? Vous êtes pas dégoûté ?
— Oh vous savez, du poisson, j'en vends de moins en moins.
— Elle est mieux morte que malade.
— Tu te vois vivre encore cinquante ans ?

Tapie, il est du genre à sortir par la fenêtre et rerentrer par la fenêtre...

Le commandant Cousteau, c'est son bonnet qui est connu au final.

... On les cherchait, on les cherchait, on se tourne vers lui qui était assis à la table il avait ses clefs de voiture entre les doigts de pied...

Je suis philosophe, c'est pour ça que les cons ne me gênent pas.

Un patron doit être poli mais ferme et un client malpoli et mou.

Tu parles d'une boîte à la con, ils lui ont fait son pot de départ à la retraite un jour qu'elle était pas là.

Les dames qui travaillent dans les bureaux, on pourrait leur mettre des œufs à couver.

Quel temps...
— Ça m'est arrivé de faire une soupe le soir encore y a pas longtemps.

... Un chamois que vous regardez qui vous regarde c'est féerique.

L'omelette aux girolles j'adore ça, j'en mangerais sur la tête d'un pouilleux !

L'avenir y en a pas assez pour tout le monde et le passé y en a trop.

Un connard de docteur et d'ailleurs après je me suis engueulé avec lui, ils m'ont piqué dans le poumon, ça m'a fait un pneumothorax, d'ailleurs j'ai la phrase quelque part à la maison sur un papier que je vous montrerai...

Vous savez pas où on peut acheter des plans de poireaux dans le coin ?

Houlà ! J'ai failli vous donner le verre de limonade !

... Soixante par jour, mais c'est des légères...

L'euro pareil, tu laisses tomber, ça repousse pas.

Je préfère les pays mystérieux comme l'Égypte à la sagesse de certains autres pays quand vous n'avez qu'une semaine pour faire la visite.

La vie, y en a déjà trop sur terre ! on peut pas tout loger.

La fin c'est bien, mais qu'est-ce qu'elle est triste !
— Et en plus elle est loin.

Moi j'aime bien le début et après j'aime moins.
— Tout dépend lequel.

Trop de lecture c'est trop de lecture, comme tout, ça fait chier.

... Il en faut !

Le cinéma ça change la tête, tout le monde est maquillé.

De la lecture, j'en ai fait ! mais j'en ai fait ! Vous m'en ferez pas faire plus que j'en ai fait ! Je suis saturée madame, saturée !
— Et lire quoi en plus ?

J'ai pété au lit.
— En lisant ?
— Non, on pète pas au lit en lisant.

Moi je pète avec mon cul ! Le père Ubu !

Il n'y a pas de bons livres avec des mauvais sentiments en fait...

... Tout de suite j'ai les yeux qui picotent...

J'adore lire, je suis papivore.

... Il ne faut pas lire à la bougie ça crève les yeux à force.

Un bon livre se lit jusqu'au bout, it is my devise.

Bombay, toute la misère du monde madame, toute la misère du monde sur une surface comme une fois et demie Paris.

La pisse d'âne c'est la bière, vache qui pisse c'est la pluie, mais à mon avis elles doivent se valoir ces pisses-là...

C'est tout envasé le Mont-Saint-Michel, la marée remonte à la vitesse du steak haché.

La patience, vous en avez concentrée dans la sève des arbres.

Ça va facteur ?
— Je viens ici en tant qu'individu.

Anquetil, c'est le vin blanc qui le faisait gagner.

Richard Virenque ? C'est le chouchou des Français.
— Moi c'est de Gaulle.

Ils étaient salés ses filets de harengs, à la limite de l'insoutenable.

... Aucun autre sport on pédale autant...

... Ça n'a pas tellement changé, si les Gaulois avaient eu des vélos ça faisait à peu près le même kilométrage...

... On ne peut pas faire le tour d'un hexagone.

La jambe, c'est tout une machinerie !

Le Tour de France, c'est joli à regarder, ça traverse les petits villages, les 24 heures du Mans, ça traverse même pas Le Mans...

J'ai un genou en plastique.
— C'est pas grave, vous êtes en voiture.

La première mouche de l'été, ça s'arrose.

... Ses tomates, elles vont passer le 14 juillet dans le sac !

Éliane ? Vous connaissez une Éliane ?

Le chat enterre sa crotte, pas le chien qui a pas assez de mémoire.

Regarde Dédé, ils m'ont amené une colombe.
— Oh mais je veux pas de ça, je vais pas monter un harem ici.

C'est français la banane puisque c'est les DOM-TOM.

... J'ai une maison pas ici en Normandie que j'ai achetée cash à l'époque en briques tout en briques et j'ai fait les travaux moi-même elle vaut quatre-vingt-dix briques aujourd'hui avec des entourages de fenêtres et la banque veut même pas me prêter de l'argent alors que moi j'ai les papiers de la banque cash cash cash j'ai toujours tout payé cash et je suis pas au chômedu j'ai mes actions pas françaises mais suisses, ça me rapporte plus, mille sept cents francs de naissance, je peux tenir comme ça autant que je veux même qu'en ce moment j'ai un ennui avec le cheval je regarde sa patte, un clou, j'ai enlevé le clou il a reposé sa patte tout de suite, cash, toujours cash, tiens, j'ai failli me battre avec votre voisin hier au soir... il me faudrait plusieurs millions, pour que je m'en sorte, plusieurs millions...

Les œufs, ça s'arrange pas non plus.

Si je lis du Dostoïevski pendant un après-midi je suis sûre que je peux faire du Dostoïevski pendant au moins une heure.

Pérec, un coup de pied au cul à celle-là...

Il ne faut pas prendre l'air qu'on a dans l'estomac pour souffler dans le ballon parce que c'est là qu'on a la bière...

Nous on a une charte de qualité pour la rillette.
— Oui mais vous vous êtes sérieux.

Quand t'es moche tu préfères la plongée, c'est normal.

Heureusement qu'il y avait le char Leclerc, parce que le reste...
— C'est toujours pareil.
— On changera le défilé quand on gagnera des guerres...

Il faudrait interdire le bermuda !

Ils tournent, ils tournent, mais ils vont tourner comme ça longtemps ceux de la station Mir ?
— C'est ça qui détraque le temps... on nous le dit pas mais c'est ça qui détraque le temps.

... Une poubelle spatiale !

... Ils tournent à deux cents kilomètres de la terre, c'est moins loin que d'ici Dijon...

Ils sont coincés là-haut parce qu'un con a débranché un fil de la capsule de l'espace.
— Des cons, t'en as partout.

Si ça se trouve l'apparition de l'homme c'est la disparition de tout le monde sur terre sauf un qui est resté.

Le Tour de France, ça dure un mois au moins tu peux aller pisser, t'as pas raté un but.

Le peloton, c'est une mentalité.

... Pour moi.

Le Tour de France, c'est plus du paysage que du sport. ... Pour moi.

... La montagne fera le trou.

Le vélo, c'est un sport pour les écureuils...

... Il dormait dans les cabinets... c'est pas avec les deux demis qu'il boit ici... il croyait qu'il était ailleurs... tout le tour des remparts il se cache des bouteilles... y en a même enterrées au frais dans les fourrés derrière l'église... vaudrait mieux les mettre au frais dans l'église mais l'église, ça fait longtemps qu'elle est fermée...

A don van eueueu looooover ! Lover ! A to nide a frééééé ! Deux frè !

Un Ricard-Suze !
– Moi un Ricard.
– T'es au régime ?

... Je me retape juste du mariage.

... En ce moment je prends des médicaments pour maigrir mais j'oublie tout le temps...

Le championnat du monde, c'est l'épreuve reine en pétanque.

... Le chewing-gum on mâchouille, ça fait travailler la salive, c'est pas bon y a pas de repos, l'organisme est pas prévu pour mâchouiller...

C'est pas avec une heure de ménage par jour qu'elle peut payer ne serait-ce que l'essence de la mobylette de son fils !

C'est pas Gandhi qu'a inventé l'aïoli !

... Si tu regardes.

Si je me suis installé à la campagne, c'est pas pour regarder « Intervilles ».

Y raconte ce qu'y rêve et qui voudrait qu'on y croive !

... Même sous-directeur de la CIA tu sais pas tout.

Les pays au bord du Rhin, c'est une cuisine très lourde.

Vous comprenez ce qui se passe dans le monde vous ?
— Pas tout.

T'as grandi ?
— Moi ?
— Pas toi, je parle au chien.
— Je suis à la retraite.
— C'est pour ça t'as le temps.

La poésie, c'est réservé aux vieux.
— Ils ont bien mérité.

Les châteaux du Languedoc, ça, c'est pas les merdes de châteaux de la Loire !

C'est les femmes qui augmentent le chômage à vouloir chercher du boulot.
— Le chômage, faudrait que ça soit réservé aux hommes.

L'air des bulles du mousseux, ça vaut bien une promenade en banlieue.

On est toujours parano quand y a une coupure d'électricité, on croit toujours que c'est que chez soi...

Quand t'as faim, tu préfères la lampe du frigo à la petite lumière dans les églises !

La mondialisation, il ne faudrait pas non plus que ça soit qu'en France.

La population locale, souvent c'est des cons.

Les émissions culturelles en début de soirée pourquoi pas, comme ça on irait se coucher plus tôt.

Il a ses cacas pleins de vers, on dirait Disneyland.

Cinquante francs la séance, pour voir des comédiens qui jouent, c'est cher.

T'as du riz dans la moustache, on dirait Gandhi.

... Ce qu'il faut, c'est changer d'optique.

L'Islam, c'est beaucoup une question de climat.

Le Neandertal, il peut repasser, c'est pas lui qui est notre père.

Je suis pas venu pour faire la carpette devant mon verre !

Un qu'on peut pas confondre avec une femme, c'est Alain Prost.

Vous auriez pas vu mes poires en boîte ?

La méditation pendant des heures, moi faudrait me mettre une télé à l'intérieur.

Wenders, moi je le trouve mou.

À minuit devant la télé…
— Elle est pareille que les chats votre dame, elle voit la nuit.

En Grèce, beaucoup de ruines sont fausses, pour le gogo…

L'Art, c'est contemporain même pas une semaine.

Quand on voit le dedans de l'œil, pas étonnant qu'on regarde la télé avec.

On a eu une alerte au nuage de chlore nous.
— Nous on a eu la télé en panne.

Dis bonjour à Irène !

Touche pas ! Bouge pas ! Touche pas ! Laisse le verre ! Touche pas ! Si tu fais des grands mouvements c'est là qu'elle te pique ! Touche pas ton verre ! Bouge pas ! C'en est plein en ce moment ! Elle est sur la mousse tu la laisses tu bouges pas touche pas le verre ! Touche pas !

Je peux plus boire du vin blanc, ça me fait la mante religieuse.

La Thaïlande, ça se casse comme du biscuit ce pays !

L'Égypte c'est pas cher parce que, avec les terroristes, ça craint du boudin là-bas…

Les prisons sont surpeuplées mais dehors c'est pas mieux…

Un verre de rouge le midi et un verre de rouge le soir.
— Ça doit vous faire les journées longues non ?

Des effets spéciaux, il n'y a plus que ça !
— Moi ce que je préfère au cinéma, c'est les effets normaux.

Grosso modo, il a régné sur un empire.

Avec cette chaleur, je suis tout émolliente !

… C'est ça pépère… c'est ça… va te coucher…

Si tu veux gagner le Tour de France, il faut penser comme le vélo.

Les femmes ne peuvent pas faire du vélo à cause de comment elles sont faites.
— J'en fais moi.
— En professionnel je parle.
— Y a une femme qui en fait du vélo, une grosse femme.
— Une opérée oui ! C'est courant en sport.
— Y a de plus en plus de ministres femmes.
— C'est pas du vélo.
— C'est les mêmes bureaux.
— Ben tiens…
— Le tennis les joueuses sont debout.
— Vous habitez pas en dessous.

Ullrich, c'est le meilleur au contre-la-montre.
— Non, c'est Jeanne Calment.

Il était content avec son maillot jaune comme une femme qui a fait une belle nuit.

… Les maillots de toutes les couleurs ça fait pas tellement gladiateurs je trouve…

… C'est pour ça.

Le Tour de France, c'est une autre planète.

Je suis moins dangereux au volant quand j'ai bu parce que je suis plus prudent.

Virenque est bon grimpeur mais attention, une montagne a deux côtés.

On fait pas de la matelote au saint-émilion !

Moi j'ai fait un enfant mais c'est surtout pour la continuité de l'espèce.

Pour transporter la vie, les couilles ne sont qu'un frêle esquif !

Très intelligent en picolant c'est pas la peine de boire parce que le lendemain tu te rappelles de rien.

Bonjour monsieur Picon-Bière !

... Écoute regarde si tu serres la main à Jospin un jour sur un marché, Jospin lui il a serré la main de Chirac qui a serré la main du pape et ça y est ! T'as serré la main du pape en trois coups ! Ça va vite, tu serres la main à Bourgoin à la Halle de Sens pour les élections et lui comme il a serré la main à Castro t'as serré la main à Castro en deux coups ! Sur terre tout le monde serre la main à tout le monde en trois quatre coups... tiens mieux ! Et Chirac qui est à Monaco, il serre la main à Stéphanie, c'est comme si il serre la bite à Ducruet, et si Jospin demain il serre la main à Chirac en deux coups il aura serré la bite à Ducruet et si Jospin serre la main à Bernadette Chirac, en deux coups c'est elle qui lui serre la bite à Ducruet et si Jospin un jour serre la main du pape, le pape en quatre poignées il aura serré la bite à Ducruet, c'est vrai, c'est une théorie...

Trente-neuf pastis payés trente-cinq ! c'est ça qui va relancer la consommation.

Trente-cinq heures payées trente-neuf, c'est bien, de toute façon moi je pars toujours un peu avant...

Le temps partiel, quand tu sais que tu vis maximum quatre-vingts ans, c'en est déjà.

... Je vais te manager la gueule toi !

Les plus salopes c'est les geishas, à ce qu'il paraît.

Nous les communistes on a plus le couteau entre les dents, tout ce qu'on veut c'est être près de l'homme... de l'être humain je veux dire.

La vie c'est une très bonne école sauf que tu quittes l'école, t'es mort.

Si ça se trouve elle est pas morte.
— On l'a pas vue dans la boîte.
— Sœur Theresa on l'a vue dans la boîte.
— Lady Di ? Tout ce que tu veux, elle est pas morte, elle se cache.

Avec la tête à Chirac, j'achète même pas le timbre.

Si le cochon est mal tué il reste de la peur dans la saucisse.

Les cristaux de neige, c'est fait bien symétriques comme des pensées.

Quand je suis passé, je l'ai vu qui fumait en cachette dans la cour avec le chien.
— Il fume, le chien ?

Une connasse immatriculée 93 qui me coupe la route.
— On frime pas quand on a un numéro qui commence par 9.

Un pt'it blanc pour un grand Blanc !

Visite guidée du Portugal.
— Le Portugal t'as pas besoin de guide.

... Moi du moment que j'embarrasse personne...

Si tu veux me parler c'est 36 15 moi-même et c'est un kir la minute !

L'Allemagne, je l'ai vue dans *L'Inspecteur Derrick*, c'est moche.

La seule langue étrangère que j'aime, c'est celle de ma fiancée.

Le rendez-vous citoyen, un jour que ça va durer !
— Vu les citoyens qu'on a maintenant ça suffit bien.

Il s'en passe des choses dans une partie de football...

Le travail, c'est un métier !

J'ai pas encore cassé mon billet...

On s'est mis à table à une heure et on est sorti de table à trois heures... nous on dit toujours l'heure en anciennes heures. — À table, c'est toujours les anciennes heures.

Rébellionnaire !

Napoléon, il a fini comme un con dans sa cuisine.

Vous êtes du Centre ? D'où ? Tours... Tours n'est pas le Centre, le Centre c'est Alichan... vous êtes pas du Centre...

Dans mille ans on mangera de l'homme, alors ton Flipper le daupin...

Un microbe qu'on voit à l'œil nu, c'est le gui sur les arbres.

Les intellectuels français, j'en ai jamais vu un en vrai.

GRAT ! GRAT !

Un autre Banco s'il vous plaît !

Un Millionnaire !

GRAT ! GRAT ! Un Tac-O-Tac ! Et merde ! Perdu !

Je vais vous prendre un Zodiaque Astro.
— Quel signe ?
— Vierge.
— Ah c'est bien ça gagne Vierge, j'ai une Vierge qui a déjà gagné.

GRAT !

GRAT ! Perdu ! GRAT !

On a jamais vu personne gagner au Monopoly ici... ailleurs peut-être mais ici jamais...

Un Goal.

Bingo ! GRAT ! Perdu !

C'est nouveau le Monopoly mais c'est bien.
— C'est compliqué ?
— C'est compliqué.
— Alors si c'est compliqué... Un Morpion pour le gamin.

GRAT !

GRAT ! GRAT !

Je prends les cinq cents millions et direction la mer...

GRAT !

GRAT !

On gagne jamais avec ça.
— Un Vatoo c'est bien.

Tous les Américains ont le cancer ! C'est parce qu'ils mangent du surgelé ! Du saumon norvégien, c'est pas pareil, une tranche par rapport à l'autre saumon ! Ah çà, faut le prix ! Mais la santé c'est important et le goût ! Pas de boîtes ici, sauf les champignons de saison on est obligés... Y a des ferments dans tout maintenant... Une purée que je vous fais, vous serez pas malade, et en plus vous allez vous régaler...

Je continue à y aller à Intermarché.
— Vous ne vieillissez pas.

Owen tessai
Owentessai !
Gomachini
Gomachini !
Owen tessai go ma chi niiiiiiiiiiiiiiii...

Rien !

GRAT !

Hier j'ai dégivré le congélateur, aujourd'hui je suis à l'Actiphène et ce midi c'est tombé sur la petite.
— C'est pire que les grands froids.
— Le pire c'est chaud-froid comme en ce moment.
— Hier j'ai éternué deux fois.
— L'autre qui installe des antennes tu verrais... quinze marcs et après les pastis.
— C'est lui qui m'a installé la mienne, je connais, j'ai gagné la télé.
— C'est toi qui as gagné la télé ?
— Ma femme, il dit que son patron le reprend dès qu'il arrête de boire, quand même il court sur les toits.
— Y t'a mis la tienne sans tomber ce gars-là parce que la poire alcool à la température de l'air, moi je veux lui glacer le verre, que rien du tout, comme dans la bouteille de là... Combien... Quarante-cinq degrés à la température sans rafraîchir... T'as gagné la télé ?
— La télé je l'ai fait venir le matin à huit heures, c'est ma petite qui a réglé les canaux, dans le temps il montait sur le clocher de l'église.
— Il arrivera pas à cinquante ans.
— Tu sais qui a inventé le bifteck haché ?
— Non.
— Tu sais rien toi.

... Avec le pape je suis sur la

À sept dans le ventre de la mère, tout le monde est pas assis.

... Si elle accouche un jour de semaine, franchement ça m'arrange.

Tes parents te mettent au monde, c'est à eux de payer quand t'es chômeur.

Peut-être que

Quand ils ont pas d'argent ils viennent ici, quand ils ont de l'argent ils vont boire ailleurs !

La bonne charcuterie j'ai pas honte de le dire, pour moi c'est une secte.

La manipulation génétique, c'est des piqûres ?

Dééééééééééééhors ! J'ai dit... déééééééééééééhors !
— C'est l'heure de la messe en jaune !
— Dééééééééééhors !

même longueur d'onde...

Y avait trois cinémas, un place de la République, un à la place du Prisunic de maintenant et l'autre sur les promenades...
— Sur les promenades d'avant ou les nouvelles ?
— D'avant... Qui a tué Liberty Valence ? *C'est là... enfin... C'était là que je l'ai vu.*
— Alors ?
— Encore perdu.

Jésus avait pas besoin de travailler, c'est comme dans *Ma sorcière bien-aimée...*

La musique classique, ça devrait être gratuit depuis le temps...

Mars ça donnera du travail ?

La guerre d'Algérie, ça a laissé des traces en nous autres.
— Ça t'intéresse un service à thé ?
— J'aime pas le thé ! J'en ai trop bouffé !
— Dix CD avec tous les grands compositeurs, Bach, Beethoven, Chopin, Haendel, Liszt, Mozart, Ravel, Strauss, Tchaïkovski, Vivaldi, et t'as pas de risque, c'est satisfait ou remboursé.
— C'est ce qu'on dit !
— J'ai que des cons aujourd'hui...
— C'est pour qui que tu dis ça ?
— Pour personne.
— On peut très bien aller boire ailleurs !
— C'est ça, et pissez là-bas aussi...

Plus vieux que tout le monde,

Jeanne Calment, c'est de Mac-Mahon à MacDonald.

Vivre cent vingt ans, moi je dis, c'est de la connerie !

Passé cent ans, tu es un phénomène de foire.
— Plus maintenant, c'est des manèges.

C'était la doyenne de l'humanité.
— Doyenne... doyenne... elle avait quand même pas d'armure.

... Dans quatre mois, on est déjà en décembre...

Elle est morte de vieillesse à cent vingt-deux ans.
— C'est plus de la vieillesse à cet âge-là, c'est autre chose.

À la fin elle était gaga.
— Pas plus que Mitterrand à la fin.

Cent vingt-deux ans... plus les nuits...
— Elle a connu Van Gogh.
— Ceux qu'ont connu Picasso, ils iront pas aussi loin.

Elle est née en même temps que l'invention du téléphone.
— Bonjour la note !

c'est pas une performance.

La médecine va étudier son corps pour savoir pourquoi elle a vécu aussi longtemps.
— Non non non !
— Elle buvait du porto.
— Et un verre de vin par jour, et aussi elle mangeait du chocolat.
— Non non non ! Les héritiers veulent pas la donner aux docteurs, elle va être enterrée, ils l'ont dit.
— C'est mieux qu'elle soit enterrée, la pauvre.
— C'est utile que la science elle sache le secret.
— Pour qui ?
— Pour nous.
— Pour vous ?
— Elle buvait du porto.
— Vous avez qu'à boire du porto.
— C'était une femme qui était pareille que tout le monde, elle a rien de plus, elle a pas de secret, c'est de la chance...
— La nouvelle femme la plus vieille, elle a cent onze ans.
— Ils ont qu'à étudier celle-là puisque elle est pas connue.

Les tissus cérébraux des vieilles dames, c'est toujours à carreaux !

La longévité c'est écrit dans les gènes mais pour lire un gène faut pas être un con.

Moi mon frère il était boulanger, il a été obligé d'arrêter, la farine ça lui bouffait les poumons.
— Moi ma mère quand elle a été aveugle, elle y voyait plus rien.

... Moi j'y vais plus au *Sancerre*.

... Elle aura traversé l'histoire cette femme-là...

... Elle aura fait un trou dedans, même !

... Connard.

Les lunettes ça a fait des progrès parce qu'avant t'avais deux yeux au fond et deux yeux devant.

À treize ans tu peux pas avoir un bébé, tu ponds un œuf avec des points dessus... maxi.

Il était habillé comment ?
— Je sais pas, je regarde jamais les autres.

Le nombre de vieilles qui se font attaquer dans les rues pourries et Jeanne Calment on peut même pas lui prendre son cerveau quand elle est morte, c'est deux poids et deux mesures !
— Qu'est-ce que tu veux en foutre de son cerveau ?
— L'étudier !
— Étudie déjà le tien.

... Après on verra...

... Il parle même pas anglais et il veut étudier le cerveau de Jeanne Calment !

... Elle est mieux là où elle est.

... On va pas lui prendre sa tête de force...

Une morte de cent vingt ans, ceux qui sont morts depuis mille ans ça les fait bien marrer !

Vingt et un sur la fenêtre du jardin ce matin.
— Holàlàlàlà !
— Ce matin !
— Holàlàlàlà !
— Tôt.
— Holàlàlàlà !

Vous lisez au soleil sans chapeau ? Vous êtes folle !

Huit heures pile, moi je chie comme du papier à musique.

Des milliards de cellules.
— Parle pas de milliards comme ça.

Lundi… Inde, la saga des Nehru.
— Y se foulent pas sur Canal…
— Remarquez sur la Deux c'est pas mieux, Jeunes chrétiens au Liban.
— Franchement… Quelle heure ?
— Dix heures trente.
— Le matin ?
— Et sur Arte, Les Enfants marchandises, *à zéro heure quarante-cinq en plus…* Les Enfants marchandises.
— Y a longtemps qu'on est couchés !

Berlioz, Blerioz ? tout ça c'est pareil.

… Ça change de registre…

Le boucher, il boit ses pastis au Vittel. — Ça gagne bien la boucherie.

À force on est cubistes avec nos glaçons.

Avant d'être un chômeur un homme est un être humain !

Dans les bidonvilles, t'avais pas les caves !

Les Marocains adorent dire bonjour… je sais, j'en viens…

… Les Marocains j'y étais là-bas.

À Quimper, c'est pas mieux.

... Quand y aura plus de grain à moudre...

... C'est le bon sens qui parle...

... Quand tout le monde sera égorgé en Algérie, eh ben, ils arrêteront d'égorger!... c'est le bon sens qui parle...

Interdiction de se baigner à Saint-Tropez, tu parles!
— Les orages ont déversé les égouts dans la mer...
— Tu parles!
— Soi-disant c'est ça...
— Toute la merde est partie à l'eau, tu parles! La merde à Barclay, ça me gêne pas moi, moi je me baigne!
— Si sur un mois de vacances tu peux pas te baigner quinze jours...
— Mais moi dans la merde à Barclay je me baigne!

Huit cent soixante millions d'Indiens! putain pour nourrir tout ça, y a même pas le nombre d'assiettes.

Tout ce que l'Inde est devenue, elle le doit au maréchal Gandhi.

L'Inde, c'est pas à l'échelle humaine, y a trop d'hommes.
— Ils sont trop nombreux... lâche un poulet dans Calcutta, tu vas voir le bordel...

Blanc sur rouge, rien ne bouge! Rouge sur blanc, rien ne bouge!

... Ici y a de l'air... à Paris vous verriez, y a pas d'air à Paris...

Moi on m'enverra jamais sur Mars, c'est déjà ça.

C'est dans lequel de Jules Verne qu'ils traversent un désert?
— Je sais pas mais c'est facile à trouver, y en a pas 36 000 des Jules Verne.

Tu déterres Picasso aujourd'hui c'est *Guernica*!

L'huître par rapport à la moule sous l'eau ça reconnaît la différence en se touchant avec le tactile...

La pollution des bagnoles, eh ben, t'as qu'à fermer tes fenêtres!

Il est de quel signe le pape ?

Violer et torturer un gosse de quatre ans ! Ces gars-là, moi je sais pas ce qu'il faudrait leur faire, la peine de mort c'est encore trop doux pour eux !
— C'est des malades mentaux, faut les enfermer avant... Après quand le mal est fait c'est trop tard... Sauf que souvent avant ce sont de bons pères de famille.
— On n'a qu'à les enfermer avec des animaux pour mesurer les pulsions, ils ont des pulsions avec tout ce qui bouge ces gars-là !

Le foot c'est plus que des histoires de gros sous, chaque doigt de pied des connards en short c'est une banque maintenant...

Limiter la vitesse des voitures contre la pollution c'est encore plus con parce que celui qui roule lentement, il fume.

Meurtrier à quinze ans !
— C'est même pas l'âge du permis de conduire...

... À leur verre de l'amitié, j'y suis allé, que des cons !

Le Mescal, l'alcool qui rend con, c'est une ville au Mexique.
— Putain, je préfère habiter Saint-Émilion.

... Et c'est vrai en plus.

Des fois je préfère me taire et croquer un radis.

Montereau, y a des putes.

Elle est partie ta femme ?
— Elle est allée au pain !
— Quand on a pas de tête faut des jambes.
— Ma femme elle a pas de jambes non plus.

Pour les nerveux faut aller dans le Nord à cause de l'iode et surtout l'équinoxe.
— Mais non.
— Geneviève si !

T'as fait le tronc de l'église !

T'as fait la quête ?!

T'as attaqué une petite vieille ?!

Je te préviens, j'ai que de la petite monnaie.

T'as chanté dans les cours !

T'as été à la messe ?

T'as fait la manche !

Tu les fabriques dans ton garage !

Aujourd'hui, celui qui pisse le plus dans son violon c'est le Tzigane.

J'irai sur Internet quand y aura des champignons !

... Des vraies vacances... on a dormi et on s'est gavés d'huîtres...

... Tous les ennuis qu'elle a eus depuis qu'elle est jeune et elle se plaint jamais cette dame ! tout ce qu'elle a pas pleuré et qu'elle a gardé pour elle cette dame, c'est un lac de retenue !

... Nous on part en Bretagne faire des trous dans l'eau...

Pour un viol le test génétique est plus fiable que l'empreinte digitale, le mec va pas se passer le bout de la bite au papier de verre.

... Comme j'aime pas tellement le whisky, des fois je sais pas quoi boire.

... Tous mes rosiers ont soif... un panaché René... et pourtant je suis pas un rosier...

Le premier chômeur, c'était Jésus.

Direction Nantes et après on verra.
— Nous, on se fait pas d'itinéraire.

Oléron, pas un toubi ! le petit était malade et pas un toubi !

... Avec toutes les têtes de cons qui bossent à RTL c'est plus une radio, c'est la télé...

On était nus toute la journée et même à la buvette.
— Le corps en liberté, il va jamais bien loin.

La pulsion sexuelle ça fait bouffer de l'essence parce que souvent pour assouvir tu vas loin.

Je connais des anormaux plus normaux que des gens normaux !
— Tu morves, on dit que t'es anormal alors que si ça se trouve, t'as eu froid sur le marché.

Ça sert à rien d'être riche, tu pètes dans la soie et ça sent pareil.

Un jour on vivra sur d'autres planètes.
— On en a déjà une, je vois pas pourquoi il faut changer ! ?
— Un saucisson sur la lune, tu le conserves puisque y a pas de microbes.
— Tu me le donnes le pape, je sais pas quoi en faire...
— C'est quoi ce travail ?
— Voilà, on boit, on tombe et c'est le pouce qui trinque.
— Ça fait longtemps que t'avais pas touché du plâtre pour un plâtrier !

Les rapports humains avec ma femme ça va.

C'est le monde à l'envers sur cette île, on te met une amende si tu gardes ton slip.
— Dis-moi le nom que j'y aille pas.

... Ça vient d'une autre planète un but comme ça...

Le pape à Paris, plus l'ozone, ça promet...

Il est assis tout l'après-midi, c'est de la fibre spéciale, sinon sa robe elle lui rentre dans les fesses comme pour les filles.

Tu te balades après la messe, t'imagines tu trouves le carnet de chèques du pape ?!

Le pape, c'est le plus riche du monde.

Le pape je m'en branle, j'écoute Eddy Mitchell.

Jésus est parmi nous, avec nous, olé lé olélé...
— Soixante-quatre francs.
— C'est pas le prix que vous avez dit !
— C'est le prix de dedans et vous êtes en terrasse, en terrasse c'est plus cher.
— Vous avez dit de sortir en terrasse dehors.
— On ne joue pas de guitare dans l'établissement mademoiselle.
— C'est cher.
— C'est le même prix pour tout le monde, si le pape vient je lui fais payer pareil.
— Hi hi !
— Vous allez voir le pape ?
— Bien sûr ! Jésus Jésus ! Jésus est avec nous !
— J'ai des boissons à emporter si vous voulez les jeunes.

Bouddha, si tu crois qu'il se déplace lui ?!

Jésus Jésus ! Jésus mon Jésus !

Des heures au soleil ! avec tous les habits qu'il porte ! putain, ça doit sentir le cow-boy dans la chambre du pape.

Presque quatre-vingts ans le pape, et toujours en voyage.
— Ma mère elle est à la retraite et ça fait deux fois qu'elle fait l'Égypte.

Un pape c'était bien à l'époque de Jules César mais maintenant ça sert à qui franchement ?
— Si il pouvait redonner un peu d'idéal à la jeunesse…
— Les catholiques en ont, ce sont les fainéants qui ne travaillent pas.

Ils ont tous des gros culs en short avec des grosses cuisses et des gros genoux et ils chantent dans la rue tu les reconnais tout de suite les grosses merdes de gros cons de catholiques !
— Respectez les croyances, monsieur.
— J'aimerais bien être un homme préhistorique pour péter la gueule à tous ceux qui me font chier.
— Jésus était là avant.
— Avant l'atome ? Charlot que t'es ! Paye un coup déjà toi.
— Chacun est libre, monsieur.
— Continue pas, je te déboîte.
— Vous êtes d'une intolérance rare !
— Rare ? Moi ? Viens à la maison tu verras.

Ma bite ma bite oh ma bite !

Avec Walt Disney on aurait un pape qui a un lapin sur les genoux.

… Opéré du côlon ! un pape !

Trois cent mille au Champ-de-Mars pour la messe…
— Avec eux quand ils seront partis vous retrouverez pas une capote dans l'herbe.

Tu vas me faire le plaisir de te

Quand t'as des copains, l'organe du sentiment c'est plus le foie que le cœur.

Ma grand-mère, quand elle était pour avoir un rhume, elle se mettait deux gousses d'ail dans les trous de nez, tenez.
— Moi ma mère quand elle faisait de la tension elle se mettait deux gousses d'ail dans les oreilles, pour éviter la congestion… épluchées attention !

Comment il s'appelle l'aveugle qui est tombé de vélo à Deauville ?
— Heu… Erdern Hallier.
— C'est ça !… il est devenu quoi son vélo ?

Jean Lefebvre, nous l'avons vu au théâtre, quel comédien celui-là !

Du Ricard, j'en bois jamais à la maison.
— C'est moins bon.
— Pas du tout le même goût !

T'amènes les femmes à la chasse ?
— Les femmes à la chasse, jamais ! on est pas des pédés !

Après la messe du pape à Longchamp, c'est le moment de faire un Quinté.

La même paye que le pape, ça m'irait.

T'es riche à Crésus toi !

mettre en short...

Les meilleurs asticots pour la pêche, tu les trouves sur le commandant Cousteau.

Vous êtes au courant ? Il paraît que madame Tisserand a des problèmes avec son chat.

Barcelone c'est sympa mais alors, hyper-pauvre !

L'Algérie c'est des barbares mais aussi à force de vivre dans le désert.

Les abris Decaux, ils sont partout dans le monde comme la secte Moon.

Dix avions américains qui passent dans le ciel en faisant de la fumée c'est quand même pas la patrouille de France parce que la patrouille de France c'est français...

... C'est pas de la fumée c'est du bleu blanc rouge.

... Les Américains on s'en branle.

... Mais oui. ... Mais si.

... Les Amerloques.

... Ils font tous quatre cents kilos.

Vous avez vu les carnages en Algérie ? ça me fait peur moi.
— Attention, c'est les journalistes qui le disent, on ne sait pas.

On est rentrés, la pelouse toute jaune !

Madère, c'est des paysages, tous les quatre cents mètres ça change...

... Les grands espaces, c'est bien à voir.

... On a vu un film y a pas longtemps sur La Havane, tous les murs écaillés et tout...

Alors t'as rencontré Michel sur le palier qui t'a dit, c'est même pas la peine d'y aller ?
— L'Irlande...

... Un bon service et des pâtes fraîches ! Ah les pâtes fraîches !

... Strasbourg, Colmar, tout le périple quoi...

Si tu mets une bombe dans une Cocotte-minute, faut pas trop bien la fermer parce que tu auras que le petit bouchon qui s'envole.

On a visité un château du médiéval.
— C'est beau la pierre apparente.
— Le prix de la crêpe ! Vous sortez du château médiéval, elle est moitié moins chère.

... L'Ardèche, je n'ai jamais eu autant d'impressions de ma vie.

Quand tu pètes dans une chambre, ça prend tout l'oxygène des fleurs.

Et les vacances ?
— Courtes mais bonnes.

Je bois pas de bière parce que ça fait grossir mais le gewurtze j'en boirais pas trente-six, c'est le seul vin blanc qui donne pas de crampes mais ça chauffe et heureusement j'ai pris mon petit déjeuner ce matin, moi ce que j'aimais c'est les petits comptoirs ronds...

... Notre mainate, avant de mourir le pauvre il chantait *La Marseillaise*, il parlait comme nous.

En France, il y a moins de vent qu'avant, on reste coiffée.

J'ai une robe comme la reine Margot mais je sais jamais quand la mettre.

Dieu, par rapport à Allah, il va finir maire.

Les Juifs, pour moi c'est des Arabes pareil.

J'ai relativisé beaucoup de choses et c'est pour ça que je suis toujours de bonne humeur.

Mais qu'est-ce qu'ils foutent sur Mars toute la journée… c'est tout pareil.

Ils vont leur retirer le prix de la station Mir de leur paye, à ceux qui ont fait les cons.
— Ils sont pas prêts de recommencer un accident là-haut ces deux-là.

Le prix Goncourt, c'est encore histoire de nous prendre des sous à la poche.

Les peintres, c'est nos sous.

Chaque peintre a son monde, mais ils exposent tous au même endroit.

Un jour sur deux vous êtes plus apte à l'observation, parce que tous les jours, à voir des choses… à force…

L'homme moderne était déjà DANS le poisson du début de l'époque, c'est pas moi qui le dis, c'est l'évolution.
— GÉNÉTIQUEMENT, je le sais.

La météo, tu peux la prévoir cinq jours à l'avance alors que demain tu seras peut-être mort et tu le sais pas alors critique pas la météo…

Vous avez entendu les informations ?! Diana a été tuée !
— Diana ?
— Lady Di !
— À Paris ?
— Trente-six ans ! avec deux enfants, elle est morte à quatre heures du matin.
— Moi à quatre heures je dormais.

… Elle serait restée à la maison avec les gosses, ça serait pas arrivé.

C'est des photographes qui poursuivaient la Mercedes à cent soixante sous le pont de l'Alma !
— C'est limité à combien là-dessous ?

C'est de la faute des gens qui achètent les journaux.
— Je regarde que les merdes de la télé alors j'y suis pour rien.

Vu l'état de la bagnole, elle devait ressembler au caca quand tu manges du crabe.

Paraît-il que les spectateurs ont cassé la gueule à un photographe ?
— C'est pas assez ! il faut le coucher par terre et rouler dessus avec la voiture !

Les journalistes… ils font plus de mal que de bien.

C'est Blanche-Neige tuée par les sept nains.

C'est des photos qui valent des milliards !
— Moi je risque pas d'avoir un accident sous le pont de l'Alma, je fais des photomatons au Prisunic.

Ils ont dit dans le journal qu'elle avait de la cellulite.
— En Angleterre peut-être, mais pas en France.

Elle est morte fin août, donc le signe de sa mort, c'est Lion.

... C'est pas de la bonne pub pour Mercedes ce coup-là.

Il y est pas allé mollo le chauffeur pour plier une Mercedes 600 !
— Et en plus avec un milliardaire dedans.

Au Ritz c'est le merdier, on sait pas qui commande.

Quand t'es mort, c'est même pas la peine de faire de la rééducation pour revenir.

Les journaux maintenant, c'est des poubelles !

Elle est morte en Angleterre et ils ont refait l'accident en France pour faire porter le chapeau aux Français ! les Anglais nous aiment pas… Ils ont transporté le corps pendant la nuit… C'est facile pour eux, c'est les meilleurs services secrets du monde ! C'est la France qui va payer l'enterrement et ça va coûter bonbon avec les tirs des canons à la télé !

Un chauffeur professionnel qui sait pas conduire bourré, franchement.

Les médias n'ont plus qu'à se moucher !

Franchement…

… C'est pas sérieux.

À la place des stars ils ont qu'à mettre des sosies, si ils meurent c'est pas grave, les sosies ont pas une vie à eux.

… Ou mettre des gens avec des perruques.

… Des cascadeurs…

… Avec les Anglais, c'est tout ou rien.

Un gramme sept d'alcool dans le sang, c'est pas beaucoup pour un gars de Lorient !

Sœur Teresa, c'était une sainte en Inde mais les vaches aussi.

Je vais vous jouer un morceau d'accordéon pour lady Di.
— Fais pas chier, c'est pas ta femme !

Toutes les femmes algériennes qui se font massacrer on n'en parle pas mais lady Di...
— C'est quand même pas des belles femmes pareilles.

Les paparazzi ont perdu beaucoup aujourd'hui.
— Au prix de la photo...
— Ils ont tué la poule aux œufs d'or.
— Maintenant, ils vont retourner faire chier Patrick Bruel.
— Bruel ? Il vaut plus rien.

... Pour le prix de la chambre, le Ritz te refait le nez.

C'est un enterrement planétaire.
— Mais non, le trou est tout petit.

Vous avez vu l'accident de train ?
— Depuis lady Di, ça n'arrête pas les morts.

Si c'est vrai que c'est une sainte Sœur Teresa, pourquoi ils lui font pas l'autopsie ? Comme ça on saurait comment une sainte c'est fait dedans, non ? C'est l'occasion non ?

Un café avec une larme de lait... pas des pleurs...
— Un café triste, un !

Tu préfères quoi ? Le fœtus ou le haricot qui germe ?

Je vis à l'heure solaire depuis Giscard d'Estaing.

T'as plus de bière bouteille ?
— Plus une.
— Putain ! C'est la nécropole !

Est-ce qu'on a bu tout ce qu'on a payé ?

Une voiture allemande, une princesse anglaise, un chauffeur français et du pinard français dans le chauffeur, c'est l'Europe comme accident.

Diana, elle était comme nous.

Tout est mondialisé, tu trouves des escargots à New York.

Il est rentré à l'école le tien ?
— Il a pris son cartable en tous les cas.

C'est pas possible d'avoir deux grammes dans le sang tout seul, deux grammes dans le sang ça représente au moins deux copains qui boivent avec toi.

L'archéologie, elle peut dire merci à l'Égypte.

Quand je fais des photocopies au bureau, des fois je me dis que je suis une malade, mais je crois pas.
— Il faut bien que quelqu'un les fasse les photocopies.
— Je sais, c'est moi qui les fais les photocopies, je le sais que je suis une malade, mais je crois pas.
— Deux kirs à la cerise !

Alors j'ai pris un avocat juif, si vous voyez ce que je veux dire…

Où tu veux aller avec une voiture française ?

Ça fait combien de degrés le gazole ?

Moi si j'ai le pouvoir, les satires politiques je m'en branle.

On est pas plus cons que l'opinion publique.

C'est le cerveau qui est le plus irrigué par l'alcool du sang.
— Moi je fais du yoga, mon sang je l'envoie où je veux.

Tu ne peux pas intégrer un Noir qui ne veut pas qu'on l'intègre.
— Pourquoi de force ? Ils veulent s'intégrer.
— Mais non, ils veulent être noirs, c'est tout ce qui les intéresse.

Tu régularises les sans-papiers, toute l'Afrique va venir ! toute ! on aura plus qu'à aller en Afrique puisque y aura plus de Noirs là-bas.

La réforme de la police, déjà qu'ils trouvent une autre casquette ! ils peuvent pas courir avec celle-là.

À chaque fois ils stérilisent les débiles pour pas qu'ils fassent des gosses, en France, en Inde partout.
— En Inde, les débiles, c'en est plein.
— T'as des gosses toi ?

... Le musée du Louvre c'est des faux parce que attention ! si ça brûle attention ! les assurances veulent jamais rembourser même un carreau alors *La Joconde* tu parles, c'est eux la faute ! c'est des faux ! T'y vas au Louvre toi voir des faux ? Ben merde, moi j'irai jamais si c'est pour voir des faux !

Même avec ma femme je suis pédophile puisque elle nous fait du riz au lait.

Vous avez regardé l'éclipse de lune ?
— Il paraît qu'il n'y avait plus la lune.
— C'est ça.
— Non, j'ai pas regardé quoi d'abord ?
— L'éclipse de lune.
— Non, et pourquoi d'abord ?
— L'éclipse.
— De la lune.
— Oui.
— Non.

Je garde tous les horoscopes de tous les jours de l'année dans une boîte, comme ça je sais ce qui m'est arrivé.

La musique classique, une fois que c'est fait c'est fait...

La musique de guitare, la pendule, c'est le même acabit.

Le soleil est là... la terre est là... comme la lune est là, le soleil éclaire plus la lune et on voit plus la lune.
— C'est quoi cette couille encore ?

C'est des pédés qu'ils envoient dans l'espace.

Heureusement qu'on a pas le psychique par-dessus les cheveux !

L'art, si on en avait besoin on en serait nous-mêmes, comme le manger si tu préfères...
— T'es en voiture ou t'es en taxi ?

L'abus d'alcool, c'est dangereux si t'exagères, sinon ça va...

Tu lis quoi en ce moment ?
— Rien.
— Tu me le passeras ?

C'est l'homme qui a le cerveau le plus complexe.
— Moi j'ai pas de complexes.

Le char Leclerc c'est moderne, mais où ils chient là-dedans ?

Je suis tout le temps entre la réalité et l'imaginaire.
— Y a rien entre.

Dieu est pas dans l'église, il est dans l'arbre sur la place.

Moi, je suis intransigeable avec moi-même !

Quand t'es amoureux tu vois tout en rose.
— Moi ça m'énerve le rosé.

C'est une chiotte publique la télé, tout le monde passe derrière tout le monde dans le poste.

Je serais une femme, je m'en mettrais quatre des prothèses mammaires.

Elle est tombée par terre l'olive ?
— Faut pas avoir la psychose non plus.

La Callas, faut aimer sinon...

Dans les médias ça parle que des trains qui arrivent en retard, jamais des trains à l'heure.
— Dans les médias le mieux, c'est les accidents de trains.

L'espace c'est infini, y en aurait moins ça serait pareil.

Les trous d'air en avion c'est au-dessus des villes parce qu'on respire trop.

Un chanteur connu qui avale sa langue, c'est comme quand nous on se fait avaler la carte Bleue.

... Ça leur apporte un supplément de dividendes alors bien sûr tu parles évidemment pas fous les gars tiens tu parles...

Je suis fatigué de la ciel au terre !

Le feu est toujours plus petit si tu es pompier bénévole que pompier professionnel.

C'est la cacophonie en Chine, la cacophonie !

Il lui manquait que la baguette de pain sous le bras à ton Ché !

... Ce qui fout la merde, c'est les bras.

J'ai fait comme Airbus, j'ai choisi l'avenir...

Le GIA qui égorge tout le monde et personne ne dit rien, tant qu'à faire il a raison.

Tu gagnes au Loto, tu deviens un mythe.

La France profonde c'est les cons dans leur tête pour eux... le jour où t'auras des cons sur Mars, l'espace on dira que c'est l'espace profond, pour les sondages.

C'est un objet

Jésus est né le 3 avril, c'était dans le journal.
— Bélier.

Alerte à la rougeole !
— Deux blancs.

Tu es trop humain !
— Moi ? C'est pas mon genre.

Le racisme, c'est pas rationnel.
— J'ai un Noir qui habite sur mon palier, si ça c'est rationnel !

... Je sais pas ce qui te faut.

Si je ressuscite, je me tire aussi, je fais comme Jésus.

À dix heures et demie ils sont au lit les Japonais.

Ce monde est fait que pour compliquer, il est jamais simple.
— Moi ça va.
— Mais non !
— Le monde meilleur...
— C'est quand je dors.
— Mais non !

J'ai déjà tout réglé pour mon enterrement comme ça si je meurs, c'est moi qui m'enterre.

Un lierre grimpant que tu mets sur un balcon au vingt-cinquième étage il doit pas se croire de la merde celui-là.

du culte.
— Pas le pape.

Ils ont encore mis dix mille tonnes de viande folle sur le marché !
— J'en ai pris deux cents grammes, c'est pas ça qui va nous tuer.

... Entre nous c'est chimique, tu vois, il y a vraiment quelque chose qui se passe...

L'ouvrier, soit il vit à genoux, soit il pue des pieds.

Elle a pas un super design la couille.

Un porto !
— Rouge ? Blanc ?
— Bleu !

J'aime pas le cidre bouché... je préfère le débouché.

T'as pas repris ?
— Mais non ! J'ai perdu deux kilos, et puis ma vie privée te regarde pas, tu vas pas faire chier comme les journalistes, tu vas pas m'envoyer sous le pont de l'Alma !

Quatorze heures trente-sept minutes.
— Fait chier son truc sans aiguilles aussi...

À la télé tout est contrôlé par le gouvernement, même l'heure.

Vous avez vu l'accident à cause du brouillard !
— Le sida ça va être fini et on a encore du brouillard sur la route non mais franchement…

Le pouvoir est jamais blanc comme neige !

Deux cents chaînes de télé ! Ça va être chiant comme si tu lis un livre à force…

C'est pas le moment d'aller à l'hôpital, tout le monde est malade là-dedans.

Moi les putes c'est une médaille tout de suite.
— Y en a plus des putes.
— Les jeunes qui font des enculades avec le balai dans une école d'agriculture, vous avez vu ça ?
— C'est pas une médaille eux, c'est mon pied aux fesses.
— Complètement déréglés.
— Elles font un travail social.
— Un lycée agricole.
— Pour être jeune maintenant, faut pas être normal.

Dans le foot, y a tous les droits de l'homme qui existent.

Vingt-six degrés dans le Sud, c'est de la folie !

Walt Disney, avec son parc qui dévisage, je l'encule.

Je savais que les boulangers c'est pas intelligent mais je m'aperçois que les charcutiers c'est pareil !

Voltaire, c'était une sacrée tête de lard.

... J'arrête... j'arrête... le patron il a qu'à me foutre dehors si je fais chier non non j'arrête j'arrête... une bière faut la boire quand on a pas dormi... tout de suite bing ! non j'arrête... un calva ? la gorge... j'ai la gorge... et mon argent... tu le veux pas mon fric tu regardes où ? je suis là ! t'es un Rital mais moi je suis Rital... j'arrête j'arrête... j'étais que de la gentillesse avant, maintenant je suis que de la haine j'arrête... j'arrête... le patron me fout dehors si je fais chier... je ris dans la nuit... j'ai de l'humour... t'as de l'humour toi... pfu... t'es un Rital de merde moi je suis Rital j'arrête comme toi... j'arrête j'arrête... j'étais que de la gentillesse... que de la haine... j'arrête...

Tu mets pas d'eau dans le pastis ?
— Je bois comme un veuf... à la tienne... je pleure dedans.

Sur Internet on est des nomades qui vont partout parce que dehors c'est plus possible, les Manouches peuvent même pas garer leur roulotte.

La robotique, si quelqu'un débranche avec ses pieds c'est pareil...

... Tu parles d'un progrès...

Gibraltar, lady Di, ça chie pour eux cette année...

T'es sédentaire ou on change de turne ?

Des cigognes, combien y en a-t-il ?
— Où ?
— En général.
— En général ?... alors là... c'est une colle.

Dans l'Amazonie.
— Oui.
— La forêt.
— Eh ben.
— Ils chassent, ils pêchent, et ça leur suffit.
— Faut pas avoir peur des ventouses.

Il a fait son caca dans l'eau.
— Eh ben, il a raison.

La pollution il en faut, ça prouve qu'il y a du boulot.

Ma femme est enceinte, alors nous ça fait longtemps qu'on en fait du co-voiturage !

La fumée des voitures, on a qu'à la récupérer et la mettre dans des cigarettes, pour ceux qui aiment ça.

C'est interdit de prendre la voiture.
— Ils mettent de la pollution pour qu'on prenne le bus et ça fait marcher l'administration, tu parles c'est ça !
— C'est les voitures qui finissent par le pair qui roulent.
— Le pair où ?
— Au milieu.
— Un c'est impair.
— Zéro c'est quoi ?
— Zéro c'est pair.
— C'est impair.
— Tu finis par zéro ?
— Je sais pas.
— Tu connais pas ton numéro ?
— Moi je suis dedans la voiture, je vois pas le numéro.

Tchekhov, c'est le temps qui passe.
— C'est tout ?

Quand on respire on avale dix litres d'air par minute.
— Eh ben dis donc, heureusement que ça fait pas pisser.

... Avant c'était le sexe qui dirigeait le monde, et ben maintenant, c'est les poumons !

Deux cafés !
Un petit crème !
Un allongé !

Du alterné, j'en fais déjà, je rentre un jour sur deux.

Le trou d'ozone, on a qu'à y mettre une soufflerie.

... Je mets la gosse dans le caddie avec les courses sinon je l'oublie...

Gary Grant, il gardait ses chaussettes au lit, ah si, j'ai vu une photo.
— Dans un film ?
— Chez lui.
— Les chaussettes chez lui Gary Grant, ça m'étonnerait.

Joe le taxi y va pas partout
Marche pas marche pas
Le taxi jaune du bar
Les coins noirs
Joeeeeeeeeeeeee le taxi
Dans sa caisse la musique à Joe Rumba !

J'ai une bonne mémoire, j'oublie tout ce qui me fait chier.

L'Angleterre fait partie de la France depuis longtemps, je sais pas comment ça marche, c'est pas officiel, c'est officieux.

Il a pas plu d'eau depuis combien ?
— Deux mois.
— À mon époque, la pluie, elle tombait.

Je suis pas parfait mais toi aussi tu es pas parfait non plus !

Le mensonge me dégoûte !
— Menteur.
— T'as vu l'âge que j'ai ?
— Non.
— Moi pareil, j'ai pas vu l'âge.

Avec Internet, tout le monde rentre chez vous.

Avec Internet, la maison c'est un moulin à vent.

Beethoven, quand t'as mal aux dents c'est pas le moment.

Les larmes, c'est de

Tu viens ?
— Trente-cinq heures de travail par semaine, je les fais pour rien mais qu'on me paye le temps de repos.
— Je vais en face.
— C'est bien de sucrer les allocations familiales aux riches !
— Les riches vont arrêter de faire des gosses.
— Tant mieux !
— En face ? c'est des cons ! essaye de te garer devant, tu verras.
— Si c'est ça que vous voulez… y aura plus de gosses de riches et y aura plus que des gosses de pauvres.
— Des gosses de pauvres, même moi j'en ai.

Des gosses de pauvres tout le monde en a.

À la maison j'en ai un comme ça de livre avec la couverture verte de George Sand mais attention c'est pas un homme, bon, c'est une femme.

Mon grand-père est mort.
— Il est mort ?
— Il est mort mon grand-père, tu comprends ?
— Il est mort.
— Il est mort je te dis.
— Il est mort…
— Il est mort !
— J'ai compris.
— Mais non, il est mort !
— Il est plus vivant ?
— Il est mort !

Eh ben…

Non, y a pas de Gégène par ici.

À l'hôpital t'as pas de microbes dans les couloirs, les microbes restent dans les chambres.

la pisse qui raconte.

Papon, il a fait son travail, ni plus ni plus moins puisque c'est un enculé de fonctionnaire.
— Pétain, c'était un fonctionnaire, ni plus ni moins aussi…
— Vous jouez.
— Les seuls qui travaillaient encore pendant la guerre, monsieur, ce sont les fonctionnaires.
— Si vous cherchez des nazis, allez à la Sécurité sociale et aux Impôts.
— Vous jouez.
— Près de chez vous ?
— Partout… c'est quoi l'atout ?

De Gaulle il en a croqué aussi, tiens…

Je sais pas ce que j'ai au genou, je marche plus en ce moment.
— T'es venu comment ?

Faut tuer les vieux !

J'avais plein de trucs à faire cet après-midi.
— Vas-y.
— Je n'ai rien fait.
— Même chose ?
— De toute façon trop tard.
— Vivement les trente-cinq heures.
— C'est trop.

La vraie démocratie c'est quand l'émir prend le métro tu lui demandes les papiers, tu t'en fous de l'émir, c'est un homme à égalité, d'ailleurs si l'émir s'habille normalement c'est qu'un Arabe.

Quand j'ai fini de lire, moi je jette le livre comme le dentifrice.

L'asticot qui est dans le poisson, pour lui ça sent le poisson autant qu'à la poissonnerie.

Si t'as les chiens, t'as les puces de traîneau pas loin.

Moi j'ai un chien

Le perce-neige de l'eau c'est le nénuphar.

Le poisson rouge c'est chinois.
— Et moi qui en ai un !
— Mais non...
— J'ai rien dit.
— Si je pars pas maintenant je pars plus.
— Reste.
— Euh... bon...

Le textile c'est pas une industrie, c'est des chaussettes.
— Moi j'en mets.

Mais vous êtes trop petites.
— On est venues parce que les parents sont à table.
— Ils sont à table les parents.
— C'est ta petite sœur ?

Les informations c'est toujours pareil, toujours pareil les mêmes choses qui se passent, la seule information qui change c'est les numéros du Loto.

Horrible ! C'est horrible ce qui se passe en Algérie ! Horrible !
— C'est des histoires de pétrole, nous on saura jamais.
— L'Algérie française aurait continué de nos jours vous verriez qu'ils s'égorgeraient pas entre eux, ils seraient tous bien contents avec le RMI.
— Trop tard pour eux.
— Je le dis comme je le pense.
— La guerre c'est ni plus ni moins parce que l'homme est guerrier.
— Vous en mangez bien vous de la viande !
— Je ne dis pas le contraire.
— Vous êtes allés sur la Côte d'Azur ?
— Oui.
— Vous avez eu le beau temps ?
— Oui, on a eu le même temps que les autres.

Tout ce sang qui coule en Algérie, ça va finir qu'ils vont faire pousser des meilleurs légumes que nous.

Le droit du sol ou le droit du sang, mais avec le droit du sang ça finit toujours que vous saignez sur le sol.

de traînard !

Je veux pas qu'il en ait un, c'est trop dangereux le scoter, c'est mal équilibré avec la tête au milieu.

En superficie, le paradis est plus grand que l'enfer puisque dans l'enfer on nous tasse...

L'ordre moral, t'ouvres le crâne en deux, c'est le même bordel que le désordre franchement.

Un bon comédien qui pleure sur ses impôts, je le crois pas.

Dans les centenaires, c'est plus devenu une sorte de sève d'arbre que du sang.

Le vrai crottin de Chavignol est salé à la main.
— Et il faut que la main soit de Chavignol.

Celui qui a marché sur la lune, je voudrais lui faire son photo-portrait quand il marche dans la merde pour voir son expression.

C'est pas la peine de pérégriner si c'est pour aller chaque fois au tabac.

La photosynthèse, c'est quand le soleil fait sortir les photographes.

... Déjà moi je vois pas comment je vais pouvoir les faire les trente-cinq heures, j'arrive à la demie...

Diviser le travail, c'est couper le cheval en quatre !

Je dis pas tous mais un poil de cul sur dix qui serait une herbe, on s'assoirait sur l'herbe.

Boulangerie ! Pâtisserie ! Épicerie ! T'as le cumul des mandats !

Tenez, un autre exemple, le clafoutis…

Les Algériens, à genoux ils veulent être français aujourd'hui, à genoux.

La politique, on en sait même pas le dixième de ce qui se passe.

Elles ont du mérite les femmes parce que moi tu me mets un enfant dans le ventre, je le digère.

Une petite pièce, madame, pour rester propre…
— C'est pas avec une pièce qu'on se lave jeune homme, c'est avec du savon.

Dans la mode de maintenant c'est pas des femmes c'est des bas-reliefs.

Je vis toute seule mais ça ne m'empêche pas de manger dans une belle assiette, au contraire !

La torture en Algérie c'est pas Hitler c'est Mitterrand et ça il faut le dire !
— Tout de suite ils attaquent les dents.
— Papon, il a pas fait plus de saloperies que de Gaulle !
— Et le sang contaminé !
— Les procès, c'est que du linge sale.
— Et Napoléon, c'était pas un enfant de chœur non plus !
— C'est l'homme qui est un salaud, la race de l'homme.
— Quand on voit la corrida.
— Recommence pas avec ta corrida toi.

Les dinosaures ça se bouffe, comme le reste.

Bien sûr qu'il est propre mon plips !

L'œuf au plat réussi, tu te vois dedans comme Narcisse.

Un chèvre chaud ! Un croque provençal !

Les tests d'ADN c'est rien, ils prennent de la salive.
— Avec tout l'ail que je mange, il doit pas être beau à regarder mon ADN.

Interdiction de fumer dans les lieux publics.
— Les poumons, c'est privé.

On est tous cons pareil, et je crache pas dans la soupe quand je dis ça.

Le plus gros sens du rythme c'est la mer qui l'a, après c'est le ciel, la terre, les Noirs et après c'est nous.

C'est la RATP qui amenait les enfants juifs à Drancy alors moi je prends mon vélo…

Léotard qui est de la mafia ça ne m'étonne pas, déjà quand on voit le frère qui se drogue devant les gendarmes !

C'est pas loin, la lune c'est trois jours de voyage aller et trois jours de voyage retour.
— Oui mais pour une journée là-bas, ça vaut pas le coup.

Men in black ! *T'as vu ? Les lunettes.*
— Merde in black les lunettes.
— Pauv' con.

Le premier crime contre l'humanité c'est les accidents de la route, quand on compte…

Van Gogh aurait moins picolé, il serait peut-être encore vivant.

L'argent des impôts, vous savez où il va monsieur ? Au gouvernement.

Sans la tête on vivrait même mieux, on serait moins malheureux en tout cas.

Lucie si the skaille aille diamon
Lucie in the skaille diamon
Luciiiiiiiiiiiiiiiie the sky diamon
Siiiiiiiiiiiii Luciiiiii in the sky…
diamon…

Le changement d'heure ça me dérègle tout… tiens, d'habitude je viens à quelle heure ?
— Huit heures.
— Et ce matin je suis venu à quelle heure ?
— Sept heures.

Avec le changement d'heure, à dix heures, les nuages sont plus à la même place puisque il est onze heures pour eux.

Si l'immigré est français comme moi alors dans ce cas-là, il reste en vacances en France plutôt que rentrer dans son pays non ? C'est là qu'on voit le Français, c'est pendant les vacances.

Trois heures, c'est long, même si tu vis des rebondissements.

Je suis pas pour le passé, je te dis pas que Icare c'est mieux.
— L'avion, on peut pas aller contre.
— La dernière des connasses peut être hôtesse de l'air !
— C'est pas l'avion ça.

Météo France, par rapport à la taille de la planète c'est une voie de garage.

Lui, il est dans la rue ou il est au lit… y rentre, y se couche.

À l'étranger, on est pas dans notre pays.

Vous êtes allée faire votre tiercé madame Couderc ?
— Après mon porto, ça réchauffe mes chevaux.

Nous-mêmes on est que de passage.
— Sur terre…
— Non non à Paris.

Il fait frisquet ce matin.
— Je suis pas sorti de la semaine.
— Justement on disait, on l'a pas vu Yves.
— J'avais ce qu'il faut à la maison.
— Un petit kir ?
— Un grand ! Paraît que les routiers vont bloquer les routes.

Le PSG a trente ans d'avance !

Le feu de bois, faut regarder ça comme un documentaire.

J'en avais un, maintenant j'en ai deux.
— Les enfants c'est ça… c'est les choses de la vie.

Le brouillard ce matin… dans un nuage… on voyait rien… j'habite au quatrième étage… tout blanc… comme dans un avion tout blanc… épais… elle est forte celle-là ?
— C'était épais ce matin.
— Il prend la côte de bœuf, trois bouchées et il dit qu'il a plus faim, j'aime pas qu'on gâche, je suis vexée.
— Les pommes sautées, y en a pour dix dans l'assiette !
— Une bagarre les hommes se battaient d'un côté et de l'autre côté les femmes se battaient je disais, laissez pas les femmes se battre entre elles.
— C'est une bière forte… la Délirium… les éléphants roses.
— Tous les serveurs ont aidé à ranger le kiosque à journaux.
— Ah… et Hervé, il est rentré ?
— Sur le trottoir devant, vous auriez vu…
— Il est rentré.
— Ah… et celle-là, elle est forte ?
— C'est une bière amère.
— Ah… dans un nuage comme en avion.
— C'était épais ce matin.

Le tournedos du musicien.
— Je connais pas de musicien.

Aux champignons je deviens un vrai petit animal d'autant plus que je ne prends pas de panier.

Aldo ! Le Maître de l'Univers !

Bon, je ramène maman à Dilo.

La route c'est à tout le monde !

Moi dans ma tête je suis un biologique.

Moi j'ai Canal Plus.
— Pffff… Canal Plus… t'as qu'une chaîne ?

Allez hop ! au boulot, ça nous changera.

Je vais au cimetière mettre du produit contre les limaces.
— Mettez-en pas trop, ça tue les morts.

Vu le nombre de morts par rapport au nombre de vivants, c'est à eux de nous offrir les fleurs.

Les curés ont fait construire des églises partout sinon on aurait quoi dans les petites villages… des panneaux de basket ?

Les fleurs sur la tombe de votre femme, c'est joli mais c'est trop tard.

Je me pose pas de questions, les points d'interrogation je m'en sers pour la pêche.

Des pucerons dans la cuisine alors qu'on habite au rez-de-chaussée et au dernier vous savez ce qu'ils ont ?
— Non.
— Des fourmis !
— On en a vu sur la rambarde de la tour Eiffel des fourmis.
— Au troisième étage ?
— Quand même pas.

Quand on pense que c'est français Halloween.
— Celte.
— Eh ben justement celte c'est français ! Le Celte a commencé en France et après c'est passé par Hambourg.
— Hammeburg !
— Ils l'ont dit sur La Cinquième, toute une émission là-dessus, on en apprend des choses sur La Cinquième.

… Vous verriez sa chambre, mais vous verriez sa chambre !

Le téléphone

Si ça se trouve ça lui plaît qu'on le déterre.
— C'est vrai qu'il était cabot.

Ils vont déterrer Montand pour lui faire l'ADN !
— Après sept ans y reste plus que de l'ADN d'asticot là-dedans.

Si ils lui font la piqûre d'ADN dans un asticot, les résultats pour la fille de Montand c'est qu'elle est une fille d'asticot.

Il vaut mieux déterrer Montand que Signoret.
— Ça change rien.
— Ça change qu'il était plus jeune qu'elle.

Si ça devient la mode de déterrer tout le monde faudra inventer une pince comme pour les cornichons.

La mort et le cadavre, c'est pas pareil.
— Le cadavre, ça regarde personne.

La mort, c'est personnel.
— C'est sacré.
— Après tout ce qu'on travaille, on l'a bien méritée.

Des momies égyptiennes, on en a plein les catacombes.

Heureusement qu'ils ont des antiquités les Égyptiens ! c'est pas avec leurs bagnoles qu'ils vont épater le monde…
— Les Japonais ont pas d'antiquités.
— Mais non ! ils ont raison ! eux c'est l'avenir.

Ils se font refiler des os de lapin pour mille balles !

L'évolution progressive, ça se fait pas du jour au lendemain.

Ils lui ont enlevé les tripes et mis du produit à la place, ce qui fait que les tripes de Lénine doivent traîner quelque part…

La révolution d'Octobre, c'est un drôle de mois pour faire ça.

portable, j'y comprends rien.

***B**ientôt, il faudra s'enterrer quelque part et le dire à personne.*
— Les crottes de chat font ça.

***D**éterrer Montand, c'est une affaire de pognon.*
— Il en aura fait tuer du monde en tant que stalinien !
— Ils l'avaient fait pour Toutânkhamon, je l'ai vu l'exposition des trésors de la momie.
— Il est pas momifié Montand, y a plus que des os.
— Et les habits.
— C'est la gamine qui fait déterrer son père, quelle honte !
— Elle lui ressemble.
— Ah non, c'est une guenon.
— Il était bon chanteur… et les claquettes aussi.
— Signoret à la fin, elle était bouffie par l'alcool.
— Et la fille de Navarro, elle est bouffie aussi.
— Elle y est plus dans Navarro, *Roger Hanin en voulait plus.*
— C'est sa fille celle qui est alcoolique ?
— Elle est adoptive, c'est bien pour ça que l'argent du père elle voudrait le garder.
— C'est sale ces histoires de famille.
— Si ça se trouve dans le cercueil c'est Adamo, moi plus rien m'étonne.

***S**i c'est pas des voyous qui déterrent les morts, c'est la famille.*
— C'est les mêmes.

C'est l'ADN qui fout la merde.

On finira par être plus tranquille aux cabinets qu'au cimetière.

On sera jamais morts avec leurs nouvelles lois.

***O**n est mort, on est plus rien que de la viande.*
— Moi c'est quand je dors.

***D**ans sa tombe il est célèbre mais si on le déterre il sera plus que le commun des mortels.*
— Ça lui aura pas servi sa carrière d'être mort.

Faudrait crever dans les arbres !

Le vitrail de Notre-Dame,

Je me connais, à Venise, j'aurais tout le temps envie de faire pipi.

Un pied sculpté, même le plus grand sculpteur recompte les doigts.

Le théâtre c'est du sport physique, et surtout pour la mémoire.

Les barrages tant mieux ! y a plus d'essence, je vais pas chez mon père du coup, ça sert à quelque chose, les pompes à sec soi-disant, je sais que là-bas y en a de l'essence mais ça m'arrange que c'est à sec au fond, remarquez mon frère va chez mon père, et c'est lui qui prend la maison le dimanche avec sa femme, il est aveugle mon père c'est facile pour mon frère de récupérer les pensions et l'argent, les gars dans les camions, leur père est pas aveugle mais chacun défend son bifteck aussi je blâme pas, je comprends, mon frère s'en fout, il est patron dans un snack, il n'a pas la même sensibilité que nous qui en avons.

Ce que je préfère, c'est la vue d'avion.

Les pyramides, t'y passes pas

tu le casses,
tu le payes.

***Y** te coûte bonbon ton doberman.*
— Le professeur fait venir les médicaments d'Amérique, y a que là-bas qu'ils en ont.
— Il a quoi ?
— Y pisse partout, y peut pas se retenir.
— Moi la mienne c'est un corniaud, elle n'a jamais rien fait sauf sa piqûre une fois par an.

Tes un connard ! — Oui, mais virtuose.

C'est pas trop tôt pour qu'ils désensablent le Mont-Saint-Michel, on s'en mettait plein la bagnole.

La philosophie, on la met à toutes les sauces.

***J**'ai regardé* Urgences *hier, qu'est-ce que c'est bien, vous avez regardé ?*
— Non, je regarde jamais la télé.
— Mais qu'est-ce que vous faites, vous avez pas de vie ?

Une patineuse artistique, je lui regarde que ses jambons.

Zorro garni œufs, 16 francs, c'est pas tellement cher.

***O**n a pas eu de langoustines cette semaine à cause des tempêtes.*
— Elles ont plus qu'à vivre une semaine de plus.
— Une semaine de plus quand t'es langoustine c'est important.

Holà bonjour nobles vaches !

cinq heures là-dedans.

Être le fils de Paul Ricard c'est un peu autre chose que la fille de Yves Montand…
— Et lui, on le déterrera pas.

Je vais le faire déterrer Ricard et je dirai que je suis son fils, on a le même foie.

Quand on est à la caisse du magasin on pense parce qu'on parle pas.

J'en fais à la maison.
— C'est pas possible que tu fasses du Ricard chez toi, c'est une recette secrète.
— Un approchant.
— Un approchant peut-être, mais le vrai c'est pas possible.
— Le goût est pareil.
— Tu serais milliardaire si tu savais faire le goût pareil !

Il voulait être peintre.
— Ricard ? La peinture on s'en fout par rapport.

Personne peut aller jusqu'à Chablis pour boire que deux verres.

Paul Ricard est mort, faut espérer que le fils fera pas crouler la boîte.

Il est autant connu que Picasso même plus.

C'est qui ?... le mec plus connu que lui qui est mort le même jour que Jean-Marie Proslier ?
— Ricard.

Quand tu meurs le même jour que Ricard, c'est pas la peine de mourir.

Marchais est mort ce matin.
— Il l'aura bien cherché celui-là.

Jojo est mort ? Meeeeeeerde...

C'était le dernier communiste.
— Ah non, y a sa femme encore.

Ferme ta gueule Elkabbach !

Ils ont fait tomber le mur de Berlin pour se payer des rideaux de douche.

En Russie ils les embaument les morts pour les garder.
— Même nous on garde des trucs pendant deux ans, après on se demande pourquoi on a gardé ça.

Ils l'enterrent aujourd'hui Marchais.
— C'est le beaujolais nouveau aujourd'hui.
— Avec les bouchons on faisait des colliers.
— Et après ça change quoi ?
— Aujourd'hui ?
— Ce matin à Champigny.
— Nous on faisait des cochons avec des allumettes.
— Ma mère trempait un biscuit dedans.
— Taisez-vous Elkabbach !
— Ta mère ?
— Ça fait un petit cochon avec le corps et les pattes.
— Si si ! et le biscuit fond tout de suite.
— Des grosses taches violettes le gros qui tache comme on disait...
— Nous dans les verres en Pyrex.
— Mon père avec son fusil, de la cervelle partout dans la chambre...
— T'attaches le bouchon à une ficelle pour le chat y a ça aussi.
— La toile cirée c'était à cause du vin en fait.
— Et la tremblote du matin ?
— Un facteur à Agen, deux verres il pleurait !
— Ils vont en rajouter trois cent cinquante mille.
— Le jour du beaujolais nouveau, personne travaille.
— Des jeunes.
— Avec quatre allumettes dans le bouchon on fait un petit cochon, passe-moi le bouchon que je fasse le cochon pour montrer !
— C'est maman qui lui finissait son verre.
— Le beaujolais nouveau, faut faire un vœu.
— La santé.

Le beaujolais nouveau, faut passer la journée à en boire sinon ça sert à rien d'en boire.

C'est chouette ces petits tonneaux, c'est un quinze litres.
— Dix litres.
— C'est un quinze litres ça !
— Un dix litres.
— J'en ai un comme ça à la maison c'est un quinze litres.
— Moi j'en ai deux ici, c'est un dix litres.
— Mais j'ai un trente litres.
— Moi à la maison j'ai deux vingt-cinq litres.
— T'es sûr c'est un dix litres ?
— Regarde donc, c'est marqué dix litres.
— On dirait un quinze litres.
— Ah celui-là il est pas breton pour rien.
— Plus t'es breton, plus t'es con !
— J'ai de la famille à Saint-Malo.
— Dedans ?
— À côté.
— Alors non, c'est pas de la famille.

Un bon beaujolais faut le boire sinon c'est pas un bon beaujolais.

... C'est la chronique d'une cuite annoncée son petit kir...

Une vraie ruine ce mec, c'est pour ça que je suis toujours derrière.

Pour moi le summum c'est la

De Gaulle ou Hitler, ni l'un ni l'autre a maigri pendant la guerre.

Elle lui fait prendre son bain mais en même temps elle téléphone, son enfant elle s'en occupe comme si c'était du Nescafé.

Avec Delon à la télé, on sait jamais à quelle heure on se couche.

Enceinte de sept enfants… la mère c'est un petit bus.

Des septuplés ! c'est la science qui est folle de permettre ça !
— En plus c'est pas elle qui les élève.

Plus de sept, c'est plus des enfants, c'est des chiots.

Pour faire des septuplés, faut du sperme qui s'entend bien entre eux.

Un septuplé, si t'en as quatorze ça t'en fait deux…

Le corps à mon âge, c'est plus un ennui qu'un avantage, voyez…

Faudrait me payer cher pour me faire surfer sur le Web !

coquillette.

Proust, ça se lit pas au lit mais ça se lit en car.

Les crimes racistes, souvent c'est rien que des crimes normaux.

Comme francophones, il ne restera que les Noirs.

On a mangé sur le pouce et après on a baisé sur l'ongle.

Qu'est-ce que vous voulez ?
— Une Leffe… vous l'avez tirée avant que je demande.
— Eh oui, transmission de pensée, c'est ça qu'on appelle du voyeurisme.

Un postillon ça part à cent kilomètres/heure mais moi les miens c'est du cinquante.

On a eu les anciens francs et les nouveaux francs, on aura les anciens euros et les nouveaux euros pareil vous verrez…

En 2000 on aura les euros et en 3000 ça sera quoi encore cette nouveauté ? !

La monnaie unique, si j'en gagne plein c'est ça qui sera unique.

La terre a été créée dans l'univers par hasard.
— Y a pas de hasard dans l'univers.
— Y en a partout du hasard.
— Pas dans l'univers, pour le hasard il faut de l'atmosphère en fait.

Le hasard, c'est différent de la chance parce que souvent ça merde.

Les animaux ont un langage.
— Coin coin, ça veut rien dire.

Un animal est un être qui vit, qui pense, qui souffre !

Qui se mange !

Une bonne femme à la culture, un pédé pour les flics, eh ben voilà c'est ça la gauche !

Un pédé c'est pas un garçon, c'est encore plus chiant qu'une bonne femme.

On a pas le droit de boire de la bière sur le stade.
— Pas si le stade a la licence !

Moi en tant que patron d'ici, c'est mon rêve d'avoir des clients qui font trente-cinq heures…

J'étais en train d'écrire « salutations distinguées » sur la lettre et j'ai pété.
— Tu t'en fous, c'est pas la télé.

Pour le téléthon, j'ai roulé vingt-quatre heures sans permis !

Quand tu vois l'état de sa chambre, c'est pas la peine de lui léguer une terre propre.

C'est une bombe à retardement leur maïs transgénique.

... Elle a fini en eau de boudin la dame en noir...

Barbara ? La chanteuse française ou celle qui louche ?

Les glaciers fondent et le niveau de la mer monte.
— On aura moins loin pour descendre à la plage...

La semaine de trente-cinq heures, si la machine à café est pas au même étage elle fait déjà plus que trente-deux heures ta semaine.

Ça voyage pas plus que nous les gens du voyage, on les a sur la commune depuis deux ans.

Les cerises transgéniques dans de l'eau-de-vie, si ça nous explose pas à la gueule on aura de la chance.

Avec le transgénique dans la nourriture, vous verrez, on finira tous pédés.

Ça va nous faire la merde transgénique tous leurs nouveaux légumes.

... Avec le fils de l'épicier qui a tué la gamine, qui c'est qui va être content encore ? c'est les grandes surfaces.

« La poissonnerie Chez Christian anciennement Chez Jean-Claude vous prévient qu'elle n'assure plus les huîtres de la Brasserie La Mascotte. »

C'est facile, c'est à côté de Coulommiers.

... **S**ur un vélo,
je suis un missile.

Oh ! Oh ! Oh !
y a le feu dans tes cheveux !

C'est des christs mais pas la même coiffure et que la moustache.
— C'est vous qui dessinez ça ?
— Je le vends.
— Eh ben…
— Trois cents francs.
— Eh ben…
— Combien vous voulez l'acheter ?
— C'est vous sur le dessin.
— C'est le Christ mais pas la même coiffure et que la moustache parce que c'est un christ moderne.
— Il est coiffé comme une burne, vous appelez ça moderne ?

Le Christ sans sa coiffure de d'habitude ça pourrait être n'importe qui.

À côté ils vendent des œufs d'oie.
— Pour la pâtisserie c'est bien il paraît.
— Oui mais dedans c'est fait comment ?
— Oh, comme un œuf.

On a dit non au Maxibrico mais un jour on le regrettera.

Ma tête c'est pas ma tête on me l'a greffée.
— Pinocchio va !

Parce que à l'époque, le royaume de Poméranie et le royaume de Bohême ne s'entendaient pas.
— Avec vous ça change.
— C'est sûr, avec moi des discussions de football, vous n'en aurez pas.

Je parle pas aux cons !
— Alors tais-toi.

L'alcool c'est pas une drogue, si c'était de la drogue ça se fumerait.

Elle est à qui la voiture rouge sur la place ?!... ça gêne... on peut pas passer le tracteur pour mettre le sapin.

La main c'est un outil et l'homme c'est un manche !
Quand tu vois leur gros cul aux profs de gymnastique, t'as tout de suite compris !

On ricane pas à quatre heures du matin !

Pourquoi on est pas des bonnes femmes nous ?

Je suis bourré QUE les mois en r...

En tant que femme d'alcoolique, je trouve que c'est jamais bien fait le retour des maris dans les films français.

Il a neigé ?

C'est pas pour vexer les Noirs mais la neige

Ça de neige !
— Ça m'hallucine ce que tu dis parce que j'ai vécu là-bas deux ans.

La langue de bœuf c'est plein de papilles, quand t'en manges, elle croit que c'est elle qui te mange.

Le tour du monde c'est bien mais ça dépend ce qu'on mange.

Ces deux-là, c'est bonnet blanc et trou du cul.

Le Téléthon, c'est une catastrophe pour la restauration !

... Que voulez-vous, les gens n'ont plus d'argent.

Le vrai philosophe sait rester à sa place.

Les crimes de guerre, c'est toujours mieux en temps de guerre qu'en temps de paix !

Moi c'est fini je me pose plus de questions.

Les harkis sont pire que les collabos, les collabos ont pas demandé une pension aux Allemands, après.

Sa femme, on dirait une herbe qui pousse.

J'ai rien entendu.

elle est blanche...

Tiens ? Dame neige est tombée.

Le sida, c'est surtout en Afrique qu'il en reste.
— Normal, c'est de là qu'il vient.

Un couple de Malgaches ?
Les oiseaux ?

Si c'est la cohabitation qui est bien, on a qu'à élire deux pédés.
— Même Miss France cette année, on dirait un homme.

Djakarta, t'as intérêt à regarder par terre si tu veux pas glisser sur de la salade.

La terre qui tourne autour du soleil, ça fait partie de l'aménagement du territoire.

C'est un pays qui a beaucoup changé, avant en Égypte vous aviez des Egyptiens mais maintenant vous ne voyez plus que des Arabes.

C'est mort.
— Y a de la musique dans les rues.
— C'est pas la musique qui fait marcher le commerce !
— Où on va mais où on va ?
— Les gens ont pas d'argent.
— Une guerre ! Faut casser ! Ça donne du boulot !
— Encore faut-t-y qu'ils veuillent une guerre, t'sais que c'est pas tout le monde !

Le ski de descente ? Eh ben, je vois pas l'exploit.

Adjani, elle mange du caca aussi il paraît...
— Mais non, c'est une légende.

Ils donnent de la vodka aux éléphants du zoo de Moscou.
— Même les éléphants doivent rien comprendre à ce qui se passe à l'Est.

Mars,

Même sans permis je conduis sinon j'ai des escarres aux pneus.

La plaie, c'est les démarches des remboursements.

La délinquance, c'est un appel au secours.
— Moi direct c'est un appel aux flics.

Entre lire un truc de Corneille ou regarder la télé c'est pas cornélien comme choix, je regarde la télé.

La grippe du poulet ? Le poulet ça a la grippe ?

Contre la grippe du poulet, faudrait pas qu'on meure avec un bouillon de bœuf.

Les photos de Mars, on dirait la colline de Sancerre.

ça sera trop dur à chauffer.

Vous avez vu ? la grippe du poulet qui va sur l'homme ?
— Beu beu beu… c'est du média.

… Je la comprends, des poulets on en trouve plus de bons.

Ils sont élevés au chauffage, du coup le premier courant d'air atchoum direct…

Entre les doigts de pied, moi je trouve qu'on a la place de mettre une autre rangée de doigts de pied.

Tu vas pas en prison mais on te met un bracelet qui sonne si tu sors de chez toi.
— Ça tombe bien, j'aime pas faire les courses.

Le bracelet prison, bientôt ils leur mettront des boucles d'oreille !

La prison à la maison, c'est pas nouveau !

T'as pas le droit de t'éloigner de plus de cinquante mètres du téléphone.
— Et le SDF, tu l'accroches à la cabine ?

Tuer un jeune, c'est pas un exploit.

Le seul moyen pour qu'ils respectent les policiers c'est de faire des bavures sinon ils se croient tout permis les jeunes…

C'est un policier de Lyon qui a tué le jeune.
— Lyon j'y ai mangé, c'est pas si bon que ça.

Ils sont pas méchants, c'est des gangs qui mettent des bonnets.

Les polices municipales, faut leur donner des petits pots de merde, ça tue personne et les jeunes ça va les calmer de la merde sur les Nike !

Je me suis jamais autant fait chier !

Les Restos du Cœur c'est bien, des fois y a du hachis.

C'est des fauves les jeunes de banlieue !
— Les Restos du Cœur leur donnent trop de viande.

Pour aider les gens qui ont rien à bouffer, Coluche qui est mort il est encore plus efficace que Chirac qui est vivant…

Chirac pour moi est un homme à casquette.

… Vendre des trains, c'est tout ce qu'il sait faire.

… Il a bouffi comme du beignet.

… La preuve qu'il est rien c'est que personne mettra jamais la photo de Chirac sur le buffet.

Balladur c'est pas un crâne qu'il a, c'est un os à moelle.

La fatigue, il faudrait la tirer de l'organisme et la mettre en ampoule pour faire des piqûres aux insomniaques.

Il a jamais ouvert une huître de sa vie Iggy Pop.

Devenir automatiquement français à dix-huit ans, alors autant qu'ils jouent la nationalité à la loterie, c'est que de la chance !
— Vous savez, la France en a besoin des gens qui ont de la chance.

... Avec le nouveau parking, on a moins honte de dire qu'on habite à la gare...

Ils ont toujours inoculé du virus, on le sait les docteurs c'est des fous ! les mieux c'est les pharmaciens.

Moi je le comprends plus le football d'aujourd'hui.

... Je le comprends plus.

Ravanelli, c'est un fossoyeur du beau jeu.

Bond ! My name is Bond !

C'est pas pour boire, c'est pour se réchauffer.

Delarue, faudrait pas qu'il se trompe de bretelle d'autoroute et qu'il tombe en panne de bagnole à Dammarie-les-Lys...

Le blues, on dirait un dessin animé avec des champignons qui chantent.

Papa, il ramenait la sciure dans ses bas de pantalon.

La Moule ! My name is La Moule !

J'ai le même nombre de bras que James Bond !

On laisse toujours une place vide à table, c'est pas pour un pauvre mais c'est pour rapprocher la table à roulettes.

En Martinique, t'as pas de fromages.

... **S**i ça continue, c'est Paris qui va défigurer la tour Eiffel...

Elle est contente la bouchère, elle arrête pas de chanter.
— Ça marche leur boucherie.
— Elle qui tient la boutique et son mari qui fait la tournée...
— La tournée, tout le monde achète quelque chose même pas beaucoup mais quand le camion passe on se sent obligés même que une saucisse...
— Ils sont contents d'avance pour leur retraite ! ils doivent avoir leur maison à Cannes qui attend avec la piscine.
— Cannes, c'est le coin de France le plus cher pour les villas.
— Tous les bouchers sont là-bas !

Nous la dinde c'est sacré même si c'est sec.

Huit cents balles le kilo pour du chapon ! parce qu'on lui a enlevé les couilles !
— Le chapon, ça a le même goût que le pape.

C'est honteux celui qui a fait ses besoins au pied du sapin, honteux ! et la mairie qui fait des efforts de décoration ! honteux !

L'Égypte, elle est aussi bien au Louvre que là-bas.

Proust ? Celui qui écrit petit ?

En offrant un livre, vous êtes sûre de faire un déçu.

Si je dois amener un livre sur une île déserte, moi j'amène la *Cuisine des îles*.

Elle aime lire ?
— Un peu.
— T'as qu'à lui acheter le livre de la pouffiasse qui mange du pourri.
— Qui ?
— La fille qui vomit tout le temps.
— Tu parles d'un cadeau !

On a crucifié Jésus mais à côté de ça on lèche le cul à n'importe quel petit chef de service ! on aurait fait le contraire qu'on aurait moins d'emmerdes...

Jésus, c'est le fils de Dieu mais c'est qui le grand-père ?

Bien sûr, vous ils vous disent bonjour parce que vous êtes la gardienne.

Moi je ne les garde pas les pièces jaunes, je les donne, les pièces jaunes c'est des nids à microbes.

Vous le lavez avec quoi votre parquet ?
— Avec Manuel.

L'Islam, ils bouffent pas de la bûche.

Le chant des sirènes, qu'ils aillent se faire enculer !

Ils l'ont déterré Yves Montand ou ils ont oublié ?
— C'est les fêtes, ils ont autre chose à penser.

Aux sportifs dopés on leur analyse la pisse parce que la merde on peut pas leur toucher, elle t'explose dans le bol.

Vous avez vu Christophe Colomb à la télé ? Eh ben… celui-là il en aura joué des films…

Vous, les Pakistanais, vous dormez tout le temps.

L'aveugle dans la rue il a une canne blanche tu vois qu'il est aveugle mais un sourd dans la rue tu vois pas qu'il est sourd tu peux pas lui donner de l'argent.
— Personne donne de l'argent aux sourds.
— Et pourquoi ? C'est des hommes.

Quand vous voyez un trio tzigane, vous pouvez être sûr qu'il y en a un quatrième pas loin qui attend dans une voiture.

Le naufrage du *Titanic*, c'était le premier accident d'avion en fait.

Vous êtes enceinte ? Houlà ! Attention à la crème de marron, ça étouffe le bébé.

Ils mangent les insectes grillés alors que nous on a le beurre d'escargot.

L'ascenseur social, non seulement il est en panne mais ça commence à chier dedans.

En Laponie, à peine t'as fini l'apéritif du midi que c'est l'apéritif du soir.

Le soleil fout rien, puisque c'est nous qu'on tourne.

Elle avait un cancer du sein et un cancer du côlon.
— C'est la caverne d'Ali Baba là-dedans !

C'est plus facile de faire des gosses que trouver des cadeaux…

Vous vous déguisez pour le réveillon ?
— Oui, le nez.
— Coupette ?
— Un million de poulets qu'ils vont tuer à cause de la grippe.
— Ils feraient mieux de les donner aux gens qui meurent de faim, quand tu meurs de faim t'en as rien à foutre d'une grippe.
— Le poulet à la grippe asiatique, on dirait une soupe.
— Moi ça y est mes cadeaux, j'ai pris des pots sur roulettes pour tout le monde.
— Vous aussi une coupette ?
— Tuer un million de poulets parce que y a eu quatre personnes qui sont mortes, c'est cher payé.
— C'est pas de la faute du poulet.
— Ce que j'aime dans les huîtres c'est le pain de seigle.
— Le poulet il est comme nous, il préférerait pas être malade.
— Moi c'est l'Aspro qui me rend malade.
— Déjà le midi elle était toute rouge ma femme.
— Nous on se restreint le midi.
— C'est du crémant.
— On oublie que Jésus est à l'honneur.
— Houlà top ça mousse il est frais ?
— Je le sors.
— Je n'ai rien contre les chrétiens parce que moi j'en suis.
— C'est devenu une fête païenne.
— Païenne païenne pour qui ?
— Les mosquées y a du monde…
— Le Sphinx qui a traversé les âges, tu mets des gens pour habiter dedans, tu verras qu'un an après c'est cassé.
— Les Grecs c'est des cons !

Noël au balcon… dégueulis sur le balcon…

Lui ! sa femme ! son fils ! une belle crèche d'enculés ces trois-là !

On réveillonne à Viroflay.
— Ahhhhhhh… c'est bien.

Léonard de Vinci, il a pas inventé le Coca !

Joyeux Noël !

... Ils égorgent des femmes, nous on brûle des voitures c'est pas mieux.

Pour le calmer le GIA faudrait lui faire ouvrir nos huîtres !

Pourquoi vous travaillez dans un bureau si vous aimez les saisons ?

Encore quatre cents morts hier soir.
— Ils égorgent les bébés et ils sont contre l'avortement.
— C'est l'armée algérienne.
— Mais non, c'est les services secrets israéliens.
— Comment vous voulez comprendre des événements qui se passent dans les déserts ?
— Y a pas d'eau.
— Ils se régulent.
— Ils ont même pas droit aux jus de fruits qui sont des péchés.
— Si, y a pas d'eau.
— Y a même pas un stade pour les jeunes !
— Si, c'est vrai ce que je dis, y a pas d'eau.
— C'est des pays à la con.
— Y a pas d'eau.
— Si ça continue comme ça, la France restera pas longtemps en Europe.

Quel vent ! On va retrouver la terre derrière la lune avec ce vent !

Ce qu'il faut, c'est du dialogue verbal.

... La torture, faut toujours mettre un peu les mains...

Le drame algérien ! et à Strasbourg, vous croyez qu'il n'y a pas des drames quand on voit ce qui se passe ?

Je supporte rien comme charcuterie, j'ai le foie arabe.

Ils ont cloué Jésus et maintenant la punition, on se fait chier à ouvrir les huîtres…

… Le pape a pas changé depuis que j'ai cette bagnole.

Le pape à Cuba, ça rajoutera pas des pinces aux langoustes !

Pour le pape c'est facile de dire qu'on bat pas sa femme, il est pas marié.

Je sais pas qui invente les fèves de la galette, mais c'est bien trouvé.
— Un chausson.
— Et nous un âne… eh ben…

Avec la chaleur il a pas intérêt à mettre une culotte en dessous le pape.

Le pape va à Cuba mais Don Camillo était déjà allé à Moscou.

De la danse classique à la télé le lendemain de Noël, franchement, je voudrais pas être le danseur…

Delacroix, au moins c'est bien peint.

Toute la France chie de la bûche, c'est la coutume…

Heureusement qu'on chie pas tout le dernier jour.

Zola, j'habite sa rue.

L'origine du mot clémentine ? Non, je sais pas.

La Grèce, nous on l'a

Rot !
— Tu franchis la ligne rouge René, tu la franchis !

Ce pâtissier, il fait la crème au beurre comme un dieu.

Y a plus d'intellectuels en France.
— Tant pis, on mangera autre chose.

Attention, Le Bourget c'est pas Le Blanc-Mesnil, moi je suis du Bourget, je ne suis pas du Blanc-Mesnil.

... Chez les Noirs le blanc de l'œil est jaune va t'y retrouver là-dedans.

Une mer déchaînée ! la houle ! avec des creux de dix mètres comme à la montagne !

Surya Bonaly, c'est pas qu'elle est noire mais j'aime pas sa mère.

Allô ? Tu m'entends ?
— Ça y est ? T'es un connard sans fil.

Payer des gens à rien foutre, on est habitué mais les augmenter à rien foutre, ah non !

... De quoi demain sera fait... déjà hier on sait pas...

Le stress, je le retourne en positif.
— Moi aussi je le retourne en énergie pour les courses.

Ce qu'il faudrait avec l'Europe c'est l'éloigner de l'Afrique.

On a pas le droit de téléphoner quand on prend l'avion parce que déjà, c'est pas une cabine.

Jean Cocteau, Jean Marais, c'est des anciens Marius et Jeannette...

Laure Adler, elle sait traire les vaches.

Même

Pour jeter son bébé dans un vide-ordures, il faut être vraiment dans la misère...
— La vraie misère, c'est quand on descend la poubelle à pied.

en Corse.

Les bébés préhistoriques, ils disaient les mêmes choses que les bébés de maintenant en fait...

Leurs menus aux restaurants chinois pour moi c'est du Champollion.

Romy Schneider, elle ne grossissait pas cette femme...

La lune, c'est fini.

On est sur terre pour travailler.
— Moi je suis détective toutes missions mais si tu veux on boit que un coup.
— Je suis pas pédé.
— Oh pardon.

À douze ans ça jette des cailloux à la police.
— C'est un rajeunissement de la délinquance, un jour ça te foutra le feu au cul en naissant.

Tout le monde lui paie un coup parce qu'il a la verve faconde.

Nous les automobilistes on est des vaches à lait.

La bonne année c'est basé sur l'inconscient collectif.
— Ça dépend combien on est.
— Même nous.

Ceux qui tuent les femmes et les enfants souvent c'est les hommes.
— Le pire c'est l'absence de dialogue.

sur Mars, je serai lyonnais.

... Deux mille ans que Jésus est pas revenu, ça commence à être louche.

La science doit être à notre service, et pas le contraire.
— Moi ça me gêne pas d'y aller aux analyses.
— J'ai pas de boulot mais je consomme !
— Tu touches plus qu'un mec qui bosse... c'est dégueulasse.
— Sans la production tout s'écroule, si, c'est vrai !
— Ta gueule Piwi.
— La société marche sur la tête.
— Moi ? je touche rien avec ma femme c'est honteux ! si on me donne une paye je consomme et je fais marcher l'économie plus que toi !
— Moi aussi je consomme !
— Sans la production tout s'écroule, si, c'est vrai...
— Ta gueule Piwi...
— Il faut la consommation c'est vrai.
— Les mousquetaires de la consommation...
— Ça fait repartir ! et les usines remarchent et ça crée les emplois, ce que je veux moi, c'est une paye qui est bien pour consommer.
— À l'aube de l'an 2000 on est la quatrième puissance du monde ! à l'aube !
— Tatos ! Portos ! Taramis !
— Et tu bosses pas ? tu manques pas d'air !

C'est mieux comme pays... Eltsine il est tout le temps malade, c'est un alcoolique et personne lui dit rien alors qu'aux États-Unis tu peux même pas sortir ta bite...

Lama, il est sur l'emballage du sucre.
— C'est plus facile d'être sur un sucre que sur un stade.

— Et les milliardaires qui paient pas d'impôts...
— Si ! je bosse ! je suis consommateur c'est pareil ! pas la peine d'aller travailler pour fabriquer des merdes de bagnoles, je les achète avec ma paye.
— Tatos ! Portos !
— Ho ! Du calme ! On s'entend plus là !
— C'est la dérive d'un bloc par rapport à un autre bloc.
— Les capitaux y en a ! quand on en veut y en a ! on sait où les trouver.
— Fais un instantané de la société, tu verras le constat...
— C'est la dynamique le secret.
— La consommation...
— Les jeunes, on leur dit, vous êtes en trop !
— Personne nous demande.
— Si tu accélères pas les mesures sociales, tu paralyses le pays.
— Alors moi je suis bien con de bosser alors !
— Tu les fais les courses ? t'as même pas le temps avec ton travail et si moi tu me payes bien j'achète des trucs... logique ah si... imparable...
— C'est du réel ce qu'on dit.
— On est un pays qui peut plus se passer de chômeurs.

Les extra-terrestres, souvent c'est des anciens de la CIA.

Y a vraiment que dans le secteur privé qu'on boit pas.

Quatre cents milliards pour le Crédit Lyonnais je m'excuse mais ils les trouvent les milliards et pour les chômeurs y a rien mais je m'en fous on ira jusqu'au bout des revendications, y en a marre des contrats de merde je m'excuse du mot mais c'est vrai, je gagne juste de quoi survivre et je suis tout seul à la maison pour vivre mais quelqu'un qui a quelqu'un à charge une famille ou quoi ou qu'est-ce il ne peut pas vivre, il a plus qu'à mourir la gueule ouverte pendant que les nantis de la Cinquième République et les patrons qui ont du fric je m'excuse l'expression mais c'est vrai jusqu'au trognon, avec les appartements de plusieurs millions de francs et nous on vit dans des cités où la drogue elle est la reine, si monsieur, la reine, et moi pour acheter du vin j'ose même plus sortir quand il fait nuit !

Bruxelles, tout ça c'est l'argent du contribuable.

Madame LA ministre, ça veut rien dire moi je comprends pas.

Un milliard pour les chômeurs c'est quoi ? C'est une goutte d'eau ! moi j'en veux pas du milliard je suis pas un clodo !

Il ne faudrait pas professionnaliser le chômage et qu'on les paye pour être des chômeurs.
— On s'en fout, si ça donne des boulots.
— Tu sais combien ça a coûté le Titanic *?*
— Chômeur payé, ça vaut bien ceux qui foutent rien dans les bureaux et qui sont payés !
— Attention, m'insulte pas !
— T'es pas dans les bureaux toi, t'es à l'entrée.
— Des milliards de milliards...
— Le chômage, c'est pas les antipodes du travail, c'est une version.

C'est pas une bonne publicité pour les raquettes cette avalanche.

On envoie pas des gosses à la neige quand la terre se réchauffe !

C'est l'avalanche à la télé qui m'a donné envie d'une fondue.

Un guide de haute montagne qui amène des gosses sous une avalanche, il mériterait d'être président de la République celui-là !
— Pour qu'ils brûlent pas des voitures on les envoie à la montagne et voilà le résultat...

Il fait beau.
— C'est toujours ça de pris.

C'est pire que l'Algérie ces jeunes qui sont morts à la montagne parce que là, c'est du hasard...

Nous au pôle Nord on a la cervelle qui gèle tout de suite.

... Il était temps qu'ils enterrent les gamins parce que maintenant c'est le foot...

La neige, il ne faut pas oublier que c'est une inondation en dur.

C'est que des profs qui vendent des livres maintenant.
— C'est les seuls qui parlent français, les autres c'est gueu gueu gueu !
— Ils font des livres pour sortir de leur merde de profs.
— C'est les profs qui achètent les livres des profs, c'est comme ça que ça fait des ventes.

Compétitititivité... j'arrive même pas à le dire...
— Compétivité.
— Compéti...
— Compétivité.
— Compétiti...
— Compétitivité... compétitivité !
— C'est les titi qui font chier.

Moi je suis dragueur, alors Président des États-Unis... moi je pourrais pas.

Le couloir de la mort, à mon avis c'est du carrelage.

Moi je suis trop dragueur, c'est pour ça, Président des États-Unis je pourrais pas...

La peine de mort, ça sert à rien.
— Ça dissuade les autres !
— Vos criminels, ils s'en fichent bien des piqûres !

En France on coupait la tête et c'est moins hypocrite.

Elle est jolie la fille qui va être exécutée.
— Mais non, c'est le rouge à lèvres qui fait ça.

L'infirmière qui fait la piqûre de la mort, c'est pas une bonne pub.

Elle est tuée en trois minutes la femme.
— C'est des exécutions, personne a le temps de musarder.

Quand il tombe ici il dit qu'il est tombé chez lui.
— Ma femme elle a mis un nouveau tapis, qu'il dit !
— Il a combien de tapis chez lui à force ?

On est nés le même jour mais comme il est toujours en retard, avec mon frère on a pas le même âge...

Titanic, *c'est une histoire vraie...*
— Y se fatiguent pas les scénaristes.

... Elle veut pas d'enfants, elle a l'ovule qui fait le bras de fer...

Chirac, ça lui ferait pas de mal de se taper des secrétaires.

... Si tu dors dehors et que tu veux qu'on te réchauffe, faut pas être SDF, faut être la pelouse du Stade de France...

Stade de France c'est bien comme nom, comme ça on sait que Saint-Denis c'est en France.

C'est un pays de sauvages, l'Algérie parce que ça a été colonisé par les Français.

Les instits en grève ! encore !
— Pendant qu'ils sont en grève, ils tripotent pas les gosses.

... Un arbre, un chat, tout se ressemble...

Tous les verres que j'ai bus ça fait d'ici à la lune.
— Et le retour ?

La Corse c'est la mafia, et l'Algérie c'est pas mieux.
— Y a tellement d'argent avec le pétrole.
— Et les émirs qui sont dans les casinos à dépenser des milliards !

La France n'a pas besoin des palmipèdes de la côte arctique !

J'ai fait un ulcère à dix-huit ans moi monsieur !

Shakespeare, c'est pas un livre c'est un homme.

Saint-Exupéry avec son Petit Prince, ça sent le pédophile.

À part trois cons, qui c'est qui va voir Mozart ?

L'imaginaire, si ça se

Je n'y comprends plus rien aux gens, on invite madame Mahon, elle ne vient pas.
— Il n'y a plus rien à comprendre sur cette terre.

Le pain tout le monde aime ça.
— Le beurre tout le monde aime ça.
— Pas la mésange.
— C'est une granivore.
— La Corse ! t'as vingt mecs en bonnet qui donnent une conférence de presse et soi-disant personne ne sait qui c'est... vingt mecs en bonnet !
— Un grillage autour de l'île et basta.
— C'est notre Tibet.
— La Corse île morte, c'est tous les jours après manger...
— Il a besoin de sous Jospin.
— Il a qu'à travailler...

Ernest Chausson ! Mais si ! Ernest Chausson !

... Sans les deux guerres mondiales t'imagines le chômage qu'on aurait aujourd'hui ?

Quand ça sera l'euro je m'en fous, j'achèterai plus rien...

Oh là là sa femme moi je trouve qu'elle a du courage... et toujours bien coiffée !

L'euro, ça va leur redonner encore un coup de vieux aux petits vieux.

Un pétrolier d'eau de fleur d'oranger, ça serait écœurant comme naufrage.

Moi je veux bien me familiariser avec l'euro, tu m'en donnes et je me familiarise.

trouve c'est pipeau.

Ils l'ont vu ils ont adoré, ils disaient, jusqu'à la fin on était avec eux alors j'ai répondu, vous êtes pas noyés ?
— C'est une histoire d'amour, on y croit ah si, c'est la qualité si.
— Titanic *oui mais l'autre là ! ah non ! Clavier pour qui il se prend ? il gonfle ! il gonfle ! il va exploser ! trois heures à regarder ce monsieur pour qui il se prend ! je peux pas !*
— Titanic *c'est le plus gros succès mondial.*
— Mérité mais Clavier ce monsieur, il va se prendre pour cet... imbécile qui moi franchement il ne me fait pas rire, c'est criard ce qu'il joue, moi je le fais, c'est idiot.
— Complètement idiot !
— Ah oui... Woody Allen je les vois tous mais je voulais que ma belle-sœur elle en voie un, mais elle n'aime pas, moi je me tape sur les cuisses de rire !
— Il est venu à Paris.
— Il faudrait l'envoyer en Corse !
— C'est un travail de professionnel la tuerie du préfet.
— Y a que pour les bêtises qu'ils sont professionnels en Corse.
— Il l'avait fait dans Bananas.
— Alors ce film-là, ma belle-sœur... c'est même pas la peine d'essayer de lui faire comprendre rien du tout.
— Ç'est pas mon préféré.
— À côté des Visiteurs, *c'est du génie.*
— Il joue mal de la clarinette.
— Je sais, il le dit.
— Ça fait des débats, toujours...
— Évidemment, c'est toujours le même film qu'il fait !
— Les Visiteurs *aussi.*
— C'est normal puisque c'est le 2.
— Ah oui pardon...

... Ceci dit, la vie est courte...

Je n'ai jamais dit non, moi !

Même un char peut pas rentrer dans un palais à cause des chenilles.

...**C**hez moi, rentrez avec la boue aux chaussures vous allez voir.

Les armes chimiques c'est pas sale puisqu'il les range dans les palais.

Quand tu descends cette route, tu domines toute l'Union soviétique.
— Quelle route ?
— J'y ai vécu, je le sais.
— Quelle route ?
— Au-dessus.
— Justement.
— C'est un problème de frontières l'Azerbaïdjan.
— Justement.
— Les cultures bougent.
— Chacun est un nationalisme en fait et tant qu'ils ne résolvent pas le problème, ils auront des problèmes de culture.
— Ça renvoie au fait que c'est pas la même histoire.
— Quelle histoire ?
— Les découpages historiques.
— Et les rivières... la frontière ça change selon les guerres.
— Soit un côté soit l'autre.
— En plus ça change l'économie, d'un côté ça sera du bois, de l'autre côté ça sera la pêche.
— Tout le temps on fait cette erreur de ne pas respecter comment dire... chacun.
— Pour la navigation.
— En outre oui.

Après tout Saddam Hussein c'est nous qui l'avons mis là où il est sur son trône, quand je dis nous je dis pas nous, je parle des politiciens.
— J'avais rectifié, je suis pas une ourne.
— Une huître.
— Une outre.

Saddam, il est rusé.
— Bien sûr, ils le sont tous.

Si on est en guerre contre les Arabes tu verras qu'on regrettera les Allemands.

L'Irak une fois que tout le monde sera mort au moins on aura le pétrole... je n'ai rien contre les Irakiens... tout le monde a le droit de vivre même eux mais au moins ça sera utile pour ça.

En temps de guerre, la mort c'est la bonniche à tout le monde.

Le gaz moutarde, c'est pas une bonne pub pour la moutarde.

Monsieur Saddam Hussein ! Les oreilles ça se lave !

Si ils les bombardent les installations ça va pulvériser des armes chimiques dans tous les sens.
— Ils bombarderont pas.
— Une bombe là-dessus vous imaginez ?
— Ils bombarderont pas, d'ailleurs c'est l'avantage de les fabriquer ces armes chimiques, c'est une protection nucléaire.
— Mais chimique.
— Moins chère.
— Le chimique moi...
— Vous préférez le nucléaire ? Le chimique ça se rince.

L'Irak, tu bombardes mais ça sert à rien, c'est du sable qui se reforme.

Quitte à mourir avec une bombe je préfère une bombe normale que une bombe avec des produits.
— Tout le monde.

Pourquoi ils me font chier moi ! qu'il s'occupe de Saddam Hussein le tribunal de Nanterre !

L'Irak, tu peux pas l'avoir par usure, c'est déjà tout usé.

Ça va être la guerre.
— Si c'était la guerre, ils auraient déjà augmenté l'essence.

Le golfe Persique, c'est la Corse multipliée par mille.

Le portable, faut l'avoir à la ceinture parce que si tu le mets dans le panier des courses ça te fait les poireaux qui sonnent.

C'est la NASA qui cherche la vie extraterrestre je sais ! je suis pas une idiote ! mais est-ce qu'elle cherche bien ?

Le piano sans le bruit c'est que des doigts qui bougent partout.

Mourir d'un coup sec derrière la tête pendant mon sommeil.
— Tu veux pas la télé au pied du lit non plus ?

Le transport de l'information, moi ça fait longtemps que mon chien porte le journal.

Faut les chasser les chevreuils, faut en tuer, y en a trop, on en a qui entrent dans le jardin.
— Et alors ! les gosses aussi.

Moi je respecte la nature plus que la ville.

Elle a rien pour manger ! rien pour vivre ! son minimum vieillesse c'est des petites rides au bord des yeux.

C'est les palmiers qui font mafia.

Quand on voit les taxes sur l'alcool, ça fait longtemps que c'est la mafia qui dirige le pays !

Chez nous vous verriez, c'est le triomphe de la patate !

Tous les assouplissements de Jospin devant les patrons on a même pas les mêmes pour not' linge !

J'ai appris le français en Bourgogne, je suis né là-bas.

Le plus grand polluant, c'est le soleil, on l'a mis un jour sur deux !

N'empêche ! les hormones féminines on fait pas des bouquets avec.

Les JO d'hiver au Japon alors que c'est pas leur spécialité l'hiver aux Japonais.

La grande peinture et la grande musique... à la télé on a *La Grande Vadrouille* quand même...

C'est quoi la preuve de la réponse dans les jeux ? ils peuvent dire n'importe quoi les mecs... « en Nouvelle-Guinée ils parlent grec » et alors comment tu peux vérifier ?

« Scorpion, santé, attention à votre foie capricieux. »
— Depuis quand ça a un foie les scorpions ?

La terre qui tourne toute seule, un jour on va tomber sur un moteur planqué quelque part et on aura l'air bien con tiens...

L'ambre, c'est la merde de la baleine, ils font des bijoux.
— De la merde de baleine chez Cartier, ça m'étonnerait.

Le plus beau, c'est le carnaval de Limoux.

Je suis pauvre et j'ai pas honte.
— Toi, tu es fier d'être pauvre.
— Pas du tout ! je suis entre les deux.

Le geste qui sauve, c'est le pied au cul.

Elle prend des cours par correspondance pour passer un diplôme dans l'univers de la beauté.
— Elle serait aussi bien dans la boucherie, toutes les crèmes c'est fait avec la viande des vaches.

... Le mec il a vingt ans, trente ans il dit je suis vieux, non, jusqu'à une seconde avant la mort t'es pas vieux...

Moi quand j'expose mes fossiles les profanes peuvent interroger.

Les États-Unis ont des grands espaces alors qu'en France on a que de la province.

Son chien est noir, il l'a appelé Black, franchement un nom pareil le chien aurait pu se le donner lui-même.

***E**n vingt ans, une seule fois j'ai dû lui dire, je suis pas ta bonne !*
— Je ne sais pas comment vous faites…

… **N**otre époque est un tournant par rapport aux autres époques…

La démographie, en France, on peut pas dire qu'il en reste.

T'es un exclu de la terre toi ? Qu'est-ce que tu fous là ?

… **I**l parle professionnellement puisque c'est un ancien footballeur.

***P**ourquoi tu fais pas un syndicat des chômeurs ?*
— Pourquoi moi ?

Le jeune il fume, il fume, il connaît pas ses limites.

La mondialisation, c'est plus facile à faire avec la guerre qu'avec le bifteck.

***Q**uand je suis heureux je suis malheureux.*
— Tu devrais jouer du violon.

Pour moi, le Français est frileux.

… **O**n est jamais mieux servi que par une serveuse…

***V**ous allez où pour le docteur pour les yeux ?*
— Chez Marquiller.
— Ah oui je vais aussi chez lui… il est bien ce docteur des yeux, il dit ce qu'il pense.

Si l'homme est un loup pour l'homme, on est tous des loups alors c'est quoi le problème ?

… **I**l nous fait son rêve érotique le Clinton…

On achète du boudin, elle dit dinbou, comme dans les cités.

L'horoscope chinois est bien plus ancien que l'horoscope chrétien.

Le ronflement, c'est la preuve que tu dors et que tu es pas mort en fait.

La seule planète qui travaille, si tu regardes, c'est la terre.

On ferme ! On ferme ! On ferme ! On ferme ! On ferme !
On ferme ! On ferme ! On ferme ! On ferme ! On ferme !
On ferme ! On ferme ! On ferme ! On ferme ! On ferme !
On ferme ! On ferme ! On ferme ! On ferme ! On ferme !
On ferme ! On ferme ! On ferme ! On ferme ! On ferme !
On ferme ! On ferme ! On ferme ! On ferme ! On ferme !
On ferme ! On ferme ! On ferme ! On ferme ! On ferme !
On ferme ! On ferme ! On ferme ! On ferme ! On ferme !
On ferme ! On ferme ! On ferme ! On ferme ! On ferme !
On ferme ! On ferme ! On ferme ! On ferme ! On ferme !
On ferme ! On ferme ! On ferme ! On ferme ! On ferme !
On ferme ! On ferme ! On ferme ! On ferme ! On ferme !
On ferme ! On ferme ! On ferme ! On ferme ! On ferme !
On ferme ! On ferme ! On ferme ! On ferme ! On ferme !
On ferme ! On ferme ! On ferme ! On ferme ! On ferme !
On ferme ! On ferme ! On ferme ! On ferme ! On ferme !
On ferme ! On ferme ! On ferme ! On ferme ! On ferme !
On ferme ! On ferme ! On ferme ! On ferme ! On ferme !
On ferme ! On ferme ! On ferme ! On ferme ! On ferme !
On ferme ! On ferme ! On ferme ! On ferme ! On ferme !
On ferme ! On ferme ! On ferme ! On ferme ! On ferme !
On ferme ! On ferme ! On ferme ! On ferme ! On ferme !
On ferme ! On ferme ! On ferme ! On ferme ! On ferme !
On ferme ! On ferme ! On ferme ! On ferme ! On ferme !
On ferme ! On ferme ! On ferme ! On ferme ! On ferme !
On ferme ! On ferme ! On ferme ! On ferme ! On ferme !
On ferme ! On ferme ! On ferme ! On ferme ! On ferme !
On ferme ! On ferme ! On ferme ! On ferme ! On ferme !
On ferme ! On ferme ! On ferme ! On ferme ! On ferme !
On ferme ! On ferme ! On ferme ! On ferme ! On ferme !
On ferme ! On ferme ! On ferme ! On ferme ! On ferme !
On ferme ! On ferme ! On ferme ! On ferme ! On ferme !
On ferme ! On ferme ! On ferme ! On ferme ! On ferme !
On ferme ! On ferme ! On ferme ! On ferme ! On ferme !
On ferme ! On ferme ! On ferme ! On ferme ! On ferme !
On ferme ! On ferme ! On ferme ! On ferme ! On ferme !
On ferme ! On ferme ! On ferme ! On ferme ! On ferme !
On ferme ! On ferme ! On ferme ! On ferme ! On ferme !
On ferme ! On ferme ! On ferme ! On ferme ! On ferme !
On ferme ! On ferme ! Merde à la fin ! On ferme, j'ai dit !

Y sait plus où il habite.

Rond comme une bille !

Pleins comme des boudins !

D'équerre !

Cuits. **F**ait comme un rat.

Recuits ! **N**azes.

Comme un haricot. **U**ne outre.

Cramoisi. **D**ans un état…

Comme une tomate !

Il était vert… **À** la petite cuillère.

… **D**ans l'escalier chez lui.

Comme des queues de pelle.

Lamentable ! ... Sur le trottoir devant !

Plus un gramme de place.

On ferme !

Un monstre.

Sous la table !

Déjà ?

Jusque-là !

Encore ?

Deux mille ans que ça dure que ça ferme.

... et le café ferme. Se vide des gens. Des mots. Des reflets sur les verres. Sauf un reflet qui reste là, sur la carafe près des bouteilles, un reflet pris dans le verre et qui ne part pas. Le patron ferme la porte de son café après le dernier sorti. Repasse derrière le comptoir. Voit le reflet qui ne part pas. Il met son nez sur le verre, tout près. C'est le reflet de René. Merde alors ! se dit le patron. Une ambulance passe. Le patron lève les yeux vers la rue. Le verre glisse. La carafe tombe et se brise sur le sol, mille petits bouts de reflets, le reflet de René qui aime tant se regarder dans les glaces ! Merde et remerde ! Le patron regarde le sol jonché du reflet de René en petites étoiles. Le patron confus se gratte derrière la tête. Il réfléchit longtemps et il sourit. C'est juste avant de commencer son ménage qu'il trouve l'idée, on va pas se morfondre, on va mettre la main à la poche, on va se cotiser ! dit le patron dans le silence gêné de son café, on achètera un reflet nouveau pour René chez le marchand de vitres et reflets, en plus c'est pas perdu, dit le patron, ça fait marcher le petit commerce ! Puis il se sert un peu de bière à la pompe. Soupire. S'énerve un peu, merde, dit encore le patron, s'il voulait pas qu'on lui casse son reflet, le beau René, il avait qu'à partir à la rivière et se regarder dans l'eau ! Tous ces gars qui viennent là se regarder dans les bouteilles et dans les verres, se fixer la vie durant le bout du nez, parler, parler, parler, obligé que ça finisse à la casse un jour ou l'autre, les reflets de ces gens-là ! Le patron s'allume un petit cigare, tire dessus, louche sur le bout rouge qui lui fait le soleil pour trois fois rien, pourquoi dépenser des sous pour un nouveau reflet ? Le patron pose son cigare sur le bord du zinc, prend dans la main une carafe, il ouvre le tiroir sous la caisse et saisit un autocollant qu'il place sur le plat du verre bien sec. Quasimodo de Chez Walt Disney. Il repose la carafe sur l'étagère, face à l'endroit du comptoir où s'accoude René. Puis il se regarde dans l'autre carafe, il fixe son reflet rond bien content. Il cligne des yeux. Y a que moi pour avoir des idées pareilles, se dit le patron en frottant ses mains, que moi !

Jean-Marie Gourio

À suivre... 2000 !

Cet ouvrage a été imprimé par la
SOCIÉTÉ NOUVELLE FIRMIN-DIDOT
Mesnil-sur-l'Estrée
pour le compte des Éditions Robert Laffont
24, avenue Marceau, 75008 Paris
en septembre 1999

Photocomposition et photogravure : Nord Compo
59650 Villeneuve-d'Ascq

Ce livre est la compilation des Brèves de comptoir 1996, 1997, 1998.

Conception graphique : Blandine Jeanroy, Philippe Delessert
Réalisation : Blandine Jeanroy
Dessins : Willem
Photo : Xavier Lambours

Imprimé en France
Dépôt légal : septembre 1999
N° éditeur : 40282-01 – N° d'impression : 48358